KB169696

인생에
정답은
존재하지
않는다

인생에 정답은 존재하지 않는다

40만 중국 독자들이 열광한 삶에 대한 46가지 현명한 조언

천하이셴 지음
박영란 옮김

오아시스
Oasis

사랑하는 나의 아버지께 바칩니다.

얼마나 많은 길을 걸어야
내가 나일 수 있을까

심리 상담을 시작한 지도 어느새 13년이 지났다. 그동안 나는 예상 치 못한 인생의 전환기를 맞이하거나 어려운 시기를 견디고 있는 내 담자들과 많이 마주했다. 어떤 변화는 이혼이나 실업, 실연처럼 자신 이 어찌할 수 없는 외부 요인으로부터 닥쳐오기도 하는데, 이렇게 갑 작스럽게 찾아오는 삶의 변화를 맞이하기 위해서는 그에 상응하는 마음가짐이 필요하다.

한편으로 어떤 변화는 자신의 의지에 의해 주도적으로 일어나기도 한다. 이러한 변화를 만드는 이들은 자기 자신과, 그런 스스로가 만들 어 온 삶에 불만을 느끼고 있기에 지금의 상태로부터 벗어나고 싶어 한다. 그래서 다이어트를 하거나 운동을 하고, 습관처럼 굳어진 부정 적인 감정을 조절하거나 일하는 곳과 사는 곳을 옮기기도 하고, 가족 과 잘 지내는 방법을 찾고, 새로운 관계를 시작하거나 끝내기도 한다.

그들은 지금까지와는 완전히 다른 삶을 살길 바라고, 다시 시작하기를 원한다.

이러한 변화가 쉬워 보이는 까닭은 오히려 살면서 이러한 변화를 자주 경험해보지 못했기 때문일 것이다. 그러나 삶을 바꾸는 의미 있는 변화는 생각처럼 쉽지 않다. 우리는 어떤 방향으로 나아가고자 할 때마다 수많은 저항과 방해에 부딪힌다. 이러한 방해는 외부에서 찾아오는 것이 아니라, 우리 내면에서 시작된다. 이상적인 나와 현실적인 또 다른 내가 내 안에서 공존하는 것처럼, 변화와 돌파를 동경하는 마음 한구석에서 변화와 돌파를 방해하는 존재 또한 다른 사람이 아닌 바로 나 자신인 것이다.

왜 이렇게 내 속에는 내가 많을까? 태어날 때부터 우리 내면에 방어 기제가 깔려 있기 때문이다. 이 방어 기제는 우리에게 안정과 통제를 추구하게 하고 변화와 발전을 거부하게 하며, 변화를 꿈꾸는 우리의 욕구를 실제 행동과 대립시키고 충돌을 일으킨다. 이러한 충돌로 인해 우리는 중도에 변화를 포기하거나 정체와 방황을 거듭하고 인생의 방향을 찾지 못하게 되곤 한다.

2년 전, 더다오^{得到} 회의실에서 뤄전위^{羅振宇}(지식 플랫폼 뤄지쓰웨이의 창업자)와 퉈부화^{脫不花}(지식 애플리케이션 더다오의 공동 창업자)가 나에게 이렇게 물었다.

"중국에는 스스로를 변화시키고자 하는 사람들이 이렇게도 많은데, 왜 시장에는 이들이 지속적인 변화와 발전을 이룰 수 있도록 도와주는 좋은 심리학 상품이 없을까요?"

"변화라는 게 아주 복잡하기 때문이죠. 변화는 행동 습관이나 마음가짐, 인간관계, 중요한 시기에 내리는 선택, 그리고 인생의 발달 단계에 이르기까지 모든 영역에 걸쳐 있습니다."

나의 대답을 들은 그들은 이렇게 제안했다.

"그럼 선생님께서 해보시면 어떨까요?"

사실 이것이야말로 내가 줄곧 해오던 일이다. 상담을 시작한 날부터 나는 사람들이 직면하는 성장과 관련된 다양한 문제에 공통적으로 적용되는 심리적 근원이 있는지, 변화를 이루고자 할 때 그들을 억누르는 심리적 기제는 무엇인지, 그리고 그들의 심리적 기제를 변화시키기 위해 도울 방법은 무엇이 있을지 항상 고민해왔다. 그랬기에 나는 이 도전을 흔쾌히 받아들였다.

나는 행동과학과 인지치료, 가족치료, 긍정심리학, 정신분석과 성인 생애 발달 등 수많은 심리학 이론을 배우고, 이러한 이론적 사상에 나만의 상담 경험을 접목시켜 새로운 이론인 자기계발 심리학을 만들었다. 이제 그 생각의 결실이 이 책에 고스란히 담겨 있다.

나라는 존재는 더 나아질 수 있는 기회다

이 책의 원제는 '위대한 나了不起的我'이다. 근거 없는 자신감이나 자기중심적 사고를 부추기려는 것이 아니라 스스로를 믿지 못하고 있거나 하루하루 버거운 나날을 간신히 버티고 있는 이들에게 자신의 잠재력을 잊지 말라고 일깨워 주고 싶었다. 태어날 때부터 출발선이 결승점 앞에 그어진 사람은 다른 사람이 꿈꾸는 모든 것을 너무 쉽게 얻는다. 그러나 이러한 성취는 그가 평생을 바쳐 도달한 것이 아니라 단지 운이 좋아 얻은 것일 뿐이다. 이와 반대로 결승점에 도달하기까지 모든 과정을 자신의 노력만으로 빠짐없이 밟아가야 하는 사람들도 있다. 그들은 마주한 삶의 과정마다 기다리고 있는 어려운 문제들을 피하지 않고 해결해 나가며 나날이 더 나은 자신을 만들기 위해 애써야 겨우 다음으로 나아갈 수 있다. 나는 이러한 과정보다 더 위대한 것은 없다고 생각한다. 그리고 이러한 위대함은 누구나 가질 수 있다.

이 책에서는 행동의 변화와 사고의 진화, 관계의 재구성, 역경의 극복, 인생의 지도까지 다섯 가지 측면에서 우리가 삶에서 마주하게 될 다양한 문제들과 그에 대한 체계적인 해법에 대해 다루고 있다.

이 책에서 이야기하는 사례들 대부분은 내담자들의 실제 경험을 바탕으로 하고 있으며(물론 개인 정보 보호를 위해 일부는 수정했다), 나머지 일부는 내가 피부로 직접 느낀 개인적인 경험을 기반으로 한다. 이처럼 주변에서 한 번쯤 들어봤거나 직접 겪어본 일과 같은 익숙한 이야기를 통해 독자들께서는 스스로를 쉽게 돌아볼 수 있을 것이다. 내담자들이 털어놓는 문제들은 우리가 일상에서 매일 만나는 문제이기도 하기 때문이다. 따라서 이 책은 심리학 분야에 속하기는 하지만 모두에게 열려 있고 문턱 또한 매우 낮다. 그저 자신의 경험에 비추어 누군가의 사연에 공감할 수만 있다면 충분히 이해할 수 있을 것이다.

또한 이 책은 꽤 효과적인 자기계발 방법을 알려주기 때문에 아주 '실용적'이기도 하다. 불안함에 파묻혀 무슨 일부터 시작해야 할지 모른다면 '스몰 스텝 원리small step principle'로 자신을 일깨울 수 있다. 또 항상 실패가 두려워서 행동하지 못한다면 '기적 질문miracle question'을 통해 자신을 변화시킬 수도 있다. 일을 하거나 공부를 할 때 항상 즐거움을 느껴야 한다면 '환경 장(장이론 field theory)'을 전제로 자신과 환경의 상호 관련성을 키움으로써 업무와 과제 성과에 도움을 받을 수도 있다.

만약 당신이 스스로를 성장시키는 과정에서 생기는 여러 가지 문제들을 직시하고 적극적으로 변화하기를 선택했다면 이미 '위대한 길'에 서 있는 것이다. 그리고 그 길에서 심리적 안전지대를 벗어남으로써 끊임없이 새로운 경험을 만들어낼 것이고, 경직되고 보수적인 사고 또한 유연하고 진취적으로 변하게 될 것이다. 또 얽힌 관계에서 벗어나 능동적이고 독립적이며 책임감 강한 새로운 관계를 맺을 수 있을 뿐만 아니라 옛 모습으로부터 벗어나 새로운 자신을 만나게 될 것이다. 나아가 오랜 세월과 경험으로 응축된 지혜를 얻어 마침내 위대한 나로 다시 서게 될 것이다.

이탈로 칼비노Italo Calvino는 "세상은 인류가 존재하기 이전부터 존재했고, 인류가 사라진 이후에도 계속 존재할 것이다. 세상에 있어 인간이란 세상이 자신에 대한 정보를 조직할 수 있는 하나의 기회일 뿐이다"라고 했다. 세상은 나뿐만 아니라 우리 모두에게도 동일하게 적용되는 시공이다. 세상은 우리가 존재하기 전부터 이미 존재했고, 우리가 죽은 후에도 여전히 존재할 것이다. 그렇다면 이러한 세상에서 우리의 존재는 어떤 의미를 가질까? 어쩌면 우리는 자기 발전을 통해 세상을 더 낫게 변화시키는 데 일조할 수 있는 기회를 받은 것일지도 모른다. 그러니 이 기회를 절대 저버리지 않았으면 좋겠다.

당신과 내가 위대한 자신과 마주하기를 바라며

이 책은 더다오 앱에 있는 '자기계발 심리학'이라는 제목의 강의를 엮어 책으로 펴낸 결과로, 내가 이 책의 서문을 쓰고 있는 지금 이미 10만여 명이 다운로드했다. 구독자 수도 10만여 명에 달하며, 조회 수도 500만여 건을 넘어섰다. 무엇보다 많은 분들께서 이 강의가 자신의 삶을 바꾸는 데 얼마나 도움이 됐는지를 4만여 건의 댓글로 남겨주셨다.

구독자 한 분은 예전에는 생각이 많아서 어떤 결정을 내리든지 앞뒤를 재느라 스스로를 괴롭히는 스타일이었는데, '과제분리'의 사고 방식을 배우고 난 후부터 의식적으로 다른 사람의 생각에 대해서는 신경 쓰지 않고 오롯이 자신의 일에만 집중할 수 있게 되었다며 감사의 인사를 전했다.

또 한 구독자는 딱히 미래가 보이지 않는 지방 공기업을 다니며 한창 이직에 대한 고민에 빠져 있었는데, 강의를 통해 진로를 바꿀 수 있는 용기와 변화를 시도하는 방법을 배웠다고 했다. 지금 그는 새로운 회사로 적을 옮겨 도전을 이어가고 있다.

강의를 들었던 어느 기업의 임원도 퇴직을 앞두고 새롭게 시작할 무엇인가를 찾으며 불확실한 앞날에 대한 막막함과 두려움으로 힘든 시간을 보냈다. 그때 전환기에 관한 강의를 듣고 큰 용기를 얻었다고 했다.

밥 딜런Bob Dylan의 2집 앨범에 담긴 〈바람에 실려서Blowin' in the Wind〉라는 노래에 이런 가사가 나온다. "얼마나 많은 길을 걸어야 사람이 사람으로 불릴 수 있을까?" 여러분도 예상했겠지만 자기계발의 길을 가다 보면 수많은 고난과 어려움을 겪게 될 것이다. 그때 이 책이 여러분에게 조금이라도 도움이 되기를, 그 힘겨운 순간 함께하게 되기를 바란다. 언젠가 우리는 길 위에서 기다리고 있는 위대한 자신을 만나게 될 것이다.

천하이셴

차례

제1장 행동의 변화

제4장 **역경의 극복**

제5장 인생의 지도

행동의 변화

'위대한 나'가 되기 위해서는 먼저 행동의 변화를 이뤄야 한다. 행동은 겉으로 드러나는 자신이기 때문이다. 자기계발의 과정은 오래된 행동을 새로운 행동으로 바꾸고, 오래된 습관을 새로운 습관으로 바꾸는 과정이라고 할 수 있나. 이 장에서는 행동을 변화시키는 것이 얼마나 어려운 일인지 확인하고, 어려움을 극복하는 방법을 배우게 될 것이다. 일단 행동을 바꾸기 시작했다면 이미 성장을 향한 확고한 한 걸음을 내디딘 것이다.

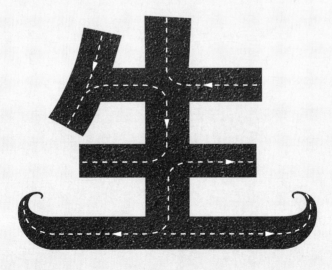

변화의 길:

삶이란 무수한 선택의 과정이다

나를 변하게 만드는 것은 결국 나 자신이다

나는 내담자들의 변화를 돕고자 심리 상담을 진행해 오면서 아주 흥미로운 현상을 발견했다. 많은 내담자가 스스로를 변화시키고 싶어 상담을 신청하지만, 막상 진지하게 변화의 가능성을 탐색하기 시작하면 마치 약속이라도 한 듯 비슷한 반응을 보이곤 했다.

"선생님, 너무 힘들어요. 저도 변하고 싶지만 선택의 여지가 없어요. 어쩔 수 없다고요."

변화를 간절히 원하지만, 변화할 수 있는 기회 앞에서 망설이는 그들의 태도는 그만큼 변화가 어렵다는 것을 방증한다. 그들은 자신이 품고 있는 문제를 통제되지 않는 환경과 적대심으로 가득한 사회, 불공정한 세상, 스스로 바꿀 수 없는 가정과 자신의 과거로 귀결시켰다. 변화 앞에서 그들은 막막한 현실과 이미 벌어진 과거가 머리 위에 드리우고 있기 때문에 지금에서 벗어나는 다른 선택을 할 수 없다는 상황을 만들어 낸다. 결국 그들은 자기계발의 걸음을 멈추고 제자리에서 고통스럽게 헤매게 된다.

자신의 처지를 하소연하는 데에서 벗어나 어려운 상황을 극복할 수 있도록 삶의 태도를 바꾸기 위한 가장 중요한 단계는 우리에게 언제나 선택의 여지가 있다는 사실을 깨닫는 것이다. 자신에게 선택의 여지가 없다고 믿는 사고방식은 스스로를 무력함에 빠뜨려 아무것도 할 수 없는 환경에 처한 희생자로 만들 뿐이다. 이렇게 되면 변화는 결코 일어날 수 없다. 내가 변화 앞에서 주저하는 내담자에게, 그리고 이 책을 읽는 당신에게 가장 알려주고 싶은 사실은 바로 여기에 있다. 우리는 언제나 변화에 대한 선택권을 갖고 있다.

삶을 선택하면서 살아왔을까, 선택당하면서 살아왔을까?

우리가 스스로 안 된다고 말할 때, 우리는 이미 선택을 내린 것이다. 어쩔 수 없이 미래가 없는 회사에 다니는 것도 그렇게 하기로 선택한 것이고, 업무 스트레스로부터 해방되기 위해 일을 미루고 피하는 것도 우리가 내린 선택이다. 능동적으로 변하는 것도 선택이고, 수동적으로 변하지 않는 것도 선택이다. 돈이 없다, 시간이 없다, 너무 귀찮다, 할 필요가 없다 등 자신이 변하지 않기 위한 핑계를 찾는 것 또한 선택이다. 심지어 '나에게는 선택의 여지가 없어'라고 말하는 것조차 다른 사람이 아닌 나 스스로가 내린 선택이다.

선택의 통제권을 되찾는 것은 나를 깨닫고 변화시키기 위한 전제조건이다. 그러나 우리가 '갇혀' 있으면 가볍든 무겁든 무력감에 빠져서 제자리에 머무는 것 외에는 더 나은 삶의 선택지를 찾지 못하게 된다. 여기에는 두 가지 이유가 있다.

첫째, 이상적인 상황에서 선택이 이뤄져야만 선택의 여지가 있고, 선택지가 별로 좋지 않으면 아예 선택의 여지가 없다고 포기하기 때문이다.

우리 마음에 자리 잡은 이상은 인생의 좌절을 치유하는 진통제이기 때문에 쉽게 포기하고 싶지 않다. 차라리 인생에 선택의 여지가 없다는 것을 인정할지언정 그 이상이 적어도 지금 당장은 현실적이지 않다는 것을 인정하고 싶지 않아 한다. 그래서 많은 사람들이 선택의 여지가 없다고 말하는 것의 속내는 사실 "그건 내가 원하는 선택이 아니야"라는 의미나 다름없다. 사실상 그것도 선택이다. 눈앞의 현실에서 방법을 찾는 것이 아니라 머릿속의 이상에 복종하기를 선택한 것이다. 다시 말해 '선택의 여지가 없다'는 것을 선택한 것이다. 그러나 변화를 일으키는 선택은 우리가 꿈꾸는 이상이 아니라 눈앞의 현실에 바탕을 두고 있다. 따라서 우리는 미래의 결과가 아니라 바로 지금 여기에서의 행동을 '선택'해야 한다.

지금 하고 있는 일을 딱히 좋아하지 않지만 생계를 유지하기 위해 선택할 수밖에 없는 상황이라면 '자신이 좋아하는 일을 하는 데 따라오는 위험을 감수하고 싶지 않기 때문에 좋아하지 않는 일을 하면서 견디기로 선택한 것이다'가 더 정확한 표현이라고 할 수 있다. 물론 그 또한 충분히 이해할 수 있는 상황이며 존중받아야 하는 삶의 태도다. 다만 일상을 지켜나가는, 다시 말해서 세상을 살아갈 방법은 당장의 한 끼와 타협하는 것 외에도 여러 가지가 있다.

둘째, 스스로 책임지고 싶지 않다.

겉으로 보기에 우리는 더 많은 선택을 원하는 것 같지만 실제로는 선택을 회피하는 경우가 많다. '내가 잘못된 선택을 하는 바람에 지금 이렇게 잘 지내지 못하는 걸까?'라는 의심에 빠지는 것이 두렵기 때문이다. 그래서 우리는 삶의 방향을 스스로 선택할 수 있다는 사실을 들을 때마다 불편함을 느끼곤 한다.

삶의 선택을 두고 옳고 그름을 따지는 사고방식은 가상의 가해자와 피해자를 만들어 낸다. 우리에게 선택의 여지가 없다고 느끼면 마치 자신이 피해자인 것처럼 가상의 가해자에게 책임을 전가한다. 그러면 밀려드는 죄책감을 많이 덜어낼 수 있다. '선택의 여지가 없다'는 비난과 원망, 그리고 '선택의 여지가 있다'는 죄책감과 자책 사이에서 많은 사람들이 전자를 택하는 이유는 그것이 훨씬 덜 고통스럽기 때문이다.

그러나 선택의 여지가 있었음을 인정했다고 해서 꼭 죄책감을 느끼거나 스스로를 비난할 필요는 없다. 당신의 선택이 문제의 원인을 찾아 현재를 변명하려는 데 있지 않고 문제에서 벗어나기 위해 어떤 변화를 이끌어내는 데 있다면 사고방식을 바꿀 필요가 있다. '누가 옳고 그른가'를 따지거나 무작정 자신을 책망하기보다는 '쓸모가 있는가, 없는가'를 생각해야 한다. 과거와 환경, 타인에 의한 제약 때문에 선택의 여지가 없었다고 주장한다면 결국 변할 수 없다. 당신이 안고 있는 삶의 문제들은 당신의 잘못이 아닐 수도 있다. 하지만 자신의 인생에 대한 책임을 지는 것은 결국 당신 자신일 수밖에 없다.

변하고 싶다면 먼저 지금 자신을 똑바로 볼 수 있어야 한다

변화하기 위해서는 자기 자신에게 책임을 다하고 스스로의 선택을 똑바로 바라볼 수 있는 삶의 자세가 필요하다. 물론 누구에게나 쉬운 일은 아니다. 정말 큰 용기가 필요한 일이다. 미국의 유명한 정신과 의사 모건 스캇 펙M. Scott Peck은 변화를 마주했을 때 엄청난 용기와 노력을 기울여야 한다고 말했다. 그의 저서 《아직도 가야 할 길The Road Less Traveled》에서도 이와 관련된 이야기를 찾아볼 수 있다.

모건 스캇 펙이 젊었을 때의 일이다. 책임감이 매우 강했던 그는 일정표에서 비어 있는 시간을 찾아보기 힘들 정도로 매일같이 빡빡한 일정을 소화했다. 다른 동료들은 매일 오후 4시 30분이면 퇴근했지만, 그는 저녁 8시나 9시까지 상담을 이어가곤 했다. 아내는 항상 야근하는 그에게 불만이 있었고, 녹초가 돼서 집에 돌아온 그도 아내에게 불평을 늘어놓았다.

어느 날 그는 상사를 찾아가 몇 주 동안 상담을 하지 않을 수 있는지 물어봤다. 그의 하소연을 들은 상사는 그의 처지를 딱하게 여기며 이렇게 말했다.

"그동안 고민이 많았겠어."

"고맙습니다. 그럼 제가 어떻게 해야 할까요?"

"지금 얘기하지 않았나, 아주 고민이 많겠다고 말이야."

그는 화가 났다.

"그러니까 여쭙는 게 아닙니까! 지금 제가 답답해서 찾아온 거잖아요. 그래서 어떻게 하면 되냐고요!"

"이보게, 내 말을 잘 들어 봐. 나는 자네 말에 동의한다는 말밖에 할 수 없어. 지금 자네의 고민은 시간과 관련이 있고, 그건 오롯이 자네의 시간이지 내 시간이 아니잖나. 그러니 당연히 내 일도 아니고."

너무 화가 난 모건 스캇 펙은 정말 말이 통하지 않는다고 생각했다. 하지만 3개월 후 그는 문득 상사의 말이 옳았다는 것을 깨달았다. '내 시간은 내 책임이고, 그 시간을 어떻게 쓸 것인가도 내 책임이구나. 상담에 더 많은 시간을 할애한 것은 내 선택의 결과야.'

그렇다면 그는 애초에 왜 상사를 찾아갔을까? 아마도 그는 성실하고 책임감 있는, 상사에게 인정받고 내담자들에게 존경받는 심리 상담사가 되고 싶은 마음에 스스로 일을 더 한 것뿐이다. 그러나 한편으로 그는 자신의 피로와 아내의 원망에 대한 책임을 지고 싶지 않았다. 변화를 추구하기는 하지만 기존의 이상을 놓을 수도 없는 모순에 빠진 것이다.

어떻게 보자면 그가 상사를 찾아갔을 때 이미 자신의 책임을 상사에게 떠넘기려 한 것이나 다름없었다. 그의 방문은 사실 '당신은 내 상사고 나에게는 선택권이 없으니 내가 선택하는 걸 도와 주세요'라는 메시지였던 것이다. 마음의 전문가인 정신과 의사조차 무의식적으로 선택의 책임을 다른 사람에게 떠넘기는데, 아무런 훈련을 받지 않은 우리 같은 사람들은 어떻겠는가?

그래서 변화를 선택하는 것은 결코 쉬운 일이 아니다. 많은 불안과 맞서야 하고 엄청난 용기도 필요한 아주 어려운 일이다. 그러나 어려운 길을 가는 일만큼 자기계발에 도움이 되는 것은 없다.

앞으로 변하고 싶다면 먼저 뒤를 돌아봐야 한다

변화에는 용기가 필요하지만 용기만으로는 부족하다. 변화에는 자기반성도 필요하다. 끊임없이 자신을 돌아볼 수 있어야 변화를 일으킬 수 있다.

내담자 A씨의 어머니는 걱정과 근심이 많은 사람이었고, 그녀에게 비난과 욕설을 밥 먹듯이 퍼부었다. 그래서인지 그녀는 심각한 불안 증세를 보였다. 시간이 흘러 A씨가 딸을 낳은 후 그녀도 과거 어머니가 그랬던 것처럼 딸에게 비난과 욕설을 퍼부었다. 어느 날 그녀가 찾아와 울면서 하소연을 했다.

"전 가끔 어머니가 부럽기도 해요. 물론 어머니에게 많은 문제가 있는 건 사실이지만 그래도 인격적으로는 정말 완벽했어요. 어머니는 단 한 번도 자신에게 문제가 있다고 생각한 적이 없어요. 모두 다른 사람에게 문제가 있다고 생각했지요. 저는 공부도 많이 하고 좋은 교육을 받았는데 오히려 완전히 다른 두 사람으로 분열된 것 같아요. 어머니를 많이 닮긴 했는데 그런 제 자신이 너무 싫어요. 또 제 딸을 탓하기도 하지만 끊임없이 저 자신을 탓하기도 해요."

"선생님에게는 자기반성의 의지가 있습니다. 그것이 어머님과 다른 점이죠. 이게 얼마나 가치 있는 일인지 모를 거예요. 자기반성은 아무나 할 수 있는 게 아니거든요. 자신을 아주 고통스럽게 할 때가 많으니까요. 그런데 그게 바로 변화의 계기가 되는 거예요."

변화를 선택할 수 있는 기회는 누구에게나 열려 있을 뿐더러 각자의 몫이다. 이러한 선택을 하기 위해서는 용기도 필요하지만 나아가 자기반성도 필요하다.

저명한 심리학자 알프레드 아들러Alfred Adler의 상담실에는 삼면으로 된 기둥이 하나 있었다. 기둥 각 면에는 각각 '나는 불쌍하다', '다른 사람이 싫다', '어떻게 할까'라고 새겨져 있었다. 내담자들이 상담실에 올 때마다 그는 삼면의 기둥에 새겨진 말 그대로 질문을 던졌다.

"하고 싶은 얘기가 있으신가요?"

지금 당신 앞에도 삼면 기둥이 있다면 어떻게 대답하겠는가? 변화의 길이 용기와 자기반성이 모두 필요한 험난한 길이라면 그래도 그 길을 가겠는가?

옛 경험을 새 경험으로 바꾼다는 것

우리 마음속 '코끼리와 기수'

평소 나는 주변 사람들에게 우리가 변화에 성공한 경험은 많이 겪지 못할지언정 변화에 실패한 경험은 많이 겪어 봐야 한다고 농담처럼 말한다. 아마 독자들께서도 나처럼 매년 새해 전날이 되면 내년에는 반드시 달라질 것이라며 아쉬움과 후회를 남긴 채 굳은 다짐을 할 것이다. 그런데 다음 해, 그 다음 해가 돼도 상황은 크게 달라지지 않는다. 그때 세웠던 수많은 계획들은 지금도 여전히 내 서랍을 가득 채우고 있을 뿐이다.

심장내과 전문의가 중증 심장병 환자에게 건강에 해로운 식습관과 흡연, 운동하지 않는 등과 같은 생활 습관을 바꾸지 않으면 결국 일찍 사망하게 될 것이라고 조언했다. 하지만 환자의 7분의 1만 의사의 말을 진지하게 받아들이고 자신의 생활 습관을 바꿨다. 그럼 나머지 7분의 6은 살고 싶지 않았던 것일까? 물론 그렇지 않다. 그들은 자신의 수명을 늘리기 위해 어떻게 해야 하는지 알고 있었지만 여전히 스스로를 바꿀 수 없었다.

이것이 바로 우리가 변화의 과정에서 자주 접하는 문제다. 우리 마음속에는 저마다 행동 기준이 있다. 우리는 모두 기준대로 행동하기를 바라지만 언제나 현실의 벽에 부딪히고 만다. 마음속으로 생각하는 나 자신과 현실에 있는 나 자신은 다른 사람인 것만 같다. 가끔 우리는 일을 미루는 것과 같은 자신의 행동을 매우 싫어하면서도 도저히 바뀌지 않을 때가 있는데, 그때는 크게 자책하며 괴로워하고, 의지력이 약하고 노력이 부족한 자신을 탓하게 된다.

그러나 자신을 비난한다고 변화가 일어나지는 않는다. 대신 우리는 왜 자신을 제어할 수 없는지 진지하게 생각해 보아야 한다. 사실 우리 몸에는 두 개의 자아가 있다. 하나는 감성적 자아이고 다른 하나는 이성적 자아다. 이 두 자아를 구분하고 그들의 관계를 이해하는 것은 우리가 변화를 이해하는 데 있어 매우 중요한 과정이다.

긍정심리학자 조너선 하이트Jonathan Haidt는 흥미로운 비유를 들어 두 자아 사이의 관계를 설명했다. 그는 인간의 감정은 코끼리에, 이성은 코끼리에 탄 기수에 빗댔다. 코끼리 등 위에 올라탄 사람은 마치 코끼리를 리드하는 것처럼 고삐를 쥐고 있지만 사실 코끼리에 비하면 그의 힘은 미미하다. 기수는 왼쪽으로 가고 싶어 하고 코끼리는 오른쪽으로 가고 싶어 하는 충돌이 발생하면 일반적으로 기수는 코끼리를 이길 수 없다. 변화를 위해 이성은 방향을 제시하고 감정은 동기를 부여한다. 우리의 이성이 변화라는 목표를 달성하려면 코끼리의 성격과 기질이라는 감정을 잘 이해하고 코끼리의 특성을 이용할 줄 알아야 적은 노력으로 큰 성과를 얻을 수 있다. 그렇지 않으면 변화하기란 코끼리를 힘으로 이기는 것만큼이나 어려울 것이다.

'경험'과 '기대'의 장점은 다르다

그렇다면 코끼리의 성격은 어떨까? 나는 우리 안의 코끼리에게서 세 가지 특징을 발견했다.

첫째, 힘이 세고 한 번 흥분하면 이성적으로 제어하기 힘들다.

둘째, 감정에 따라 움직인다. 여기에는 불안과 두려움과 같은 부정적인 감정뿐만 아니라, 사랑과 연민, 동정, 정성 같은 긍정적인 감정도 포함된다. 그래서 변화를 방해하는 동시에 변화를 일으키는 원동력이 되기도 한다.

셋째, 강화된 경험의 지배를 받는다. 즉 우리가 실제로 체험한 '경험의 장점'만 인정하고 이성이 생각한 '기대의 장점'은 인정하지 않으려고 한다.

제어하기 힘들고 감정에 따라 움직인다는 코끼리의 처음 두 가지 특징은 이해하기 쉽기 때문에 여기서는 세 번째 특징인 '경험에 지배당하는 것'에 대해 중점적으로 설명하고자 한다. 이 특징은 '변화가 왜 이렇게 어려운가'와 직접적인 관련이 있다.

그렇다면 기대의 장점은 무엇이고, 경험의 장점은 무엇일까? 기대의 장점은 상상 속 가상의 장점이다. 예를 들어 우리는 매일 아침 일찍 일어나서 달리기를 하면 정신이 맑아지고, 일을 미루지 않으면 훨씬 효율적으로 일을 처리할 수 있고 성취감도 높아지며, 바른 식습관을 유지하면 더 건강해진다고 생각한다. 그러나 이런 생각들은 모두 우리의 상상에서 나온 것이지 실제로 우리가 깊이 경험한 것은 아니다. 오히려 늦잠 잘 때 이불 속의 따스함이나 게임할 때의 즐거움, 먹고 마시는 감각의 자극 등 우리가 겪어봤기에 알고 있는 이로움이야말로 경험이 가진 장점이다.

기대는 추상적이지만 경험은 구체적이다. 기대는 미래의 어느 시점에서 일어나는 막연한 것을 가리키지만 경험은 과거나 현재에 일어난 구체적인 것에 바탕을 둔다. 또 기대는 학습 가능한 것이지만 경험은 자신이 직접 경험하고 느낀 것이다.

이러한 기대의 장점과 경험의 장점이 충돌할 때, 기수는 기대의 장점을 찾으려고 하지만 그의 밑에 있는 코끼리는 자신도 모르게 경험의 장점을 향해 거대한 몸을 틀어버린다. 때로는 기대가 주는 장점이 경험의 장점보다 나을 때도 있는데, 코끼리는 왜 경험의 장점에만 지배당할까? 코끼리의 선택을 이해하려면 먼저 행동주의^{Behaviorism}가 무엇인지 알아야 한다.

행동주의 이론의 창시자 버러스 프레더릭 스키너^{Burrhus F. Skinner}는 비둘기의 행동을 분석하기 위한 실험 장치인 스키너 상자^{Skinner box}를 고안했다. 처음에는 비둘기가 무작정 상자 안으로 들어가지만, 만약 탐색 과정을 거치고 난 후 비둘기가 스키너가 그려 둔 원을 부리로 쪼거나 상자 안의 레버를 발로 밟는 등 특정한 행동을 하게 되면 먹이가 떨어진다. 그렇게 몇 번 반복하고 나면 비둘기는 같은 동작을 계속 반복하게 되는데, 여기서 우리는 비둘기가 먹이를 먹음으로써 동작이 강화된다는 사실을 알 수 있다. 비둘기에게 특정한 자극을 주면, 예를 들어 빨간불이 켜졌을 때 원을 쪼면 먹이가 떨어지지 않고, 녹색

불이 켜졌을 때 원을 쪼아야 먹이를 떨어뜨린다면 비둘기는 이 규칙을 빨리 파악할 것이다. 이 실험에서 불빛의 색은 자극이고 비둘기가 행동을 한 후에 나타나는 먹이가 바로 강화물, 즉 보상이다.

인간의 행동 또한 이 원칙에 따라 형성된다. 우리는 강화를 경험의 장점으로 여길 수 있다. 어떤 행동으로 장점을 얻게 되면 그것은 오롯이 경험으로 남게 된다. 비록 우리가 의식하지 못한다 하더라도 그것은 여전히 우리의 행동에 영향을 미칠 것이다.

강화에는 정적 강화Positive Reinforcement와 부적 강화Negative Reinforcement가 있다. 정적 강화는 우리가 특정 행동을 보일 때 원하는 결과를 더 많이 얻음으로써 이 행동을 더욱 공고히 하는 것이다. 보너스를 많이 받으면 열심히 일하게 되는 것이 여기에 해당한다. 부적 강화는 특정 행동을 보일 때 원하지 않는 결과가 감소함으로써 그 행동을 더욱 공고히 하는 것이다. 이 경우에도 보너스가 줄어들지 않도록 열심히 일할 것이다.

정리하자면, 정적 강화의 장점은 '즐거움의 증가'이고 부적 강화의 장점은 '고통의 감소'라고 할 수 있다. 마음속 코끼리가 자꾸 자기도 모르게 경험의 장점 쪽으로 방향을 바꾸는 이유 또한 경험의 장점으로 우리의 행동이 강화되면서 결국 행동의 변화를 어렵게 만들기 때문이다.

내담자 B씨는 대학을 갓 졸업한 다음 낯선 대도시에서 일하고 있었다. 매일 밤 퇴근 후 그녀는 유명 맛집을 찾아다니며 다양한 음식을 즐겼다. 그러다 보니 먹을 때마다 억제하지 못하고 배가 불러도 멈출 수 없는 자신을 발견했다. 너무 괴로운 그녀는 어떻게든 변하고 싶었다.

그녀가 다니는 회사는 세계 500대 기업에 드는 대기업으로 업무 스트레스도 심하고 매일 밤 8시, 9시까지 야근을 하는 경우가 많았다. 게다가 혼자 살다 보니 모처럼 일찍 집에 가도 빈 방에 덩그러니 앉아 있는 시간이 많았다. 그러다 보니 맛집 투어가 그녀의 유일한 즐거움이었다.

B씨는 매일 퇴근 후 지하철을 타고 번화가에 있는 맛집에 들러 음식을 맛보고 지나가는 사람을 구경하면서 혼자 지내는 집이나 빡빡한 직장 생활에서는 느끼지 못했던 진짜 사람 냄새를 맡을 수 있었다. 그래서 식사를 마치고 텅 빈 집으로 돌아갈 생각이 들 때마다 집에서 외롭게 지내느니 차라리 여기서 음식을 더 먹으며 시간을 보내는 게 낫겠다 싶었고, 결국 지칠 때까지 먹을 정도로 자제력을 잃고 말았다.

B씨의 사례에서 행동을 일으키는 자극은 무엇이었을까? 그것은 맛있는 음식이 아니라 극한의 외로움이었다. 이 자극은 그녀가 퇴근할 때 '집에 돌아가면 텅 빈 집에 혼자 있어야 한다'는 생각이 들면서 시작됐다.

그렇다면 자극에 상응하는 행동은 무엇일까? 먹는 것만이 아니라 번화한 시내에 가서 사람 냄새를 느끼는 일련의 행동이었다. 물론 음식도 자극을 강화하는 요소이기는 하지만 여기서 중요한 점은 맛있는 음식이 아니라, 음식을 찾아 나서는 모든 과정과 먹는 데서 오는 감각적인 자극이 낯선 타지에서의 스트레스와 외로움을 달래준다는 것이다. 그녀의 폭식은 음식을 얻는 정적 강화일 뿐만 아니라 먹는 것으로 외로움에서 탈피하는 부적 강화이기도 하다. 이 부적 강화는 그녀가 자신을 통제하고 변화시키는 것을 어렵게 한다.

내가 외로움을 언급하는 순간 그녀의 눈에 눈물이 고였다. 짐작이 맞았다는 생각이 들어 몇 가지 조언을 건넸다.

"인생이 이렇게 힘든데, 무조건 안 먹을 필요는 없어요. 이것도 스트레스를 해소하는 방법인걸요. 하지만 조금 더 건강한 방법을 찾는 것도 괜찮을 것 같습니다. 예를 들어 나가서 달리기를 하거나 체육관을 찾는 것처럼 말이지요. 독서클럽에 가 보는 것도 좋은 방법이고요. 아니면 친구를 사귀어 함께 영화를 보는 것도 큰 도움이 될 거예요."

그리고 매주 화, 목요일에는 원래대로 '폭식'을 하고, 월, 수, 금요일에는 새로운 방법을 시도해서 어떤 방법이 좋은지 확인해 보도록 조언했다. 결국 그녀는 배드민턴 동호회에 들어갔고 거기서 새로운 친구들도 만났다. 그리고 천천히 폭식 욕구를 제어하고 줄여나갔다.

우리의 행동은 결코 환경으로부터 독립해 존재할 수 없기 때문에 변화에 실패했다고 자신을 비난할 필요는 없다. 이른바 장점과 단점이란 좋고 나쁜 점이 아니라 환경과 정보를 교환하고 피드백을 받는 과정에서 나오는 나의 특성일 뿐이다. 그리고 자극과 강화는 바로 우리가 환경과 관계를 맺는 방식이다. 이것을 알면 변화의 본질에 도달할 수 있다.

변화의 본질은 새로운 경험을 창조함으로써 낡은 경험을 새로운 경험으로 대체하는 것이다. 새로운 경험을 만들기 위해서는 새로운 행동으로 새로운 피드백을 얻고 새롭게 강화시켜서 몸소 체감할 수 있어야 한다. 직접 체득한 경험이 가진 정보의 깊이는 감히 가늠할 수 없기 때문에 그저 눈으로 보고 귀로 들은 것과는 차원이 다르다. 상상 속의 기대만 있을 뿐 새로운 행동이 주는 새로운 경험이 없다면 변화를 이뤄내기가 힘들다.

　새로운 경험을 만들고 끊임없이 강화할 수 있다면 변화는 걱정했던 것만큼 어렵지는 않아 보인다. 물론 그렇게 실천하는 것이 생각보다 간단한 일은 아니다.

과거라는 껍데기에서 벗어나기

나를 안락한 감옥으로 주저앉히는 낡은 기억들

변화의 본질은 새로운 경험을 창조하는 것이다. 그리고 새로운 경험을 강화시켜 새로운 습관으로 점점 바꿔나가는 것이다. 이것은 간단해 보이지만 실생활에 적용하기란 결코 쉽지 않다. 그 이유는 무엇일까? 과거 경험이 너무 견고하기 때문이다. 우리가 이러한 낡은 경험의 속박에서 벗어나려면 먼저 그것이 어떻게 작동하는지 그 원리를 이해할 필요가 있다.

과거 경험이 뿌리 깊이 자리 잡는 데 가장 큰 역할을 하는 심리적 요인은 바로 심리적 안전지대다. 심리적 안전지대는 많은 심리 상담사들이 여기에서 벗어나야 한다고 습관처럼 말하기에 우리에게도 익숙한 용어지만, 그 의미를 명확하게 아는 사람은 많지 않다. 심리적 안전지대란 무엇일까?

심리적 안전지대는 말 그대로 편안한 환경이라고 생각할 수도 있다. 예를 들어 작은 도시에서 안정적인 일을 찾는다. 성취감은 별로 없지만 이보다 더 편안할 수는 없다. 이 상태를 계속 유지하다 보면 더 이상 어려움에 직면하고 새로운 도전은 하고 싶지 않게 된다. 우리는 이런 사람이 심리적 안전지대에 있다고 말한다.

그러나 이것은 사실 심리적 안전지대에 대한 오해다. 심리적 안전지대가 반드시 편안함을 의미하는 것만은 아니다. 감옥보다 밖이 더 편하다는 데에는 모두 동의하지만 영화 〈쇼생크 탈출The Shawshank Redemption〉에 나오는 브룩스는 그렇게 생각하지 않았다. 50년간 갇혀 있던 그에게는 감옥이 삶의 전부였기에 오히려 사회로 나가는 것이 더 힘들고 어려운 일이었다. 그래서인지 사회로 돌아갈 날만 손꼽아 기다렸을 여느 재소자들과는 다르게 가석방 소식을 듣고 기뻐하기는 커녕 몹시 괴로워했다. 결국 브룩스는 다시 감옥에 수감되기 위해 살인을 저지르고 말았다. 그리고 다시 형기를 마치고 출소한 그는 스스로 목숨을 끊었다. 일반적으로 감옥은 불편하고 위험한 곳이지만 브룩스에게는 더할 나위 없이 좋은 심리적 안전지대였던 것이다.

우리는 고통스럽고 어려운 환경에 처했음에도 변화를 꺼리는 경우가 있는데, 이는 누구나 익숙한 것에 끌리기 때문이다. 그런 면에서 보면 이 또한 심리적 안전지대라고 할 수 있다. 그렇다면 심리적 안전지대는 익숙한 환경을 의미하는 것일까?

친구 C는 한동안 자신의 삶이 만족스럽지 못하다는 생각에 새로운 변화를 꿈꿨다. 그래서 환경을 바꾸고자 해외로 유학을 떠날 준비를 하고 있었다. 누구에게나 그렇듯 인생이란 것이 살다 보면 늘 새로운 난관에 부딪히기 마련이다. 그리고 그때마다 환경을 바꾸고 새로운 시작을 꿈꾸는 것은 우리 모두가 바라는 바다. 그가 나에게 조언을 구하기에 이렇게 말했다.

"해외에 나가서 견문을 넓히는 것은 좋지만 익숙한 곳을 떠나 새로운 환경으로 간다고 해서 네가 변할 수 있는 것은 아니야."

물론 환경이나 직업을 바꾸니 바로 환골탈태하듯 새로운 사람이 되는 경우도 있다. 그러나 그렇게 변화가 쉬웠다면 사람들이 스스로를 바꾸기 위해 크게 노력할 필요도 없을 것이다. 나만 해도 많은 사람을 만났고, 많은 나라를 다녔으며, 다양한 곳에서 지냈지만 별다른 변화를 느끼지 못했다. 우리 모두는 살아오면서 축적된 자기만의 과거를 가지고 있는데, 이 두텁게 쌓인 과거는 환경뿐만이 아니라 우리의 마음과 생각이 환경과 상호작용하며 생겨난 것이기 때문이다.

진정한 심리적 안전지대는 익숙한 환경이 아니라 우리가 환경에 대처하는 익숙하고 고유한 방식이다. 따라서 익숙한 환경에서 벗어나는 것이 결코 심리적 안전지대를 벗어나는 것을 의미하지는 않는다. 환경에 대처하는 방식 자체를 바꿔야만 심리적 안전지대로부터 진짜 벗어날 수 있다.

그리고 여기서 말하는 대처 방식이란 우리가 인생에서 마주하는 어렵고 힘든 일들을 어떻게 처리하는지를 의미한다. 구체적으로 말하면 대처 방식에는 두 가지 의미가 있다. 첫 번째는 행동적 대처, 즉 구체적인 일에 대한 반응이다. 예를 들어 위험에 처했을 때 싸울 것인지 도망갈 것인지, 직장에서 어려운 업무가 주어졌을 때 문제를 해결할 것인지 미룰 것인지를 선택하는 것이다.

두 번째는 정서적 대처다. 대부분의 아이들은 동물원에 가서 사자를 보면 무서워한다. 예를 들어 한 아이는 '엄마, 나 집에 갈래' 하면서 눈물을 터트렸고, 한 아이는 말은 하지 않았지만 다리가 후들후들 떨렸다. 그리고 한 아이는 사자를 한참 보다가 엄마에게 '나 사자한테 침 뱉어도 돼요?'라고 물었다. 세 아이 모두 사자를 무서워했지만 두려움이라는 감정에 대처하는 방식은 모두 달랐다. 이것이 바로 대처 방식의 차이다.

삶이 습관을 만드는 것이 아니라 습관이 삶을 결정한다

심리적 안전지대의 장점이 무엇이기에 우리는 문제 행동을 그만두고 싶어도 그만두지 못하고, 계속 변화를 추구하면서도 결국에는 변하지 못하는 걸까?

심리적 안전지대의 가장 큰 장점은 통제력이다. 통제력은 개인이 어떤 행동을 수행하거나 통제할 수 있는 능력에 대한 인식, 행동을 실천으로 옮길 수 있다는 믿음으로 모든 사람의 기본 욕구이자 안정감의 원천이다. 대부분의 대처 방식은 처음에는 모두 불안한 감정을 상대하는 데 쓰였다. 그러다 위험과 불안을 더 많이 느낄수록 통제력도 더 필요했기에 사람들은 불안할수록 기존의 대처 방식만을 고수하고 좀처럼 놓지 못하게 되었다.

게다가 심리적 안전지대를 벗어난다는 것은 불안함에 대처하던 기존의 무기를 버리고 새로운 대처 방법을 찾는다는 것을 의미한다. 그것은 감정적인 코끼리가 감당할 수 없는 일이다. 그래서 불안함에 대한 회피와 통제력에 대한 필요성은 종종 코끼리를 익숙한 대처 방식으로 되돌린다. 이로 인해 행동 변화는 극도로 제한되고 변한다고 해도 몹시 어려운 상황이 된다.

극심한 불안함에 시달리다가 나를 찾아온 내담자가 있었다. 최근 결혼한 그녀는 지금은 남편이 된 남자친구가 공부를 위해 유학을 가면서 6년간 서로 떨어져 장거리 연애를 했다. 귀국 후 남편이 상하이에 직장을 구하게 되면서 원래 일하던 도시에서 상하이로 이사를 왔다. 하지만 그녀는 원래 있던 도시로 돌아가야 할지 아니면 남편과 같이 상하이에 남아야 할지 고민하기 시작했다.

처음에는 단순히 일 문제로 고민이 생긴 것이라고 여겼기 때문에 우리는 그녀의 커리어에 대해 많은 이야기를 나눴다. 그런데 이야기를 나누면 나눌수록 그녀가 자기계발을 할 수 있는 기회나 앞으로 미래를 내다봤을 때 이전 도시로 돌아가는 것보다 상하이에 남는 게 훨씬 유리하다는 것을 알게 됐고, 그녀 또한 이 점에 동의했다. 나는 의아해하며 그녀에게 물었다.

"그런데 왜 돌아가고 싶은 거예요?"

"솔직히 남편이 이혼하자고 할까 봐 겁이 나요."

그녀가 깊은 한숨을 내쉬었다.

"남편과 사이가 좋지 않은가요?"

"아니요. 그런 건 아니에요. 어느 부부보다 사이는 좋아요."

"그럼, 지금 두 분에게 힘든 일이 있나요?"

"아니요, 전혀요. 그런데 너무 불안해요."

그 후, 우리는 그녀의 성장 과정에 대해 이야기를 나눴다. 어릴 때부터 부모님이 사업으로 바빠서 집을 비우는 일이 잦았고, 그래서 부모님과 함께 보낸 시간이 별로 없었다. 그녀의 유년 시절 기억 속에 각인된 장면 하나는 타지로 일하러 가신 부모님이 돌아오실 때까지 혼자 대문 앞에 쪼그려 앉아서 기다리고 있는 것이었다. 그때 담 모퉁이에 나팔꽃 두 송이가 피어 있었는데, 그녀는 날이 어두워지는지도 모르고 계속 나팔꽃만 바라보고 있었다. 깜깜한 밤이 되자 나팔꽃은 보이지 않았지만, 부모님은 여전히 돌아오시지 않았다. 그녀에게는 이런 날들이 너무 많았기 때문에 기다림과 외로움에 그런대로 익숙했다.

"그 장면을 떠올리면 기분이 어때요? 힘들지 않아요? 나중에 이런 분리에 대해 어떻게 대처했어요?"

그녀는 생각보다 담담했다.

"저도 잘 모르겠어요. 이미 적응이 된 것 같아요."

하지만 나는 어린 소녀가 겪기에는 굉장히 불안한 경험임을 알기에 특별한 대처 방식을 마련하지 않았다면 적응하기 힘들었을 것이라고 생각했다.

그 후 그녀는 대학에 다니면서 연애를 했다. 다른 사람들은 장거리 연애는 힘들어서 하는 것이 아니라고 말렸지만 오히려 그녀는 아주 잘 적응했다. 사실 그때 이미 그녀는 마음속으로 '어차피 언젠가 그도 나에게서 떠날 거야'라고 생각하고 있었다.

하지만 물리적 거리와 시차를 비웃기라도 하듯 두 사람의 사랑은 긴 시간을 잘 이겨냈고, 공부를 마치고 돌아온 남자친구는 그에게 청혼했다. 그런데 막상 둘이 함께 지내게 되자 갑자기 불안함에 휩싸인 그녀는 원래 있던 도시로 돌아가 다시 장거리 생활을 하는 것이 좋을지 고심하기 시작했다. 더욱이 그녀는 지금 고민하는 이유가 사랑 때문이 아니라 자기계발에 더 유리한 곳을 선택하려다 보니 벌어진 상황이라며 교묘하게 자신을 속이기까지 했다.

성장 과정에 대한 이야기를 나눈 후, 나는 그녀에게 질문을 던졌다.

"지금 지내면서 뭐가 제일 불안한가요?"

"지금 생활은 괜찮아요. 근데 앞으로 어떤 나쁜 일이 일어날지는 아무도 모르는 일이잖아요. 지금 누리고 있는 모든 걸 송두리째 파괴하고 말 거예요."

이 내담자가 성장 과정에서 습득한 대처 방식은 관계에 아무런 기대를 갖지 않고 언제든지 떠날 준비를 하는 것이었다. 이런 대처 방식은 두 사람의 동거 생활에 적용되는 것이 아니라 두 사람이 함께 있지 않을 때 발생하는 분리 불안을 다루는 데 적용된다. 아마 그녀는 자기만의 대처 방식에 따라 차라리 서로 떨어져 사는 방식을 선택할 것이 뻔했다. 그것이야말로 그녀에게 통제력과 안정감을 줄 수 있는 가장 익숙한 방식이기 때문이다. 설령 그녀가 자신의 대처 방식을 의식하지 못하더라도 그 방식대로 움직일 것이었다.

이것은 심리적 안전지대의 가장 특별한 부분인데, **우리는 현재의 삶에 따라 적절한 대처 방식을 선택하는 것이 아니라 익숙한 대처 방식에 따라 현재의 삶을 살아간다.** 분명히 삶은 이미 바뀌었는데도 원래 그대로라며 끝까지 고집하는 이유는 기존의 대처 방식에 익숙하기 때문이다. 그래서 과거의 방식을 꼭 붙들고 좀처럼 놓지 못한다. 그러다 차츰 우리가 우려하고 두려워하던 일이 실제로 일어난다. 이것이야말로 많은 비극의 근원이다.

그녀는 삶에 대해 언제나 불안해하고 걱정할 필요가 없는데도 혼자서 이별을 준비하고 있었다. 그리고 그녀만의 익숙한 대처 방식을 적용해 상대방에게 '나'를 버린 사람이라는 프레임을 씌워 버렸다. 그녀의 남편도 이와 비슷한 방식으로 대처한다면 어떨까? 그는 그녀의 고민을 떠나려는 신호로 해석하기 쉽고, 그 또한 상처받지 않기 위해 이별을 준비할 것이다. 그러면 이별에 대한 두려움은 현실이 되고 두 사람은 점점 더 멀어지게 될 것이다.

다행히 남편은 두 사람의 관계에서 안정감을 느꼈다. 그는 두 사람이 떨어져서 생활하는 것이 정상적이지 않으며 함께 있어야 한다고 생각했다. 남편에게는 두 사람의 관계가 심리적 안전지대였던 것이다. 그래서 그는 그녀의 불안함까지 끌어안았다.

그녀의 대처 방식을 조금씩 바꾸기 위해 남편을 상담실로 불러서 함께 상담을 진행한 적이 있었다. 우리는 그녀가 느끼는 불안과 걱정에 '작은 알람'이라고 이름을 지어줬다. 그리고 그녀에게 또다시 불안해져서 떠나고 싶어지면 '내 작은 알람이 울리고 있어'라고 말하도록 했다. 남편은 그녀의 귀를 살짝 꼬집으며 알람을 끄는 척했다. 결국 그녀는 상하이에 남기로 했다.

상담실을 나오면서 그녀는 나에게 인사를 건넸다.

"선생님, 감정뿐만 아니라 예전에는 커리어나 명예, 행복처럼 좋은 건 바라지도 않았어요. 제가 그것을 성취해도 불안하고 제 것이 아닌 것 같았어요. 그런데 지금은 그런 생각을 조금씩 버리게 됐어요."

자신이 좋은 것을 누릴 가치가 없다고 생각하는 것도 일종의 심리적 안전지대다. 그녀는 이 안전지대에서 벗어나 새로운 대처 방식으로 살아가기로 했다. 그렇다고 해서 그녀와 남편이 앞으로도 절대 헤어지지 않을 것이라는 보장은 할 수 없지만, 새로운 대처 방식을 통해 그녀는 기존의 행복과 기쁨을 누리며 새로운 경험을 쌓을 수 있게 되었다. 이것이 바로 변화가 갖는 의미다.

이 사례를 통해 우리는 심리적 안전지대의 본질이 익숙한 대처 방식에서 생기는 통제력이라는 것을 알 수 있다. 이러한 통제력은 변화를 어렵게 만든다. 나아가 우리가 행동에서 낡은 경험을 버리고 새로운 경험을 받아들이기 어렵게 하는 가장 큰 이유이기도 하다.

내면의 두려움을 인정하고 바라볼 것

마음에도 바이러스가 있듯 백혈구도 있다

우리는 변화에 대해 본능적으로 직감할 수 있고, 변화를 주는 것은 아주 간단한 일이라고 생각하는 경우가 많다. 예를 들어 우리가 어떤 행동을 바꾸고 싶다면 그와 상반되는 일을 하면 된다. 미루는 것을 좋아하면 부지런히 일하는 방법을 생각하고, 지각을 밥 먹듯이 한다면 일찍 일어나는 계획을 세우면 된다. 또 화를 잘 내면 예절과 친절을 배우면 된다. 그래도 할 수 없다면 우리의 의지력에 문제가 있는 것이 아니라 적절한 방법과 방식을 모르기 때문이다. 이렇게 생각하면 변화는 전혀 어려운 일이 아니다.

그러나 이 문제를 심리적 안전지대의 관점에서 바라보면 그렇게 간단하지 않다는 것을 알게 된다. 우리는 방법을 몰라서가 아니라 스스로를 모르기 때문에 변화하지 못하는 경우를 종종 겪게 된다. 우리는 지금까지 몸에 습관처럼 스며든 삶의 방식을 발전시켜 왔는데, 변화는 오히려 그것을 아예 포기하고 다른 방식을 사용하도록 요구한다. 따라서 진정한 변화를 원한다면 내면의 진실한 사랑과 두려움을 직시하고, 자신의 사고방식을 바꾸고, 나아가 익숙했던 심리적 안전 지대에서 벗어나 새로운 경험을 시도한다는 쉽지 않은 과정을 거쳐야 한다.

그렇다면 우리는 어떻게 감정적인 코끼리의 내면에 도사린 사랑과 두려움을 알 수 있을까? 말과 대화하는 홀스 스피커(말의 언어를 구사하는 사람_역주)처럼 코끼리의 사랑과 두려움을 번역할 수 있는 코끼리 스피커는 없을까? 지도를 그리듯이 우리의 변화를 가로막는 심리적 안전지대를 명확하게 그려보자. 그렇게 할 수 있다면 기수가 어떻게 대응해야 하는지 알 수 있을 것이다.

실제로 발달심리학을 연구하는 로버트 케건Robert Kegan 하버드대학 석좌교수가 발명한 '심리면역 X-ray'를 이용하면 가능하다. 그는 우리 몸이 외부 미생물, 즉 바이러스를 거부할 수 있는 생리적 면역 체계를 가지고 있는 것처럼 사람의 마음에도 면역 체계가 있으며, 그것이 우리가 새로운 행동을 취하지 못하도록 막아 기존의 심리적 균형과 안정을 유지시킨다고 생각했다. 이러한 심리적 면역 체계의 본질은 불안을 통제하는 것이다. 우리가 새로운 방식을 취하면 심리적 면역 체계가 흔들려 불안함을 느끼게 되고, 불안함을 피하기 위해 낡은 방법으로 회귀한다. 이는 심리적 안전지대의 개념과 아주 흡사하다.

로버트 케건은 변화를 방해하는 모든 행동에서 심리적 면역 체계가 나타난다고 생각했다. 그리고 구체적인 행동 뒤에 심리적 면역 체계가 어떻게 기존의 행동을 유지하고 어떻게 변화를 막고 있는지 이해하기 위해 심리면역 X-ray를 발명했다. 자신이 고안한 방식에 'X-ray'라고 이름을 붙인 이유는 X-ray처럼 우리 내면이 진짜로 두려워하는 것을 비출 수 있다는 의미에서였다. 무슨 방식인지 아직 감이 잘 오지 않을 텐데, 이것은 4열로 구성된 표에 자신의 내면을 적는 것에 불과하다. 이어서 소개되는 다음 이야기의 주인공과 함께 자신의 X-ray를 그려보도록 하자.

나의 속을 비춰주는 네 가지 질문, X-ray

에이미는 대학을 졸업한 지 얼마 되지 않아 인터넷 회사에서 일하고 있다. 이 회사는 자주 회의를 열어 제품의 디자인과 방향성에 대해 논의한다. 그녀에게는 참신한 아이디어가 많았지만 회의석상에서 자신의 생각을 말하는 것을 부끄러워했다. 아주 어렵게 말을 꺼냈다가도 다른 사람이 다른 의견을 내거나 동의하지 않으면 이내 침묵하곤 했다. 때로는 동의하지 않는데도 상대방이 그녀의 생각을 물으면 본능적으로 대답했다.

"네, 좋습니다."

그렇게 시간이 흐르자 다른 사람들은 그녀의 생각을 무시하기 시작했다. 그녀는 너무 괴로워 변하고 싶은 마음이 간절했다.

심리면역 X-ray에서 첫 번째 열은 우리가 이루고자 하는 행동 목표다. 에이미에게는 더 행복해지고, 더 창의적이고, 더 많은 돈을 벌고 싶다는 목표가 있었다. 하지만 이런 목표는 심리적 면역 체계가 식별할 수 있는 것이 아니다. 행복은 감정적 목표이고, 창의성은 능력 측면의 목표이며 돈을 많이 버는 것은 성과적 목표로 볼 수 있다. 그러나 심리적 면역 체계의 목표는 행동으로 표시된다. 그러므로 에이미가 써야 할 목표는 자신을 더 자신 있게 표현하는 것이다. 표현이 즉 행동이기 때문이다.

행동 목표가 생기면 X-ray의 두 번째 열에는 우리의 목표와 반대되는 행동을 쓰면 된다. 에이미는 다른 사람이 먼저 말할 때까지 조용히 기다렸다가 '맞아요'라며 부화뇌동한다. 속으로는 다른 사람의 의견에 동의하지 않으면서 직접적으로 표현하지 않고 그저 침묵으로 일관한다. 그녀의 목소리는 너무 작아서 그녀의 말은 종종 무시당한다. 무슨 말을 할 때마다 '이렇게 해도 될지 모르겠지만…'이라는 말로 시작하고 쭈뼛거린다. 이 모든 것들이 그녀의 목표와 상반되는 행동이다. 그렇다면 그녀는 왜 더 자신 있게 표현한다는 목표와 반대되는 행동을 그렇게 많이 하는 것일까? 바로 이러한 행동이 그녀에게 잠재적 '이점'으로 작용했기 때문이다.

X-ray의 세 번째 열에서는 목표와 반대되는 행동에 어떤 잠재적 이점이 있는지 생각해 보아야 한다. 예를 들어 자신 있게 표현하지 않을 때 얻을 수 있는 이점은 무엇일까? 만약 대답이 떠오르지 않는다면 질문을 바꿔 보도록 하자. '그렇게 하지 않았을 때 우려되는 최악의 상황은 무엇인가?' 바로 내가 에이미에게 한 질문이다.

"만약 당신이 다른 사람의 의견에 무조건 동의하지 않고 자신 있게 자신의 생각을 이야기했을 때 발생할 수 있는 최악의 상황은 무엇이라고 생각하세요?"

한참 생각에 잠긴 그녀는 깊은 한숨을 내쉬었다.

"제가 다른 사람의 의견에 동의하지 않으면 저에 대해 선입견을 갖거나 다른 부류라고 생각해서 따돌림을 당할까 봐 걱정이 돼요. 또 혹시라도 제 말이 틀리면 사람들이 저를 어리석다고 여길까 봐 두렵기도 하고요."

그녀는 다른 사람들과 갈등을 빚거나 따돌림을 당하거나 틀린 말을 했다고 바보 취급을 당하는 상황을 피하고 싶어서 그런 선택을 해왔던 것이다. 바로 이런 잠재적 이점이 코끼리의 감정을 부추겨 목표와 반대되는 길로 몰아넣는다.

지금은 기수가 알아들을 수 있는 언어로 번역되었지만 이 정도로는 그녀가 왜 그렇게 걱정하는지 여전히 알 수 없다. 그녀는 대체 무엇 때문에 남들과 다른 의견을 갖는 것이 곧 따돌림을 당하는 일이라고 생각하는 것일까? 또 왜 말을 실수했을 때 다른 사람이 자신을 어리석게 여길 것이라고 믿게 되었을까?

그것은 바로 X-ray의 네 번째 열인 그녀의 내면에 있는 중대한 가설 때문이다. 이 가설은 그녀가 가진 일련의 목표와 상반되는 행동 뒤에 숨겨져 있는데, 바로 이 가설이 이런 행동의 이른바 '이점'을 성립시켰다. 에이미의 가설은 그녀가 다른 사람의 의견에 동의하지 않으면 갈등이 발생한다는 것이었다. 원래 이 가설은 코끼리의 심리적 변화를 만든다. 기수는 대개 코끼리의 감정만 보기 때문에 코끼리가 무엇을 두려워하는지 명확하게 알지 못한다. 그러나 이제 코끼리의 불안함과 두려움이 기수가 알아들을 수 있는 언어로 번역되어 기수의 의식에 영향을 미친다.

그렇다면 에이미에게 이런 가설이 생긴 이유는 무엇일까? 무슨 일이든 아니 땐 굴뚝에 연기 나는 법은 없지 않은가. 이유를 확인하기 위해 에이미의 삶을 더 들여다볼 필요가 있었다.

"저희 아버지는 군인이셨어요. 전역 후에는 지방 공무원으로 일하셨고요. 그래서인지 아주 보수적이고 엄격한데다가 말수도 적은 편이서서 엄마를 수다스럽다고 싫어하셨어요. 엄마가 무슨 말만 하면 째려보시곤 했어요."

에이미는 말을 마치자마자 갑자기 눈을 부릅뜨고 당시 아버지의 표정을 지어 보였다. 그녀가 살면서 수없이 마주했을 그 표정은 그녀의 마음속에 매우 깊이 각인되어 있을 것이 분명했다.

"아버지가 이 표정을 지을 때마다 저는 엄마가 제발 그만 말하길 바랐어요. 엄마가 계속 말을 걸면 큰 싸움으로 번질 게 뻔했거든요. 그래서 그냥 한쪽이 그만했으면 좋겠다는 생각이 간절했어요."

말하는 것이 두려운 에이미, 이제는 변하고 싶다!
① 이루고 싶은 행동 목표: 자신의 생각을 자신 있게 표현하기.
② 목표와 반대되는 행동: 늘 타인의 의견을 따른다. 작게 말한다.
③ 잠재적 이점: 다른 사람과의 갈등을 피할 수 있다.
④ 자신의 가설: 다른 의견을 말하면 갈등이 일어날 것이다.

그녀의 바람은 당시의 불안한 감정과 함께 그녀의 머릿속에 각인되어 심리적 면역 체계의 일부로 자리 잡게 되면서 자기 최면처럼 코끼리가 예전 방식을 계속 반복하도록 했다.

돌이켜보면 변화가 일어나기 어려운 이유를 더 잘 이해할 수 있다. 변화하려는 열망과 변화하지 않으려는 원동력 사이에는 심각한 갈등이 생기기 마련이다. 이와 관련해서는 심리학자 카렌 호나이^{Karen} ^{Horney}의 비유가 잘 알려져 있다. 우리가 자동차를 운행할 때 한 발로 는 가속 페달을 밟고 다른 발로는 브레이크를 밟으면 에너지와 동력 이 공회전만 하면서 허투루 소모될 뿐이다. 심리면역 X-ray를 통해 우리는 이러한 갈등을 명확하게 볼 수 있다.

그러나 심리적 면역 체계는 마치 손주를 아끼는 할머니가 손주가 위험한 곳으로 가지 못하게 하는 것처럼 약하고 상처받기 쉬운 우리 를 보호해 왔고 지금도 여전히 보호하고 있기 때문에 변화를 방해하 는 행동만 보고 이를 비난할 수는 없다. 심리적 면역 체계는 우리의 안전을 위해 가능한 모든 방법을 동원해 새로운 곳으로 가지 못하도 록 막아왔다. 하지만 언젠가 우리는 그 따뜻한 '할머니'의 품에서 벗 어나 새로운 여정을 시작해야 한다.

나를 옭아매는 상상된 규칙

변화가 어려운 이유는 기존의 모든 행동 뒤에 우리의 '두려움'이 도사리고 있기 때문이다. 그렇다면 우리는 어떻게 두려움을 극복하고 변화를 이룰 수 있을까? 이제부터는 변화를 실현하는 네 가지 원칙을 소개하려고 한다. 바로 자기 검증의 원리, 점진적 접근의 원리, 유사성의 원리(환경 장) 및 감정적 터치다.

누구에게나 자신만의 가설이 있다

심리면역 X-ray는 우리의 행동 안에 우리 인생에 대한 몇 가지 중요한 가설이 숨겨져 있음을 알려준다. 카를 융Carl Gustav Jung은 '무의식을 의식화하지 않으면 무의식이 우리 삶의 방향을 결정하게 되는데, 우리는 이것을 두고 운명이라고 부른다'라고 했다.

마찬가지로 변화를 방해하는 힘과 그 힘의 이면에 있는 중요한 가설을 모른다면 겉으로는 상식적으로 살아가는 것처럼 보이지만 사실은 자신의 가설에 따라 살게 된다. 이러한 내면의 가설을 분별하는 것이 심리적 면역 체계를 돌파하고 변화를 일으키는 첫 번째 단계다. 이것이 변화를 실현하는 첫 번째 원칙인 인생 가설을 검증하는 것, 즉 자기 검증의 원리다.

앞에서 에이미는 '다른 의견을 말하면 갈등이 생길 수 있다'는 가설을 가지고 있었다. 이 가설은 그녀 안에 있는 두려움에 떨고 있는 코끼리를 움직여 자신의 생각을 적극적으로 표현하지 못하게 만들었다. 그렇다면 그녀는 어떻게 변할 수 있을까?

때로는 구체적인 조치를 취하지 않고 이런 가설을 살펴보기만 하더라도 변화로 이어질 수 있다. 이 가설들은 깊이 숨겨져 있어서 우리는 이를 결코 쉽게 흔들릴 수 없는 상식으로 여기기 때문이다. 그리고 일단 눈에 띄면 의식에 이끌려 이성적인 심문을 받게 되면서 인간 심리에 대한 보이지 않는 통제는 깨질 것이다. 가설을 말하는 순간 사람들은 갑자기 깨닫고 이상하게 여기기도 한다. '이렇게 간단한 일을 왜 이제야 알게 된 것일까?'

그래서 인생의 중요한 가설을 검증하기 위한 전제는 우리 마음속의 가설을 보는 것이다. 그럼 어떻게 하면 볼 수 있을까? 심리면역 X-ray의 세 번째 열은 우리가 이 가설을 이해하는 데 도움이 된다. 다음의 세 가지 질문을 스스로에게 던져 보자.

첫째, 목표와 반대되는 행동이 가져다주는 이점은 무엇인가?
둘째, 다르게 행동했을 때 예상되는 타인의 반응 가운데 무엇이 가장 걱정되는가?

셋째, 변화를 방해하는 행동이 가져오는 이점이 꼭 필요할까? 이런 이점이 없다면 어떤 어려움이 발생할까?

이 세 가지 질문에 대해 진지하고 성실하게 고민해보면 마음속 깊은 곳에서 변화를 가로막는 가설이 무엇인지 발견해낼 수 있을 것이다. 한 가지 팁을 주자면, 내면의 가설을 찾을 때 '만약 A를 한다면, B를 한다'라는 문장 패턴을 사용해서 유추해보기를 바란다. 이런 명확한 문장 구조를 통해 들여다보면 과거부터 깊이 뿌리박혀 있던 자신의 믿음, 즉 신조가 하나의 가설에 불과했다는 것을 알게 될 것이다.

내담자 D씨는 다른 사람과 친밀한 관계를 맺고 싶어 하지만 좀처럼 교제의 첫걸음을 떼지 못한다. 그녀의 내면에는 기본적으로 사람과 사람 사이에는 이해관계만 존재할 뿐, 만약 누군가 그녀에게 잘해준다면 그 이면에 틀림없이 다른 의도가 있을 것이라는 가설이 깊게 깔려 있었다. 어느 날, 나는 지금까지 그녀에게 잘해준 사람을 모두 열거해 보라고 했다. 그녀는 부모님과 고등학교 담임 선생님을 차례로 적어 나갔다.

"이들이 당신에게 잘해준 사람들이군요. 이들에게도 의도가 있었을까요?"

"부모님께서 저에게 잘해준 이유는 나중에 제가 두 분을 부양하길 바라시기 때문일 테고, 선생님이야 제가 성적이 오르면 자신의 체면을 세울 수 있으니 잘해주셨겠죠."

사람은 항상 자신의 핵심 가설을 보호하려는 경향이 있기 때문에 쉽게 변경하려고 하지 않는다. 그럼에도 불구하고 그녀는 내심 '하이

센 선생님이라면 이렇게 생각하지 않으셨을 거야'라는 생각을 했다. 그것은 아마도 그녀가 이미 자신의 가설을 돌이켜 주의 깊게 살펴봤다는 의미이며, 다른 의미에서는 그녀의 핵심 가설이 이미 흔들리고 있다는 반증일 수 있다.

'나만의 가설'은 과연 옳을까?

물론 가설을 보는 것만으로는 턱없이 부족하다. 변화의 본질은 다른 일을 통해 새로운 경험을 얻는 것이다. 여기서 말하는 '다른 일'이란 심리적 면역 체계가 우리에게 요구하는 것과 다른 것을 의미한다. 이에 따라 '새로운 경험'은 새로운 행동으로 우리 이면에 깃들어 있는 가설을 살짝 풀어놓음으로써 새롭게 얻게 되는 깨달음을 가리킨다. 이 깨달음은 우리의 심리적 면역 체계에 통합되어 결국 이 체계를 바꾸는데, 바로 이때 변화가 일어난다.

더 나은 변화를 이루려면 이러한 기본적인 가설을 테스트하기 위해 목적에 맞는 새로운 행동을 설계해야 한다. 또 행동과학자들이 실험하는 것처럼 이러한 가설이 옳은지, 유효한지도 검증해야 한다. 우리가 수영을 배우고 싶다고 바닷가에 누워서 수영에 관련된 책만 읽을 수도, 반대로 무턱대고 깊은 바다로 뛰어들 수도 없는 노릇이다. 변화도 마찬가지다. 변화는 용기뿐만 아니라 안전과 통제가 필요한 일종의 지원적 탐색이다.

다시 에이미의 사례로 돌아와서, 회의에서 다른 의견을 제시하면 따돌림을 당할 것이라는 생각이 그녀의 내적 가설이었다. 그렇다면 별로 중요하지 않은 회의에서 조금씩 자신의 의견을 표현해 보는 것은 어떨까? 회의 전에 그녀는 다른 의견을 제시했을 때 어떤 결과가 생길지, 어떤 감정을 느낄지 예상해 볼 수 있다. 그리고 의견을 제시한 후에는 실제 상황과 대조하며 원래 예상과 무엇이 달랐는지 살펴볼 것이다. 새로운 경험은 주로 예상했던 경험을 실제 경험과 대조했을 때 나타난다.

내담자 E씨는 이제 막 사회생활을 시작했다. 그녀는 항상 적극적이고 의욕이 넘치다 못해 과하게 행동하는 경향도 있었다. 재미있는 얘기로 주변 사람들을 즐겁게 해주기는 했지만 모든 사람의 감정에 지나치게 민감하게 반응했다. 팀원 가운데 누군가가 기분이 좋지 않으면 그녀의 잘못이 아닌데도 자신을 탓하며 반성하곤 했다. 그러다 보니 마음이 편한 날이 없었고 피곤한 하루하루를 보냈다. 그녀에게는 변화가 필요했다.

심리면역 X-ray를 그리면서 그녀는 자신이 긍정적이고 밝은 모습을 보이지 않으면 팀 내에서 자신의 존재감을 증명할 수 없고 팀원들이 자신을 좋아하지 않을 것이라는 내적 가설을 발견했다. 그래서 나는 그녀와 함께 행동 테스트를 해보기로 했다. 나는 그녀에게 월, 수, 금요일에는 평소대로 적극적이고 밝은 모습으로 주변 사람들에게 재미있는 얘기도 해주면서 그들의 기분이 어떤지 관심을 갖도록 하고, 화, 목요일에는 다른 사람의 기분에 관심을 두지 말고 오직 그녀의 일, 감정에만 집중하도록 했다. 그리고 매일 그녀의 심경 변화와 팀원들의 변화를 기록하게 했다. 이 테스트는 그녀의 습관을 그대로 유지하되 새로운 행동을 할 수 있는 여유를 갖게 해줬다.

일주일 후 나는 상담실을 찾은 그녀에게 결과가 어떤지 물었다.

"제 심경에 변화가 생겼어요. 처음에는 다른 사람의 기분이 어떤지 신경 쓰지 않으면 가슴이 두근거리고 불안했는데, 이제는 나름 해방감도 생겼어요. 가장 놀라운 건 팀원들에게는 아무런 변화도 일어나지 않았다는 거예요. 그들은 제가 이런 행동 테스트를 하고 있다는 것조차 전혀 눈치채지 못하더라고요. 심지어 친한 동료에게 물어봤는데, 그 친구도 며칠 동안 저에게 있었던 변화를 전혀 알아차리지 못했어요."

"거 봐요. 선생님은 이렇게 열심히 자신을 표현하고, 그것을 중요한 일로 생각하지만 정작 다른 사람들은 별로 개의치 않잖아요. 그들이 신경을 안 쓰는데 어떻게 이걸 근거로 당신을 좋아하는지 아닌지를 결정할 수 있겠어요?"

그녀는 아무 말도 하지 않았다.

그 후로 그녀는 더 이상 적극적이고 밝은 성격을 반드시 완수해야 할 임무로 여기지 않고 그동안 자신을 옭아맸던 부담을 내려놓았다. 다만 가끔씩 필요할 때에만 다른 사람의 기분에 관심을 가졌다. 그녀의 가설은 이렇게 천천히 해결됐다.

오직 행동만이 내 안의 가설을 검증할 수 있다

나도 가끔 이 행동 테스트를 사용해 변화를 맛보기도 한다. 한때 나는 뒤에서 나의 업무 파트너를 험담하거나 불평하는 것을 즐겼다. 나중에는 하기 싫어도 멈출 수가 없었다. 결국 변화를 시도하기로 결심하고 심리면역 X-ray를 작성했다. 나는 세 번째 열, 즉 '불평의 이점'을 적을 때 내가 '뒤에서 불평하기'로 수요를 강화하면서 갈등과 모순을 방지하고 있다는 사실을 알게 됐다. 나는 상대방이 거절하거나 내 체면을 잃을까 봐 다른 사람에게 직접 부탁하거나 요구하는 일이 매우 드문 편이다. 그러나 이에 대한 필요성은 항상 느끼고 있었다. 그래서 결국 뒤에서 불평하는 것을 절충안으로 삼았다.

이러한 행동 이면에는 나의 가설이 내포되어 있었다. 나에게는 불만을 직접 표현하거나 요구사항을 과하게 제시하면 다른 사람이 나를 싫어할 것이라는 생각과, 직접적인 요구는 다른 사람이 거절할 가능성이 높고 갈등을 초래할 수 있다는 두려움이 있었다. 그래서 나는 뒤에서 상대방의 험담을 하는 대신 요구사항을 직접 표현해보는 행동 테스트를 해 보기로 했다.

마침 그때 나는 한 프로그램을 진행하고 있었다. 파트너 측에서 프로그램에 아주 속물적인 제목을 붙여놨는데, 정말 마음에 들지 않았다. 담당 PD와 논의하기는 했지만 대중들이 이런 직접적이고 유용한 제목에 환호한다는 말에 어쩔 수 없이 동의할 수밖에 없었다. 다만 예전 같았으면 앞에서는 알겠다고 하고 뒤에 가서 욕을 하거나 불평을 쏟아냈을 텐데, 이제는 그렇게 하고 싶지 않았다. 다른 행동이 필요했다. 그래서 나는 PD에게 프로그램 제목을 바꾸는 것에 대해 다시 한번 고려해 달라고 부탁했다.

어쩌면 내가 한 행동이 대수롭지 않다고 생각할 수도 있겠지만 나처럼 항상 '예스'만 말하던 사람에게는 꽤 큰 용기가 필요한 일이었다. 변화의 원리를 아는 심리학자라고 해서 자신을 변화시키는 일이 여느 사람보다 쉬운 것은 아니다. 내가 다시 요청하자 담당 PD의 반응은 역시 예상했던 대로였다.

"천 선생님, 이미 얘기 다 끝난 거 아니었나요? 아직도 바꾸고 싶으세요?"

나는 미안하지만 정말 마음에 들지 않는다고 말했다.

"프로그램 제목을 바꾸기에는 이미 너무 늦었어요."

나는 한참을 고민하다가 입을 열었다.

"PD님, CP님을 모시고 제목에 대해 다시 생각해보면 좋을 것 같아요."

담당 PD는 아무 말도 하지 않았다. 그녀의 짧은 침묵이 나를 얼마나 긴장하게 했는지 모른다. 그냥 원래 제목대로 가자고 말해야 하나 싶을 정도였다. 하지만 나는 견뎌냈다. 드디어 PD가 입을 열었다.

"그럼 CP님이랑 얘기해보시죠. 그런데 너무 바빠서 오실 거라는 보장은 못 해요."

"네, 좋아요."

그제야 나는 한숨을 돌렸다.

다음 날, 담당 PD에게 연락이 왔다.

"선생님, 어제 새벽 2시까지 선생님 원고를 읽어봤는데요. 지금 프로그램 제목이 어딘지 모르게 어울리지 않는다는 생각이 들었어요. 좀 더 기발하고 특별해야 하는데 말이죠. 그래서 좀 생각해봤어요."

그때 갑자기 새로운 깨달음을 얻었다. **우리가 중요하게 생각하는 것이 있다면 뒤에서 불평하지 말고 스스로 싸워서 쟁취해야 한다. 시간이 아무리 촉박하더라도 우리의 생각을 지켜낼 줄 알아야 한다. 우리가 먼저 자신의 생각을 중요하게 여겨야 다른 사람도 그렇게 대하게 된다. 뒤에서 불평하는 것은 책임을 다른 사람에게 떠넘기는 것과 같다.**

이제는 불평을 하고 싶을 때마다 내가 직접적으로 표현하지 않은 것이 무엇인지, 내 생각을 견지했는지 먼저 생각해본다. 그리고 내가 직접 의사 표현을 하고 나니 다른 사람이 더욱 신경 쓰는 모습을 보였다. 이런 행동 테스트를 통해 내 안의 가설이 점점 느슨해졌다.

서로 다른 일로 행동 이면의 가설을 검증하는 것은 지도 한 장만 들고 떠나는 여행에서 항상 다른 풍경을 감상하는 것과 같다. 당신이 뭔가 다른 일을 한다는 것은 면역 체계의 밖, 커다란 가설 밖의 세상으로 나가는 것이다. 그곳에서 당신은 지금까지와는 다른 모습의 자신을 발견할 수 있을 것이고, 그렇기에 여행은 더 깊이 있고, 의미 있는 경험이 될 것이다. 내가 그랬듯 당신도 이 여행을 즐기고 사랑하게 되기를 바란다.

점진적 접근의 원리:

변화의 첫걸음을 내딛다

앞을 보면 어려움이 보이고 뒤를 보면 방법이 보인다

코끼리와 기수의 비유에서 코끼리는 우리의 감정을, 기수는 우리의 이성을 나타낸다. 우리가 변화를 원할 때 기수는 코끼리를 움직여 자신이 가고 싶은 곳으로 간다. 하지만 코끼리는 변화는 필요하지도 않고 가능하지도 않다면서 기수를 설득하는 경우가 많다. 즉 감정은 이성을 유인하거나 위협함으로써 우리를 심리적 안전지대에 머물게 하고 변화하지 못하게 한다. 그렇다면 이런 저항을 이겨내고 코끼리를 원하는 대로 움직이게 할 수 있는 방법은 없을까?

변화를 효과적으로 추진할 수 있는 특별한 방법이 있다. **행동의 변화를 실현하는 두 번째 원칙인 점진적 접근의 원리를 기본으로 삼은 스몰 스텝**small step**의 원리다.** 간단하게 말해서 스몰 스텝의 원리란 변화의 과정에서 작은 걸음을 내디뎌 작은 성공을 거두는 것이다. 작은 성공을 지속적으로 달성하며 경험을 축적하는 과정이 가진 장점은 다음 행동에 심리적 동기를 제공한다는 것이다. 작은 성공은 코끼리가 변화의 장점을 이해하고 체감하도록 도움으로써 기대감을 형성시킨다. 그리고 변화가 가능하다는 것을 확신하게 만들어 코끼리가 계속 움직이게 만든다.

여기서 문제는 성공에는 항상 행동이 따른다는 것이다. 좋은 결과는 우리가 먼저 행동을 해야만 얻을 수 있다. 그렇다면 어떻게 해야 코끼리에게 첫발을 내딛게 할 수 있을까? 여기서 제시되는 방법이 심리 상담 분야에서 기적의 질문법이라고 일컫는 질문 기법이다.

내담자 F씨는 대학교 4학년에 재학 중이었다. 마지막 학기에 네 과목을 이수해야 졸업할 수 있었고, 그렇지 않으면 제적을 당할 수 있는 상황이었다. 이 중요한 시기에 그는 매일같이 기숙사에 틀어박혀 온라인 게임을 하느라 거의 외출하지 않았다.

그는 고향에서 처음으로 명문대에 입학한 학생이었기 때문에 많은 기대를 받았고, 마을 사람들은 자기 자녀들에게 그를 본받아 열심히 공부하라고 할 정도였다. 그는 부유한 가정에서 자라지 않았기 때문에 자신의 성공적인 졸업과 취업이 가족에게 얼마나 중요한 의미가 되는지 너무나 잘 알고 있었다. 그러나 이러한 압박감에 시달리다 보니 시험 준비에 온전히 집중할 수 없었다. 코앞으로 다가온 시험 얘기가 나와도 그는 졸업을 하든 말든 크게 상관하지 않았다. 정 안 되면 일용직 노동이라도 해서 입에 풀칠할 정도만 돼도 집안의 부담은 충분히 나눌 수 있다고 생각했다.

물론 그가 정말 학업과 미래에 초연한 것은 아니었다. 그의 마음속 코끼리는 극심한 스트레스에 시달려 앞으로 나아가지 못하고 변화에 대한 자신감을 점점 잃어가고 있었다. 나중에 그에게 물어봤다.

"기적이 일어나서 무사히 졸업하게 됐다고 하면 이후에 무슨 일이 일어날까요?"

그는 고개를 저으며 그런 무의미한 생각은 하고 싶지 않다고 했다. 가능한 변화에 대해 생각하지 않는 것도 코끼리가 자신을 보호하는 방식이다. 때로는 실망하지 않기 위해 아예 바라지도 않는다. 그래도 나는 포기하지 않았다.

"괜찮아요. 한번 상상해 봐요!"

그제야 조금 생각해 보더니 드디어 입을 열었다.

"음, 그렇다면 저는 고향으로 돌아가서 일자리를 구할 거예요. 못 구하면 제가 졸업한 모교로 돌아가 선생님이 될래요."

대답하는 그의 얼굴에 화색이 돌았다. 아마도 학창 시절을 회상하면서 즐거운 기억이 떠올랐는지도 모르겠다. 이에 나는 질문을 이어 갔다.

"그럼 하나만 더 물어볼게요. 만약 이미 졸업을 했다고 생각해 봅시다. 그 과정을 돌이켜봤을 때 첫 단계는 뭐라고 생각하세요?"

"우선 정상적인 워라밸을 유지해야겠지요. 제시간에 식사하는 것도요."

"좋아요, 그럼 할 수 있겠어요?"

기적의 질문법은 심리치료 과정에서 흔히 쓰이는 질문 기법으로, 간단해 보이지만 사실 정교하게 설계되어 있다. **우리는 변화하는 과정에서 앞을 내다볼 때와 뒤돌아볼 때 각각 다른 것을 보게 되는데, 앞을 내다보면 어려움이 보이고 뒤를 돌아보면 방법이 보인다.** 이미 좋은 결과를 얻었다고 가정하고 다시 돌아보면, 우리는 효과적으로 코끼리의 방어기제를 피해갈 수 있다.

가상의 결과일지라도 좋은 결과는 때때로 코끼리를 기쁘게 한다. 코끼리가 이 일이 얼마나 불가능한지, 어떤 어려움이 있는지에 대한 생각을 멈추고 그 과정이 어떻게 일어났는지 생각하도록 동기부여를 하기 때문이다. 그러면 우리는 변화의 첫걸음을 어떻게 가야 하는지 보다 분명하게 알게 될 것이다.

그와 상담하는 동안 나는 그에게 어떻게 공부하고 시험에 합격할지에 대해서는 이야기하지 않았다. 이렇게 숙제처럼 느껴지는 일들은 코끼리를 놀라게 해서 한 걸음도 뗄 수 없게 만들기 때문이다. 우리는 그저 제시간에 식사하는 것에 대해 이야기를 나눴다. 이것은 그가 자신 있게 할 수 있는 일이기 때문이다. 그렇게 기적의 질문법은 그에게 변화의 첫걸음을 내딛게 했다. 이 변화는 사소했지만 그에게는 큰 도움이 되었다.

이 외에도 이런 변화는 특별한 의미를 지닌다. 변화의 스몰 스텝은 심리적 면역 체계를 기반으로 하는 것이 가장 좋다. 그에게 심리면역 X-ray를 해 보니, 그가 매일 기숙사에 틀어 박혀 있고 수업도, 도서관도 가지 않는 이유는 아는 사람을 만날까 봐 두렵기 때문이라는 것을 알았다. 혹시라도 아는 사람을 만나면 졸업이나 시험에 대해 물어볼 것이 뻔한데 그때마다 자괴감을 느끼고 싶지 않았던 것이다. 그래서 그에게 매일 제시간에 밥을 먹으러 식당에 가는 일은 그의 심리적 면역 체계를 다스리는 스몰 스텝이었다.

그 뒤로 그는 정말 그렇게 했다. 처음에는 사람들을 마주칠까 봐 조심스럽게 행동했다. 그런데 다음 날 생각지도 못하게 진짜 같은 과 친구를 만났다. 평소 적극적이고 다정한 그 친구는 그에게 안부를 물었다. 그는 잠시 머뭇거리다가 대답했다. 호의로 그런 것인지 모르겠지만, 그 친구도 지금 GRE(미국 대학원 수학 자격시험)를 준비하고 있는데 혼자 공부하려니 외롭고 힘들다면서 아침에 일찍 일어나도록 도와줄 사람이 필요하다고 했다. 그렇게 두 사람은 아침마다 서로 깨워주고 함께 식사하기로 약속했다. 그 후로도 둘은 같이 공부하며 시간을 보냈고 F씨의 상태도 점점 좋아지기 시작했다.

변화는 가끔 도미노처럼 일어날 때가 있다. 여기서 우리에게 가장 중요한 일은 변화를 주도할 도미노 패를 찾는 것이다. 그리고 첫 번째 작은 변화를 찾아서 넘어뜨리고, 호기심을 가지고 그 다음으로 무슨 일이 일어날지 지켜보는 것이다. 이때 **기적의 질문법으로 첫 번째 작은 변화를 찾아내 실현하는 전략을 스몰 스텝 원리라고 한다.**

변화할 때에는 마음속의 코끼리와 정면으로 맞서려고 하지 말고 방어 기제를 피하려고 해야 한다. 스몰 스텝 원리는 바로 이러한 방어 기제를 피해서 우리의 행동을 돕는 방식이다.

내 발밑만 보며 작은 한 걸음부터 성공시켜라

이 이야기의 결말이 완벽하다고 생각할 수도 있다. 만약 F씨가 식당에 갔을 때 친구를 만나지 않았다면 어떻게 됐을까? 그 친구가 친절하게 함께 공부하자고 하지 않고 비웃고 말았다면 F씨는 어떻게 되었을까? 그럼 그가 시도했던 작은 노력들은 모두 무용지물이 되었을까? 만약 그렇게 생각한다면, 당신은 스몰 스텝 원리의 의미를 제대로 이해하지 못한 것이다.

스몰 스텝 원리는 우리를 궁극적인 성공으로 이끄는 전략이 아니라 행동으로 이끄는 전략이다. 여기서 초점은 결과가 아니라 지금 이곳에서 일어나는 행동에 있으며, 핵심 사상은 사실상 그리스 스토아학파의 '통제할 수 있는 것을 통제하고, 통제할 수 없는 것을 포용하도록 노력해야 한다'는 주장을 기반으로 한다.

우리가 어떤 일을 하기 위해 궁극적인 성공을 약속받아야 한다면, 이미 스스로 행동하지 못하고 변화할 수 없다는 사고방식에 빠졌다고 볼 수 있다. 사기꾼과 다단계 판매 조직을 제외하고 그 누구도, 어떤 방법으로든 우리에게 이런 약속을 하기란 불가능하기 때문이다. 스몰 스텝 원리의 핵심은 현재 할 수 있는 일에 집중하도록 하는 것이다. 이 일이 원하는 결과를 가져올 수 있는지의 여부는 우리가 통제할 수 없기 때문에 관심을 가질 필요가 없다.

여기서 또 다른 의문이 생길 수도 있다. 만약 F씨가 실제로 다른 사람의 비웃음을 샀다면 어떻게 됐을까? 전혀 개의치 않았을 것이라는 추정은 너무 비현실적이다. 사람은 막 변하기 시작했을 때 가장 취약하고 작은 공격에도 쉽게 무너지기 마련이다.

나는 사실 이 문제에 대해 진지하게 고민했다. 만약 그런 일이 실제로 일어난다면 나는 그에게로 시선을 옮겨 비웃음이 그가 상상한 만큼 두려운지 확인해 보라고 할 것 같다. 상대방의 비웃음이 그렇게 두렵지 않다는 것을 알게 되면 이는 그에게 새로운 경험으로 적용되고, 그가 한 걸음 더 나아가 행동하는 데 많은 도움이 될 것이다.

스몰 스텝 원리의 위력을 보여주는 또 다른 사례를 살펴보도록 하

자. 1935년 미국 시카고에서 시작된 '익명의 알코올 중독자들 모임Alcoholics Anonymous, AA'은 아마도 세계에서 사람들의 변화를 돕는 데 가장 성공한 조직일 것이다. 이 모임의 설립자 빌 윌슨Bill Wilson은 원래 지독한 알코올 중독자였다가 술을 끊는 데 성공한 후 이 모임을 만들었다. 그가 사망한 지 거의 50년이 지났지만 AA는 여전히 정상적으로 운영되고 확장되어 매년 201만 명이 재활에 도움을 받고 있으며, 천만 명이 넘는 사람들이 단주에 성공하고 있다.

AA의 회복 과정으로 '12단계 재활 프로그램'이 유명한데, 이 프로그램의 첫 번째 단계는 우리는 알코올에 무력하며 우리의 삶을 수습할 수 없게 되었음을 인정하는 것이다. 다시 말해 바로 우리가 통제불능임을 인정하라는 뜻이다. 그러면 굳이 우리가 통제할 수 없는 일에 집중할 필요가 없게 된다. 대신 스몰 스텝 원리로 통제할 수 있는 일에 집중하면 된다.

AA는 회원들에게 '하루에 한 가지' 목표를 설정하도록 한다. 평생 술을 끊고 술을 마시지 않겠다는 약속 대신 24시간 이내에 술을 마시지 않겠다는 작은 약속을 하는 것이다. 그럼 24시간이 지난 다음에는 무엇을 시도할까? 새로운 날이 왔으니 '하루에 한 가지' 목표를 다시 실행하면 된다.

AA는 '하루에 한 가지'라는 모토를 이렇게 설명한다.

"대부분의 경우 우리는 사건이 어떻게 전개될지 예측할 수 없다. 현실에서 아무리 잘 준비되어 있더라도 결과는 갑작스럽게 닥칠 수 있다. … 우리가 미래를 위해 설정한 목표는 너무 커서 결국 남겨지는 것은 무거운 부담감과 심란함에 찌든 자신의 모습뿐일 것이다."

그러니 미래를 위해 너무 거창한 목표를 설정하지 말고 지금 할 수 있는 작은 걸음에 집중해 일단 성공적으로 해내는 경험을 가지는 것이 중요하다. 그래야만 코끼리가 발을 내디딜 수 있다.

내가 사람들에게 자주 들려주는 이야기가 있다. 옛날 어느 노승과 동자승이 탁발을 하기 위해 하산하다가 산기슭쯤에 다다랐는데, 그때 이미 해는 저물어 있었다. 동자승이 앞을 내다보며 걱정스럽게 노승에게 물었다.

"스님, 날도 어둑해지고 갈 길도 먼데, 이 작은 등불 하나로 어떻게 절에 돌아갈 수 있겠습니까? 가는 길도 온통 절벽에다가 혹여 산에서 귀신이나 만나지는 않을까 걱정됩니다."

노승은 담담하게 대답했다.

"네 발밑만 보거라."

변화의 과정은 바로 이렇다. 우리 마음속에 목적지가 있기는 하지만 막상 행동할 때는 겨우 발밑만 볼 수 있다. 그렇게 발밑만 보며 걷다가 문득 우리의 뒤를 돌아봤을 때 어느새 먼 길을 왔다는 것을 깨닫게 될 것이다.

새로운 행동을 습관으로 바꾸기

우리는 왜 카페에서 공부가 더 잘될까?

때로는 스몰 스텝이 큰 변화를 가져다주기도 한다. 그러나 변화의 첫걸음을 성공적으로 내디뎠다고 해도 중도에 쉽게 포기하는 경우도 있다. 사람은 일정한 관계와 환경에서 살아가기에, 환경과 관계의 미세한 변화가 변화의 지속 가능성에 영향을 미칠 수도 있기 때문이다. 그렇다면 어떻게 해야 새로운 경험을 오랜 습관으로 굳혀서 심리적 안전지대로 돌아가고자 하는 유혹을 떨쳐낼 수 있을까?

변화를 실현하는 세 번째 원칙은 '환경 장場, field'을 키우는 것이다. 내가 처음으로 '장'이 가진 힘을 깨달은 시기는 몇 년 전 존 카밧진Jon Kabat-Zinn 박사의 마음챙김 명상회에 참석했을 때였다. 그날 명상회에 도착하자마자 나는 적잖은 충격을 받았다.

명상회가 진행된 체육관만 한 크기의 회의실에는 요가 매트 250개가 빈틈없이 깔려 있었다. 이 모임에 참석하기 위해 전 세계 각지에서 각계각층의 사람들이 찾아왔다. 존 카밧진과 그의 명상 파트너 사키 산토렐리^{Saki Santorelli}는 강단 위에서 다른 사람들과 마찬가지로 책상다리를 하고 앉았다. 바늘 하나가 땅에 떨어지는 소리도 들릴 정도로 장내는 고요했다.

사실 이 명상법은 매일 아침 6시부터 저녁 9시까지 줄곧 앉아만 있기 때문에 무미건조하고 매우 지루하다. 그래서인지 계속 앉아 있기 힘들다는 생각이 들 때면 그때마다 카밧진이 종을 흔든다. 맑고 깨끗한 종소리로 고요함을 깨고 그 속에 묻혀 있던 우리도 깨워낸다. 그러면 우리는 조용히 일어나 걷기 시작한다. 이 '장'에 참석하지 않은 사람들은 그 광경을 보고 좀비에게 습격당했다고 생각할 수도 있다. 하지만 이 '장'에 있다면 자신이 가장 자연스러운 일을 하고 있고 강연자와 청중이 신비로운 감화력으로 연결돼 있는 것 같다는 느낌을 받을 수 있다. 이것이 바로 '장'의 힘이다.

그렇다면 과연 '장'이란 무엇일까? 이는 많은 행동의 단서를 포함하는 환경을 말한다. 이러한 행동 단서는 특정한 행동을 자극할 수 있다. 침실에 가면 자고 싶고, 사무실에 가면 일하고 싶고, 식당에 가면 밥을 먹고 싶은 것처럼 아주 자연스럽다.

존 카밧진의 '장'에서는 침묵하고 가부좌로 앉는 것, 가끔씩 우리를 깨우는 종소리 모두가 행동의 단서가 된다. 이러한 행동 단서는 행동의 역사와 타인의 반응이라는 두 가지 측면에서 나타난다. 명상과 수양을 했던 경험 덕분에 나는 내 행동을 좌선과 같은 깊은 문화적 전통과 쉽게 연결시킬 수 있었다. 활동에 참여한 사람들이 모두 앉아서 명상을 하고 있었기 때문에 나도 자연스럽게 그들처럼 외부 세계와 떨어져 조용히 명상을 해야 한다는 생각이 들었다.

감정적인 코끼리는 '장'에 민감하다. 항상 이성보다 '장'이 암시하는 행동의 단서들을 감지하고 그 단서에 따라 행동한다. 환경에 포함된 행동 단서가 많을수록 '장'의 힘은 커진다. '장'의 차이 때문에 어떤 곳에서는 열심히 일하고 어떤 곳에서는 게으름을 피우며, 또 어떤 곳에서는 침묵하고 어떤 곳에서는 끊임없이 말을 하게 된다.

환경은 장소가 아닌 우리 마음속 가설이다

G씨는 베이징에 온 지 얼마 되지 않아 경쟁이 치열한 스타트업 회사에 합류했다. 이 회사는 제품 생산이나 업무 진행 속도가 매우 빠른 편이라 업무에 적응해 나가기 위해서는 배워야 할 것이 많았다. 그래서 그녀는 혼자 업무와 과련된 책을 읽으며 공부할 계획을 세웠다. 하지만 실행에 옮기기가 너무 힘들었다.

왜 그랬을까? 그녀의 퇴근 후 모습을 살펴보면 그 이유를 찾을 수 있다. 그녀는 퇴근 후 집으로 돌아와서 저녁 준비를 한다. 혼자 저녁 먹기가 적적하다는 생각이 들면 평소 즐겨 보던 미국 드라마를 시청한다. 식사가 끝나도 보고 있던 에피소드가 다 끝날 때까지 자리에서 일어나지 않는다. 결국 그녀는 잠자리에 들 때까지 드라마를 끄지 못한다. 그러다 저녁 시간을 헛되이 낭비했다는 자책에서 공허함과 자괴감이 밀려오고, 그러한 감정은 곧 우울감으로 이어진다.

그녀는 항상 늦게 잠자리에 든다. 사람들이 늦게 자는 이유는 하루를 또 이렇게 헛되게 마무리했다는 실패감과 마주하고 싶지 않아서라고도 하는데, 그녀도 마찬가지였다. 어느 날, 그녀가 혼란스러운 듯

내게 물었다.

"저는 지금 행복하지 않은데, 왜 매일 이러고 있으면서도 바꾸지 못하는 걸까요?"

이런 상황은 우리 주변에서도 흔히 볼 수 있다. 왜 우리는 행복하지 않은데 변하지 않는 것일까?

나는 삶의 즐거움을 소비형 즐거움과 창조형 즐거움 두 가지 유형으로 나눠봤다. 소비형 즐거움은 우리가 다른 사람이 창조한 것을 소비하고 겉으로 드러나는 감각적인 자극과 생물학적 욕구를 충족하면서 느끼는 즐거움을 말한다.

창조형 즐거움은 우리가 자기만의 것을 창조하고 자신의 재능을 발휘하면서 느끼는 즐거움이다. 이 과정에서 우리는 깊은 성취감을 느끼고 자신이 점점 좋아지고 있다는 것을 느낀다. 소비형 즐거움을 술친구라고 하면 창조형 즐거움은 멘토라고 할 수 있다. 공부가 일종의 창조형 즐거움이라면 미국 드라마를 보는 것은 당연히 소비형 즐거움에 속한다. G씨가 느낀 것은 바로 소비형 즐거움 뒤에 오는 공허함이었다.

우리는 창조형 즐거움이 더 좋다는 것을 너무나 잘 알고 있으면서도 왜 창조형 즐거움이 생길 수 있는 일을 하기 어려워할까? 바로 창조형 즐거움은 기수가 원하는 이성적 즐거움이고 소비형 즐거움은 코끼리가 원하는 감정적 즐거움이기 때문이다.

소비형 즐거움에서 창조형 즐거움으로 넘어가려면 감정적인 코끼리를 설득해야 하는데, 이때 가장 좋은 방법이 자신에게 공부하거나 일할 수 있는 분위기의 환경, 즉 '장'을 만들어 주는 것이다. 불행하게도 너무 즐겨서 그런지 G씨가 집에서 만든 '장'은 휴식과 재미였다. 그곳의 모든 행동 단서는 그녀에게 잘 쉬어야 한다고 암시하고 있다. 그래서 그녀는 코끼리가 자발적으로 공부하도록 독려할 수 없었다.

'장'에 대해 좀 더 정확하게 요약해 보자면, **'장'이란 공간 기능에 대한 우리 마음속의 가설이다.** 이 가설에서 도서관이나 독서실, 사무실은 일과 학습으로 서로 연결되어 있고, 집과 기숙사는 휴식과 재미로 서로 연결된다. 사무실이라고 생각되는 공간에 있으면 자연스럽게 일하는 모습을 보이거나 행동하게 된다. 반면에 집이나 기숙사 같은 공간에서는 일을 잘해보려고 아무리 애를 써도 쉽게 되지 않는다.

나는 저장대학浙江大學에서 학생들을 가르치는 몇 년 동안 한 가지 현상에 주목했다. 공부를 잘하는 학생들은 모두 무리를 지어 도서관이나 독서실에 가는 것을 좋아했다. 반면 성적이 좋지 않은 학생들은 대부분 중요한 과제를 미루고 집에 틀어박혀 혼자 시간을 보내는 생활을 즐겼다. 인과관계가 성립한다고 단정 지을 수는 없지만 적어도 '장'과 학습 효과 사이에는 밀접한 관련이 있어 보인다.

'장'을 환경에 새겨진 나의 역사로 만드는 법

그렇다면 어떻게 '장'의 원리를 우리 삶에 적용할 수 있을까? 먼저 '장'의 힘이 어디서 나오는지 분명하게 알아야 한다.

'장'의 첫 번째 힘은 같은 공간에 있는 다른 사람의 행동에서 온다. 인간은 사회적 동물이다. 만약 한 공간에서 다른 사람들이 모두 일에 몰두하고 있다면, 당신도 열심히 일해야 한다는 것을 암시한다. 많은 사람들이 고등학교 3년을 가장 열심히 공부한 시기라고 꼽는 까닭은 모두

가 열심히 공부하면서 교실을 강력한 '장'으로 바꿔놓기 때문이다.

이 글을 쓸 때 나는 저장성浙江省의 도서관에 있었다. 우리집에도 분명히 서재가 있는데, 나는 왜 굳이 도서관까지 가서 일을 하는 것일까? 여기는 공부하는 사람이 많기 때문에 '장'의 힘이 비교적 강하다. 그러나 도서관이나 독서실까지 가야 학습과 창조의 상태로 들어갈 수 있다면 환경에 대한 요구가 너무 높다고도 할 수 있다.

그러므로 **우리는 '장'의 두 번째 힘의 근원인 우리가 예전에 특정 공간에서 했던 행동을 제대로 이해할 필요가 있다.** 우리집에는 책상이 하나 있는데, 나는 이 책상에서 업무와 관련된 일만 한다. 어쩌다 인터넷이나 영화가 보고 싶어지면 거실에 있는 소파 같은 다른 장소를 찾는다. 그 책상에서 재미를 즐기면 책상이 가진 업무적 '장'의 기능을 상실할 것이기 때문이다.

그리고 나에게는 또 다른 업무적 '장'이 있다. 바로 내 컴퓨터인데, 일상용과 업무용으로 구분해서 두 대를 사용하고 있다. 업무용 컴퓨터에는 업무에 필요한 소프트웨어만 설치되어 있다. 내가 그것을 열면 내 마음속의 코끼리는 이미 일을 시작해야 한다는 것을 알아차리고 마음의 준비를 마친다. 그러나 대부분의 사람들에게 일과 여가 사이의 거리는 워드 프로그램을 닫고 웹 브라우저를 여는 정도에 불과하다. 이런 환경에서 유혹을 뿌리치는 것은 코끼리에게 여간 힘든 일이 아닐 수 없다.

따라서 '장'은 복잡하고 희미한 개념이 아니라 우리가 어떤 공간에서 무엇인가를 하는 습관이다. 습관은 안정적인 심리적 기대감을 형성하고, 안정적인 심리적 기대감은 습관적인 행동을 견고하게 한다.

우리가 어떤 공간에서 하는 일이 순수하고 오래 지속될수록 이 공간이 가진 '장'의 힘은 더욱 커진다.

나는 G씨에게 다음과 같은 조언을 건넸다.

"저처럼 집에다가 공부와 일에 전념할 수 있는 작은 '장'을 만들어 보세요. 여기에 자신에게 동기부여할 수 있는 것을 더해 '장'의 경계와 단서로 삼는다면 더욱 도움이 될 겁니다. 이렇게 되면 집이라는 순수한 여가의 '장'에서 공부가 자신의 영역을 확보하게 되는 거지요. 그것의 존재는 당신에게 강렬한 심리적 암시를 줘서 당신이 공부라는 새로운 행동을 하도록 도울 거예요. 그리고 이 '장'을 사용하는 빈도가 많아질수록 '장'의 힘은 점점 강해질 거고요."

"'장'은 학습이나 업무와 관련된 영역에서만 유용한 것일까?'

여기까지 이야기를 듣고 나면 마음속에 이런 의문이 생길지도 모르겠다. 물론 그렇지 않다. 사실 '장'은 여러 가지 영역에 적용할 수 있다. 우리가 연애할 때 '늘 가는 곳(라오디팡 老地方)'에는 달콤한 추억이 많이 담겨 있다. 가족 치료를 할 때 나는 이미 사이가 소원해진 부부에게 심도 있는 대화를 나누고 교류할 수 있도록 고정된 시간과 장소를 정할 것을 권유하곤 한다.

만약 예민하고 내성적인 성격 때문에 항상 피곤함을 느낀다면 짧은 시간이라도 스스로 충전할 수 있는 회복 틈새 restorative niches를 가져야 한다. 매일 일정한 장소에 가서 잠시 혼자 명상을 하고 산책을 하거나 식물을 가꾸고 소음에서 벗어남으로써 에너지를 회복하는 것이다. 나 또한 지금까지 상담실 이외의 다른 곳에서는 심리 상담을 하지 않았다. 상담실 자체도 '장'이기 때문에 이런 '장'이 있어야 일을 할 수 있었다.

그렇게 보면 **사실 '장'에는 환경 기억 속에 있는 우리 각자의 역사**라는 정의를 덧붙일 수 있다. 나의 분투와 발버둥, 영감과 자부심은 다른 사람들에게 대수롭지 않게 보일 수도 있지만 나에게는 남다른 의미가 있다. 우리가 의식적으로 특정한 공간에서만 행동한다면 그 공간은 기억이 생겨나면서 코끼리를 자극해서 움직일 수 있는 '장'이 되고, 아름답고 새로운 경험을 저장하는 은행이 될 것이다.

변화를 이끄는 가장 중요한 힘, 사랑

자책할수록 하고 싶은 대로 하게 된다

우리는 많은 이치를 깨달았다고 하면서도 여전히 제대로 살지 못한다. 이성을 대표하는 기수와 감정을 대표하는 코끼리가 각자 주장하는 바가 있지만 코끼리의 힘이 훨씬 크기 때문이다. 중국에는 '정으로 마음을 움직이고 이치로 일러 주다(동지이정 효지이리動之以情 曉之以理)'라는 속담이 있는데, 여기서 우리는 '감정'과 '이성'의 선후 순서가 매우 중요하다는 사실을 알 수 있다. 코끼리는 먼저 감정적인 터치가 있어야 이치를 받아들일 수 있다. **이것이 바로 행동 변화를 실현하는 네 번째 원리인 감정적 터치다.**

상담 중이던 내담자가 "무슨 말인지 알겠어요"라고 하면 상담이 제대로 이뤄지지 않았다는 의미로 받아들인다. 이는 "당신이 하는 원론적인 말은 별로 듣고 싶지 않아요"라는 말과 다를 것이 없기 때문이다. 이때 내담자는 이미 이치를 자신과 상관없는 먼 곳에 두었다. 왜 그랬을까? 내가 그의 코끼리를 제대로 터치하지 못했기 때문이다.

변화에는 감정적 터치가 필요하다. 감정적 공감이 없으면 변화는 결코 일어날 수 없다. 그러나 코끼리는 불안, 두려움과 같은 부정적인 감정뿐만 아니라 사랑과 연민, 동정심, 충성심 같은 긍정적인 감정에도 쉽게 감동한다. 그렇다면 어떤 감정이 가장 쉽게 변화를 일으킬까?

우리에게 익숙한 방식은 불안이나 두려움, 즉 위협으로 변화를 일으키는 것이다. 불안과 두려움이 갖는 힘이 가장 강력하고 자극과 통제에 취약하기 때문이다. 예를 들어 교사는 학생들을 통제하고 관리하기 위해 비판하는 방식을 이용하고, 회사는 직원들의 업무 효율을 높이기 위해 실적이 좋지 않은 사람에게 불이익을 주는 방식을 이용한다. 우리도 자책하면서 스트레스를 주는 것이 습관이 되어 그렇게 해야 자신을 발전시킬 수 있다고 생각한다. 그래서 매번 변화에 직면할 때마다 우리는 자동적으로 두 개의 자아로 분열된다. 하나는 성장하는 정의로운 자아이고, 하나는 쇠퇴하는 사악한 자아이다.

성장하는 자아는 항상 쇠퇴하는 자아를 탓하고, 쇠퇴하는 자아는 언제나 스스로를 쓸모없고 무가치하다고 여긴다. 불안함과 죄책감은 여기서 비롯된다. 우리는 본능적으로 죄책감과 자책이 변화에 도움이 된다고 믿는다. 어린 시절 우리가 장난을 치거나 게으름을 피우면 호랑이 선생님이나 부모님이 숙제 검사를 했던 것처럼 말이다. 그래서 우리는 항상 자신을 못살게 굴고 심하게 다그치기까지 한다.

하지만 과연 죄책감과 자책이 코끼리를 변화시킬 수 있을까? 당연히 할 수 없다. 만약 그렇다면 우리가 자책과 죄책감을 고스란히 느끼면서 변화를 미룰 리가 없지 않은가. 자책이 변화로 이어지지 못하는 이유는 흡연과 과식, 미루기 등 우리가 바꾸고 싶어 하는 많은 습관이 사실은 불안과 스트레스에 대처하기 위한 반응이기 때문이다.

만약 죄책감과 자책으로 자신에게 더 많은 불안과 스트레스를 준다면 이것을 어떤 방법으로 해소할 것인지에 대해서도 생각해 보아야 한다. 물론 흡연이나 과식, 미루기는 오래된 방법이다. 그래서 **자책하면 할수록 그저 하고 싶은 대로 행동하기 쉬워진다. 무엇보다 '방종 – 자책 – 더 심각한 방종'이라는 악순환에 빠지기 쉽다.**

담배에 타서 구멍이 난 새까만 폐 두 개가 그려진 금연 광고가 있었다. 그 징그러운 경고 사진은 보는 사람들의 내면에 있는 감정적인 코끼리에게 겁을 줘 움츠러들게 할 수는 있었지만 광고 효과는 그리 만족스럽지 못했다. 흡연자들은 스트레스를 해소하기 위해 담배를 피우는 경우가 많기 때문이다. 이런 광고를 본다고 흡연자들의 스트레스가 줄어들까? 그렇지 않다. 오히려 흡연자들에게 더 강한 불안감만 조성할 뿐이다. 그리고 불안해지면 담배를 피우고 싶은 마음만 더 간절해질 것이다.

사랑은 코끼리를 춤추게 한다

불안과 두려움, 죄책감으로 코끼리를 자극하면 코끼리는 그 상황을 견디지 못하고 제자리만 맴돌게 된다. 더군다나 죄책감과 자책은 우리의 자존감을 떨어뜨리고 우리 스스로를 아무것도 할 수 없는 존재라고 속여 중간에 포기하게 만든다. 사실 비난을 받는 자신이야말로 변화가 필요한 대상이다. 만약 스스로를 의기소침하다고 비판한다면 자신을 변화시킬 용기와 힘은 어디서 얻겠는가?

자기 자신에 대한 기대치가 높은 사람들은 효율적이고 좋은 성과를 거두는 경우가 많은데, 그들이 그럴 수 있는 비결은 무엇일까? 만약 자책이 무용지물이라면 어떻게 자신에 대한 높은 기대치를 유지할 수 있을까?

나의 심리 상담 교수님은 매우 엄하고 무서운 할머니 같은 분이셨다. 그녀는 어느 모로 보나 온화하고 다정한 것과는 거리가 멀었다(교수님께서 이 대목은 안 보셨으면 좋겠다). 심리 상담 공부를 막 시작했을 때, 나는 하루가 멀다 하고 교수님께 지적을 받았다. '여기도 틀렸고, 저기도 틀렸어. 도대체 생각이 있는 거야, 없는 거야? 보고 싶은 것만 보고 있잖아!'

그러는 동안 나의 사기는 밑바닥까지 떨어졌고, 스스로 잘하지 못한다는 수치심과 더불어 교수님의 차가운 반응에 불만을 품기 시작했다. 수치심과 불만은 내가 더 열심히 공부하는 데 도움이 되지 못했다. 오히려 책을 보면 이유 없이 위축되고 불안했다. 노력 부족이라고 거듭 나 자신을 탓했지만 코끼리는 좀처럼 움직일 생각을 하지 않았다.

1학년이 거의 끝나갈 즈음 마지막 수업 날, 교수님은 자신의 지도교수였던 가족 치료의 창시자 살바도르 미누친^{Salvador Minuchin}과의 일화를 들려주셨다.

"하루는 교수님께 지도를 받고자 상담 사례를 하나 가지고 찾아갔어요. 그리스 가정에 관한 상담 사례였는데, 관련된 사람이 많고 상담 과정도 아주 복잡했어요. 그때 나는 가까스로 현장을 통제하긴 했지만 이렇다 할 결과를 내진 못했죠. 이 사례를 보고했을 때 교수님은 가만히 듣고만 계셨어요. 그리고 다른 학생들에게 의견을 내보라고 했죠. 예의상 그런 건지 다른 이유가 있는 건지는 모르겠지만 유럽이나 미국에서 온 학생들은 모두 나한테 그 정도면 잘했다고 얘기해줬어요. 한 선배가 '난 널 높이 평가해. 아시아에서 온 어린 여학생이 언어와 문화 차이를 극복하고 이 정도 해냈으면 이미 대단한 거지'라고 말하더군요. 칭찬처럼 들리지만 사실은 어느 정도 폄하하는 기조가 섞여 있었죠.

그때, 갑자기 교수님이 '이 학생은 내가 가장 아끼는 학생 중 한 명이에요. 여러분은 그녀가 잘했다고 말하지만 사실은 그녀가 이 정도밖에 할 수 없다는 것을 말하고 있는 거나 다름없어요'라고 말씀하셨어요. 그러자 유럽과 미국에서 온 학생들이 다시 조언해주기 시작했어요. 반면에 교수님이 나를 아낀다는 사실을 못마땅해 하는 학생들도 있었는데, 그들은 내 상담 사례에 대해 사사건건 트집을 잡기 시작했어요. 그래서 나는 그들의 따가운 시선에 대처하기 위해 항상 더 많은 준비를 해야 했지요. 그러다 보니 결과적으로 내 상담 실력이 크게 향상되었죠.

나중에 교수님께선 왜 그날 나에게 그렇게 말씀하셨는지 그 이유를 설명해 주셨어요. '너는 참 창의적인 학생인데, 자꾸 이민자라는 껍데기에 숨어서 모든 일을 적당한 수준까지만 해. 내가 널 가장 아끼는 학생이라고 말해서 다른 학생들의 혹독한 비판을 받게 한 건 바로 이민자라는 껍데기에서 널 끄집어내려고 그런 거란다'라고 말이죠."

교수님은 말을 이어갔다.

"미누친 교수님께서는 세상을 떠나셨고 나도 이제 늙었어요. 여러분에게 내가 배운 것들을 잘 가르쳐주고 싶어요. 여기에 단순히 기분

전환하려고 온 건 아니잖아요. 내가 마냥 가볍게 칭찬만 했다면, 그럼 나도 과거의 내 선배처럼 여러분에게 이 정도라도 한 게 어디냐는 생각을 갖고 있다는 거겠죠. 따라서 내가 여러분을 계속 다그치고 도전하게 한 이유는 여러분에게 낡고 안일한 껍데기를 벗어던지고 더 잘할 수 있다는 믿음을 주기 위해서예요."

그 순간 내 마음속 코끼리가 꿈틀거리면서 교수님의 마음을 온전히 이해할 수 있게 되었다. 그날 이후로 나 자신에 대한 요구가 높아졌다. 이런 자기 요구는 죄책감이나 자책으로 이어지지 않았고 부담으로 작용하지도 않았다. 오히려 그 이면에는 '나는 더 잘할 수 있다'라는 기대와 자부심이 있었다. 그 자부심에는 교수님이 나에게 갖는 기대와 내가 교수님을 인정하는 마음도 포함되어 있었다.

이런 관계에서 비판은 일종의 신뢰와 기대로 바뀐다. 2학년이 되어서도 교수님은 여전히 엄격하고 나를 향한 비판을 멈추지 않으셨지만 그것을 받아들이는 마음가짐은 달라졌다. 엄격한 자기 요구로 스트레스를 받기는 했지만, 그러한 압박은 곧 동기부여로 바뀌었다.

중요한 것은 자신에 대한 요구를 높여야 할지 말지가 아니라, 높은 요구 이면에 자신을 향한 미움이 있는지 아니면 사랑과 기대가 있는지에 달려 있다. 사랑과 기대야말로 코끼리를 움직여서 변화시킬 수 있는 힘이다.

나를 바꾸는 것은 나를 사랑하는 데에서 시작된다

이상하게 들릴 수도 있겠지만 자기 비난의 끝판왕을 만난 적이 있다. H씨의 회사는 유명한 인재들이 많이 모이는 곳으로 구성원 대부분이 국내외 유명 대학을 졸업한 이들이었다. 그녀는 항상 동기들과 스스로를 비교하며 그들보다 뒤처진다고 생각했다. 물론 그럴 때마다 비교하면 안 된다고 자신을 다그치지만 이런 상황은 계속해서 되풀이되곤 했다.

그녀가 나를 찾아와 상담을 받은 오랜 시간 동안 그녀의 반응은 '무슨 말인지 알겠다' 정도의 수준이었다. 나는 그녀에게 사람은 다양한 모습을 갖고 있기 때문에 이렇게 단순하게 비교하는 것 자체가 말이 안 되고, 이러한 비교와 비난은 좋을 것이 없다고 말해줬다. 그랬던 그녀에게도 훗날 변화가 일어났는데, 다른 사례와 마찬가지로 감정의 터치에서 비롯됐다.

하루는 내가 경쟁에 대한 불안함이 어디에서 오는 건지 묻자, 그녀는 자신의 어린 시절을 회상했다. 그녀는 관청의 사저에서 자랐는데, 그곳에는 같은 또래 여자아이가 둘이나 있었다. 예쁘고 귀여운 외모를 가진 두 아이와 달리 그녀는 평범했다. 세 아이의 엄마들은 늘 함께 모여 아이 양육에 대한 이야기를 나누면서도 알게 모르게 서로 신경전을 벌였다. 그녀의 어머니는 승부욕이 강한 사람이었다.

매주 토요일, 세 아이는 같은 선생님에게 피아노를 배웠는데, 세 어머니는 옆에 앉아서 자녀들의 피아노 실력을 가지고 이러쿵저러쿵 얘기를 나눴다. 한번은 그녀가 피아노를 치다가 실수를 많이 해서 어머니가 화가 난 적이 있었다. 평소에는 어머니가 자전거로 태워줬지만, 그날은 날씨도 추운데 어머니는 뒷자리에 앉아 있는 그녀를 내려놓고 혼자 자전거를 타고 가버렸다. 그녀는 뒤에서 울면서 어머니를 쫓아갔다. 그렇게 한참을 가다가 어머니가 물건을 사러 마트에 멈춰 서고 나서야 겨우 따라잡을 수 있었다. 그녀는 어머니의 다리를 붙들고 자신을 두고 가지 말라며 서럽게 울었다. 하지만 어머니는 무표정한 얼굴로 그녀를 쳐다보지도 않았다.

그녀는 이 기억을 떠올리면서 서럽게 울었다.

"그때부터 피아노 배우는 게 너무 무서웠어요. 피아노 학원을 갈 때마다 엄마들은 전장을 지휘하는 장군 같았고 우리는 그 앞에서 전전긍긍하는 꼬마 졸병 같았어요."

"지금은 다 컸잖아요. 만약 당신이 그때 엄마라면 이런 전쟁에 나갈 수 있겠어요?"

"절대 안 하죠!"

"그런데 지금 이미 전쟁에 뛰어든 것 같은데요, 전쟁터만 다를 뿐이지."

그녀는 아무 말도 하지 않았다.

그 이후로 그녀는 동기들과 비교하고 싶을 때마다 자신에게 말했다. '다시는 이런 어리석은 전쟁에 나가지 말자!'

어쩌면 예전에도 이렇게 자신을 다그쳤을지도 모르지만 지금 그녀의 마음속에는 코끼리가 꿈틀거렸다. 그녀의 마음속에는 자신에 대한 사랑과 연민이 하나 더 생겼다. 그리고 자신이 왜 그렇게 많은 자기 비난을 해왔는지 알게 되었고, 그런 비난이 자신이 아니라 어머니의 필요로부터 비롯되었다는 것도 깨닫게 됐다. 그리고 이런 깨달음은 코끼리를 변화시키는 가장 중요한 원동력이 되었다.

당신은 스스로에게 어떤 감정을 가지고 있는가? 미움과 증오인가, 아니면 사랑과 연민인가? 아직도 죄책감과 자책으로 괴로워하고 있다면 군인이 무장을 해제하고 집으로 돌아가는 것처럼 이제 당신도 자신과의 전쟁을 그만둬야 할 것이다.

　코끼리는 당신이 말하는 바를 이해하지 못할 수도 있지만 사랑은 알아들을 수 있다. 그리고 당신이 자신을 사랑하는지 아닌지 너무나 잘 알고 있다. 오직 사랑만이 코끼리에게 당신을 위해 기꺼이 길을 가도록 할 수 있다.

무엇을 바꿔야 더 나은 내가 될까

변화라는 양날의 검

앞서 나는 변화의 태도와 변화를 방해하는 심리적 기제, 변화를 일으키는 원리와 방법에 대해 소개했다. 여기서는 앞의 내용과 조금 다르게 변화 자체를 성찰해 볼 수 있는 내용을 다뤄보고자 한다.

변화 자체에 대해 우리가 반성해야 할 점은 무엇이 있을까? 변화가 잘못된 것일까? 확실히 지금 이 시대에 변화는 '더 나은 삶'의 대명사가 되었다. 한편으로 우리는 항상 변화가 일어나기를 기대하고 있으며, 변화에 대한 동경을 가지고 있다. 그러나 다른 한편으로 우리가 변화의 방향을 모른 채 무작정 달라지는 것만을 원한다면 '변화를 추구하는 것' 자체가 심리적 안전지대가 될 수 있으며 진정한 변화를 피하려는 핑계에 지나지 않게 될 것이다.

사실 변화하려는 것 자체가 양날의 검이다. 우리는 변화를 추구하기에 앞서 그 이면의 심리상태, 즉 현재 자아에 대한 불만에 주목해 볼 필요가 있다. 이러한 불만은 발전의 동력으로 이어질 수도 있지만 불안이나 혼란, 열등감과 무기력함에 사로잡히게 만들거나 심지어 그러한 감정이 반복되면서 비효율적인 변화에 빠지게 만들 수도 있다. 그래서 나는 지금부터 우리가 추구하는 이러한 변화가 정말 효과적인 것인지 솔직하게 이야기하고자 한다.

바꿔야 할 것은 내용이 아니라 대처 방식이다

내담자 I씨가 나에게 어떻게 하면 이상적인 삶을 살 수 있냐고 물었다. 나는 바로 답하는 대신 그가 생각하는 이상적인 삶이란 무엇인지 되물었다. 그러자 그의 입가에 미소가 번졌다.

"돈을 많이 벌고 싶진 않고요. 그저 제가 좋아하는 일을 하면서 제 가치를 온전히 실현하면서 살고 싶어요."

"그렇다면 지금 하고 계신 일은 어떤지요."

"이제 막 퇴사하고 다른 일자리를 찾고 있어요. 졸업한 지는 3년 됐고, 이전 직장은 제 다섯 번째 직장이었어요. 직장을 옮기는 이유는 늘 그렇듯, 반년 정도 일하다 보면 이유 없이 불안해지면서 내가 원하는 일이 이게 맞는지 의문이 들어서예요. 이렇게 평범하게 살고 싶지 않다는 생각도 들고요. 선생님, 저는 어떻게 해야만 제 가치를 실현하면서 살 수 있을까요?"

"우선 자기 가치를 실현하는 일은 생각하지 말고 어떻게 돈을 벌 것인가를 생각해 보세요."

나는 결코 패기 넘치는 청년의 꿈을 깨뜨리려는 것이 아니었다. 그는 열심히 변화를 시도하고 있는 것처럼 보이지만 여전히 어떤 것들은 전혀 변하지 않았다. 단지 나는 그가 이런 효과 없는 순환을 멈추라고 말해주고 싶었다.

변화에는 두 가지 단계가 있는데, 하나는 내용의 변화이고 다른 하나는 대처 방식의 변화다. 이 사례에서 내용의 변화는 일이고, 대처 방식의 변화는 계속해서 직장을 옮기는 행동이라고 할 수 있다. 그가 줄곧 바꾸고 싶었던 것은 일이라는 '내용'이었다. 그리고 그가 정말 변화를 필요로 하지만 변하지 않는 것은 끊임없이 직장을 바꾸며 불안에 대처하는 방식이었다. 맹목적으로 변화를 추구해 한 곳에 제대로 정착하지 못하고 성실하게 경험을 쌓지 못하는 것이 그의 진짜 문제였다.

가끔은 대처 방식에도 변화가 필요하다. 심리학에서는 이것을 '이차적 변화'라고 말한다. 이 용어는 미국의 심리학자 폴 와츠라위크^{Paul Watzlawick}의 저서 《상담과 심리치료를 위한 변화: 문제 형성과 문제 해결^{Change: Problem Formation and Problem Resolution}》에서 처음으로 언급됐다. 와츠라위크는 내용의 변화를 일차적 변화라 하고, 대처 방식의 변화를 이차적 변화라고 정의했다. 그는 우리가 일차적 변화에서 멈추거나 머물기 때문에 변화 자체가 문제를 해결하지 못할 뿐 아니라 오히려 문제가 된다고 했다.

내 친구 가운데 하나가 이차적 변화에 대한 이야기를 한 적이 있는데, 지금까지 내가 들었던 설명 가운데 가장 이상적이었다. 대학 시절 그는 궁금한 게 있으면 끝까지 파고드는 스타일이었다. 왜 영어를 공부해야 하고 왜 독서를 해야 하는지, 왜 해외로 나가고 왜 돈을 벌어야 하는지 남들이 당연하다고 생각하는 것들도 그냥 넘기지 않았다.

다만 생각이 많다 보니 그는 어떤 선택을 하든 항상 오래 붙들고 주저하는 모습을 보였다. 모든 문제의 근원부터 파악하고 싶어 하다 보니 그로 인해 많은 시간과 에너지를 낭비했다. 그는 매사에 생각이 많은 것이 너무 괴로워서 변화하고 싶었지만 언제나 실패하고 말았다. 그래서 그는 자신이 처한 문제에 대해 부모님과 해결책을 논의해 보기로 했다.

"너는 매사에 뭘 그렇게 망설이니. 선택할 때 너무 많이 생각하지 마. 무엇보다 네 마음에 귀를 기울이는 게 중요해. 다음에 선택할 때 가치관에 따라 선택하는 기준을 세워 두면 더 쉽게 판단을 내릴 수 있지 않을까?"

그는 어머니의 조언이 일리가 있다고 생각해서 얼마간 그대로 해 봤으나, 눈에 띄는 변화가 생기지는 않았다. 그 이유는 역시나 그가 '자신의 가치관이 무엇인지', '그 가치관이 합리적인지'라는 생각에 매여서 헤어 나오지 못했기 때문이다. 나중에 그는 아버지에게도 조언을 구했다.

"아들아, 이 또한 네가 가진 아주 특별한 재능이란다. 많은 사람들은 상식에 따라 살지만 너는 이성적으로 생각하잖아. 내가 후배 직원들에게 이성적인 사고를 하게 해봤는데, 너무 힘들어 하더라. 그런데 너는 타고났잖니. 상식에 속지 않고 무슨 일이든 이유를 물어보는 자세는 세상을 바라보는 좋은 습관이야. 시간과 에너지를 쏟을 가치가 충분히 있어."

그의 아버지는 미래에 유용하게 쓰일 날이 있을 것이라며 그에게 이 습관을 버리지 말라고 조언했다. 이 역시 일리가 있다고 생각한 그는 그 후에도 이런 문제들을 고민했지만 더 이상 변화를 시도하지는 않았다. 그랬더니 오히려 기분이 나아졌고 평소보다 생각도 많이 줄어들었다.

왜 그가 변화하도록 격려한 어머니는 그를 변화시키지 못했고, 오히려 변하지 않아도 된다고 격려한 아버지가 그를 변화시킨 것일까? 이에 대해서는 이차적 변화를 가지고 설명해 볼 수 있다. 그가 변하고 싶은 '내용'은 매사에 생각이 많고 선택할 때 망설이는 것이고, 그가 변하고 싶은 '대처 방식'은 항상 자신에게 문제가 있다고 생각해서 자신의 상태를 바꾸려고 노력한 것이다. 그가 자신의 문제를 두고 상담했을 때 어머니가 내용을 바꿀 것을 조언했다면, 아버지는 그가 '바꾸고 싶은' 대처 방식 자체를 바꾸도록 조언했다.

대처 방식 자체를 바꾸라는 아버지의 조언이 왜 효과적인지 제대로 이해하려면 우리가 흔히 말하는 개념인 자기 수용에 대해 알아야 한다.

나를 받아들이기 위해서는 먼저 나를 내려놓아야 한다

우리는 '자기 수용'이라는 말을 자주 보고 듣고, 스스로에게도 자신을 받아들여야 한다고 말하곤 한다. 그러나 우리가 자신을 받아들이는 것에 대해 크게 오해하고 있는 것이 두 가지 있다.

첫 번째 오해는 자기 수용이 변하지 않는 것이라는 생각이다. 그러나 이차적 변화라는 개념을 통해 알 수 있듯이 스스로를 받아들이는 것 자체가 변화이고, 이는 매우 어려운 과정이다. 자신을 받아들이는 것이 어려운 까닭은 견뎌내기가 쉽지 않기 때문이다.

우리는 불안해지면 변화를 원하게 된다. 하지만 살다 보면 좋을 때도 나쁠 때도 있고, 잠시 희망이 보이지 않더라도 좋지 않은 상황을 견뎌야 할 때도 있다. 우리가 변하지 않더라도 사건 자체는 끊임없이 변하기 때문이다. 다리에 생긴 검푸른 멍이 시간이 지날수록 서서히 사라지고 아이가 아무것도 하지 않아도 조금씩 키가 자라나는 것처럼 시간이 지나면 우리는 어느새 어리바리한 신병에서 노련한 고참이 된다. 어떤 일은 그냥 저절로 일어나고, 해결되기도 하는 것이다. 그러나 맹목적인 변화는 종종 문제가 해결되는 과정을 망쳐 버린다.

두 번째 오해는 자기를 받아들이는 것을 또 다른 이익을 얻는 수단으로 삼는 것이다. 상담실에 자주 오는 한 분이 이렇게 물었다.

"선생님, 제가 여러모로 못나다는 걸 알아요. 하지만 그런 저 자신을 받아들이고 싶은데 어떻게 하면 될까요?"

그가 이렇게 말한 이유는 실제로 자기 수용을 행복이나 안정, 기쁨을 얻는 수단으로 여겼기 때문이다. 그는 마음속으로 자기 자신을 받아들이면 더 나아질 것이라고 생각했다. 이는 본질적으로 여전히 변화하고 싶다는 의미다. 자기 수용을 추구하는 것 자체가 바로 그가 지금의 자신을 받아들일 수 없는 이유이기도 하기 때문이다.

자신을 받아들이는 일은 추구해야 할 것이 아니라 포기해야 하는 것이다. 그렇다면 무엇을 포기해야 할까? **삶에 대한 과도한 통제와 '완벽한 자아', '완벽한 세계'에 대한 환상과 집착을 버려야 한다.**

심리치료 분야에 모리타 요법^{morita therapy}이라는 아주 유명한 치료법이 있는데, 이것의 핵심 개념은 문제를 그대로 받아들이고 당연하게 생각하는 데 있다. 자신의 문제에 얽매이지 말고 그저 정상적인 상태로 여기며 진짜 하고 싶은 일에 집중해야 한다는 뜻이다. 이런 간접적인 치료를 통한 변화 방식이 지닌 가장 큰 장점은 우리가 문제 자체만 보느라 문제 이외에 자신이 진정으로 하고 싶은 일을 잊어버리는 것을 막아준다는 것이다. 이것이야말로 자기 수용의 진짜 의미다.

친구의 이야기로 돌아가서, 변하지 않아도 괜찮다고 격려한 친구 아버지의 방식이 더 효과적이었던 이유는 무엇일까? 그의 아버지는 그가 바꾸고 싶어 하는 문제를 바꿀 필요가 없는 자원으로 만들었기 때문이다. 이러한 이유로 그가 불안을 떨쳐버리고 더 이상 맹목적으로 변화를 추구하지 않도록 설득했다. 바로 '포기'가 비효율적인 변화에서 벗어나 진정한 변화를 이뤄낼 수 있도록 한 것이다.

변화의 노예가 될 것인가, 변화의 주인이 될 것인가

지금까지 변화에 대해 많은 내용을 다뤘는데, 이제 와서 갑자기 자기 수용이 중요하다고 하니 조금 당황스러울 수도 있을 것이다. 그럼 대체 우리는 언제 변화를 추구해야 하며, 언제 우리 자신을 받아들여야 할까? 또 언제 변화하는 것이 효율적이거나 문제가 될까?

변화된 행동이 현재 상황을 개선시키는지, 유지시키는지 아니면 악화시키는지 알아보는 간단한 기준이 있다. 대개 비효율적인 변화는 증상을 유지하다가 결국 악순환에 빠지고 만다. 당신의 변화가 이런 악순환에 포함된다면 조심해야 한다.

예를 들어보자. 우리는 가끔 불면증에 시달리고는 한다. 불면증에 시달리는 사람이 불면증에서 벗어나고 싶으면 신경을 쓰게 된다. 원래 피곤해서 비몽사몽한데 머릿속에 잠을 자야 한다는 생각이 스치면 바로 정신이 번쩍 든다. 결국 바꾸려는 생각이 오히려 불면증을 악화시키고, 불면증에 시달릴수록 벗어나고자 하는 마음이 간절해지면서 악순환의 고리에 빠지게 되고 만다.

앞에서 사례로 들었던 계속 직장을 바꾸는 내담자 I씨도 마찬가지다. 그의 목표는 자기 가치를 실현하는 것이지만 자기 가치를 실현하려면 경험이 쌓여야 한다. 그 유토피아적 목표는 끊임없이 변화를 추구하게 했고, 그로 인해 그는 자기 축적의 과정을 상실하고 말았다. 나아가 그럴수록 불안해지고, 불안해질수록 변화하려는 또 다른 악순환을 만들어냈다.

변화를 원한다면 자신에게 두 가지 질문을 해봐야 한다.

첫째, 우리가 마주하는 것은 불만족스러운 세상인가 아니면 바꿔야 할 문제인가?

세상 자체는 불완전한 부분이 많고 우리의 바람대로 설계된 것도 아니다. 예를 들어 우리는 가끔 불안하고 불면증에 시달리며 기분이 좋지 않고 숱한 좌절을 겪지만 이것들은 모두 문제가 아니라 세상이 돌아가는 지극히 정상적인 상태다. 만약 이런 것들을 해결해야 할 문제로 잘못 인식한다면 변화는 효과가 없을 뿐만 아니라 오히려 문제가 될 수도 있다.

둘째, 변화하려는 우리의 노력이 자연스러운 흐름을 끊지 않았는가?

나무 한 그루가 자라려면 씨앗을 심는 것부터 꽃이 피기까지 성장과정이 필요하고, 아이가 자라는 데도 기어 다니다가 걷고 달리기까지의 발달 과정을 거쳐야 한다. 일에는 경험이 쌓여야 하고 관계를 진전시키려면 감정을 키워야 한다. 이 또한 자연스럽게 발전하는 과정이다. 작은 상처를 아물게 하는 것조차도 신체적, 심리적 회복의 과정이 필요하다.

　당신이 변화를 원한다면 반드시 생각해야 할 것이 있다. 바뀌고자 노력했음에도 별다른 변화를 느끼지 못했다면, 혹시 변화에는 자연스럽게 발전하는 흐름과 같은 법칙이 있는 것이 아닐까? 불안함에서 벗어나고 싶다고 해서 변화를 서둘러서는 안 된다. 변화하려는 시도가 자연스러운 발전의 길을 가로막는다면 그 역시 문제가 될 수 있기 때문이다.

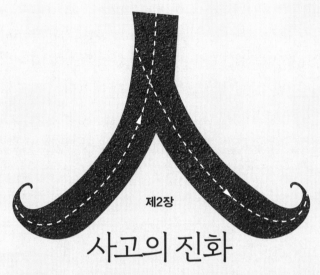

제2장

사고의 진화

위대한 내가 되기 위해서는 행동의 변화도 필요하겠지만 사고의 진화를 꾀하는 것
역시 필요하다. 어떻게 보자면 자신을 발전시키는 과정은 보수적이고 경직된 사고
를 탄력적이고 유연하게 바꿔가는 과정이라고 할 수 있다. 보수적이고 경직된 사고
는 통제하고 정체하려는 성향이 강해서 실패와 도전을 두려워하게 유도함으로써
자칫 잘못된 자아상을 갖게 만든다. 이와 반대로 유연하고 탄력적인 사고는 가능성
과 변화를 지향하기 때문에 새로운 시도와 도전에 대한 과감함과 담대함을 바탕으
로 끊임없는 자기 발전을 이끌어낸다.

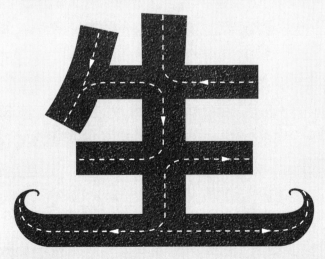

마인드 셋:

세상을 살아가는 방식을 재구성하자

마인드 셋, 세상을 해석하는 방식

인간을 복잡한 기계에 비유해 보면 우리의 행동은 기계가 출력하는 결과물이고, 마인드 셋은 기계를 구동하는 데 필요한 기본적인 프로그램이라고 할 수 있다. 따라서 누구든지 지속적인 발전을 이루기 위해서는 행동의 변화가 필요할 뿐만 아니라, 마인드 셋의 효율적인 운용 또한 반드시 필요하다. 그렇다면 마인드 셋이란 무엇일까?

"우리를 괴롭히는 것은 사건 자체가 아니라 그것을 바라보는 우리의 판단이다." 고대 그리스 철학자 에픽테토스Epictetus가 남긴 말로, 사건이 우리에게 미치는 영향은 사건 자체가 아니라 우리가 그것을 어떻게 인식하느냐에 따라 결정된다는 뜻이다. 누구나 어떤 사건을 마주하게 되면 그에 대한 여러 가지 생각을 갖기 마련인데, 얼핏 보면 이런 생각들이 어지럽게 흩어져 있는 것 같지만 하나로 모아 보면 그 안에 나름의 규칙이 존재한다는 사실을 발견하게 된다.

예를 들어 항상 낙관적으로 생각하는 사람이 있는 반면 모든 일을 비관적으로 생각하는 사람이 있고, 사건의 원인을 외부에서 찾는 사람이 있는 반면 자신에게서 찾는 사람도 있다. 그리고 문제에 집중하는 사람이 있는 반면 해결책에 조금 더 집중하는 사람이 있다. 이렇게 관성적인 생각들을 마인드 셋이라고 하는데, 여기서 **마인드 셋은 우리 머릿속에 자리한 세상을 조직하고 구성하는 익숙한 방식을 의미한다.**

마인드 셋은 우리가 필연적으로 겪게 되는 역경과 실패를 어떻게 헤쳐 나갈 것인지, 우리가 원하는 성공과 행복을 어떻게 추구할 것인지, 또 그 과정에서 자신을 어떻게 평가할 것인지 결정하는 데 있어 매우 중요한 역할을 한다. 이런 측면에서 자기계발의 과정은 곧 마인드 셋의 지속적인 발전과 진화의 과정이라고 볼 수 있다. 이러한 마인드 셋은 우리에게 두 가지 측면에서 매우 중요한 영향을 끼친다.

마인드 셋의 첫 번째 역할은 우리의 경험을 부각시키고 감정에 영향을 주는 것이다. 물이 반 정도 담긴 컵을 보고 물이 반밖에 남지 않았다고 불안해하는 사람이 있고, 물이 반이나 남았다고 기뻐하는 사람이 있는데, 이는 마인드 셋이 우리에게 미치는 영향을 여실히 보여주는 사례다. 우리는 동일한 사건이나 상황을 보고서도 각자의 마인드 셋에 따라 서로 다른 해석과 전혀 다른 감정을 느끼게 된다.

그럼 우리를 기분 좋게 해준다면 좋은 마인드 셋인 것일까? 그렇다면 루쉰魯迅의 《아Q정전阿Q正傳》 속 아Q처럼 온갖 고난을 겪으면서도 자기위안을 통해 현실을 자각하지 못하고 오히려 좋다고 착각하는 것도 좋은 마인드 셋에 포함시켜야 한다. 그러나 분명한 사실을 무시하고 단순히 기분만 좋게 만드는 것만으로는 충분하지 않다.

마인드 셋은 행동을 유발하기 때문이다. 이것이 마인드 셋의 두 번째 역할이다. 감정과 생각, 행동은 하나로 연결된다. 긍정적인 사고는 좋은 행동을 불러일으키곤 하며, 그럼으로써 긍정적 사고의 효과를 증명한다. 우리가 어떤 일을 스스로 감당할 수 있다고 생각하면 온갖 방법을 동원해서 할 수 있는 한 최선을 다할 것이다. 그리고 그 일이 성사되면 '나는 할 수 있다'는 믿음이 강해지고 마침내 하나의 긍정적인 순환 구조를 만들어낼 것이다. 반대로 자신이 할 수 없다는 생각에 사로잡혀서 일을 미루거나 핑계를 찾다가 아예 도망쳐버리면 '나는 할 수 없다'는 깊은 불신에 사로잡혀 결국 부정적인 순환 구조에 빠지고 만다.

인간관계에서도 마찬가지다. 상대방이 좋은 사람이라고 생각되면 먼저 다가가고 그 사람이 어떤 사람인지 알아본다. 그러다 보면 그가 정말 괜찮은 사람이라는 것을 알게 된다. 하지만 반대로 상대방이 별로라는 생각이 들어 괜한 트집을 잡고 피하기만 하면 결국 그 사람이 좋은 사람이 아니라는 사실을 알게 된다.

당신의 마인드 셋이 효과적인 행동으로 이어지지 못한다면, 당신에게는 아무리 좋게 느껴진다고 해도 그것은 자기위안과 자기기만에 불과하다.

성장형 마인드 셋과 방어형 마인드 셋

마인드 셋은 우리가 세상과 얼마나 적극적으로 상호작용이 가능한가에 따라 적극적인 성장형 마인드 셋과 소극적인 방어형 마인드 셋으로 구분되는데, 전자는 탐구 욕구와 변화를 일으키고 후자는 방어와 정체 태세를 갖추게 한다. 이 두 가지 마인드 셋은 어떻게 발전했을까? 마인드 셋은 근본적으로 인생 초기에 형성되는 안정감과 깊은 관련이 있다.

애착에 대한 연구를 수년간 진행해온 심리학자 제임스 마크 볼드윈James Mark Baldwin은 인간의 최초 안정감은 인간관계, 특히 어머니와의 애착 관계에서 비롯된다는 사실을 발견했다(애착 이론에 대한 자세한 내용은 3장 참고). 어머니와의 애착 관계가 충분히 안정적으로 형성되어 있으면 항해 중인 배가 저 앞에 안전한 피난처가 있는 사실을 알고 탐험을 계속 이어가는 것처럼, 혹은 전쟁에 나선 군인들이 충분한 식량 보급과 퇴로를 확보해주는 후방의 지원 부대를 믿고 진격하는 것처럼 우리가 가진 세상에 대한 호기심과 세상을 탐색하는 본능은 아주 자연스럽게 깨어나게 된다.

아이가 부모, 특히 어머니로부터 충분한 수용과 인정을 받는다면 세상을 향한 아이의 호기심과 탐색 본능은 저절로 뿜어져 나올 것이다. 아이는 더 이상 다른 사람의 평가를 의식하거나 어머니의 칭찬을 받기 위해 애쓸 필요가 없다. 그들은 실패와 역경을 '내가 잘못하면 어머니가 나를 싫어한다'라는 위협으로 여기기보다 자신의 목표에 집중하며 문제를 해결하려 애쓰는 계기로 삼고자 하며, 오히려 한계와 어려움을 흥미로운 도전으로 받아들인다.

문제를 해결하는 과정에서 아이의 능력이 꾸준히 성장함에 따라 역량도 함께 발전한다. 시간이 지나면서 아이는 자신이 유능하고 어떤 도전에도 유연하게 대처할 수 있다는 사실을 알게 되고 자신감을 갖게 된다. 그리고 이러한 역량은 끊임없이 새로운 도전을 찾고 새로운 문제를 해결하는 데 도움이 된다. 그러다 보면 자주성이 강화되고 안정감의 근원이 어머니에서 자신으로 어느새 옮겨갈 것이다. 다시 말해서 아이는 스스로에게 안정감을 줄 수 있는 존재로 성장한다.

그렇게 자신에게서 비롯된 안정감은 아이가 세상으로 한 걸음 더 나아가고 새로운 능력을 계발하도록 자극시킴으로써 긍정적인 순환 구조를 만든다. 이 순환 구조는 끊임없이 변화하고 외부로 확장된다. 이것이 바로 성장형 마인드 셋이다.

반대로 아이의 안정감이 충족되지 않으면 방어형 마인드 셋에 빠지게 된다. 세상에 대한 호기심은 찾아볼 수 없고 살면서 겪어야 하는 어려움과 직면하기를 원하지 않는다. 또 아이의 모든 행동은 가능하면 어떻게 해서든 상처를 받지 않으려는 데 초점이 맞춰져 있다. 심지어 자신의 활동 영역을 축소시킴으로써 안정감을 얻기도 한다. 세상을 좀 더 통제 가능한 것처럼 보이도록 만들기 위해 현실의 변화를 알아차릴 수 없을 정도로 머릿속의 규칙에 몰두한다. 가끔 애써 노력할 때도 있지만 결코 자발적이지 않고, 스스로 '그래야 한다'는 생각에 사로잡힌 데서 나오는 행동일 뿐이다.

이런 아이들은 다른 사람의 인정과 칭찬에 굉장히 약할 뿐 아니라 지나치게 연연하다 보니 아주 작은 비판에도 불안해한다. 그래서인지 행동의 자주성을 상실하고 안정감을 갈구하는 또 다른 순환에 빠지게 되면서 방어형 마인드 셋을 장착하게 된다. 이런 순환은 방어적이며 주로 자신의 내면으로 향하기 때문에 이런 순환에 빠진 사람은 자아에 관심을 갖게 되고 늘 행동보다 생각이 많은 편이다. 이는 자아의 성장을 방해하거나 제한한다.

다행히 세상은 끊임없이 변화하고 있고 우리의 경험도 계속해서 변화하고 있다. 우리는 학습과 훈련을 통해 변화를 수용할 수 있는 사고방식을 확장해 나갈 수 있다. 우리는 행동으로 세상을 변화시키고 생각으로 세상이 우리를 변화시키게 해야 한다. 더욱이 이런 변화는 단순해지지 않고 점점 심오해지고 복잡해진다. 이것이 바로 자기계발을 이루는 길이다.

타인의 평가 속에 스스로를 가둔 사람들

방어형 마인드 셋에는 고정형 사고와 당위적 사고, 절대적 사고 등 세 가지 전형적인 현상이 있는데, 이들은 모두 우리의 변화와 발전을 방해한다. 먼저 고정형 사고가 우리에게 어떤 영향을 미치는지 살펴보도록 하자.

나약하고 높은 자존심

사람의 성공 여부를 가늠하는 가장 중요한 요소는 무엇일까? 많은 사람들이 능력이라고 생각할 것이다. 표준화 시험이나 자격고사 등 우리는 개인의 능력을 파악하기 위한 다양한 테스트를 고안해냈다. 이러한 능력 테스트 이면에는 가설이 있는데, 바로 우리의 능력은 상대적으로 고정되어 있으며 능력의 고하에 따라 여러 등급으로 나뉠 수 있다는 것이다.

그러나 살다 보면 처음에는 평범한 수준이었으나 끊임없는 노력으로 발전을 이뤄내 마침내 엄청난 성취를 이룬 사람들을 만나거나, 아주 똑똑해 보이지만 역경과 어려움을 겪으면서 그 자리에 주저앉아 세상으로부터 잊힌 사람들도 만날 수 있다. 사실 능력만으로 성공 여부나 미래를 예측할 수는 없다. 가끔은 **능력 자체보다 능력을 어떻게 보느냐가 더 중요할 때가 있다.**

머리도 비상하고 학업 성적도 좋은 A씨는 명문대에 합격했다. 그는 대도시가 아닌 작은 시골 마을에서 학교를 다녔는데, 그 학교 출신이 명문대에 합격한 경우는 손에 꼽을 정도로 매우 드문 일이었기 때문에 교장 선생님은 너무 자랑스러운 나머지 A씨의 사진을 교내 명예의 전당에 걸고 그에게 대학에 가서도 모교의 이름을 빛내주기를 간절히 부탁했다. 그 순간 그는 자신이 갑자기 너무 높은 위치에 서게 된 것 같은 부담감에 가슴이 철렁 내려앉는 것 같았다.

막상 대학에 들어가 보니 전국 각지에서 모인 잘난 학생들이 차고 넘쳤다. 그는 자신이 결코 똑똑하지도, 뛰어나지도 않다는 사실과 마주하게 됐고, 1학년 기말시험 과목인 미적분학에서 F학점을 받았다. 모두 공감하겠지만 사실 미적분학은 공부하기 힘든 과목이라 F학점을 받고 재수강하는 경우는 매우 흔한 상황이었다. 그러나 그는 공부를 하다 보니 남은 학업을 제대로 따라가지 못할 것 같은 생각에 사로잡혀 도무지 다시 시작하려 들지 않았다. 그렇게 그는 두 번의 추가 시험 기회를 모두 포기하고 말았다. 교수님과 친구들에게 도움을 청하기는커녕 F학점을 받은 사실을 누구에게도 알리고 싶지 않아 매일같이 기숙사에 틀어박혀 아무도 만나지 않았다. 가끔 고등학교 후배들이 SNS를 통해 친구 신청을 하는 것도 모두 거절하곤 했다.

답답한 마음에 그에게 물었다.

"이번 시험으로 꽤 큰 영향을 받은 것 같은데, 이유가 뭔가요? 솔직히 F학점 한 번 받은 것뿐이잖아요. A씨와 같은 상황인 학생들도 많고요."

"제가 이 대학에 온 건 순전히 운이 좋아서였어요. 미적분 수업 덕분에 제 주제를 알게 됐어요."

대학에서 일할 때, 나는 A씨와 비슷한 학생들을 자주 만났다. 모두 뛰어난 학생들이었지만 아주 작은 역경을 이겨내지 못하고 그대로 주저앉고 말았다. 이들에게서는 한 가지 공통된 특징을 발견할 수 있는데, 바로 '자아'가 무겁다는 것이었다. 모든 일이 순조롭게 진행되면 자신을 대단하다고 느끼고, 반대로 역경을 마주하면 자신을 아무것도 아닌 존재라고 여겼다. 그들이 자신을 어떻게 평가하든 그들은 남들에게 비춰지는 모습과 다른 사람의 평가에 지나치게 신경을 쓰며 '자기 증명'이라는 무거운 부담감에 억눌려 있었다. 이러한 심리 상태를 '나약하고 높은 자존심'이라고 한다.

나약하고 높은 자존심이 생기는 원인은 무엇일까? 이런 유형의 사람들은 성장 과정에서 너무 많은 비판과 비난을 받아서 자신감이 떨어지게 되었다는 해석도 있기는 하다. 그런데 곰곰이 생각해 보면 꼭 그렇지만은 않다. 그들 중에는 성장 과정에서 인정과 칭찬의 결핍을 경험한 사람보다 오히려 인정과 칭찬 속에서 자란 사람들이 더 많기 때문이다. 그렇다면 무엇이 그들을 역경에 취약하게 만들었을까? 바로 고정형 사고 때문이다.

자존심은 높아지고 자존감은 떨어지는 고정된 사고

중국의 대표적인 빅테크인 텐센트Tencent, 腾讯의 창립자 가운데 한 명인 천이단陳一丹은 세계 최대 규모의 국제교육상인 '이단상一丹獎'을 제정했다. 이단상은 수상자에게 노벨상 상금액을 훨씬 뛰어넘는 삼천만 홍콩달러 상당의 장학금을 지급하는데, 제1회 수상자로는 성장형, 고정형 사고와 관련된 이론을 처음 제기한 캐럴 드웩Carol S. Dweck 스탠퍼드대학교 심리학과 교수가 선정되었다. 성장형 사고와 고정형 사고가 대체 무엇이기에 캐럴 드웩 교수가 최초로 이 상을 받게 된 것일까? 먼저 그녀의 유명한 실험부터 살펴보도록 하자.

드웩 교수는 칭찬이 아이들에게 미치는 영향을 관찰하기 위해 수백 명의 초등학생과 중학생을 모아 IQ 테스트 10문제를 풀게 했다. 그리고 학생들이 테스트를 마치고 난 후 일부 학생들에게 똑똑하다고 칭찬을 해줬다. '와! 여덟 문제나 맞췄네. 진짜 똑똑하구나!' 그리고 나머지 일부 학생들에게도 열심히 노력했다고 칭찬을 해줬다. '여덟 문제나 맞추다니 정말 열심히 노력했구나!'

그 결과 다음에 이어지는 테스트에서 똑똑하다고 칭찬을 받은 학생들은 모두 더 어려운 문제를 선택하기 주저했다. 연구원들이 어려운 문제를 줘서 모든 아이들이 잘하지 못했을 때, 똑똑하다고 칭찬받은 아이들은 그 문제를 통해서 새로운 지식을 배울 수 있었음에도 문제를 해결하는 데 흥미를 잃어버렸고 설령 도전하더라도 결과가 좋지 못했다. 나아가 쉬운 문제를 다시 풀게 해도 똑똑하다는 칭찬을 받은 학생들의 자신감을 회복시키기는 어려웠다. 반면 노력에 대한 칭찬을 받은 학생들은 역경이 클수록 용기를 내 어려운 문제 해결에 대한 흥미를 유지하며 점점 더 좋은 결과를 냈다.

마지막으로 연구진이 시험지에 점수와 소감을 쓰라고 하자 똑똑하다는 칭찬을 받은 학생의 약 40퍼센트가 거짓말을 했다. 원래 점수보다 높게 자신의 성적을 허위로 작성했던 것이다.

이 연구 결과는 충격적이었다. 이는 아이의 똑똑함을 칭찬하는 것이 아이의 자신감을 높여주지 못할 뿐만 아니라 역경에 대한 저항력도 크게 약화시킨다는 것을 증명했기 때문이다.

어려운 문제를 해결하게 한 다음 아이의 똑똑함을 칭찬하는 것과 노력을 칭찬하는 것에 이렇게 큰 차이가 생기는 이유는 무엇일까? 드웩 교수는 똑똑함과 노력을 각각 칭찬하는 것이 아이들의 다양한 마인드 셋을 자극하기 때문이라고 설명한다. 사실 아이의 똑똑함을 칭찬하는 방식은 인간의 능력은 상대적으로 고정되어 있고, 어려운 문제를 해결하는 것은 그가 똑똑한지 아닌지를 증명하는 방법일 뿐임을 암시하고 있다. 일단 아이가 '인간의 능력은 상대적으로 고정되어 있다'는 관점을 갖고 똑똑하다는 칭찬을 받으면 똑똑한 이미지를 유지하기 위해 더 노력하게 되고, 이것은 그들의 집중력을 도전적인 과제 자체에서 똑똑함을 증명하려는 자신에게로 전환시킨다. 이것이 바로 고정된 사고의 특징이다.

반면 노력을 칭찬하는 방식은 인간의 능력은 고정된 것이 아니며 노력을 통해 자신의 능력을 발전시킬 수 있음을 전제로 한다. 사람의 능력이 고정되어 있지 않는다고 믿는 아이들은 자신의 능력을 증명해야 한다는 부담 없이 노력 자체에만 집중할 수 있다.

'여기서 멈추기'와 '더 나아가기'

당신은 입사한 후로 한 부서에서 오래 일하기도 했고, 마침 회사 대표가 지난 일 년 동안 당신의 실적을 좋게 평가해 이번 승진 면접에서 기회를 얻게 됐다고 상상해 보자. 부서 동료들도 당신의 지난 일 년간 성과를 인정해줄 뿐만 아니라 당신 자신도 충분히 열심히 했다고 자신한다. 그래서인지 이번 승진 면접에 거는 기대가 크다. 면접 당일 약간 긴장하기는 했지만 전반적으로 분위기는 나쁘지 않았고 나름대로 실력 발휘를 잘한 것 같다. 면접관도 당신의 능력을 인정했고, 몇 가지 부족한 점을 언급하기는 했지만 승진에 큰 걸림돌이 되지 않을 것이라고 생각한다.

그런데 최종 승진 명단에서 당신의 이름을 찾아볼 수 없었다. 당신은 크게 낙담하고 말았다. 당신이라면 이 일을 어떻게 받아들일까?

A. 이 정도면 잘한 것 같은데, 이번 결과는 정말 의외야.

B. 내가 아직 부족한가 보네, 면접에서 떨어진 것은 당연한 결과야. 내가 자신을 과대평가했어.

C. 이번 면접은 너무 불공평해. 대표가 나에 대한 편견이 있는 게 아니라면 분명 내정자가 있었을 거야.

D. 이번에야말로 승진할 수 있는 중요한 기회였는데, 놓쳐서 정말 아쉽다.

E. 생각해 보면 면접이 뭐 그리 중요하겠어. 직장도 일도 인생에서는 그렇게 중요하지 않아.

F. 인생이 그렇지, 항상 내 마음대로 되는 게 아니라니까.

앞에서 제시한 여섯 가지 보기는 우리가 역경과 실망에 대처하는 여러 가지 방식을 대표한다. 이 중 A는 면접에 실패한 원인을 의외라고 생각했고, B는 자신의 능력을 탓했다. C는 심사의 불공정을, 나머지 D와 E, F는 각자의 논리를 찾아 자신을 위로했다. 그러나 이 몇 가지 옵션은 사실을 설명하고 자신을 위로하는 데 머물렀을 뿐 한 가지 문제를 고려하지 않았다. 바로 '그다음은?'이다.

역경은 우리를 괴롭게 만들기 때문에 우리에게는 감정을 처리할 시간과 공간이 필요하다. 그러나 어떤 이유로든 승진에 실패하더라도 생활과 일은 결코 멈춰서 기다려주지 않을 것이다. 그렇기 때문에 역경과 마주했을 때 가장 중요한 문제는 '왜 이런 일이 벌어졌는지'가 아니라 '그다음에 어떻게 할 것인지'다.

친구가 자신의 직장 상사인 B씨에 대한 이야기를 해준 적이 있다. B씨는 성실하고 책임감도 강한 데다가 업무 실적도 좋아서 모든 사람들이 그녀의 승진을 의심하지 않았다. 하지만 결과는 앞서 얘기했던 상황과 정확히 일치했다. 결과적으로 B씨는 승진하지 못했다. 직장 후배들과 관계도 좋았고 특히 내 친구와는 각별한 사이였다. 안타까운 소식을 접하는 순간 B씨는 매우 속상해했다. 그녀는 지난 일 년 동안 자신이 얼마나 열심히 일했는지, 얼마나 많은 성과를 이뤄냈는지를 쏟아내며 이번 인사가 얼마나 불공평한지 친구에게 끊임없이 불만을 늘어놓았고, 밤 두 시가 넘은 시간에도 불구하고 자신이 이 팀에 어울리지 않는 것 같다며 이직까지 고민해 봐야겠다는 내용의 메시지를 쉬지 않고 보냈다.

친구는 다음 날 아침 출근을 하면서 B씨를 어떻게 위로하면 좋을지 걱정이 앞섰다. 그런데 B씨는 출근하자마자 일을 서둘러 해치우기 시작했다. '이건 빨리 해야 하는데, 저 프로젝트도 속도를 좀 더 내야 할 것 같고….'

친구는 아무도 없는 틈을 타 정신없이 일을 하던 그녀에게 몰래 물었다.

"기분은 좀 어때요? 아직도 안 좋아요?"

"당연히 아쉽죠. 그런데 어제 다 털어냈어요. 그래도 일을 계속해야 하잖아요!"

B씨 마음속에는 여전히 억울함이 남아 있었다. 이런 일에 아무렇지 않은 듯 담담한 모습을 보이는 사람은 그리 많지 않기에 굳이 자신의 감정을 억누를 필요는 없었다. 그런데 여기서 중요한 것은 그녀가 억울함에 파묻히는 데에서 그치지 않고 앞으로 어떻게 해야 할지를 고민했다는 사실이다.

고정된 사고와 성장형 사고 사이에서 가장 큰 차이점은 일을 '여기서 멈추느냐' 아니면 '더 나아가느냐' 하는 것이다.

드웩 교수는 고정된 사고를 가진 사람은 어려운 과제가 자신의 부족한 능력을 폭로할까 봐 두려워하기 때문에 도전에 직면했을 때 쉽게 포기한다고 했다. 반면에 성장형 사고를 가진 사람은 도전을 즐기는데, 이는 도전을 위기로 받아들이기보다 자신의 능력을 성장시키는 기회로 삼기 때문이라고 했다.

고정된 사고를 가진 사람은 애써 노력하는 것을 부끄러운 일이라고 생각한다. 무엇인가를 이루기 위해 있는 힘껏 노력한다는 것은 자신의 능력이 부족하다는 것과 같은 의미라고 여기기 때문이다. 반면에 성장형 사고를 가진 사람은 열심히 일하는 것을 자랑스럽게 여기며, 노력은 결코 배신하지 않고 능력을 향상시키는 데 도움이 된다고 생각한다.

비판에 직면했을 때 고정된 사고를 가진 사람은 비판을 자신에 대한 부정적인 평가로 받아들이고, 성장형 사고를 가진 사람은 비판을 자기계발에 도움이 되는 피드백으로 여긴다. 다른 사람의 성공을 지켜볼 때에도 고정된 사고를 가진 사람은 타인의 성공을 자신의 실패로 간주한다. 다른 사람이 성공했기 때문에 자신은 실패했다고 여기며 자신이 무엇을 해도 안 되는 사람이라는 부정적인 생각에 사로잡히는 것이다. 반면 성장형 사고를 가진 사람은 다른 사람의 성공에서 배우고 그들의 경험을 받아들여 자신의 것으로 만든다.

이 모든 차이는 '여기서 멈추느냐' 아니면 '더 나아가느냐'에 있다. 우리의 능력이 고정적이라고 생각한다면 도전에서 오는 불안함을 피하기 위해 관심의 초점을 발전에 맞추지 못하고 자연스럽게 하던 일을 멈추게 된다. 이와 같이 지나치게 '할 수 있는지 없는지에 대해 생각하는 것'은 일을 '그 자리에서 멈추게' 만드는 방식이다.

'나'에서 해방될 때 비로소 나를 깨달을 수 있다

고정형 사고의 본질은 일종의 방어적 심리 상태다. 고정형 사고를 가진 사람은 어떻게 일을 하는지보다 '나는 강하다'라는 자기 이미지를 어떻게 유지할 것인가에 더 집중하는데, 이는 우리가 학습하고 발전하는 데 커다란 걸림돌이 된다.

앞서 언급한 것처럼 내가 상담을 배울 때 지도교수님은 매우 엄격한 분이셨다. 지도를 받을 때마다 그동안 진행한 상담 내역을 보시고 그에 대한 피드백을 주셨다. 그녀의 매서운 눈빛과 날카로운 말투 때문에 단 한 순간도 긴장을 늦춘 적이 없었고, 그래서인지 당시에는 스트레스를 크게 받았다.

어느 수업 시간에 각자의 상담 에피소드를 공유한 적이 있었는데, 한 친구가 자신의 상담 경험에 대한 이야기를 시작한 지 얼마 지나지 않아 교수님이 그녀의 말을 끊었다.

"상담을 제대로 진행한 것 같지 않아 보이네요."

친구는 변명이라도 해보고자 말을 이었다.

"잠깐만요, 제가 다음에 좀 더 보충하겠습니다."

그러나 교수님은 친구의 말을 들으려 하지 않았다.

"제가 지금까지 보고 들은 것으로만 평가하도록 하지요. 더 이상 추가로 설명하지 않아도 돼요."

친구도 물러서지 않고 이어서 상담 내용을 보충하겠다고 고집을 부렸고, 교수님은 끝까지 친구의 요청을 허락하지 않았다. 두 사람은 교착 상태에 빠져 서로의 입장만을 고수했다. 결국 친구는 울음을 터뜨리고 말았다.

그러자 선생님이 말씀하셨다.

"학생이 억울하다고 생각하는 건 잘 알고 있어요. 얼마나 열심히 했는지 얘기하고 싶겠지만 사실 나는 잘 모르겠어요. 여러분은 습관적으로 나를 엄마로 여기는 것 같은데, 나는 여러분의 엄마가 아니라 여러분을 가르치는 사람이에요. 저는 평가를 번복할 생각이 없으니, 제가 했던 말을 되새겨주세요."

그리고 잠시 멈췄다가 말을 이어갔다.

"여러분이 여기 온 이유는 자신이 옳다는 것을 증명하기 위해서가 아니라 말 그대로 상담 기술을 배우기 위해서예요. 기술을 배운다는 것은 자신을 낮추는 법을 배우는 것이지요."

자신을 내려놓는 것은 심리 상담사에게 중요한 덕목이다. 상담실에서 이뤄지는 상담사와 내담자의 대화가 단순해 보이지만 실제로 주고받는 정보량이 많고 변화 속도도 무척 빠르다. 만약 심리 상담사가 무거운 자아를 가지고 있다면 조바심 속에서 자신의 생각을 붙잡고 놓지 않기가 쉽다. 이렇게 되면 내담자가 무슨 말을 하는지 듣기 힘들어져 상담 자체가 주입과 지도 형식으로 바뀌게 된다.

사실 나도 이미 교수님의 지도를 받은 적이 있었다. 내가 처음으로 교수님의 지도를 받은 것은 남편과 아내의 사례였다. 깊은 갈등을 겪고 있던 부부는 상담실에서도 격렬하게 말다툼을 벌일 정도였다. 남편은 상담실을 나설 때 나를 힐끗 보고 한마디를 남겼다.

"이 수준으로 무슨 심리 상담을 해!"

나 또한 상담을 제대로 진행하지 못한 것에 대해 죄책감이 들었고, 여전히 무슨 일이 일어났는지 혼란스러워서 교수님께 도움을 받기로 했다. 그때 나는 상담 분야에 막 발을 들였을 때여서 이 수업에서 해답을 얻을 수 있을 것 같았다.

교수님은 내 상담 에피소드를 듣고 다른 학생들에게 물었다.

"여러분, 제가 혼내야 할까요? 말아야 할까요?"

같은 반에 있던 친구들이 일제히 대답했다.

"혼내요!"

"왜 그렇죠?"

학생들은 다양한 의견을 제시했는데, 그 가운데에는 신뢰할 수 있는 것도 있었고 그럴 수 없는 것도 있었다. 마지막으로 교수님께서 정리를 해주셨다.

"상담할 때 남의 말을 듣지 않았으니 혼나는 게 마땅하죠. 너는 오로지 너만 생각했던 거야."

그리고 나서 교수님은 나의 상담 내역을 보면서 여기서는 어떤 정보가 빠졌고 저기서는 어떤 정보가 추가로 필요한지 상세하게 지도해주셨다. 나는 고개를 푹 숙인 채 옆에 서서 몸 둘 바를 몰랐다. 건드리기만 해도 눈물이 왈칵 쏟아질 것 같았다.

그때 나는 나름 경력을 가진 상담사였지만 대부분의 경험이 개인상담에 집중되어 있었다. 가정과 부부 치료에 대해 교육을 받기는 했지만 여전히 부족한 점이 많았다. 그럼에도 이런 지도를 받은 적은 없었다. 내담자에게 욕을 먹고 이미 큰 타격을 입었는데 교수님은 위로해주지 않을 뿐만 아니라 오히려 일을 더욱 크게 만드셨다. 나는 그러한 처사가 정말 모욕적이라고 생각했고 심지어 이 수업에 들어온 것을 후회하기도 했다.

하지만 나는 다음 달에도 수업을 빠지지 않았다. 교수님께서는 나를 보고는 빙그레 웃으면서 인사를 건네셨다.

"안 올 줄 알았는데, 왔네요."

나는 이를 악문 채로 대답했다.

"저는 배우러 왔으니까요."

처음으로 지도를 받았을 때 교수님께서 주신 의견과 당시 느꼈던 부끄러움은 아직도 내 머릿속에 뚜렷하게 새겨져서 다시는 잊을 수 없게 되었다. 그러던 어느 날 교수님께서 이 일에 대해 이야기를 다시 꺼내셨다.

"괴로움을 통해 당신이 무언가를 기억해낼 수 있다면 그렇게 하세요. 무언가를 배우는 데 가장 중요한 것은 마음이 아니라 머리를 사용하는 것이랍니다."

나는 교수님이 의도하는 바가 무엇인지 안다. 그녀는 비판을 자신에 대한 평가가 아니라 기술에 대한 피드백이라고 여기라고 했다. 돌이켜보면, 지난 몇 년 동안 내가 이뤄낸 가장 중요한 발전은 모두 교수님 덕분이었다. 나는 교수님에게서 가정 상담뿐만 아니라 자기계발에 대해서도 배웠다. 사람은 자신을 내려놓은 다음에야 비로소 새로운 것을 배울 수 있다.

그러나 우리는 각자 고정된 자아의 '껍데기'를 가지고 있기 때문에 비판을 피드백으로 여기는 것은 여전히 매우 어려운 일이다. 그렇기에 자아의 껍데기가 우리의 발전을 방해하더라도 우리에게는 비판으로부터 보호해줄 무언가가 필요하다.

사람들은 항상 자신이 어떤 사람인지 깨닫게 되면 성장할 수 있을 것 같다고 생각한다. 그래서 우리는 자신이 똑똑한지 아닌지에 매우 신경을 쓴다. 그렇게 똑똑함이란 우리의 개인적인 특성이 아니라 우리가 환경과 소통하는 방식으로서의 특성이라고 생각한다.

만약 세상이 우리에게 질문을 던지고 우리가 문제를 해결하기 위해 열심히 노력하는 이런 소통 방식이 좋다면, 우리의 능력은 이런 일문일답一問一答 방식을 통해 계속해서 성장하고 자아도 훨씬 풍부해질 것이다. 그러나 우리가 세상과 다른 사람이 너무 위험하다고 생각해서 이런 소통 방식이 좋지 않다고 여긴다면 이 소통 방식은 중단될 것이다. 그리고 우리의 관심은 오로지 자기 자신에게만 초점이 맞춰져서 세상의 도전을 피하게 될 것이다.

우리는 종종 '나는 어떤 사람일까?', '다른 사람은 나를 어떻게 볼까?', '내가 이렇게 해도 될까?' 등을 자문해보곤 한다. 우리는 원래 이러한 질문에 대한 해답을 통해 자아를 발전시키지만 세상과 제대로 소통하지 못하면 오히려 자기계발이 정체된 상태에 머물게 되고 만다.

그러니 이런 소통을 멈춰서는 안 된다. 그렇지 않으면, 그 평가가 똑똑하든, 유능하든, 합리적이든, 다른 무엇이든, 그리고 그 평가가 부모나 교사, 지도자 또는 사랑하는 사람까지 누구에게서 왔는지에 관계없이 엄격한 자기 평가에 갇히게 될 것이다.

그러니 자신에게 너무 집착할 필요는 없다. **당신이 어떤 사람인지는 결코 중요하지 않다. 당신이 세상과 어떻게 소통하는지가 더 중요하다.**

부정적인 감정은 어떻게 생기는가

"어떻게 세상이 나한테 이럴 수 있어!"

첫 번째 방어형 마인드 셋인 고정형 사고는 '나는 강하다'라는 자기 이미지를 유지함으로써 우리의 변화를 막는다. 당위적 사고는 두 번째 전형적인 방어형 마인드 셋으로 그 본질은 현실 세계를 있는 그대로 인식하는 것이 아니라, 오히려 현실 세계를 우리가 이미 머릿속에 그려놓은 규칙에 끼워 맞추려 하고 세상이 그 규칙에 맞지 않을 때 원망이나 분노, 불안을 표출하는 것이다.

플루타르코스^{Plutarchus}가 집필한 《플루타르코스 영웅전》에서 테세우스^{Theseus}는 아버지를 만나러 가던 중 프로크루스테스라는 괴인과 맞닥뜨린다. 그는 지나가는 사람을 잡아다가 자기 집 침대에 눕히고선 침대보다 키가 크면 다리나 머리를 잘라 죽이고, 작으면 사지를 잡아 늘여 죽였다.

이 이야기를 처음 읽었을 당시 나는 이 괴물이 죽은 아들의 친구를 만들어준답시고 사람들을 죽였던 것이라고만 여겼는데, 지금은 어쩌면 그가 침대라는 틀에 꼭 맞는 이상적인 배우자를 찾고 싶어 했던 것일지도 모른다는 생각을 한다.

물론 우리는 그 괴물만큼 어리석지는 않지만 종종 이와 비슷한 생각을 품기도 한다. 예를 들어 어렸을 때는 부모님께서 우리를 더 이해하고 더 사랑해주셔야 한다고 생각하고, 공부할 때는 더 좋은 학교에 가서 더 좋은 성적을 받아야 한다고 생각한다. 그리고 일할 때는 더 좋은 회사에 들어가서 돈을 더 많이 벌어야 하고, 부모가 됐을 때는 우리 아이들이 무조건 말을 잘 들어야 한다고 생각한다.

현실이 우리가 생각한 대로 움직이지 않으면, 앞의 괴물처럼 침대를 하나 만들어 현실을 조작하고 싶겠지만 그러지 못해서 안타까울 것이다. 이것이 바로 당위적 사고다. 당위적 사고에는 두 가지 유형이 있는데, 세상과 타인에 대한 사고와 자신에 대한 사고다. 먼저 세상과 타인에 대한 당위적 사고에 대해 살펴보도록 하자.

거의 모든 부정적인 감정에 스며 있는 당위적 사고

거의 모든 부정적인 감정 이면에는 당위적 사고의 그림자가 드리워져 있다. 게으르고 철없는 아들 때문에 속을 썩이던 C씨와 상담을 한 적이 있는데, 그녀는 나에게 아들이 말을 잘 듣게 할 수 있는 방법이 있는지 물었다. 사실 그녀의 아들에게는 큰 문제가 없었다. 기껏해야 아침에 침대에 누워서 잠깐 뭉그적거린다거나 저녁까지 숙제를 미뤘다가 하는 정도였다. 나는 그녀에게 어떤 아들을 원하는지 물었다.

"우리 아들은 똑똑하고, 말도 잘 듣고, 성숙하고, 얌전한 아이여야 하기 때문에 그런 아이가 아니라는 걸 알았을 때 너무 화가 나서 제가 원하는 아이의 모습으로 교정해 주고 싶었어요. 그런데 그럴수록 아이는 더 말을 듣지 않고 아이와 관계도 점점 악화되더라고요. 너무 속상해 죽겠어요.”

C씨의 고민 이면에는 ‘내 아이는 꼭 이래야 한다’라는 당위적 사고가 짙게 깔려 있다. 그녀가 가진 ‘꼭 그래야 한다’는 생각을 내려놓지 못하면 현실적인 문제를 해결할 수 없다.

또 다른 내담자 D씨는 직장 내 불안으로 나를 찾아왔다. 이제 막 이직을 한 터라 새로운 직장의 거의 모든 동료들이 그를 친절하게 대해줬지만 딱 한 사람만이 냉담한 반응을 보였다. 그는 업무적인 문제로 D씨가 도움을 청할 때마다 항상 ‘이것도 모르냐’는 오만한 태도를 보이곤 했다. 몹시 기분이 상한 D씨는 일에서 그를 능가해야겠다고 마음먹었다. 그래서 D씨는 신경을 곤두세우고 그의 일거수일투족을 살피기 시작했다. 그러다 그 사람이 자신보다 성과가 좋기라도 하면 실의에 빠져 불안해했으며 심지어 회사에서 그를 보기만 해도 자기도 모르게 긴장하게 되는 지경에 이르게 됐다.

D씨도 당위적 사고의 영향을 많이 받았다. 먼저 그는 모든 동료들이 자신에게 친절해야 하고, 심지어 모든 사람이 자신을 좋아해야 한다고 생각했다. 그래서 그 동료가 오만한 태도를 보였을 때 화를 참을 수 없었다. 그리고 자신을 존중해주지 않는 동료를 업무적으로 뛰어넘어야 한다고 생각했다. 나아가 업무적인 것뿐만 아니라 모든 측면에서 그를 능가해야만 마음의 평화를 얻을 수 있었다. D씨의 머릿속에는 ‘좋은 사람은 부단한 노력으로 나쁜 사람을 제치고 많은 사람들

의 인정을 받았다'라는 영감을 주는 이야기의 표본이 있는 것 같았다. 그래서 현실이 이 이야기와 맞지 않을 때 그는 강한 불안을 느꼈다.

이 두 가지 '당위적 사고'는 서로를 강화시킨다. '그는 나를 좋아해야 하는데, 좋아하지 않아서 나는 상처를 받았고, 내가 상처를 받았기 때문에 나는 반드시 그를 뛰어넘어야 한다.' D씨는 모든 자기 가치를 오로지 동료와 비교하는 데 두고, 동료보다 열등하다고 느끼면 자신이 쓸모없다는 생각이 들어 불안하고 우울해한다.

상담을 통해 그는 자신의 감정 이면에 당위적 사고가 있다는 사실을 알게 됐다. 그러나 그는 이렇게 물었다.

"선생님, 당위적 사고에 대해서는 이해했어요. 그럼 이제 저는 그를 앞서야겠다는 생각을 하면 안 되는 걸까요?"

막힌 길도 있음을 깨달아야 다른 길을 찾을 수 있다

사실 아들이 착해지기를 바라든 직장에서 동료보다 앞서 나가고 싶어 하든, 이런 바람들은 누구나 가질 수 있다. 영화〈소림축구〉에서 저우싱츠周星馳가 연기한 아성은 이렇게 말했다. "사람이 꿈이 없으면 절인 생선하고 뭐가 달라요?"

그러나 **당위적 사고와 소망의 근본적인 차이는 현실과 소망이 일치하지 않는다는 것을 인정할 수 있느냐는 것에 있다.** 아이가 얌전하고 말을 잘 듣고 예의 바르기를 바라는 것은 '소망'이지만, 아이가 자주 할 일을 미루는 것은 '현실'이다. 다른 사람에게 사랑받고 존경받고 싶은 것은 '소원'이지만, 가끔은 우리를 좋아하지 않는 사람을 만나는 것은 '현실'이다. 현실은 우리와 타협하지 않으며, 그것이 우리를 불편하게 하더라도 우리는 현실을 부정할 수 없다. 현실을 바꾸고 싶어도 현실을 인정하는 토대 위에서 방법을 강구해야 한다.

그러나 당위적 사고를 가진 사람은 이 부분을 간과한다. 마치 현실에 화풀이를 하듯 현실이 이러면 안 된다는 생각을 한다. 예를 들어 앞에서 언급한 어머니 C씨가 아이가 말을 듣지 않는다며 화를 내는 것은 '우리 아이는 제가 원하는 대로 자라야 해요'라는 요구처럼 느껴졌다.

"이 나이 또래의 아이들은 할 일을 미루는 게 당연해요. 그럼 이제 어떻게 하실 건가요?"

나의 질문에 그녀는 끝까지 억지를 부렸다.

"분명히 고칠 수 있는 방법이 있을 거예요."

이때의 소원은 이미 현실을 뛰어넘었다. 동료보다 앞서길 바라는 D씨의 경우도 마찬가지다. '동료를 앞서는 것'이 소원일 때는 그 바람이 실패하더라도 다른 선택지가 있다. 예를 들어 그 동료와의 접촉을 줄이거나 눈에 띄지 않거나, 아예 이직을 하면 된다. 하지만 그가 고정형 사고에 빠져 있을 때는 '나는 반드시 그보다 앞서야 해'라는 생각에 사로잡히기 때문에 다른 선택지가 눈에 들어오지 않는다.

'반드시'와 '당위적 사고'는 항상 같이 다닌다. '반드시'는 그 결과가 고정된 현실로 나와야 한다는 뜻이다. 결과가 기대에 미치지 못하면 사람들은 극심한 불안감에 휩싸이고 만다.

당위적 사고와 소원이 갖는 또 하나의 중요한 차이는 무엇일까? 우리가 무엇인가를 하고 싶을 때, 우리는 소원의 주인이고 그것을 다스려야 한다. 하지만 우리가 당위적 사고에 빠져 있으면 그것이 우리의 주인이 되고 우리는 당위적 사고의 규칙에 복종할 수밖에 없어 자주성을 잃어버리게 된다.

나중에 나는 D씨에게 '소원'과 '당위적 사고'의 차이를 알려줬다.

"동료가 당신을 좋아하게 하거나 당신의 동료를 뛰어넘어야 하는 것이 소원인가요? 아니면 반드시 해야 할 일인가요?"

"음, 소원이에요."

"그럼 왜 이 소원이 반드시 이뤄져야 하는 것이 아닌지 생각해 보세요. 그리고 그 이유를 모두 적어보세요."

그는 돌아가서 여러 가지 이유를 생각해 봤다. 그리고 자신의 가치를 굳이 동료를 통해 인정받을 필요가 없고, 동료를 꼭 뛰어넘지 않더라도 여전히 발전할 수 있다는 등의 이유를 발견해 내면서 그는 천천히 당위적 사고에서 해방되었고 불안함도 조금씩 사라졌다.

소원과 현실을 구분할 수 있을 때 우리는 어른이 된다

여기서 한 가지 질문이 생길 수 있다. 우리가 소원을 반드시 해야 하는 일이 아니라 이뤄지든 말든 상관없다고 생각한다면 너무 쉽게 게을러지지 않을까?

우리가 '반드시 해야 한다'라고 생각하는 것은 '이 일을 할 수 있다'는 확신이 생겼다는 것이 아니라 집중하고 헌신할 결심을 했다는 것을 의미한다. 이 결심은 외부 세계와는 상관없이 오직 자신과 관련이 있다. 자신이 얼마나 집중하고 헌신할 것인지에 대한 결정은 모두 자신에게 달려 있지만 이 일을 할 수 있는지 여부를 결정할 수는 없다. 비록 우리가 이 일을 이루고자 하는 강렬한 소망을 품고 있다 하더라도 현실이 소원대로 따라와주기를 바라서는 안 된다. 그렇게 되면 '당위적 사고'에 매이게 되고 만다.

결심을 반드시 해야 할 과업이 아니라 소원으로 간주하면 더욱 유연하게 일을 할 수 있다. 통하지 않는 길도 있다는 것을 깨달을수록 다른 길을 찾기 쉬워지는 법이다. 현실을 받아들일수록 우리는 불안함과 우울함, 분노 속에서 현실에 화풀이를 하는 것이 아니라 현실을 이용해서 자신의 소원을 실현시킬 수 있다.

소원과 현실을 구분하는 것은 성숙함의 지표이자 당위적 사고에서 벗어나는 열쇠다. 어른으로서 우리는 세상이 우리를 중심으로 돌아가지 않고 우주는 우리의 희로애락에 전혀 관심이 없다는 것을 받아들여야 한다. 세상은 때로 불의로 가득 차 있고 인생은 고통과 실망으로 가득 차 있다.

우리가 마음속에 그려둔 세계에 대한 가설을 놓지 못한다면 마치 아이가 동화 세계에 대한 집착을 내려놓지 못하는 것처럼 '이 세상은 꼭 이래야만 한다'는 많은 그림들을 지우기 힘들 것이다. 그리고 현실이 이 그림과 맞지 않으면 우울감과 상실감, 분노에 사로잡히게 될 것이다. 이러한 우울함과 분노는 세상에 대한 지나치게 낙관적인 시선에서 비롯된 것이며, 나중에는 세상에 대한 비관적인 시각을 갖게 되는 원인이 된다.

결국 우리는 현실과 우리의 그림 사이에 생긴 균열을 지켜보며 허탈감에 젖어 세상의 아름다운 것을 더 이상 바라볼 수 없게 된다. 그렇게 우리의 삶은 세상과의 힘겨루기에서 점점 정체되는데, 이때 당위적 사고는 자기계발의 걸림돌로 작용한다.

우리는 왜 자신을 인정하지 못하는가

'치열하게 노력하는 자신'에게 도취된 사람들

세상과 타인에 대한 당위적 사고 외에 자신에 대한 당위적 사고도 존재한다. 이 당위적 사고는 자신에 대한 '폭정'으로, 우리로 하여금 압박 속에서 자신을 찾지 못하게 한다.

강연을 자주 다니다 보면 이런저런 질문을 많이 받는데, 그럴 때마다 내가 질문을 대하는 사고의 방향이 어딘지 모르게 특이하다는 말을 자주 듣는다. 어느 강연회에서 한 남성이 질문했다.

"중요한 시험을 준비해야 한다거나 중요한 목표를 달성하기 위해서 하기 싫은 일을 해야 할 때가 있잖아요. 근데 그럴 때마다 몸이 말을 듣지 않더라고요. 항상 일을 미루게 돼요. 이럴 때 제가 어떻게 해야 자신에게 동기부여를 하면서 끝까지 일을 마칠 수 있을까요?"

질문을 듣자마자 나는 바로 고개를 저었다.

"이 질문에는 제가 답을 드릴 수 없을 것 같습니다. 선생님 몸속에는 강압적인 자아와 무력한 자아가 있는데, 전자가 후자에게 자신이 하지 않는 일을 하도록 강요하는 것 같아 보입니다. 무력한 자아는 발언권이 없기 때문에 가끔 일을 미루는 것으로 불만과 저항을 표출하는 수밖에 없는 거고요. 지금 선생님은 저에게 강압적인 자아가 무력한 자아의 입을 막게 도와달라고 하는 건데, 저는 그렇게 할 수 없습니다. 저는 항상 약자의 편에 서거든요."

내가 그렇게 말한 까닭은 질문한 사람을 민망하게 만들려고 해서가 아니라 거의 모든 자기 고민의 이면에는 '당위적 자아'가 존재한다는 사실을 알고 있기 때문이다. 그에게 있는 당위적 자아는 무엇일까? '설령 내가 하고 싶은 일이 아니더라도 나는 최선을 다해서 이 일에 집중해서 해야 한다는 것'이다.

현실의 자아와 당위적 자아 사이에 차이가 있다는 것을 깨달으면 '혹시 나에게 문제가 있는 것은 아닐까'라는 생각을 하게 된다. 만약 내가 일반적인 방식으로 대답한다면, 나는 그의 당위적 자아에 대한 가설과 그에게 문제가 있다는 견해에 동의했을 것이다. 하지만 정말 그것이 사실일까? 왜 당위적 자아가 합리적이어야 하는가? 그래서 나는 이상한 대답처럼 들릴지 몰라도 그에게 꼭 그래야 하는 것은 없을뿐더러 자신이 어떻게 해야 하는지에 대한 가설 자체가 편견이라고 말해주고 싶었다.

한 내담자가 물었다.

"선생님, 그럼 우리 삶에 더 높은 기준을 삼지 말아야 한다는 말씀이신가요?"

물론 우리는 자신의 더 나은 비전을 위해 노력해야 하지만 '더 나은'의 기준이 어디에서 오는지 알 필요가 있다. 우리의 내면에서 온 것인가? 아니면 외부 환경의 영향을 받은 것인가?

얼마 전 알고 지낸 친구로부터 편지를 한 통 받았다. 친구는 스물여덟 살이 됐을 때 갑자기 열심히 살아야겠다는 생각이 들어서 그 후로 지금까지 매일 여섯 시간씩만 자면서 주말도 없이 계속 공부만 한다고 했다. 그러면서 그는 공부가 재밌기는 하지만 어쩌다 능률이 떨어지기 시작하면 인생을 낭비하고 있다는 생각이 든다고 했다. 가끔 목표가 아득하게 느껴지거나 죽을 때까지 이렇게 살아야 하는 것은 아닌가 하는 생각이 들 때가 있는데, 그럴 때는 어떻게 이해하면 좋을지 조언을 구했다.

이런 심리 상태가 나타나는 이유는 일종의 자기 강박 때문이라고 생각한다. 자기 강박은 '열심히 해야지'라는 당위적 사고에서 비롯된다. 우리 주변에서 정말 열심히 노력하는 사람들이 어떻게 사는지 먼저 관찰해 보자. 그들은 이루고자 하는 목표를 염두에 두고 있지만 자신이 열심히 하는지 안 하는지는 별로 신경 쓰지 않는다. 그들은 일을 하는 데 모든 초점을 두고 그저 일을 끝내고만 싶어 한다. 이때 노력은 자발적인 상태이며 창조적 활동이 만들어내는 부산물이다.

하지만 그런 목표 없이 그저 '열심히 해야지'라고만 느낀다면 어떨까? 그렇게 생각한다면 그는 자신이 무엇을 해야 할지 모르지만 성공한 사람들은 모두 열심히 한다는 막연한 생각에 빠져 있을 것이다. 그래서 내면의 규칙에 따라 책도 읽고 강의도 듣고 공부를 하는 등 열심히 뭔가를 시도한다. 그는 목표가 어디에 있는지도 모르고 그저 이런 상황에서 열심히 노력하는 마음을 내고 싶었던 것이다. 그의 당위적 자아 규칙은 바로 '노력은 항상 옳다'이기 때문이다.

이상에 맞춰 연기하듯 살다 보면 삶 자체가 연기가 된다

위의 이야기를 통해 우리는 그것이 자아든 외부 규칙이든 우리 행동에 대한 기준을 설정하면 행동에 커다란 영향을 미칠 수 있음을 똑똑히 확인했다. 당위적 자아의 추구는 자발성과 자주성을 어지럽히고 원래 자연스럽게 발전하던 일을 당위적 규칙에 제한되는 일로 만들면서 큰 불안감을 조성한다.

지금까지 살아오면서 얼마나 많은 사람들이 우리에게 '그렇게 해야만 한다'는 신념을 심어줬는지 생각해 보자. 청춘 드라마에서는 연애를 어떻게 해야 하는지, 잇속에 밝은 장사꾼은 연인에게 언제 어떤 선물을 줘야 하는지 알려준다. 심지어 예식장 직원은 어떤 포즈로 찍어야 결혼식 영상이 잘 나오는지 안내해주기도 한다. 나중에 결혼식 영상을 보지 않더라도 인생의 가장 중요한 순간인 만큼 어쩔 수 없이 예식장 직원의 말을 들을 수밖에 없다. 우리의 사랑마저도 어느 순간부터 규격화되어 버렸다. 너무 많은 당위적 사고가 우리의 감정 표현을 제한하고 결국에는 진정한 감정의 표현을 대체하기까지 한다. 이것이 당위적 사고가 갖는 가장 큰 문제라고 할 수 있다.

'나는 이렇게 해야 한다'라는 당위적 사고의 본질은 우리의 자발적인 행동을 사회적 규칙이나 타인의 기대, 또는 문화적 관습으로 대체하는 것이다. 그래서 자아에 대한 당위적 사고의 전형적인 말버릇은 **'다른 사람이 이렇게 해야 한다고 생각하기 때문에 나는 이렇게 해야 한다'** 거나 **'다른 사람들이 내가 이렇게 하기를 기대하기 때문에 나는 이렇게 해야**

한다'가 된다.

앞에서 소개한 이야기 속 주인공은 열심히 노력하고 또 변화하고 싶어 하는 바람이 전부 자기 의지에서 비롯된 것이며 그것을 강요하는 사람도 없는 것 같았는데, 그렇다면 자발적인 행동인 것일까? 사실 그것은 자발적인 행동이 아니라 모방이다.

열심히 노력하고 싶었던 청년은 그 후로 나름 동기부여를 위해 책을 많이 샀지만 거의 읽지 않았고, 운동을 하려고 피트니스센터도 가입했지만 몇 번 가지 않았다. 또 여러 계획을 세웠으나 제대로 실행하지 못했다며 자신이 게으른 사람이라는 사실을 깨닫게 됐다고 했다.

이때의 그는 자기 의지에 의해 노력을 했다기보다는 '노력'이라는 행위 예술을 연기하는 것에 가까웠다. 계속 열심히 하고 싶은 게 아니라, 열심히 하는 행위를 취함으로써 '열심히 해야 한다'는 생각을 만족시키고 싶었을 뿐이다.

일단 어떤 행동이 자발적인 것이 아니라, '나는 이렇게 해야 한다'는 생각에서 비롯되면 그것은 강박적인 자기 요구가 될 수 있고, 그렇게 해야 하는 일에 집착하다가 오히려 하는 일 자체에서 점점 벗어나게 된다. 노력은 노력의 모방이 되고, 사랑은 사랑의 모방이 되고, 감동은 감동의 모방이 되고 만다.

나는 '키치Kitsch'의 본질이란 일종의 모방이라고 생각한다. 여기서 '키치'는 다른 사람의 감정과 일치시키기 위해 의도적으로 자신의 진정한 감정을 숨기는 것을 의미한다. 예를 들어 어떤 사람이 주변 사람들 때문에 감동을 받았을 때 자신도 동일하게 감동을 받아야 한다고 느끼는 것이다. 실제로 감동을 받지 않았지만 마치 감동받은 것처럼 감정을 드러내는데, 이것이 바로 감동의 모방이다.

하지만 이런 모방은 단순히 '내 생각이 그렇지 않다는 것을 알면서도 그것을 숨기고 다른 사람이 기대하는 바를 보여준다'는 식의 모방이 아니다. 여기서 말하는 모방은 우리가 생각을 형성하기도 전에 이미 나타났다. 다시 말해 '자아'가 형성될 겨를도 없이 외부의 당위적 규칙으로 이미 대체되었다는 것이다. 자아는 당위적 규칙을 표현하는 도구가 되었고, 우리는 당위에 휘둘리는 것을 자신이 생각하고 느끼는 줄로 착각하게 된다.

하지만 여전히 의심스러운 부분이 남아 있다. 우리가 어떤 규칙에 동의하지 않지만 보이지 않는 압력에 어쩔 수 없이 굴복해야 할 때 내면에 분열이 생긴다. 여기서 말하는 분열은 우리가 억압당한다고 느끼게 하는 것이 아니라, 자신을 제대로 볼 수 없게 하고 자신이 어떤 사람인지, 원하는 것이 무엇인지 알지 못하게 하는 것이다. 이것이 많은 사람들이 끊임없이 자신을 찾는 이유다.

복잡한 인간의 삶을 단순하게 재단하는 당위적 사고

당위적 사고는 우리의 진실한 감정의 형성과 표현을 저해하고, 우리의 행동을 일 자체에서 벗어난 모방으로 만들 뿐만 아니라 우리의 사고에 영향을 끼쳐 흑백논리에 빠지게 한다.

내담자 E씨는 스스로를 착한 사람이라고 생각했다. 이것은 그녀의 이상적인 당위적 자아다. 한번은 그녀가 학교 앞을 지나가다 교문 앞에 앉아 있는 걸인을 보았다. 그는 지나가는 사람에게 돈을 달라고 구걸했지만 그녀는 머뭇거리다가 주지 않았다. 어떻게 보면 사소한 일이었는데, 이 일로 그녀는 죄책감에 시달리며 오랫동안 자신이 착한 사람이 맞는지 고민했다. 그녀의 죄책감 이면에는 '나는 착해야 한다'는 당위적 사고와 여기서 확장된 '내가 거지에게 돈을 주지 않았기 때문에 나는 착하지 않다'는 흑백논리가 깔려 있었다.

많은 고민의 이면에는 당위적 사고로 인한 흑백논리가 자리 잡고 있다. 예를 들어 실연을 당하면 아무도 나를 사랑하지 않는 것이고, 상사의 비난을 받으면 나는 능력이 없는 것이며, 그가 나를 도와주지 않으면 그 사람은 나쁜 사람인 것이다.

왜 당위적 사고는 흑백논리로 이어지는 것일까? 우리가 감정을 따르다 보면 항상 머릿속이 복잡해져 자연스럽게 회색 지대로 흘러가는 경우가 많기 때문이다. 살다 보면 길가에서 구걸하는 사람에게 선심을 베풀 때도 있고, 그냥 지나치거나 아주 가끔은 혐오감을 느낄 수도 있다. 그것이 바로 솔직한 우리의 감정이다. 그러나 우리가 마땅히 따라야 할 규칙에 따라 판단한다면 자연스러운 감정을 두고 선과 악으로 평가하려고 들 것이다.

마땅히 지켜야 할 규칙은 부합되는가 안 되는가, 지켜지는가 지켜지지 않는가로 나뉘기 때문에 규칙은 본질적으로 흑백논리일 수밖에 없다. 흑백논리에 따르자면 나는 착한 사람이거나 착한 사람이 아니며, 노력하거나 노력하지 않는 사람일 뿐이다. 이상화된 규칙으로 자신을 제한하고 사고가 경직되면 규칙과 다른 감정을 용인하기 어려워진다. 우리는 우리의 감정을 왜곡해 당위적인 요구에 맞도록 만든다. 그러므로 당위적 사고는 우리가 진실한 감정을 표현하는 것을 방해할 뿐만 아니라 우리의 생각을 고착시킨다.

이상적이지 않아도 되는 나를 긍정할 수 있는 용기

우리는 왜 당위적 사고에 빠지며, 왜 여기에 더 깊이 빠져들수록 당위적 사고방식으로 자리 잡게 되는 것일까?

심리학자 카렌 호나이Karen Horney는 사람들이 당위적 사고에 빠지는 이유에 대해 끊임없이 외부 세계에서 다른 사람에게 사랑받는 '자아'의 기준을 찾고 이상적인 자아를 창조하려고 하기 때문이라고 생각했다.

여기서 이상적인 자아는 일반적으로 완벽하고 똑똑하며 아름답고 훌륭할 뿐 아니라 흠잡을 데가 없다는 것을 의미한다. 우리는 환상적인 자아와 현실의 자아를 대조하면서 스스로를 위조품이라고 생각한다. 그들은 환상 속의 이미지를 유지하고자 노력하고, 다른 사람이 환상 뒤에 숨어 있는 자신의 참모습을 볼까 봐 두려워한다.

이런 이상적인 자아는 실제 자아의 경험에서 나오는 것이 아니라 단지 '나는 열심히 해야 한다', '나는 연애를 해야 한다'는 많은 규칙들이 쌓인 것뿐이다. 이러한 환상에서 비롯된 이상적인 자아를 보호하기 위해 사람들은 매우 완고해지고 당위적 자아와 다른 감정을 느끼고 받아들이기를 거부한다. 이렇게 되면 사람들은 규칙에 지배당하고 꼭두각시가 되고 만다.

그렇다면 우리는 어떻게 당위적 사고에서 벗어나고, '폭정'에서 벗어날 수 있을까? 간단하게 말하자면 자신의 감정을 되찾고, 외부적인 규칙이 우리에게 어떤 영향을 미치는지 깨달음으로써 자신만의 선택을 내릴 수 있어야 한다. 그리고 자신의 느낌이 모호하게 느껴질지언정 그것이 진실이니 의심하지 말아야 한다.

그것이 결코 쉬운 일은 아니다. '해야 한다' 뒤에는 종종 규칙뿐만 아니라 이런 규칙을 따르는 사람들과 가족, 친구, 또는 권력 기관이 존재하기 때문이다. 때때로 우리 자신을 찾는다는 것은 다른 사람들과 생각하고 느끼는 것이 다를지라도 용감하고 성실하게 자신을 마주하는 것을 의미한다. 다른 사람들의 영향으로부터 독립하는 방법에 대해서는 다음 3장에서 계속 다뤄 나갈 것이다.

절대적 사고:

마음속에 심은 달콤한 지뢰, 비관주의

부정적인 감정에 길들여져 스스로를 포기하는 사람들

　고정형 사고와 당위적 사고 외에도 세 번째 전형적인 방어적 마인드 셋에는 절대적 사고가 있다. 절대적 사고를 이해하기 위해서는 먼저 마틴 셀리그먼Martin Seligman이 진행했던 실험에 대해 알아야 한다. 1960년대 전 미국 심리학회 회장이자 긍정심리학의 아버지인 마틴 셀리그먼은 개가 어떻게 우울증을 앓는지 연구하는 과정에서 한 가지 실험을 진행했는데, 이 실험을 계기로 그는 학계에 이름을 알리게 되었다.

　실험에서 그는 24마리의 개에게 전기 충격을 주고 반응을 살폈다. 이를테면 A상자와 B상자에 개를 넣고 전원을 공급했는데, A상자에는 개가 레버를 누르면 전기 충격을 멈출 수 있게 했고, B상자에는 레버를 끈으로 묶어놔 개가 어떤 행동을 취해도 전기 충격을 멈출 수 없도록 했다. 전기 충격의 고통을 받은 개들은 상자 안을 이리저리 뛰어다니며 방법을 찾았다. A상자에 있는 개는 레버를 누르면 전원이 차단된다는 것을 금방 배웠지만, B상자에 있는 개는 누군가 전원을 차단하기를 기다리는 것 외에는 아무것도 할 수 없었다.

나중에 그는 이 두 그룹의 개를 각각 C상자에 넣었다. C상자에는 레버는 없었지만 높이가 낮아서 힘껏 뛰기만 하면 얼마든지 상자에서 나올 수 있었다. 그가 C상자에 전기 충격을 가했을 때, A상자에 있던 개는 이리저리 돌아다니며 레버를 찾다가 C상자에서 뛰어나오는 방법을 터득했다. 반면에 B상자의 개는 상자 안에 엎드린 채 낑낑거리며 꼼짝도 하지 않았다.

왜 A상자의 개는 계속해서 상자에서 뛰어나오려고 시도했던 데 비해 B상자의 개는 전기 충격을 받으면서도 꼼짝도 하지 않은 것일까? B상자에 있던 개는 전기 충격을 받으면서 자신이 뭘 해도 소용없다는 신념을 배웠기 때문이다. 전기 충격 자체가 아니라 전기 충격에 길들여지면서 생겨난 신념이 B상자에 있던 개에게 투쟁을 포기하게 했다. 셀리그먼은 B상자에 있던 개의 행동을 정리해 우리에게 잘 알려진 심리학적 개념인 '학습된 무기력'을 만들었으며, 이러한 학습된 무기력이 우울증의 근본 원인이라고 주장했다.

절대적 사고, 마음에 새겨진 경고 표지판

사실 우리도 앞에서 소개한 실험에 등장한 개들처럼 학습된 무기력에 자주 빠지곤 한다. 예를 들어 업무 스트레스가 많으면 우리가 아무리 애를 써도 업무 진도를 따라가지 못한다. 그러면 아예 거기서 포기해버리고 만다. 실연을 당하면 학습된 무기력에 빠져 아무리 좋은 사람이 나타나도 더 이상 상대방을 믿지 못하게 된다. 모든 회피 행동이나 우울증의 이면에는 이런 학습된 무기력이 자리 잡고 있어서 '다시 해봐야 소용없다'는 생각을 자연스럽게 하게 된다. 이것이 바로 절대적 사고다.

절대적 사고의 본질은 인간의 추상적인 사고 능력과 관련이 있다. 오늘날의 모습으로 진화한 인간을 보면 사실은 한없이 연약하다. 인간은 다른 동물에 비해 사지가 발달하지 않았고 시각과 청각, 후각이 예민하지도 않으며 오로지 뇌의 추상적인 사고 능력에 의지해 생존한다. 이런 추상적인 사고 능력은 규칙을 정리해서 생존율을 높이는 데에는 뛰어나지만 동시에 피해나 상처를 추상화하고 방어 범위를 확장하기도 쉽다. **절대적 사고는 상처, 즉 트라우마에 대한 추상화다.**

상처를 추상화하는 것은 고통스러운 일이 발생할 때마다 마음에 지뢰를 심는 것과 같다. 이 지뢰는 매우 위험해서 만지기만 해도 바로 심각한 스트레스성 반응을 불러일으킬 수 있다. 이러한 지뢰를 가진 트라우마를 피하기 위해 우리는 마음에 경고 표지판을 세우고 쉽게 접근하지 못하도록 위험 구역으로 표시한다. 고통이 클수록 경고판이 세워지는 위험 구역의 범위도 넓어지고, 그러다 보면 시간이 흐를수록 우리의 마음속 활동 공간은 점점 좁아지고 가야 할 길이 보이지 않게 된다.

이제 막 대학을 졸업한 F씨는 스타트업 회사에 취직했다. 회사도 F씨처럼 신생 기업이기 때문에 전 직원들이 매일같이 야근을 해야 했다. 회사 운영으로 스트레스가 심했는지 대표는 걸핏하면 괜한 트집을 잡거나 별것 아닌 일로 그에게 편잔을 줬다. 결국 그는 일한 지

반 년 만에 회사를 나왔다. 이 경험은 F씨 마음속에 짙은 그림자로 자리 잡아 트라우마로 남았다.

회사에서 받는 상처가 작아도 자신이 조직과 맞지 않았다고 생각해서 다시 취업하는 것을 두려워할 수 있다. 이것은 매우 정상적인 반응이다. 여기서 방어의 범위가 확장되면 F씨는 자신이 스타트업 회사에 일하기에 적합하지 않다고 느껴서 다시 취업을 할 때 스타트업 회사는 배제할 수도 있다. 여기서 다시 방어의 범위가 조금 더 확장되면 F씨는 회사에 들어가는 것 자체가 맞지 않아서 공무원 시험을 봐야 한다고 생각할지도 모른다.

그렇다면 여기서 더 방어의 범위가 확장된다면 어떨까? 그는 직장 내 인간관계, 업무 스트레스를 감당할 수 없을 정도로 사회생활 자체가 자신과 맞지 않는다고 느낄 수도 있다. 그의 방어 범위는 직장생활을 넘어 모든 일로 확대되어 어쩌면 그는 골동품 수집가가 되는 것을 선택할지도 모른다.

그렇게 방어의 범위가 넓어지면서 자신이 일했던 회사가 두렵고, 스타트업 회사가 두렵고, 회사 자체가 두렵고, 결국에는 일 자체가 두렵게 느껴진다. 해고당한 사건이 F씨에게 큰 상처로 자리 잡을수록 그의 신념은 추상적이게 되고, 사고방식은 절대화되어 방어 범위도 점점 넓어진다. 그리고 방어 범위가 넓어질수록 자신의 활동 공간은 좁아진다. 동시에 역경에 대한 생각이 절대적일수록 감정적 반응은 커지고 비관과 우울의 감정도 더 강해진다. 그것은 그가 외부에서 자신의 삶을 확장하는 것을 더욱 방해한다. 그의 인생은 그렇게 조금씩 멈춰 버리고 만다.

절대적 사고의 세 가지 추상적 방식: 영구화, 일반화, 인격화

이러한 역경의 절대화가 바로 절대적 사고의 본질이다. 당신이 비관주의에 빠졌다면 자신이 겪은 역경을 이미 절대적 사고, 즉 비관적 사고를 통해 설명해왔을 것이다. 그렇다면 우리 뇌는 어떤 처리 과정을 거쳐 그런 결과에 도달한 것일까? 셀리그먼은 역경에 대해 영구화, 일반화, 인격화라는 세 가지 차원으로 설명할 수 있다고 말했다.

영구화란 시간적 차원에서 어떤 일이 계속 일어날 것이라고 생각하게 하는 것이다. 예를 들어 최근 회사 일이 바빠서 야근을 자주 하다 보니 직원들 불만이 이만저만이 아니다. 직원들은 이 일을 어떻게 이해할까? 아마 단순하게 최근에 바빴다고 생각하는 사람들도 있을 것이고, 일이 끝이 없다고 생각하는 사람들도 있을 것이다. 전자는 일이 바쁜 시기를 특정 기간 내로 제한해서 이 기간이 지나면 달라질 것이라는 변화의 여지를 남겨두고 있고, 후자는 이 상태가 영구적으로 지속될 것이라고 단정하고 있다. 일단 영구화되면 변화의 희망이 보이지 않아 당연히 비관적이게 되고 낙담할 수밖에 없다.

시간의 영구화는 우리 자신에 대한 평가와 판단에도 반영된다. 잦은 야근으로 피로해지면 컨디션이 나빠지면서 피곤함을 느끼거나, 또는 자신이 쓸모없는 존재이며 일을 망쳤다고 느낄 수도 있다. 피곤하다는 것은 일시적인 상태로, 사실 이 안에는 휴식을 취해야 한다는 해결책을 내포하고 있다. 그리고 일을 망쳤다는 것은 영구적인 판단으로 변할 가능성이 전혀 없음을 의미한다.

영구화는 다른 사람에 대한 우리의 판단에도 반영된다. 상담실까지 와서 말다툼을 하는 부부들이 자주 하는 말은 '당신은 항상 이런

식이야'다. 아내가 남편에게 하는 이야기는 비슷하다.

"당신은 항상 자기밖에 몰라, 만날 집에 들어오지도 않고."

그러면 남편의 반격이 이어진다.

"뭐가 만날이란 거야. 회식이라고 해봤자 하루이틀이지. 당신이야 말로 만날 별것도 아닌 일로 이 난리를 치잖아."

'항상' 또는 '매일'은 시간적으로 영구화된 표현이다. 이런 상황에서 나는 그들에게 물었다.

"아내 분께서는 남편이 매일 집에 들어오지 않는다고 하고, 남편 분께서는 아내가 매일 잔소리를 한다고 하셨는데, 예외적인 상황은 없었나요?"

만약 남편이 일찍 들어온다거나, 아내가 남편에게 잔소리를 하지 않고 다정하게 대해줬을 때가 있었다면 '매일'이라고 말할 수 없다. 나는 그들이 습관적으로 사용하는 '매일' 대신 '가끔'이라는 말을 사용할 수 있도록 언어 습관을 바로잡아줄 것이다. '당신은 매일 집에 안 들어오잖아요'에 비해 '당신은 가끔 집에 안 들어오잖아요'라는 말이 비난적인 뉘앙스가 훨씬 덜해 보인다.

절대적 사고의 또 다른 표현 방식은 일반화다. 일반화란 '까마귀 한 마리가 검다'에서 '세상의 모든 까마귀는 검다'로 확장시키는 것을 말한다. 예를 들어 남자친구와 사귀다가 신뢰가 깨져서 헤어졌더니, 세상 남자 중에 믿을 놈이 하나 없는 것처럼 느껴지게 된 상황을 가리킨다. 또 자신을 불공평하게 대하는 사람이 하나 있는데 마치 세상 전체가 자신을 불공평하게 대하는 것처럼 느끼는 것도 여기에 해당한다. F씨는 스타트업 회사에서 하던 일이 맞지 않았던 상황을 일 자체로 확장시켜 일을 하는 행위 자체가 자신과 맞지 않는다는 일반화에 빠지고 말았다.

영구화와 일반화 외에 인격화가 있는데, 인격화는 모든 나쁜 일이 어떤 특정한 사람 때문에 일어난다고 생각하는 것이다. 일이 발생하는 데에는 많은 요소가 작용한다. 우리가 어떤 일에서 벌어진 잘못을 다른 사람의 탓으로 만들면 분노와 비난에 사로잡히게 될 것이다. 반대로 자신의 잘못이라고 절대화시키면 죄책감과 자책에 시달리게 되며, 이로 인해 자주 우울증에 노출될 수 있다.

친구가 회사 일로 상담을 받으러 왔었다. 그는 금융업계에서 영업사원으로 일하면서 매일 여러 고액 자산가와 고객들에게 전화를 걸어 회사의 자산 관리 상품을 추천하고 판매했다. 물론 이런 고객들은 텔레마케팅에 그다지 친절할 리 없기에 정중한 태도로 소개받은 상품이 지금 자신에게 필요하지 않다고 말하는 사람도 있겠지만 그냥 끊어버리는 경우가 대부분일 것이다. 이런 경우 사람들이 자신을 귀찮아해서 거절했다는 생각에 우울해지고 스스로를 쓸모없는 사람이라고 느끼기 쉬워진다. 이것이 인격화다.

"전화를 받은 사람은 네가 누군지 알고 그러는 거야?"

"잘 모르지, 어떤 사람은 내가 '안녕하세요'도 하기 전에 바로 끊어버려."

나는 그의 동료들도 상황이 비슷한지 물어보았다.

"거의 나랑 비슷한 상황이야."

"네가 전화하는 사람은 네가 누군지도 모르고 다른 동료들도 비슷한 상황인데, 왜 고객들이 너한테만 못되게 군다고 생각하는 거야?

그들도 자기들만의 일정이 있을 테고, 그것을 방해받고 싶지 않을 권리가 있어. 이건 너도 이해해야지. 너한테만 그런다고 느끼는 건 네가 생각이 너무 많은 거야."

친구는 곰곰이 생각해 보더니 내 이야기가 어느 정도 일리가 있다고 말했다. 그러고선 상담 내용을 자신에게 상기시키기 위해 카드 한 장을 만들었는데, 그 위에는 '내 잘못이 아니야'라는 문구가 쓰여 있었다. 친구는 일을 하면서 앞으로도 무수히 거절당할 테지만, 이전처럼 우울해하지는 않을 것이다.

우리는 어떤 문제가 생겼을 때 세상 모든 것이 자신을 겨냥하고 있다고 생각하고, 모두 다 자신의 탓이라고 느끼곤 하는데, 이것은 착각이 아니라 사람들의 일반적인 심리적 반응이다. 영화에 자주 등장하는 장면이 있는데, 불행한 일을 당한 주인공이 하늘을 올려다보며 이렇게 외치는 것이다.

"신이시여, 왜 나인가요! 제가 뭘 그렇게 잘못했나요?!"

이것이 일종의 인격화다. 우리는 항상 나쁜 일이 생기면 이상한 종류의 죄책감을 느끼고 때로는 자신이 피해자임에도 불구하고 마치 자신의 잘못인 것처럼 느낀다. 이렇게 확장된 방어 범위는 우리를 불필요한 죄책감과 자책에 빠지게 한다.

절대적 사고의 문제는 무엇일까? 우리는 살아가면서 많은 상실과 질병, 거부, 실패를 겪게 되는데 이런 고통스러운 경험들 또한 우리 삶을 구성하는 일부가 된다. 만약 우리가 그 고통을 기꺼이 받아들이면 그 고통은 천천히 지나갈 것이다.

그러나 우리가 이러한 고통에 대한 끊임없는 방어에 빠진다면 고통을 해소할 수 없을 뿐만 아니라, 현재의 삶에서 멀어지고 사고의 덫에 빠지게 된다. 절대적 사고의 가장 큰 문제는 다가올 위험을 방어하기 위해 삶을 진공 속에 가둬서 우리가 현실에 접근하지 못하게 하고 삶으로부터 치유받을 수 있는 기회를 잃게 만드는 것이다. 절대적 사고에 빠지면 우울증에 걸린 개들처럼 가볍게 뛰어내리면 상자에서 뛰어내릴 수 있는데도 감히 시도조차 하지 못하게 된다. 삶이 강이라면 절대적 사고는 삶을 원천이 없는 물로 만든다.

성장과 소통의 가능성마저 방어하는 멘탈 모델

요약하자면 세 가지 방어적 멘탈 모델은 모두 자기방어적 요소를 갖추고 있다. 고정형 사고는 우리 내면에 있는 완벽한 자기 이미지를 방어한다. 당위적 사고는 우리 내면에 있는 규칙을 방어하고, 절대적 사고는 발생할 수 있는 상처를 방어한다. 이 세 가지는 매우 긴밀한 내재적 관계를 맺고 있다.

부모가 아이의 똑똑함을 칭찬한다고 가정해 보자. 부모는 추상적인 평가로 아이를 자기 증명의 함정에 빠뜨리게 되고, 이에 따라 아이는 똑똑한 이미지를 유지하기 위해 노력하며 도전을 회피하게 된다. 이것이 우리가 앞서 살펴본 고정형 사고다.

그 다음으로 아이는 자신이 똑똑하게 행동하지 않으면 아무도 좋아하지 않을 것이라는 당위적 사고방식을 키우게 된다. 나아가 시험에 떨어지거나 어떤 일을 잘 해내지 못하면 아이는 '나는 시험도 통과 못 하는 사람이야'라고 생각해서 자신이 똑똑하지 않고 뭘 해도 소용이 없다는 것을 증명한다. 이것이 절대적 사고다.

그래서 고정형 사고와 당위적 사고, 절대적 사고는 일반적으로 동시에 나타난다. 그것들의 핵심 특징은 추상적인 사고방식으로, 우리와 현실 사이의 관계를 막고 세상과의 소통을 점점 멈추게 한다.

제임스 P. 카스^{James P. Carse}의 저서 《유한 게임과 무한 게임: 인생이라는 절대 끝나지 않는 게임에 관하여^{Finite and Infinite Games}》에서는 두 가지 게임을 소개한다. 그중 하나인 유한 게임에는 명확한 규칙을 비롯해 명확한 시작점과 결승점이 있다. 플레이어의 임무는 가능한 한 빨리 게임을 끝내고 승자가 되는 것이다. 따라서 플레이어가 이기거나 지는 명확한 결승점이라는 가설이 존재한다. 그러나 또 다른 게임인 무한 게임은 명확한 승자도, 패자도 없으며 플레이어의 가장 중요한 목표는 게임을 계속 진행하는 것이다.

방어적 멘탈 모델은 인생을 유한한 게임으로 보고 순간적인 좌절이나 역경을 최종 결과로 받아들이기 때문에 우리로 하여금 실패나 실수를 피하도록 노력하게 만든다. 그러나 우리 삶은 오히려 무한한 게임에 가깝다. 실수와 좌절은 게임의 끝이 아니라 게임의 일부일 뿐이다. 우리가 무엇을 만나든 무슨 일을 겪든 게임은 계속된다. 우리가 할 수 있는 일은 일시적인 좌절과 실패를 통해 어떤 게임 경험을 쌓았는지 생각해 본 다음, 에너지를 충전하고 재정비해서 다시 게임을 시작하는 것이다.

이상을 현실로 바꾸기 위해 바짝 죈 마음가짐

방어형 마인드 셋은 현실과 효과적으로 소통하지 못해 성장의 기회를 잃게 한다. 이에 반해 성장형 마인드 셋은 사람들이 끊임없이 창조하고 현실과 소통해가며 자기 진화를 실현하도록 돕는다. 그렇다면 어떻게 해야 성장형 마인드 셋을 발전시킬 수 있을까? 지금부터는 성장형 마인드 셋을 발전시키기 위한 세 가지 접근 방식, 즉 목표 지향적 사고와 행동 제어의 이분법, 그리고 현실을 직시하는 근시적 사고를 소개하고 사고의 진화 법칙에 대해 설명하고자 한다.

왜 뚜렷한 목표가 오히려 우리를 주저하게 만들까?

강이 흐르기 위해서는 세 가지 조건이 필요하다. 바로 강의 발원지와 종착지의 낙차가 만들어내는 장력과 물이 흐르는 방향을 제어하는 물길, 강의 발원지로 끊임없이 흘러드는 물이다. 낙차가 없으면 강물은 흐르지 않을 것이고 물길이 없으면 강물은 방향을 잃어버리게 될 것이다. 또 발원지로 흘러드는 물이 없으면 강물은 곧 말라 버릴 것이다.

우리를 계속 발전시키는 성장형 마인드 셋도 마찬가지다. 비유하자면 강물의 낙차는 목표와 현실 사이의 간극으로 우리를 행동하게 만든다. 물길은 행동의 방법이며 발원지에 공급되는 물은 현실과의 접촉점이다. 목표가 없으면 행동은 일어나지 않는다. 방법이 없으면 행동은 맹목적이고 비효율적인 움직임에 불과하다. 현실과 접촉하지 않으면 사고는 머릿속에 굳어진 규칙으로만 남아 아무런 발전을 기대할 수 없다.

변화와 관련해 우리가 맞닥뜨리는 첫 번째 문제는 지속적인 변화에 필요한 추진력을 갖기 어렵게 만드는 긴장감에 관한 것이다. 언젠가 한 독자와 변화 과정에 대해 이야기를 나눈 적이 있다.

"변화를 결심한 그날, 저는 만반의 준비를 했어요. 변화를 위해 세워둔 계획 하나하나를 효율적으로 완성했어요. 첫날은 너무 행복했어요. 그런데 둘째 날 오후에는 조금 피곤해서 그날 해야 하는 일을 다 하지 못했더니 너무 우울하더라고요. 셋째 날에는 일을 미루기 시작해서 결국 세워둔 계획 중 하나도 완성하지 못했어요. 넷째 날에는 이걸 해서 뭐 하나라는 생각이 들기 시작했어요. 내 인생이 끊임없이 계획을 수행하고 임무를 완수하는 과정밖에 안 되는 건가? 이렇게 재미없는 일을 해봤자 무슨 의미가 있을까? 이런 생각이 몰려오더라고요. 제가 가지고 있던 가치관이나 인생에 대한 열정과 꿈이 사라진 것 같았어요. 그래서 저는 제 꿈이 무엇인지, 무엇을 위해 살고 있는지에 대해 오랜 시간 고민하면서 삶의 의미를 찾기 시작했어요."

그녀가 도달한 삶의 의미에 대한 탐색은 지속 가능한 변화의 동기를 찾는 데에는 그다지 도움이 되지 않을 것이고, 오히려 그러한 고민은 또 다른 지연과 좌절, 혼란만 불러올 것이다. 아마 당신도 새 힘을 충전하면 처음에는 의욕에 불타지만 점차 의욕이 사그라들다가 나중에는 완전히 사라져버려서 무기력한 상태에 빠지고, 또 얼마 후 다시 새 힘을 충전하는 악순환을 경험해 봤을 것이다. 이런 악순환이 거듭되다 보면 동기가 있다고 해도 우리는 의구심을 품게 된다. '정말 변화가 가능하긴 한 걸까?'

나와 만났던 독자의 문제는 어디에 있을까? 그녀에게 뚜렷한 목표가 필요하다고 얘기하는 사람도 있을 것이다. 사실 그녀에게도 '너무 낙심하지 말자'라는 목표가 있었다. 그러나 그 목표가 그녀에게 계속해서 행동할 동기부여는 되지 못했다. 그 이유는 무엇일까?

사랑에서 비롯된 긴장감이 우리를 발전시킨다

개인적으로 로버트 프리츠Robert Fritz가 쓴 《최소 저항의 법칙The Path of Least Resistance》이라는 책을 매우 좋아한다. 유명한 작곡가로 활동하던 그는 자신의 창작 경험을 바탕으로 창의력 수업을 개발했다. 이 책에서는 사고 구조를 장력을 유발하는 두 가지 유형, 즉 '창조적 사고 구조'와 '문제해결적 사고 구조'로 구분한다. 그는 창조적 사고 구조만이 지속적인 긴장을 일으킬 수 있으며, 문제해결적 사고 구조는 그렇지 않다고 주장한다.

그렇다면 창조적 사고 구조란 무엇일까? 화가가 그림을 그리고 작곡가가 곡을 쓰려고 하는 것처럼 그들에게는 확실하게 만들고 싶은 것이 있다. 이것이 창조적 사고 구조다. 반면에 문제해결적 사고 구조로 창조를 하면 앞의 독자가 직면한 딜레마에 빠지게 된다. 그녀의 목표는 '너무 낙심하지 말자'였고 이에 상응하는 행동의 장력은 문제로 인한 불안감을 완화시키는 것이지, 한 폭의 그림을 완성하는 것만큼 확실하게 어떤 결과물을 만들어내는 것이 아니었다.

노력이 결실을 맺으면 불안함은 해소되고 그에 따른 긴장감도 사라진다. 긴장감이 사라지면 의욕도 사그라들면서 무기력한 상태에 빠질 것이고, 문제가 다시 그녀를 불안하게 만들어 새로운 의욕을 끌어올릴 때까지 이런 긴장감은 또 다시 쌓일 것이다. 그렇게 새로운 힘을 충전하는 것부터 낙담하는 단계까지의 끊임없는 순환 과정이 생겨난다.

그렇다면 이런 악순환은 어떻게 끊을 수 있을까? 일부 사람들이 생각해낸 전략은 문제의 심각성을 필사적으로 과장하고 자신을 비난함으로써 불안함을 조성해 행동의 긴장감을 얻도록 만드는 것이다. 문제가 있는 한 긴장감은 존재한다. 그래서 어떤 사람들은 조금만 태만해도 스스로에게 '문제가 심각해졌으니 지금이라도 바꾸지 않으면 끝장이야'라며 모진 말을 하곤 한다. 그러나 그들은 긴장감을 고조시키면서 문제 자체도 고조시킨다.

이 긴장감을 유지하기 위해 문제를 개선하지 않는 것은 스스로를 비관적으로 만들 뿐이다. 그래서 남들이 보기에는 학업이나 사업에서 성공한 것처럼 보이지만 정작 자신은 성공을 인정하지 않고 즐기지 못한다. 그들은 '문제'와 '실패'를 행동의 긴장감으로 삼아 계속해서 자신을 채찍질해야 한다. 이런 사고 구조는 분명히 효과가 없다.

창조적 사고는 문제 해결과는 매우 다른 방식으로 긴장감을 조성한다. 나를 예로 들어보면, 한동안 나는 일을 미루는 습관이 있었는데, 이런 느낌이 너무 싫었다. 미루는 습관을 고치기 위해《귀차니즘, 안녕拖延症再見》이라는 책까지 썼을 정도였다. 그리고 얼마 전까지만 해도《귀차니즘, 안녕 2》를 쓰려고 했다. 여전히 나아지지 않은 나의 미루는 습관을 발견했기 때문이다. 그런데 글을 쓰다 보니 무슨 연유인지 미루는 습관이 고쳐졌다.

내가 미루는 습관을 고치는 비결을 찾은 걸까? 아니다. 당시 나는 지식공유 앱인 더다오에서 '자기계발 심리학' 과정을 준비하고 있었다. 이 과정을 구상하기 시작하면서부터 이 일은 나에게 매우 중요한 미완성 프로젝트가 되었다. 책을 읽고 자료를 수집하면서 머릿속으로 계속 그 생각만 하다 보니 언제부터인가 긍정적으로 긴장하면서 효율적으로 살기 시작했다. 반대로 내가 헛되이 노력만 했다면 아무리 미루는 습관을 극복하는 비결을 많이 알고 있었다고 해도 소용이 없었을 것이다.

창조적 사고가 충분한 긴장감을 조성하는 이유는 무엇일까? 로버트 프리츠는 전혀 예상치 못한 논리적인 대답을 내놓았다. 바로 사랑이다. 나 또한 '자기계발 심리학' 과정을 진행하면서 나의 등을 떠밀었던 힘이 사랑이었음을 깨달았다. 돌아보니 나는 이 과정이 아직 내 머릿속에 있는 아이디어나 생각에 불과했을 때부터 그것을 매우 사랑했다. 여기에는 평소 나의 관심사와 사람들에게 하고 싶었던 내용이 들어 있기 때문이다. 그것을 아이디어에서 현실로 만들고 싶은 충동은 행동을 계속 자극하는 긴장감으로 변화시켰다.

그 후 수업 내용이 확장되고 정리되는 과정을 거치면서 이 책이 완성되었다. 이 책을 쓰게 된 과정도 마찬가지였다. 가끔은 어떤 내용이 책의 내용을 더 풍부하게 할지 생각하면서 설레기도 하고, 또 가끔은 이 책을 선택한 독자들이 어떻게 읽어줄지 상상해 보기도 한다. 이 긴장감은 나를 작심삼일에 그치지 않고 이 책을 끝내 탈고하게 만들었다. 아마 내가 이 책을 아직도 쓰고 있었다면 긴장감은 여전히 존재했을 것이다. 내가 그것을 사랑하면 할수록, 세상에 나오길 바라면 바랄수록 긴장감이 더 커지면서 그것이 완성될 때까지 계속 행동하게 할 것이다.

이것이 바로 창조적 사고다. 마치 아이를 낳는 것과 같은데, 아이는 부모에게 노력을 강요한다고 해서 태어나는 것이 결코 아니다. 부모가 서로 사랑하고 또 아이를 사랑해야만 가능해진다.

이런 사고방식을 확장하면 우리도 인생을 문제해결 과정으로 보기보다 창조적인 과정, 사랑하는 아이디어를 현실로 만드는 과정으로 볼 수 있을 것이다. 물론 그렇다고 해서 문제를 해결할 필요가 없다는 것은 아니지만, 문제 해결이 행동의 동기가 되어서는 안 된다. 우리가 사랑하고 이루고자 하는 것이 동기가 되어야 한다.

현실로 목표를 선택하거나, 목표를 현실로 창조하거나

창조적 사고는 크게 우리가 완성하고 싶은 작품과 우리가 직면한 현실, 이렇게 두 부분으로 나뉜다. 둘 사이에는 영원히 변하지 않는 긴장감이 있어 우리의 행동을 자극한다. 그러므로 성공하기 위해서는 완성하고 싶은 작품만 있다고 되는 것이 아니라 현실도 직시할 수 있어야 한다.

　연구원으로 일하는 친구가 있는데, 잠시 경제적인 어려움을 겪고 있어서 학업을 계속 이어나갈 수 없게 되었고 어쩔 수 없이 하고 싶지 않은 일을 해야 했다. 그는 돈 때문에 꿈을 포기했다는 괴로움에 사로잡혀 나를 찾아와 어떻게 하면 좋을지를 물었다. 사실 많은 사람들이 비슷한 질문을 한다. '자기만의 목표가 있고, 이루고자 하는 꿈이 있는데 현실이 따라주지 않으면 어떻게 하지?'

　인생은 아름답기만 한 유토피아가 아니다. 꿈을 좇을 여유가 없는 것, 이것이 바로 현실이다. 창조적 사고는 현실을 무시하게 하는 것이 아니라 오히려 현실 앞에서 자신의 무력함을 인정하고, 현실을 창조를 이루는 데 필요한 조건적 한계라는 다른 시각으로 바라보게 한다. 그에 반해 문제를 해결하는 사고는 한계를 목표 설정의 전제로 보고 목표 자체를 제한한다.

　창조적인 사고를 하는 사람들은 '나는 책을 읽으며 깊이 연구하고 싶지만 지금 당장 돈이 없는데 어떻게 목표를 실현할 수 있지?'라는 생각을 할 수 있다. 만약 돈이 창조적 사고의 전제 조건이 된다면 먼저 돈을 벌러 가야 한다. 그러다 보면 돈을 벌 때 자신이 왜 돈을 벌어야 하는지를 알게 된다.

　그러나 문제 해결적 사고를 하는 사람은 '돈도 없는데 무슨 공부를 하고 연구를 하겠어. 이건 애초에 말도 안 되는 이야기야'라고 생각해서 자신의 목표를 포기할 것이다. 이것이 창조적 사고와 문제 해결적 사고의 근본적인 차이다.

　창조적 사고는 목표로 현실을 생각한다. 먼저 내가 무엇을 원하는지, 현

실이 어떤지, 환경이 어떤 영향을 미칠지 생각하고 목표와 현실 사이의 간극을 보완할 수 있는 방법을 찾는다. 한편, 문제 해결적 사고는 현실로 목표를 생각한다. 먼저 환경이 어떤 영향을 미칠지, 자신의 목표가 현실적인지, 어떤 목표를 세워야 할지 생각한다.

한 청년이 중국의 유명 부동산 개발사인 완퉁그룹萬通集團의 창업자 펑룬馮侖에게 물었다.

"저도 창업을 하고 싶은데, 돈이 없으면 어떻게 하죠?"

"창업을 하는 사람들은 꿈을 먼저 꾸고, 돈을 찾아다니며 꿈을 이룰 방법을 찾는 사람들이에요. 돈이 생기고 나서 창업을 하겠다고 한다면 그건 창업이라고 할 수 없죠."

해야 하는 것과 하고 싶은 것을 분별하라

할 수 있는 것을 해내는 용기와 할 수 없는 것을 내려놓는 지혜

창조적 사고는 긴장감을 조성하기는 하지만 사고의 흐름을 유지하기 위해서는 긴장감만으로는 충분하지 않다는 것을 아는 것이다. 모든 긴장감이 실제 행동으로 바뀔 수는 없기 때문이다. 때때로 우리는 이 긴장감을 완화하기 위해 환상을 이용하기도 한다. 그래서 우리에게는 긴장감을 실제 행동으로 바꿀 수 있는 현실적이면서 효과적인 사고방식이 필요하다.

이와 비슷한 경험을 해봤는지 모르겠지만, 사람은 평범한 자신에게 부끄러움을 느끼면 자연스럽게 변화를 결심하게 된다. 그리고 결심을 하거나 계획을 세우고 나면 자신에 대해 느끼는 감정이 훨씬 좋아진다. 물론 그저 기분이 좋은 것뿐이다. 우리 뇌는 무엇이 계획이고 결심인지, 무엇이 실제 행동인지 구분하지 못한다. 가끔 우리가 결정을 하고 계획을 세울 때 뇌는 우리가 이미 그 일을 했다고 오해해서 행동의 긴장감을 떨어뜨리기도 한다.

그래서 우리는 사람들이 책을 많이 구입만 하고 실제로 읽지 않으며, 온라인 강의를 여러 개 수강해도 제대로 듣지 않고, 피트니스센터를 등록만 하고 가지 않는 모습을 자주 본다. 우리는 자기기만에 능하다. 책을 읽고, 수업을 듣고, 운동을 하는 것을 상상하는 것만으로도 책과 수업, 피트니스센터 등록 카드는 이미 제 역할을 다한 것이다. 이것은 모두 환상을 완성하는 소재로, 사람들이 그것을 구입하는 까닭은 본래 목표의 긴장감을 완화하기 위함일 뿐이다.

그것을 넘어서기 위해서는 높은 목표에서 벗어나 지금의 행동을 지도할 수 있는 현실적인 사고를 찾아야 한다. 학교에 강연을 하러 갔는데, 한 학생이 질문을 던졌다.

"저에겐 선생님처럼 심리학자가 되고 싶은 큰 목표가 있어요. 하지만 심리학자가 되려면 먼저 GRE를 봐야 하고 외국에 가서 박사 학위를 받아야 해요. 박사가 되려면 논문도 많이 읽고 새로운 논문도 발표해야 해요. 새로운 논문을 발표하려면 자기 연구실을 꾸려야 하고요. 그중 어느 것 하나라도 잘못되면 그대로 실패하고 말 거예요. 이런 생각만 하면 눈앞이 깜깜해지고 불안해져서 지금 하는 일이 무의미하게 느껴지고 아무것도 하고 싶지 않아요."

그에게 원대한 목표가 있고, 이 목표가 충분한 긴장감을 조성하는 것 같지만 이 목표의 허용 오차율은 매우 낮아 보였다. 계측기가 정밀하게 설계된 것처럼 보이지만 실제론 고장 나기가 쉽다. 더 큰 문제는 이 목표가 현재 계획과 연결되어 있지 않다는 점이다. 이 점이 학생을 매우 조급하게 만들었다.

그렇다면 우리는 어떻게 목표를 행동의 원동력으로 바꿀 수 있을까? 원동력을 높일 수 있는 사고방식이 있는데, 나는 그것을 '통제의 이분법'이라고 부른다.

"주여, 제게 바꿔야 할 것을 바꿀 수 있는 용기와, 바꿀 수 없는 것을 담담하게 받아들이는 은혜를, 그리고 이 둘을 분별하는 지혜를 허락하소서." -라인홀드 니버

이 기도문을 요약하면 제어의 이분법을 설명할 수 있다. **우리가 통제할 수 있는 것을 통제하려고 노력하되 통제할 수 없는 것을 통제하려 해서는 안 된다.** 앞부분은 집중해서 정진하고 뒷부분은 순리에 따르라는 뜻이다. 이 두 문장을 결합하는 것만이 긍정적인 발전을 유지하면서 내면의 평온을 유지할 수 있는 방법이다.

심리학자로서 나는 대부분의 사람들이 갖는 문제가 통제할 수 없는 것을 함부로 통제하려고 하면서 통제할 수 있는 것에는 통제권을 행사하지 않는 데에서 비롯되었다는 사실을 알게 됐다.

인생에서는 우리가 통제할 수 없는 요인들이 너무나 많다. 우리는 자신의 과거와 생활환경, 그리고 태어난 가정을 통제할 수 없다. 또 우리에 대한 다른 사람의 평가를 통제할 수 없고, 다른 사람이 어떻게 생각하고, 어떻게 움직이는지 통제할 수 없으며, 우리를 좋아하거나 미워하는 감정은 더더욱 통제할 수 없다. 무엇보다 모든 사람은 언젠가 죽게 돼 있을 뿐만 아니라 우리는 자신이 언제 죽을지 모른다는 기본적인 사실조차 통제할 수 없다. 우리가 통제할 수 없는 것이 있다

는 사실을 인정하지 않는 한, 우리는 항상 '반드시 그래야 한다'는 그림을 놓지 못할 것이다. 어떤 의미에서 앞서 언급한 당위적 사고는 우리가 통제할 수 없는 일에 대한 집착이기도 하다.

그렇다면 우리가 통제할 수 있는 부분은 무엇일까? 운동을 하고 싶으면 일찍 일어나거나 퇴근 후 밤에 집 근처에서 산책하는 것을 통제할 수 있고, 매일 운동하는 것을 스스로 통제할 수 없더라도 적어도 일주일에 하루 정도는 가능하다. 하지만 우리는 이런 것들을 통제하고 싶지 않다. 이런 일은 너무 사소해 보여 결과를 즉시 바꿀 수 없기 때문에 차라리 성질대로 자신이 통제할 수 없는 일들만 생각한다.

따라서 통제의 이분법에서 첫 번째 단계는 고민하는 일 중에 통제할 수 있는 것과 통제할 수 없는 것을 구분한 다음 통제할 수 있는 것에 집중하는 것이다.

스스로 통제할 수 없는 일이 많다는 사실을 깨닫는 것은 일종의 지적 성숙이다. 정신분석학에 나오는 '전능한 자아'는 아기가 자신이 원하는 것은 무엇이든 성취해낼 수 있다는 터무니없는 믿음에서 형성되는데, 아기는 조금만 움직이면 엄마가 젖을 먹이고 조금만 울면 누군가 달래준다는 것을 잘 알고 있다. 하지만 조금씩 성숙해지면서 이 세상은 우리의 생각을 중심으로 돌아가지 않는다는 것을 깨닫게 된다. 우리는 스스로 통제할 수 없는 것이 많다는 것을 깨달아야만 통제 가능한 것에 좀 더 집중할 수 있다.

통제할 수 있는 것을 통제할 때 자유가 찾아온다

그러나 세상에는 '이것 아니면 저것'처럼 이분법적 사고로 설명되지 않는 것도 많다. 어떤 일이 통제할 수 있는 부분과 통제할 수 없는 부분을 모두 가지고 있다면 어떻게 해야 할까? 예를 들어 동료에게 좋은 이미지를 심어주는 일이 그렇다. 우리가 갖은 방법을 쓴다 해도 동료의 생각은 통제할 수 없지만 더 부지런히 일하고 더 많은 도움을 주면 동료에게 좋은 이미지를 남길 수 있는 기회가 많아질 것이다.

완전히 통제할 수 없는 경우에는 통제의 이분법의 두 번째 단계로 넘어가면 된다. **통제할 수 있는 부분을 찾아내서 계획을 세우고 잘할 수 있도록 노력하는 것이다.**

내가 만난 박사 과정 학생은 졸업을 위해 SCI(과학기술논문 인용색인)에 논문을 발표해야 했다. 그는 불안한 마음에 나를 찾아와서 목표를 정하고 계획을 세우는 방법에 대한 이야기를 나눴다.

"선생님께서 말씀하신 것도 일리가 있지만 논문을 게시하는 것은 제가 결정할 수 있는 일이 아니에요. 실험 데이터가 완벽한지, 제 지도교수님이 논문을 수정해줄 시간이 있는지, 편집자가 어떤 태도로 나올지 모두 모르겠어요. 그런데 제가 계획을 세워봤자 무슨 소용이 있겠어요?"

그가 말한 것은 전부 사실이다. 이 불확실하고 통제 불가능한 느낌은 짜증을 유발해 많은 사람들을 일을 미루는 늪에 빠뜨린다. 그러나 곰곰이 생각해 보면 모든 통제할 수 없는 일의 뒤에는 통제 가능한 요소가 있다. 예를 들어 그는 이번 실험의 데이터가 완벽한지는 확신할 수 없지만 실험을 몇 차례 더 해 보면 보다 정확한 데이터를 얻을 가능성이 높다는 것을 알고 있다. 그는 지도교수님에게 논문을 수정할 여유가 있을지에 대해서는 모르지만 교수님을 계속 재촉하다 보면 피드백을 줄 가능성이 높다는 것을 알고 있다.

이런 '안다'는 것은 모두 그가 할 수 있는 것들이다. 그러므로 통제 불가능한 일 이면에 우리가 통제할 수 있는 것이 무엇인지 파악하고 계획을 세운다면 계속해서 할 일이 있기 때문에 불안함에 사로잡히지 않을 수 있다.

내 의견을 들은 그 학생은 고개를 끄덕였지만 어딘지 모르게 석연치 않아 보였다.

"하지만 선생님, 저는 제때 졸업하는 게 정말 중요해요. 이미 직장도 구해놨는데 졸업을 못 하면 어떡해요?"

그는 이렇게만 하면 졸업을 보장받을 수 있다는 정답을 기다리는 것처럼 나를 애타게 바라보았다.

그의 말에 또 다른 사례가 떠올랐다. 미루는 습관을 주제로 강연을 하러 갔는데, 어떤 청중이 일어나서 질문을 했다.

"저는 여가를 잘 활용하고 싶어서 여러 가지 목표를 세웠어요. 건강이 중요하니까 일주일에 세 번 이상 달리기를 하려고 피트니스센터를 등록했어요. 회사에서 해외 출장 기회가 많기에 영어를 배우려고 학원도 등록했고요. 또 시야를 넓히기 위해 경제경영 분야의 책도 많이 읽을 계획입니다. 그런데 매일 집에 오자마자 휴대폰을 손에서 놓지 않고 웹서핑이나 게임을 하는 데 시간을 허비하고 말아요. 이 문제를 어떻게 개선할 수 있을까요?"

"딱 봐도 못 할 것 같은데, 왜 이렇게 많은 목표를 세웠어요?"

그의 대답은 앞의 박사과정 학생과 정확히 일치했다.

"제가 뭘 포기할 수 있을까요? 이 목표들 모두가 저에게는 너무 중요해요!"

참 흥미로운 현상이 아닐 수 없다. 대부분의 사람들은 통제의 이분법이 불안을 통제하는 데 유용하다고 느끼지만 실제로 그렇게 할 수 있는 사람은 거의 없다. 그들의 생각은 '이 일이 나에게 중요한가?'라는 또 다른 문제에 사로잡혀 끌려가기 때문이다.

바로 이것이 우리가 집중력을 자연스럽게 분배하는 원리이며, 우리는 습관적으로 이 일을 통제할 수 있는지가 아니라 이 일이 중요한지를 먼저 따진다. 그리고 이러한 사고방식은 지금 여기에서의 행동보다 최종 결과에 대한 걱정으로 눈을 돌리게 한다.

언뜻 일리가 있어 보이지만 곰곰이 생각해 보면 이런 사고방식의 허점을 발견할 수 있다. 일이 중요하다고 해서 어쩌란 말인가? 그 일이 매우 중요하기 때문에 우리가 통제할 수 있는가? 아니면 그 일이 중요하기 때문에 걱정해야 하는가? 전자는 전형적인 '당위적 사고'이고, 후자는 불안을 부추길까 봐 내버려 두며 자신의 통제권을 포기하는 것이나 다름없다. 통제의 이분법으로 집중력을 높일 수 있는데도 조바심을 내며 행동력을 상실하게 내버려 두면 결과적으로 중요한 일은커녕 눈앞의 일도 제대로 하지 못할 가능성이 높다.

조금 더 깊이 생각해 보면 고정된 사고와 당위적 사고, 절대적 사고가 가진 문제는 우리가 통제할 수 있는 것을 제대로 구분하지 못해서 행동할 능력을 잃어버리는 데 있다. 예를 들어 고정된 사고는 우리가 통제할 수 없는 똑똑함에 주의를 기울이고 우리가 통제할 수 있는 노력에는 주의를 기울이지 않게 한다. 당위적 사고는 머릿속에 있는 규칙으로 세상과 자신, 타인을 통제하려고 하는데, 만약 통제 불가능한 상황이 벌어지면 불안해하고 낙담하며 원망한다. 절대적 사고는 먼저 절대적 요구를 사용해 통제 범위를 무한히 확장한 다음 좌절로 인해 우리가 통제할 수 있는 요소를 포기하게 한다. 그래서 통제의 이분법은 방어형 멘탈 모델에서 벗어나는 데 도움이 되는 효과적인 사고방식이다.

'지금 여기'에는 불안이 스며들지 못한다

사람은 현실 밖의 일들을 걱정하느라 평생을 허비한다

강물이 흐르기 위해서는 세 가지 조건을 만족해야 하는데, 바로 장력과 수로, 끊임없이 공급되는 물이다. 창조적 사고는 장력을 만들어 낼 수 있고, 통제의 이분법은 장력을 행동력으로 바꿀 수 있다. 그리고 마지막 조건인 끊임없이 공급되는 물을 찾는 방법은 현실과 접촉하는 것이다.

왜 현실을 원천수에 빗대는 것일까? 이 부분을 구상할 때 마침 나는 강변을 산책하고 있었다. 당시 강변에는 복숭아꽃이랑 벚꽃, 배꽃이 형형색색 흐드러져 있었고 꽃 주변을 나는 벌들도 꿀을 따느라 몹시 분주해 보였다. 나는 얼굴을 스치는 산들바람을 맞으며 일렁이는 물결과 하염없이 뛰노는 아이들을 바라보고 있었다. 의자에 기대앉은 아버지는 가끔씩 저만치서 놀고 있는 아이를 지켜보고 있었고, 옆에는 서로 딱 붙어 앉은 커플이 귓속말을 주고받았다.

현실은 언제 어디서든 새로운 일이 벌어지는 끝나지 않는 드라마와 같다. 다만 우리가 가까이 가서 그것을 보고 싶어 하는지, 마음을 열고 느낄 수 있는지의 차이만 있을 뿐이다. 통제의 이분법은 우리가 통제할 수 있는 일을 통제하도록 요구하는데, 다시 말하자면 우리가 가까이 가서 눈앞에 벌어지고 있는 사실을 느껴보라는 의미로, 근시적 사고로 바라보고 생각하라는 것이다.

근시적 사고는 실제로 지금 일어나는, 가까이에 있는 일에 집중하는 것이다. 당장 벌어지고 있는 일들은 유동적이어서 특정한 상황마다 끊임없이 변화한다. 이에 대응하는 것이 원시적 사고다. **원시적 사고는 추상적이고 멀리 있는 것에 초점을 맞추는 것이다. 따라서 원시적 사고로 바라보는 일들은 고정적이고 정체된 것으로, 우리 머릿속에 있는 것이며 현실의 상황과는 무관하다.**

근시적 사고는 끊임없이 변화하는 현실과 접촉하면서 자신의 사고 방식 또한 바뀌기도 하지만, 원시적 사고는 오로지 자기 머릿속에 있는 규칙과 자신이 보고 싶은 것만 보기 때문에 변화 자체를 거부한다. 어떤 의미에서 보자면 고정형 사고와 당위적 사고, 절대적 사고는 모두 원시적 사고라고 볼 수 있다.

고정형 사고는 지금 일어나는 일이나 우리가 들인 노력을 중요하게 여기지 않고 우리가 똑똑한지 아닌지, 그저 한 사람으로서 어떻게 평가받는지에 대해서만 생각하는 원시적 사고다. 당위적 사고는 자신이 갖고 있는 생각에만 집착하고 지금 현재 일어나는 일에는 크게 개의치 않는다. 절대적 사고 역시 현재 일어나고 있는 나쁜 일을 영구화, 일반화, 인격화해 요약하고 추론하는 원시적 사고다. 그래서 이러한 사고방식으로 변화를 기대하기는 어렵다.

사실 원시적 사고가 존재하는 데에는 나름대로 이유가 있다. 살아가며 우리가 접하게 되는 정보는 무궁무진하기 때문에 일부 정보를 잘 포장해 머릿속에 넣어 둠으로써 그 정보들이 개념이나 관점, 평가, 고정관념으로 변해야 우리가 빠르게 결정을 내리고 문제를 해결하는 데 도움이 된다. 원시적 사고는 처리에 필요한 인지 자원을 생략하는 데 도움을 줄 수 있을 뿐만 아니라 추상적이고 간략하기 때문에 우리가 분명하게 판단을 내릴 수 있도록 돕는다.

그러나 원시적 사고는 우리의 성장을 제한하기도 한다. 원시적 사고에 집착하다 보면 우리는 현재 일어나는 일을 보지 못하고 새로운 것을 받아들이지 못해 결과적으로 우리의 사고는 변하지 않게 된다. 예를 들어 원시적 사고는 텔레비전을 보는 것과 같다. 우리는 화면에 비치는 방송의 모든 것을 잘 볼 수 있다고 생각하겠지만 실제로는 방송 PD가 편집해 우리에게 보여주려고 했던 것만 볼 수 있을 뿐이다. 반면에 근시적 사고방식은 촬영 현장에 있는 것과 같아서, 어쩌면 세부적인 내용이 너무 많아 전체적인 그림을 볼 수 없을지 모르지만 현장에 있기 때문에 실제적인 모습을 더 많이 볼 수 있게 된다.

마음챙김에 대해 배울 때 선생님께서 말씀하셨다.

"우리는 마음이 들떠 있을 때가 많아요. 그럼 잡념도 많아지죠. 이런 잡념은 우리를 지금 여기에서 멀어지게 해요. 마음을 안정시키기 위해서는 초점이 필요한데, 이 초점을 오래 유지하고 있으면 어느새 집중이 될 거예요. 집중하다 보면 내가 그 안에 있다는 게 느껴져요."

근시적 사고는 지금 일어나는 일로 우리를 이끈다. 그러나 우리가 원시적 사고를 통해 생각하면 실제로 그 안에 있다고 볼 수 없다. 정념은 지금 이 순간에 집중하는 것을 강조하는데, 이것은 근시적 사고에 가깝다. 따라서 나는 근시적 사고를 '정념적 사고'라고 부른다.

근시적 사고를 파악하는 원칙 1: 서술적 언어를 사용한다

그렇다면 어떻게 해야 근시적 사고방식을 파악할 수 있을까? 사고는 언어를 매개로 하는 것이므로 새로운 사고방식을 배운다는 것은 바로 새로운 언어를 배우는 것이기도 하다. 언젠가 늘 불안해하는 내담자를 만났다.

"이게 다 무슨 소용이에요."

"왜 전 항상 이 모양이죠?"

"저는 도저히 못 하겠어요."

그의 말에 담긴 '모든', '항상', '도저히' 이런 말들은 원시적 언어의 특징이며, 이는 매우 포괄적이고 추상적이다. 이렇게 생각하면 기본적으로 우리가 통제할 수 있는 것은 아무것도 없다. 반대로 근시적 사유는 생동감 있고 풍부하며 항상 변화의 가능성으로 가득 차 있다. 이러한 근시적 사고방식에는 다음과 같은 세 가지 원칙이 적용된다.

첫 번째, 근시적 사고는 평가적 언어가 아니라 서술적 언어를 사용한다. 서술적 언어는 평가하지 않고, 형용사를 사용하지 않으며, 오직 동사로만 지금 일어나는 일을 서술하는 것이다. 어떻게 보자면 영화의 렌즈 언어(카메라가 창작자의 의도대로 보이는 그대로를 촬영한 다음 나중에 규칙적으로 편집 처리하는 것)와 비슷하다. 영화에서 감독은 자신의 생각이나 캐릭터가 생각하는 것을 관객이 스스로 느낄 수 있도록 배우의 표정,

움직임, 대화를 고스란히 보여준다. 이렇게 촬영된 영상은 관객들에게 아주 가깝고 생생하게 느껴진다.

평가적 언어 대신 서술적 언어를 사용하는 이유는 무엇일까? 평가적 언어는 이미 우리 머릿속에 있는 관점과 생각들을 바탕으로 정보를 가공하기 때문에 정보가 평가적 언어로 포장되면 확실한 모습을 갖게 된다. 다만 이 확실한 모습은 원래 일어난 일을 대신하게 되므로 우리가 본 것 그대로를 머릿속에 각인시키기 어렵게 만든다.

나는 친구들과 무용수들이 무대에서 드럼을 연주하는 〈용자지검勇者之劍〉이라는 연극을 봤다. 연극이 끝난 다음 우리는 서로 감상평을 나눴다. 대부분의 친구들이 감동을 받은 것 같았다.

"와, 드럼 미쳤다. 너무 좋아."

"배우들이 기본적으로 연기를 잘하네, 기본기가 탄탄해."

"신들린 것처럼 드럼을 치더라, 너무 감동적이이었어."

나는 2막에서 3막으로 넘어갈 때 들렸던 여성의 흐느낌과 1막에서 주인공이 무대에 올랐을 때 썼던 험상궂은 얼굴의 가면, 그리고 극 중 유일한 대사였던 '뱀'과 '그날 나는 날 봤어, 내가 아주 많았어', '루이는 루이고 진강은 진강이야'에 대한 감상을 이야기했다.

친구들은 의아해하며 어떻게 그렇게 똑똑히 기억하고 있는지를 물었다. 사실 예전에는 나 또한 내가 본 것을 나름대로의 평가와 생각으로 요약해 보기는 했지만, 차츰 일부러 평가하지 않고 무대에서 일어나는 일들을 진지하게 그저 '보는' 습관이 생겼다. 결과적으로 나는 더 많은 것을 볼 수 있게 됐다.

심리 상담 업무의 기본 가운데 하나는 상담실에서 일어나는 일을 서술적 언어로 말하는 것이다. 만약 심리 상담사가 '어머니는 통제욕이 강한 편이에요'라든가 '따님은 말을 잘 들어요'라고 말한다면, 그는 무의식적으로 내담자를 변하기 어려운 존재로 여기는 것이다.

그래서 상담사는 "어머니가 상담실에 있는 딸을 보며 '너 이러면 안 돼'라고 하니까 딸이 고개를 푹 숙이고 아무 말도 하지 않았다"라고만 기록해야 한다. 이다음에 우리는 무슨 일이 일어났는지, 무슨 일이 일어날 것인지, 그들이 어떻게 생각할지 궁금해진다. 하지만 앞의 상담사의 말에서는 '이 엄마는 통제욕이 강하다'라고만 하면 우리가 탐색할 여지도 없고 변화도 어려워진다.

근시적 사고를 파악하는 원칙 2: 구체적인 문제를 질문한다

살면서 겪는 어려움을 해결하고자 심리 상담사를 찾는 경우가 많다. 나를 찾아오는 사람들도 마찬가지다.

"선생님, 내성적인 성격을 바꾸고 싶어요."

"저는 쉽게 긴장하는 편인데, 어떻게 하죠?"

"무슨 일이든 일단 미뤄놓고 봐요. 혹시 고칠 수 있는 방법이 있을까요?"

이와 같은 질문들을 보면 대개 원시적 언어로 자신의 문제를 서술한다. 그럴 때마다 나는 추상적인 질문은 추상적인 답변으로 돌아오니, 좀 더 구체적으로 질문하라고 알려주곤 한다. 하지만 다음번에도 상황은 크게 달라지지 않았다. 그 후로 조금씩 질문의 방식이 그들의 사고방식을 반영한다는 것을 깨달았다. 그들은 추상적이고 대략적인 사고방식으로 문제를 바라보고 있었다. 사실 그런 사고방식 자체가 문제인데도 내담자들은 스스로 답을 찾고 있다고 생각했다.

근시적 사고를 파악하는 두 번째 원칙은, 추상적인 문제가 아니라 구체적인 문제를 묻는 것이다. 상담실을 찾은 내담자가 질문했다.

"저는 내성적이라서 사람들을 만날 때마다 긴장을 해요. 어떻게 하면 좋을까요?"

그의 질문에 이번에는 답변보다 오히려 질문을 더 많이 했다.

"주로 어떤 사람들을 만났을 때 더 긴장됐어요? 더 긴장을 하게 되는 특별한 자리가 있나요? 사람들과 만날 때 어떤 단계에서 쉽게 긴장하게 되나요? 최근에 만나는 사람이 있어요? 그때는 어떠셨어요?"

내가 질문을 한 목적은 그들이 근시적 언어로 자신의 삶과 관계를 구체적으로 설명할 수 있도록 유도하기 위해서였다. 더하여 그들이 내성적이어서 긴장하는 것이 아니라는 말을 해주고 싶었다. 자주 긴장하는 까닭이 내성적인 성격 때문이라는 생각이 아예 틀린 것은 아니지만, 그것이 이유의 전부가 될 수는 없다. 함께 지내는 동안 무슨 일이 벌어지는지 실제로 들여다봐야 우리가 통제할 수 있는 부분을 발견하고 해답을 찾을 수 있다.

근시적 사고를 파악하는 원칙 3: 지금 여기에 집중한다

원시적인 언어를 사용할 때 우리는 항상 일의 결과를 먼저 판단하고 그 일이 유용한지 아닌지를 평가한 후에 그 일을 할지 말지를 결정한다. 어떤 약속이 있어야만 행동을 할 수 있는 것처럼 말이다. 그러나 그 일이 유용한지 아닌지를 파악하려면 그 일을 모두 경험해 봐야 비로소 알 수 있는 경우가 많다. 일반적으로 무슨 일이든 집중해서

하지 않으면 그 일을 끝내지 못한다.

대부분의 사람들은 믿기 전에 먼저 보고 싶어 한다. 그러나 때로는 먼저 믿고, 집중해야만 보고 싶은 것을 볼 수 있는 경우도 있다. 반드시 행동의 결과를 머릿속으로 예측하고 나서 실행에 옮겨야 한다면 오히려 행동 능력을 잃게 될 것이다.

근시적 사고를 파악하는 세 번째 원칙은 일의 결과보다는 지금 할 수 있는 일에 집중하는 것이다. 나는 미래에 대한 불안 때문에 무엇을 해도 소용없다고 생각하는 내담자를 만난 적이 있는데, 그는 일종의 학습된 무기력 상태였다. 나는 그가 불안할 때마다 스스로에게 두 가지 질문을 하도록 권했다.

"지금 나는 무엇을 할 수 있을까?"

"나는 그것을 하고 싶은가?"

그리고 이 두 가지 질문을 통해 그가 현재 상황에 집중하고 최근에 발생한 일에 관심을 갖기를 바랐다.

"제가 지금 생각한다고 해서 그게 다 무슨 소용이 있어요?"

"당신은 이미 원시적 언어에 익숙해져 있어서 조금이라도 방심하면 그 언어가 비집고 들어올 거예요. 이제 다른 언어를 시도해 봐요. 몹시 무기력한 상태이기는 하겠지만, 그래도 지금 무엇을 할 수 있는지 대답해 보세요."

저 먼 미래에 있는 내담자를 현재 상황으로 데려오는 것은 결코 쉽지 않은 일이다. 그는 잠시 멍하니 있다가 대답했다.

"산책을 하거나 친구를 만날 수 있죠. 맛집을 찾아갈 수도 있고…."

그가 질문에 답변을 할 때마다 나는 그가 할 수 있는 일인지 확인했고, 그는 그렇다고 고개를 끄덕였다. 그리고 다시 물었다.

"이 중에 어떤 일을 하고 싶어요?"

"다 하고 싶지 않아요."

그는 나에게 이유를 설명하고 싶어 했지만 나는 괜찮다고 했다.

"괜찮아요. 원하지 않으면 여기서 멈추셔도 됩니다."

'하고 싶지 않다'에 비해서 '왜 하고 싶지 않은가'가 더 강한 원시적 사고다. 그의 설명은 '하고 싶지 않다'는 것만 고착시킬 뿐이다. 나는 내담자가 조금 더 가까운 것에 집중하기를 바랐기 때문에 일부러 그의 설명을 끊어버렸다. 그리고 그에게 자신의 행동을 통제할 수 있고 그에 따르는 책임을 져야 한다는 암시를 주고 싶었다. 잠시 생각에 빠진 그가 말을 이었다.

"아예 하고 싶지 않은 것이 아니라, 제가 과연 할 수 있을지 걱정이 되는 거예요."

"그렇다면, 진짜로 해 보려면 지금 할 수 있는 일은 무엇인가요?"

"두 질문을 메모해 두고 한두 문장으로 압축해서 외울 수 있어요. 그럼 불안할 때 꺼내서 상기시킬 수 있잖아요."

"좋아요. 그럼 하시겠어요?"

"네, 해볼게요."

그렇게 이 상담은 '지금 무엇을 할 수 있는가?', '무엇을 하기를 원하는가?'라는 두 가지 질문으로 압축되었다. 다음 주 동안 그는 이 두 가지 질문을 끊임없이 되뇌며 너무 먼 미래의 일을 생각하지 않기로 약속했다. 이 두 문장은 마치 시간의 기준점과 같은 역할을 해 그가 불안함으로 흘러가려고 할 때 다시 지금 시점으로 돌아올 수 있도록 만들었다. 덕분에 그의 불안함도 점점 사라졌다.

실제로 심리 상담은 말하는 언어를 매우 중시한다. 어떤 언어를 쓰느냐에 따라 어떤 사고방식을 가지게 되는지가 결정된다. 마셜 B. 로젠버그Marshall B. Rosenberg는 《비폭력 대화Nonviolent Communication》에서 의미론 학자인 웬델 존슨Wendell Johnson의 말을 다음과 같이 인용했다.

"우리의 언어는 먼 옛날 무지한 사람들이 만든 불완전한 도구다. 그때 언어는 모든 것에 영혼이 있다고 믿는 정령신앙에서 나왔으며, 모든 것을 고정된 것으로 생각하게 만들었다. 이런 언어는 안정성과 항상성, 그리고 유사성과 기적적인 변화, 즉각적인 치유, 문제의 단순화 및 절대적인 해결책에 대해 이야기하게 한다. 그러나 이런 언어로 표현하고자 하는 우리의 세계는 끝없이 변화하고 있으며 다양한 차이와 차원, 기능, 관계, 문제 및 복잡성을 아우르며 발전하고 있다. 우리가 직면한 문제 가운데 하나는 이처럼 동적인 세계가 정적인 언어와 일치하지 않는다는 것이다."

근시적 사고는 변화를 수용할 수 있는 언어를 발전시키는 것이다. 근시적 언어로 말하는 법을 배운다는 것은 우리에게 '무궁무진한 변화, 차이, 차원, 기능, 관계, 문제 그리고 복잡성'이 열려 있다는 것을 의미한다. 이로 인해 우리는 확실성을 잃는 대신 많은 가능성을 얻게 될 것이다.

인간의 사고는 어떻게 진화하는가

변화의 여지를 남긴 채 다만 들어주는 경청의 힘

이번 장의 앞부분에서는 성장형 사고를 구축하는 도구인 창조적 사고와 통제의 이분법, 근시적 사고에 대해 소개했다. 이것은 강물을 흐르게 하는 낙차로 인해 발생하는 장력과 수로, 발원지에 끊임없이 공급되는 물과 같다. 이제 마지막으로 가장 중요한 문제를 토론하고자 한다.

"도대체 사고는 어떻게 진화하는가?"

내가 처음 심리 상담을 배우기 시작했을 때 교수님께서 해주신 이야기다.

"심리 상담에서 경청은 아주 중요한 일이에요. 아니, 가장 중요한 일일 수도 있어요."

내심 특별한 가르침을 기대하고 있던 나는 계속 고개를 끄덕이기는 했지만 이미 내가 오래전부터 알고 있던 상식을 다시 상기시켜 주는 것뿐이라고 생각했다. 그때만 해도 나는 경청이란 나에 대해서만 이야기하지 않는 것, 다른 사람이 말을 끝내기 전에 끼어들지 않는 것, 인내심을 갖는 것 정도라고 알고 있었다. 나는 내가 온화한 사람이며, 경청이 나의 강점이라고 생각했다.

다행히 나는 경청에 대한 내 생각을 고수하지 않았다. 심리 상담은 대화에 관한 예술이다. 오랫동안 대화에 대해 연구하다 보니 경청이 얼마나 어려운 일인지 차츰 깨닫게 되었다. 처음에는 상대방이 무슨 말을 하는지 이해한다고 생각했는데, 알고 보니 상대방의 말에 내 생각을 덧입히고 있었다. 내 생각을 내려놓고 나니 상대방이 무슨 말을 하는지 도무지 알아들을 수 없었다. 그래도 최근 들어 조금씩 그들이 말하는 것을 이해할 수 있게 됐다.

어느 날 식당에서 밥을 먹다가 옆에 앉은 부부의 대화를 들었다. 아내가 먼저 대화를 시작했다.

"요 며칠 잠을 통 못 잤어."

"날씨가 더워서 그래. 일찍 일어나고 좋지, 뭐."

남편의 대답에 아내는 말을 이었다.

"우리 딸이 어린이집에 적응을 못 할까 봐 걱정이야."

"애들이 뭐 적응할 게 있나. 시간이 지나면 다 괜찮아지겠지."

이후 아내는 더 이상 아무 얘기도 하지 않았다. 두 사람의 대화 속에서 아내는 줄곧 남편에게 현재 생활에 문제가 있고 걱정된다고 말하고 있지만 남편은 모든 것이 정상이라고 강조하기 바빴다. 남편은 아내의 말을 듣기는 한 것일까?

그렇지 않다. 그는 자신의 상상력으로 아내의 말을 이해했을 뿐이다. 아마도 남편에게는 아내의 불안함이 새로운 경험으로 다가왔던 것 같다. 그는 이런 새로운 경험을 자신의 인지 프레임에 받아들이려고 노력해왔기 때문에 아내의 말을 끝까지 들을 새도 없이 '모든 것이 정상'이라는 느낌이 절실하게 필요한 사람처럼 서둘러 설명을 해주고 싶어 했다. 이때 아내가 남편에게 '당신은 내 말을 듣지 않았어'라고 하면 남편은 아내의 서운함을 이해하지 못할 수도 있고, 심지어는 '내가 계속 듣고 있었잖아'라고 반박할 수도 있다.

남편이 경청하기를 꺼린 이유는 무엇일까? 아내에게 관심이 없는 것일까? 아내가 그에게 잔소리를 할까 봐 걱정이 되었던 것일까? 아니면 그가 모든 것을 다 파악해야 한다고 생각하는 것일까?

경청의 비결은 많은 것을 알고 있는 것 같지만 사실 그렇지 않다는 것을 깨닫는 것이다. 좋은 경청자라면 마음속에 많은 질문을 품고 있을 것이다. 그리고 이 질문들의 답이 자신의 몫이 아니라 다른 사람의 몫이라는 것을 알고 있기 때문에 답을 내리는 대신 질문을 꺼낸다.

반대로 나쁜 경청자라면 이미 많은 답을 가지고 있을 것이다. 그는 이미 다른 사람이 무슨 말을 할지 알고 있다고 생각하기 때문에 자신이 갖고 있는 답 외에 특별한 답이 나올 리 없다고 확신한다.

이제는 내가 학생들에게 심리 상담에서 경청은 매우 중요한 일이고, 어쩌면 가장 중요한 일일 수도 있다고 가르치고 있다. 그럼 학생들도 그때의 나처럼 고개를 끄덕인다. 과거의 나처럼 속으로 다 아는 얘기를 한다고 생각할지도 모르겠지만 이것 말고는 더 이상 해줄 말이 없다. 시간이 흘러서 학생들이 직접 체득할 수 있다면 이 말이 무슨 의미인지 더 깊이 이해하게 될 것이다.

단순함에서 다시 단순함으로 돌아가는 생각의 과정

사고의 진화에 대해 이야기할 때 경청을 언급하는 이유는 사고가 발전하는 법칙과 매우 유사하기 때문이다.

"처음 보니 산은 산이요, 물은 물이다. 다시 보니 산은 산이 아니요, 물은 물이 아니다. 끝내 보니 산은 역시 산이고, 물은 역시 물이로다."

불교 선종禪宗의 청원행사青原行思 대사가 사고의 경계를 세 단계로 나눠서 설명하는 말로 각각 초심의 상태, 수행을 할 때 찾아드는 부정과 의심, 끝내 깨달음을 얻었을 때의 경지를 말하고 있다.

이처럼 인간의 사고는 단순함에서 복잡함으로, 다시 단순함으로 돌아가는 과정이다. 이 과정에서 어떤 일에 대한 우리의 이해는 나선형처럼 깊어졌다가 결국 그 일의 본질을 간단하게 귀납하게 된다. 만약 우리가 세상과 자신을 인식하는 방식도 이런 식으로 깊이 있게 발전시킬 수 있다면 일종의 탄력적인 사고를 가질 수 있다. 이 사고를 파악하는 비결은 경청과 매우 비슷하다. 자신이 알고 있는 것을 너무 빨리 확신하지 말고 다른 가능성을 탐색할 여지를 남겨두는 것이다.

여기서 조금 생뚱맞은 질문을 하나 해 보겠다. 내가 앞에서 이야기한 내용이 모두 맞을까? 이를테면 아이들에게 똑똑하다고 칭찬하면 고정된 사고에 빠지고 똑똑하다는 평가가 떨어지지는 않을까 걱정해서 도전을 꺼린다고 썼는데, 과연 그럴까?

얼마 전 출장을 갔다가 집에 돌아왔을 때 딸이 손에 들고 있던 스도쿠 게임을 놓고 달려와 나를 안아줬다. 그 뒤로 한동안 딸이 스도쿠를 할 때마다 그 옆을 맴돌며 여러 번 칭찬을 해줬다. 이런 칭찬이 아이를 고정된 사고에 빠뜨릴 수 있을까? 전혀 그렇지 않다고 생각한다. 게다가 딸아이를 칭찬하면 아이가 행복해하는 모습을 볼 수 있다.

심리 상담이 부분적인 역할을 하듯이 지식도 부분적인 진실일 뿐이다. 모든 지식은 부분적이기 때문에 불완전한 부분을 찾아내는 것은 쉽다. 하지만 옳은 곳을 찾기란 쉽지 않다. 먼저 지식이 모두 틀렸다는 것을 받아들여야 지식의 옳은 점이 어디인지를 찾을 수 있다.

앞서 청원행사 대사가 남긴 말에 사고의 경계설을 적용해 본다면 첫 번째 경계는 지식을 절대적인 진리로 삼아 배우는 것이고, 두 번째 경계는 지식이 틀렸다는 것을 알고 비판하고 회의하는 것이다. 마지막으로 세 번째 경계는 알고 있었다고 여겼던 지식을 다시 새롭게 배우며 지식이 생겨난 근원을 살피고, 그것이 어떻게 적용되는지를 관찰한 결과를 아우름으로써 지식에도 한계가 있다는 것을 인정하고 유용하게 사용할 수 있는 부분이 무엇인지 깨닫는 것이다.

사춘기 시절, 나는 예민하고 내성적인 성격 때문에 고민이 많았다. 그때는 사람들과 소통하는 방법도 몰랐고, 낯선 사람을 만나면 늘 긴장했던 탓에 무슨 말을 해야 할지 몰랐다. '예민하고 내성적'이라는 꼬리표가 조금도 어색하지 않았다. 이것은 '산을 산이라고 보는 것'의 첫 번째 경계다.

심리학을 공부한 후 나는 나름대로 예외를 찾으려고 노력했고, 내가 모든 사람과 소통하는 데 어려움이 있지는 않다는 것을 깨달았다. 친한 친구와 함께 있으면 마음이 편안했고 누군가 내 얘기를 들어주는 것이 좋았다. 그래서 그동안에는 나를 예민하고 내성적이라고 의식적으로 표현하지 않았다. 이는 나중에 보니 '산은 산이 아니었다'는 두 번째 경계였다.

그런데 어느 날부턴가 나는 '내가 왜 이렇게 피곤할까? 첸종수선생님은 편견은 사고의 휴식이라고 했는데, 나는 왜 자신을 쉽게 하지 못하는 걸까?'라는 생각이 들었고, 다시 다른 사람에게 나는 비교적 예민하고 내성적인 사람이라고 말하기 시작했다. 흥미롭게도 내 독자들은 이 꼬리표를 아주 잘 받아들여줬다. 독자들과 만날 기회가 있을 때마다 이렇게 말하는 사람이 한두 명은 있었다.

"선생님, 저도 예민하고 내성적이어서 선생님이 굉장히 친근하게 느껴져요."

가끔은 내가 먼저 말하기도 한다.

"제가 좀 예민하고 내성적인 편이어서 혹시라도 무슨 말을 해야 할지 몰라 헤매더라도 잘 부탁드려요."

이때 나는 더 이상 예민하고 내성적인 사람이라는 꼬리표 때문에 스트레스를 받지 않고, 오히려 내가 예민하고 내성적인 사람이라는 것을 인정한 상태였다. 이것이 바로 '산을 보니 역시 산이다'라는 세 번째 경계다.

그래서 우리가 이해할 수 있는 것은 영원히 부분적인 지식일 뿐이라는 사실을 깨닫는 것이 중요하다. 지식은 모두 부분적이기 때문에 그 외의 영역이 유난히 매혹적으로 다가온다. 그렇다면 남은 영역은 무엇일까? 바로 우리가 탐색할 수 있는 여지를 남겨둔 것이며, 이 탐색 영역은 사고 발달의 공간이자 자기계발의 공간이라고 할 수 있다.

사고 발달 과정을 논의할 때 부분적인 지식을 언급해야 하는 이유는 무엇일까? 세상과 우리 자신, 그리고 다른 사람들에 대한 인식도 모두 지식이기 때문이다. 우리는 이 지식의 생산자이자 수용자이며, 교사이자 학생이다. 이 세상을 엉망진창이라고 생각한다면 그것은 바로 당신의 지식이다. 당신이 똑똑해 보이지 않으면 다른 사람이 당신을 좋아하지 않을 것이라고 생각한다면 이 또한 당신의 지식이다. 스스로를 예민하고 내성적인 사람이라고 생각하거나 활발하고 밝은 사람이라고 생각하는 것 역시 당신의 지식이다. 문제는 당신이 그것을 부분적인 지식으로 생각하느냐, 아니면 절대적인 진리로 생각하느냐는 것이다. 이러한 지식 외에 다른 여지가 있다고 생각하는가?

나는 앞에서 자신의 사고를 제한하는 '당위적 사고'에 대해 이야기를 많이 했다. 그래서 어떤 독자들께서는 내가 이 책을 통해 당위적 사고에서 벗어나는 또 다른 규칙을 말해주거나 다른 종류의 당위적 사고를 형성시키려고 하는 것은 아닌가 생각할 수도 있다. 나는 이른바 심리학자라고 불리는 많은 사람들이 어떤 당위성을 다른 당위성으로 대체하고 있다는 것을 알고 있다. 그러면 당신의 생각을 바꿀 수도 있지만 '어떻게 해야 할까'의 사고방식은 변하지 않는다.

또 어떤 사람은 나에게 이렇게 말하기도 한다.

"선생님 수업을 듣고 감동받았어요. 제가 당위적 사고를 가지면 안 된다는 것을 아는데, 생각대로 안 돼요. 그래서 불안하고요."

그들은 '당위적 사고를 가지면 안 된다'는 것 자체가 또 다른 당위적 사고가 아닐까 하는 생각을 해본 적이 없다. '당위적 사고'의 문제는 이러한 생각으로는 결코 해결할 수 없기에, 부분적인 사고가 필요하다. 우리는 이 책을 포함해서 그 어떤 견해도 부분적이라는 것을 이해해야 한다. 이 책이 제공하는 것 역시 지극히 부분적인 지식일 뿐이며, 지식 너머에 알려지지 않은 공간이 많다는 것을 이해할 수 있다면 지식에 제한을 받지 않을 것이다.

'하지 말아야 한다'를 또 다른 '해야 한다'로 대체하지 말고 지금 내가 처한 상황은 어떤지, 현재의 판단 외에 다른 가능성은 없는지 등에 대해 생각해 봐야 한다. 이것이 이 책이 당신에게 전달하고자 하는 가장 중요한 생각이다.

정답에 맞춰 물들이는 방식에서 질문하며 물드는 방식으로

심리학의 대가 살바도르 미누친은 확신이 변화의 가장 큰 적이라고 말했다. 탄력적이고 유연한 사고를 하면 늘 불확실한 부분이 있는데, 이는 변화의 여지를 남긴다.

심리학자 장 피아제Jean Piaget는 사고가 환경에 적응하는 데 있어 기본적으로 두 가지 방식이 있다고 주장했다. 그 가운데 동화同化라는 적응 방식은 우리의 머릿속에 이미 있는 것을 바탕으로 새로운 일을 이해하는 방식이다. 즉 새로 발생한 일을 재단해 우리 머릿속에 있던 마인드 셋에 부합하도록 만드는 것이다. 우리는 어떤 일을 동화시킬 때 자신이 이미 알고 있는 모든 것이 자신의 마음속에서 이미 일어난 일을 단지 반복하고 있다는 사실을 알게 될 것이다.

예전에 한 학기 동안 학교에서 긍정심리학을 강의한 적이 있는데, 학기가 끝난 후 학생들에게 이번 수업에서 무엇을 배웠는지 물어봤다. 한 학생이 대답했다.

"긍정적이고 낙관적이어야 한다고 가르쳐 주셨는데, 사실 이미 알고 있는 내용이긴 해요."

한 학기 내내 강의를 했는데, 그 학생은 내게서 긍정적이고 낙관적이어야 한다는 말만 들었다. 하지만 그 말은 내가 가르친 것이 아니라, 그의 머릿속에 이미 있던 것이다. 그는 한 학기 동안 얻은 정보를 모두 '긍정적이고 낙관적이어야 한다'는 프레임에 밀어 넣고는 이미 알고 있던 내용이라고 치부했다. 그래서 자신이 몰랐다는 것을 아는 것은 대단한 일이다.

위의 그림에서 무엇이 보이는가? 조금만 들여다보면 삼각형이 보일 것이다. 사실 이 삼각형은 실제로 존재하지 않는다. 우리에게 보이는 이 삼각형은 단순히 우리 머릿속에 있던 인지 처리 경향이 반영된 것일 뿐이다.

이 존재하지 않는 삼각형처럼 우리에게는 새로운 것을 볼 때 빨리 답을 찾아내려는 경향이 있어 개방적이고 유연한 사고를 하기보다는 얼른 끝내고 결과에 도달하려고 한다. 이렇게 하면 세상을 미리 알 수 있고 통제할 수 있게 된다. 이러한 과정은 잠재의식에서 이뤄지기 때문에 우리가 알아차리기 어렵다. 이것이 바로 '동화'다.

나조차도 비슷한 실수를 한 적이 있다. 대학생 시절 철학을 공부했기에 훗날 심리 상담을 공부할 때 종종 무의식적으로 '이것이 스토아 학파의 사상이구나! 이것은 키니코스 학파다!'라는 생각을 하면서 대부분의 상담 학파들도 특별할 것 없는, 그저 '거대한 질문'에 대해 궁리하는 철학 사상을 약간 변형시킨 것이라고 여겼다.

한 번은 가족치료 훈련을 받고 있는 친구와 이야기를 나눴는데, 그는 흥분을 감추지 못하고 가족치료의 묘미에 대해 연설을 하기 시작했다. 나는 가만히 듣고 있다가 담담하게 말했다.

"그 이면에는 구성주의적 철학 사상이 깔려 있는데, 이건 내가 잘 알고 있지."

득의양양해 하고 있는 나에게 친구가 말했다.

"나는 새로운 것을 배우고 있지만 너는 그냥 자료나 찾아보는 걸로 원래 있던 지식이나 생각을 강화하고 있을 뿐이잖아."

그때 나는 제대로 한 방 얻어맞은 것 같았다. 그의 말이 틀린 것이 하나도 없었다. 그 후로 새로운 것을 배울 때마다 원래 가지고 있던 것들을 내려놓으려고 애쓴다. 이미 알고 있는 지식과 관련이 있더라도 그 안에서 차이를 찾으려고 노력했다. 이것이 바로 또 다른 적응 방식인 '순응'이다.

동화가 사물을 바꿔 우리 머릿속의 인지구조에 맞추는 것이라면 순응은 자신의 마인드 셋을 변화시켜 새로운 사물에 적응하는 것이다. 국부적 지식, 유동적 지식, 불확실한 지식은 끊임없이 새로운 것을 들여오게 하는데, 이는 우리의 인식을 끊임없이 변화시킨다.

우리의 사고는 어떤 절대적인 진리에 집착하는 것보다 더 많은 변화와 불확실성을 겪어야 하기 때문에 순응은 고통스러울 수밖에 없다. 그러나 유연한 사고는 끊임없이 불확실성을 받아들여 우리 자신의 변화를 유도한다. 그래야 생각이 빨리 발전하고 우리가 미처 발견하지 못한 것을 계속해서 발견할 수 있다. 지식의 진화와 기술 습득, 사람과 사람 사이의 경청과 대화도 모두 마찬가지다.

따라서 우리에게는 항상 두 가지 선택지가 있다. 하나는 원래의 것을 고수하고 끊임없이 자기 행동을 반복하는 것이다. 그러면 안전하기는 하지만 굉장히 심심하다. 다른 하나는 자신이 알고 있는 것이 극히 일부라는 것을 인정하고 자신의 무지에 민감하게 반응하며, 많은 대답이 아닌 많은 질문을 자신에게 던지는 것이다.

이러한 질문은 당신이 새로운 것을 탐구하고, 경험하고, 발견하도록 할 것이다. 대개는 원래 알고 있던 것이 틀렸다는 것을 알게 될 것이기 때문에 많은 어려움을 겪을 것이다. 하지만 당신은 계속 진화할 것이고, 재미있고, 깊이 있고, 복잡해질 것이다.

우리가 접할 수 있는 가장 큰 새로운 발견은 무엇일까? 바로 다른 사람의 생각이다. 사람마다 경험과 지식, 감정이 다르기 때문에 생각도 각양각색일 것이다. 우리가 이렇게 생각할 때 마음의 발달과 관계의 발달은 서로 연결된다.

인지적 관점에서 새로운 것에 대한 개방과 폐쇄는 각각 순응과 동화의 인지적 경향을 가리킨다. 관계적 관점에서 이것은 타인에 대한 태도가 사랑인지, 관심 또는 인정 아니면 냉담함이나 경계, 거절인지를 나타낸다. 다음 장에서는 관계의 여정을 시작할 것이다.

제3장

관계의 재구성

17세기 영국 시인 존 던John Donne의 〈기도문Meditation 17〉에 나오는 구절이다. "우리는 누구든 홀로 온전한 섬이 아니니, 모든 인간은 대륙의 한 부분이며, 전체의 일부다." 우리는 항상 관계 속에서 살아간다. 관계는 자아를 형성하고, 자아가 생각하고 느끼고 행동하는 것에 영향을 미친다. 자아는 관계의 산물이기 때문에 자기계발의 핵심 문제는 '새로운 경험을 어떻게 형성하느냐'는 것에서 '자기계발에 유리한 새로운 관계를 어떻게 형성하느냐'로 바뀐다.

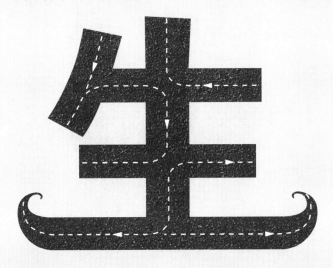

개인의 관점에서 관계의 관점으로

자아는 사람과 사람 사이를 잇는 선으로 존재한다

사고 진화의 핵심은 모든 지식이 부분적이라는 사실을 알아야 한다는 것이다. 그래야만 더 많은 가능성을 탐색하기 위한 여지를 마련해 둘 수 있다. 여기서 말하는 가능성은 단순히 다른 것을 더 많이 나열하는 것이 아니라 같은 것을 더 깊이 이해하는 것이다.

이 규칙은 자기계발을 이해하는 데에도 동일하게 적용된다. 1장에서 우리는 자기계발이란 행동의 변화를 추진하는 것이라고 이해했고, 2장에서는 행동 이면에 있는 멘탈 모델을 탐구해 봤다. 이 장에서는 관점을 확대해서 관계적 관점에서 자기계발 방법을 모색해 보고자 한다.

이 부분을 쓸 당시 서재에는 나와 컴퓨터 둘뿐이었고, 주변은 매우 조용했다. 집필이란 혼자 하는 일이지만 옆에서 누군가 내가 지금 쓰고 있는 책을 읽고 있다고 상상하기도 했다. 물론 독자들이 책을 보기

전에 쓰기는 하지만, 그래도 독자들이 이 책을 읽기 시작할 때부터 나의 진짜 '책 쓰기'가 시작됐다고 할 수 있다. 독자가 없으면 작가도 없고, 이 책을 보는 사람이 아무도 없다면 내가 쓴 책도 아무런 의미가 없기 때문이다. 이것이 바로 관계다.

완전히 독립된 사람은 없다. 관계 안에서 우리는 항상 다른 사람들과 함께하면서 서로를 정의한다. 예를 들어 일반적으로 우리는 부모가 자녀를 낳았다고 생각하지만 관계적 관점에서 보면 자녀가 부모에게서 태어났다고 생각할 수 있다. 자녀가 없는데 어떻게 부모가 될 수 있겠는가?

이러한 고민은 단순한 말장난이 아니라 우리가 '인간'이라는 독특한 존재를 어떻게 이해하는지와 관련이 있다. 우리는 인간을 하나의 독립적이면서 때로는 연결고리가 생기는 자아로 보는가? 아니면 완전한 관계 속에 존재하는 자아로 보는가?

개인적 관점에서 자아를 바라볼 때 우리는 안정적이고 타인으로부터 독립적인 자아가 존재한다고 가정해 볼 수 있다. 이 자아는 우리의 생각과 행동을 결정하고 개인의 성격을 형성한다. 만약 우리가 원하지 않는 행동을 한다면 이는 틀림없이 이 '자아'에 의지력 저하나 불안 증상, 심지어 심리적 장애 같은 문제가 생긴 것이다. 이때 자아가 속해 있는 관계는 하나의 배경일 뿐이다.

하지만 관계적 관점에서 보면 관계가 자아에 미치는 영향이 '배경'보다 훨씬 복잡하고 강력하다는 것을 알 수 있다. 우리의 행동과 사고는 관계에서 형성되는 경우가 많으며 관계에 적응하는 산물이기도 하다. 독립적인 자아는 없으며 모든 관계마다 각각 다른 자아가 있다.

우리의 생각과 행동을 결정하는 것은 성격이 아니라 우리가 속해 있는 관계다. 우리가 원하지 않는 행동을 보인다면 그것은 우리 개인의 문제가 아니라 우리가 속한 관계에 문제가 생긴 것이다. 여기서 관계는 자아다.

관계가 인간을 정의한다

왜 우리는 관계적 관점에서 자신을 바라보고 발전시켜야 할까? 이 문제에 관해서 네 단계로 나눠서 살펴보려고 한다.

첫 번째 단계, 우리는 언제나 관계 속에 존재한다.

가정에는 가족들과의 관계가 있고 직장에는 직장 동료들과의 관계가 있다. 지하철을 탔는데 주변에 온통 낯선 사람들뿐이어도 그 또한 관계라고 할 수 있다. 어떤 사람들은 혼자 있을 때는 관계 안에 있다고 생각하지 않을 것이다.

하지만 그렇지 않다! 혼자 있을 때는 혼자 있는 공간과 관계를 이룬다. 우리가 혼자 집에 있고 집에는 문이 있다. 우리는 모르는 사람이 집 앞을 지나가도 함부로 문을 열고 들어오지 않을 것이라는 사실을 잘 알고 있다. 이것이 우리가 관계 안에서 이룬 일종의 합의다. 우리가 혼자 집에 있으면 웃통을 벗든 잠옷을 입든 하고 싶은 대로 자유롭게 있어도 된다. 하지만 우리는 이런 차림으로 밖으로 나가 돌아다니면 안 된다는 것을 잘 알고 있다. 이것 역시 관계적 합의라고 할수 있다. 관계는 우리가 혼자 있는 공간이 어디인지를 규정한다.

더 깊이 생각해 보면 우리는 혼자 있어도 여전히 관계 안에 있는 것이다. 지금 혼자 있는 것이 지구나 우주에 혼자만 존재하고 있다는 것을 의미하지는 않는다. 여전히 가족이 어디에 있는지, 누구와 식사를 하러 갈지, 내일 직장 상사에게 제출해야 하는 보고서를 어떻게 작성할지, 사장님이 어떻게 나를 평가할지를 생각하는 것이 모두 관계다. 따라서 우리는 관계 속에 있지 않은 때가 없다.

두 번째 단계, 우리의 자아는 관계에 따라 달라진다.

낯선 사람과 이야기할 때는 얼굴이 금세 붉어지지만 친한 친구와 있을 때는 누구보다 활발한 모습을 보이는 사람이 있다. 또 회사에서는 열심히 일하지만 집에만 오면 소파에 누워 손 하나 까닥하지 않는 사람이 있다. 내향적인 자아와 외향적인 자아, 부지런한 자아와 게으른 자아 모두 한 사람이지만, 여러 환경에 맞춰 그에 맞는 자아가 발현되는 것이다. 어떤 관계에서 열등감을 느낄지라도 어떤 관계에서 누군가의 진심 어린 칭찬과 격려를 받는다면 충분히 자신감을 얻을 수 있다.

《영혼을 위한 닭고기 수프 Chicken Soup for the Soul》에서는 미국의 전설적인 교사로 알려진 마르바 콜린스 Marva Collins 선생님의 일화가 소개된다. 그녀는 1975년 범죄와 마약이 난무하는 일리노이주 시카고 빈민가 인근에 '웨스트사이드 예비학교'를 설립했다. 이 학교에 다니는 학생들은 모두 공립학교를 자퇴한 문제아들이었다. 하지만 그녀의 교육 덕분에 거리를 헤매고 학습 장애가 있다고 여겨졌던 학생들이 모두 똑똑해졌다. 그들은 어려서부터 여러 문헌과 철학 관련 고전을 읽었고, 대부분이 대학에 진학해 변호사나 의사, 판사, 교사 등으로 일하며 사회적으로 존경받는 어른이 됐다.

콜린스 선생님은 어떻게 기적과도 같은 일을 이룰 수 있었을까? 다른 학교의 비판적 교육과 달리 그녀는 학생들이 똑똑하고 소중한 존재라는 사실을 진심으로 믿었고 칭찬과 격려를 아끼지 않았다. 그녀는 수시로 "나는 네가 더 잘할 수 있을 거라고 믿어"라고 말해줬다. 실제로 이런 교육의 본질이 새로운 관계를 형성했다. 관계가 변하면 학생의 태도와 성취도 자연스럽게 변화하기 마련이다.

세 번째 단계, 우리의 행동을 결정하는 것은 우리의 성격이 아니라 우리가 속한 관계다.

어머니가 아들을 큰소리로 꾸짖고 있다고 가정해 보자.

"너 또 숙제를 안 했어? 얘가 왜 이렇게 말을 안 들어!"

이 장면만 보면 그녀는 다혈질에 신경질적인 어머니이고, 화를 내고 신경질적인 것이 성격의 일부라고 생각할 수도 있다. 그때 갑자기 전화벨이 울린다. 어머니는 전화를 받자마자 얼굴에 웃음을 띠며 다정한 목소리로 말한다.

"여보세요! 네, 선생님. 가정방문을 오신다고요? 너무 좋아요. 언제든지 환영입니다. 아이고, 별말씀을요. 우리 애가 학교에서 말은 잘 듣는지 모르겠네요…"

또 이 장면만 보면 그녀는 따뜻하고 예의 바른 어머니라고 생각할 것이다.

어머니의 행동은 왜 달라졌을까? 성격이 바뀐 게 아니라 관계가 달라졌기 때문이다. 우리는 가까운 사람에게 진짜 자신을 드러내기 마런이니 어머니가 선생님과 통화할 때 보인 반응이 거짓이라고 의심하는 사람도 있을 것이다. 그렇다면 아들을 꾸짖을 때 보인 반응이 실제 그녀의 모습과 더 가깝다고 단정할 수 있을까?

관계적 관점에서 어머니의 행동과 감정적 반응은 '가까운 사이'와 '먼 사이'라는 두 가지 관계에서 각각 다르게 나타난다. 이러한 어머니의 두 가지 반응은 모두 진짜이며, 모두 그녀의 자아이기 때문에 여기서 '진정한 자아'와 '거짓된 자아'의 차이는 존재하지 않는다.

이것은 일시적인 반응일 뿐이라 그녀의 장기적인 반응을 보면 진짜 성격을 알 수 있을 것이라고 생각할 수도 있겠지만, 그렇다면 장기적인 반응이란 도대체 무엇일까? 그 또한 거리 관계에 따라 나뉘는 반응처럼 관계에서 긴 기간이라는 시간적 특성에 맞춰 나타나는 반응에 지나지 않을 때가 많다.

관계적 관점에서 출발하면 이른바 인격이나 성격은 우리가 특정한 관계에서 보이는 행동과 언어, 감정적 표현에 불과하다. 우리의 행동을 결정하는 것은 성격이 아니라 관계다.

네 번째 단계, 관계적 관점에서 문제를 바라보면 그것을 해결하는 방식에 있어 큰 변화가 생길 것이다. 풀 수 없을 것 같은 문제들도 관계적 관점에서 보면 합리적인 답을 찾을 수 있다.

얼마 전 편집자인 친구가 일을 미루는 습관이 생겼다며 어떻게 고칠 수 있는지를 물었다. 미루는 습관은 전형적인 개인적 관점의 산물이며, 개인적인 '질병'으로 간주된다. 나는 친구에게 왜 그렇게 생각하는지 물었다. 그는 지금 원고를 편집하고 있는 중인데, 원고가 너무 어려워서 손을 대고 싶지 않다고 했다.

"어떤 점이 어려워? 못하면 누가 뭐라고 해?"

"음, 이 원고의 저자가 뭐라고 하겠지."

알고 보니 편집 중인 원고의 저자는 저명한 학자였다. 친구는 혹시라도 저자가 자신이 수정한 내용에 이의를 제기할까 봐 두려웠던 것이다. 그런데 그는 왜 저자가 반박할 것이라고 단정했을까? 그 저자는 다른 사람이 의견을 내놓으면 쉽게 화를 내고, 다른 사람의 말을 잘 듣지 않는 것으로 유명했다. 따라서 관계적 관점에서 봤을 때 미루는 습관은 친구 혼자만의 문제가 아니라 저자와의 관계에서 나오는 산물이었다.

직장인이라면 자신이 인정하고 존경하는 상사가 준 업무는 업무 효율성이 매우 높지만, 그렇지 않은 상사가 배정한 업무는 하기 싫어서 데드라인까지 미뤘던 경우를 한두 번쯤은 경험해봤을 것이다. 이 또한 일을 미루는지 아닌지를 결정하는 것은 당신 자신이 아니라 관계라는 것을 보여준다.

관계적 관점으로 바라보면 내가 다시 보인다

그렇다면 관계적 관점에서 보는 자아의 좋은 점은 무엇일까? 개인적 관점에서 스스로가 안정된 성격을 가지고 있다고 느낀다면, 그것은 당신이 변화하기 어렵다는 것을 의미한다. 때로는 우리 머릿속에 있는 완고한 '자아개념'이 변화를 방해하기도 한다.

그러나 관계적 관점에서 이해하면 관계마다 자아가 다르기 때문에 다양한 관계에서 그때마다 다른 자신을 발견할 수 있다. 더 이상 자신에게 '민감하고 내성적인', '열등함', '자신감'과 같은 성격의 꼬리표를 붙이지 말고 현재 행동이 어떤 관계에서 비롯됐는지 살펴볼 필요가 있다. 그러면 자신을 더욱 잘 표현할 수 있는 관계를 찾을 수 있다. 마찬가지로 이상한 성격을 가진 사람을 쉽게 비난하지 말고 어떤 관계에서 그가 이런 행동을 하는지 이해해 볼 필요가 있다. 그렇게 할 수 있다면 이를 통해 자기계발의 잠재력을 향상시키고 변화의 여지를 확장할 수 있다.

깊이 뿌리박힌 자아는 추상적 사고의 산물이다. 우리는 많은 관계를 형성하고 있으며, 모든 관계마다 각각의 자아가 있다. 이러한 자아의 공통점을 추상화하면 우리 내면의 고유한 자아가 된다. 이러한 고유한 자아에서 비롯되는 사고방식은 통제감을 강화하지만 자아를 고착시켜 변화하기 어렵게 만든다.

관계적 관점에서 자아를 바라보는 것은 일종의 정념正念적 사고, 다시 말해 근시적 사고다. 이러한 사고방식을 통해 모든 자아를 구체적인 관계와 상황에 놓고 각 관계에 놓인 자아의 반응을 살펴보면 자연스럽게 변화의 경지를 확장시킬 수 있을 것이다.

"인생을 연극이라고 생각하세요"

인간은 상황마다 다양한 역할을 연기한다

관계적 측면에서 자신을 바라보면 '역할'이라는 아주 중요한 개념에 이르게 된다. '역할'이라는 단어는 원래 연극에서 나온 것으로, 배우가 연기하는 전형적인 성격을 가진 극중 인물을 가리킬 때 주로 사용했다. 그러나 여기서 말하는 역할은 선하거나 악한 인물 같은 도덕적 역할이 아니며, 경찰이나 죄수, 또는 사장이나 직원 같은 사회적 역할도 아닌 행동적 기대를 가리킨다.

역할의 본질은 사람 간의 관계에서 발생하는 행동적 기대이며 관계 속에서 함께 이뤄내는 암묵적인 계약이다. 이런 계약은 꼭꼭 숨어 있어서 주의를 기울이지 않으면 보통은 놓치게 된다. 관계 속에서 우리는 늘 행동적 기대에 직면하기 때문에 언제나 어떤 역할이든 감당하게 된다. 이 역할은 우리가 어떻게 생각하고 어떻게 느끼고, 무슨 말을 하고 어떻게 행동할지를 결정한다. 인생은 연극과 같다. 단지 가끔은 한 가지 역할을 오랫동안 맡다 보니 너무 깊이 몰입해서 그 역할을 유일한 자아로 여기는 것뿐이다.

학교를 갓 졸업한 후배가 면접을 본 회사에 들어가야 할지 말아야할지 조언을 부탁했다. 그곳은 중국에서 잘나가는 웰니스 회사지만 내부를 들여다 보니 신체적, 정신적, 영적인 운동과 관련된 사업을 하는 곳이었다. 마케팅 전략과 수업 내용이 모두 비현실적이고 상식에 맞지 않아 보였다.

나는 그에게 단순히 돈을 벌기 위한 목적이라면 입사를 하고, 그렇지 않고 전문성을 계발하고 싶다면 가지 말라고 했다. 그 회사가 돈을 버는 방식은 현실에서 겪는 고난에서 벗어나기 위해 허구의 다른 세상을 파는 것이었다. 공교롭게도 얼마 후 한 기자가 이렇게 물었다.

"요즘 심신 수련을 하는 기관들이 자주 눈에 띄는데요. 대부분 허위나 과장 광고로 소비자를 속여서 돈을 벌고 있는 곳들이에요. 여기에 대해 어떻게 생각하시나요?"

"잘 모르겠습니다."

후배와 기자 모두 같은 문제로 질문을 했지만, 나의 대답은 달랐다. 각각의 관계에서 나의 역할과 위치가 달랐기 때문이다. 첫 번째 관계에서 후배는 나에게 진로를 물어봤다. 그는 심리 상담 분야의 베테랑이자 선배인 내가 자신의 발전에 도움이 되는 조언을 해주기를 기대했다. 나도 그의 기대를 저버릴 수 없으니 심리 상담의 전문성을 반영한 대답을 해줬다. 후배의 질문에 '모르겠다'고 대답하는 것은 나에 대한 기대에 부합하지 않기 때문이다. 결국 내가 말한 것은 그가 원하는 대답이었을 것이다.

그리고 기자가 나에게 물었을 때에도 마찬가지로 나에 대한 어떤 기대를 가지고 있었을 것이다. 그녀는 내가 전형적인 심리학자들의 입장을 대변하는 역할을 해주기를 기대했다. 내가 그 역할을 수락한다면 나는 학자로서 자연스럽게 심신 수련이 얼마나 신뢰할 수 없는지에 대해 말해야 했을 것이다. 사실 하마터면 기자가 원하는 답을 할 뻔했지만, 다시 생각해 보니까 그런 역할을 맡고 싶지 않았다. 나는 엄격한 도덕의 수호자가 되는 것보다 개방적이고 포용적인 역할을 하고 싶었다.

신기하게도 이 역할을 하고 싶지 않다고 느끼자 갑자기 그것을 표현하고 싶은 욕구도 사라졌다. 그리고 내가 심신 수련에 대해 제대로 알고 있지 않다는 사실을 깨달았다. 심신 수련에 대해 내가 지금까지 들어 왔거나 알고 있던 내용도 어쩌면 근거 없는 풍문일 수도 있다.

'요구'와 '기대'라는 관계 속에서 결정되는 역할

누군가 우리에게 어떤 일에 대해 말을 할 때, 나름대로 우리에게 기대하는 역할이 있다. 이런 역할 기대(Role Expectation, 특정한 집단 또는 사회에서 개인이 차지하고 있는 위치에 적합한 외모 또는 행동과 태도를 취할 것이라고 가정하는 것을 말한다_역주)는 행동의 실마리를 제공해 자신도 모르게 그것에 순응하고 그들의 기대에 부응하는 행동을 하게 한다.

자기 주관이 없다고 생각하는 내담자 A씨는 자신의 의견을 더 많이 표현하고자 하는 마음에 나를 찾아왔다. 그녀가 회사에서 일한 지 벌써 일 년이 넘었지만 회의를 할 때 무슨 말을 해야 할지 여전히 모를 때가 많았다. 아주 가끔 가까스로 용기를 내서 발언하려고 하면 희한하게 회의가 끝나곤 했다.

원래는 그다지 심각하게 받아들이지 않았는데 얼마 전 회사에서 한 선배를 알게 되면서 생각이 바뀌기 시작했다. 선배는 매우 친절한 사람이었다. 직장 규칙부터 인생의 이치까지 두루 말해준 다음 A씨에게 물었다.

"난 네가 멋있고 똑똑하다고 생각해. 근데 넌 자신을 표현하기를 꺼리는 것 같아. 사람들 앞에서 말하는 법을 배울 필요가 있어."

"맞아요. 조언해 주셔서 감사해요."

며칠 후 선배는 다시 그녀를 찾아와서 같은 말을 했다.

"너는 다 좋은데 너 자신을 표현하는 것을 살짝 꺼릴 뿐이야."

"네, 네. 맞아요."

A씨도 자신의 의견을 제대로 표현하지 못하는 것이 문제라고 인식했는지 날 찾아왔다.

나는 그녀를 칭찬하는 것부터 시작했다.

"제가 보기에는 꽤 성공하신 것 같은데요."

그녀는 나를 이상하게 보더니 어디가 성공한 것처럼 보이는지 되물었다.

"직장에서 선배의 조언이 필요한 신입 직원의 역할을 성공적으로 수행하고 있잖아요. 당신이 변하면 그 선배는 누구에게 도움을 줄 수 있겠어요?"

"그러네요. 그 선배는 말은 그렇게 해도 저를 좋아해요. 매번 저에게 말을 걸어 주고요. 제 동기 중에 일도 잘하고 엄청 똑 부러지는 친구가 있는데, 선배는 그 친구를 별로 안 좋아하더라고요."

참 흥미로운 현상이다. 그 선배는 말로는 그녀가 더 성숙해지고 자신을 표현하는 데 능숙해지기를 바란다고 하지만 두 사람의 관계에서 그녀를 '자기 표현을 하지 않고 조언이 필요한' 신입 직원의 역할로 고정시켰다. 그녀 또한 선배가 자신에게 기대하는 역할을 받아들였고 심지어 선배의 보살핌을 즐겼다. 이 역할이 그녀도 모르는 사이에 언어와 행동, 생각을 제한해 그녀가 변하기 어렵게 만들었다.

이런 언어적 요구와 역할 기대의 갈등은 일상에서 자주 발생한다. 특히 나는 자녀 때문에 불안해하는 부모들을 자주 만난다.

"선생님, 제 아이는 혼자 할 줄 아는 게 하나도 없어요. 뭐든 아이 혼자서 주도적으로 했으면 좋겠어요."

이렇게 말하면서 부모들은 '솔선수범'해서 아이의 모든 일을 다 해준다. 그들은 이미 자녀를 '주도성이 없는' 위치에 놓았다는 것을 인식하지 못한다. 물론 자녀 스스로도 '엄마가 다 해준다'라는 입장을 거두지 않는다. 그래서 아무리 부모가 요구해도 아이는 자주성을 발달시키지 못한다. 아이에게 문제가 있는 것이 아니라 그들이 형성한 역할과 위치가 제한적이기 때문이다.

다양한 역할은 다양한 가능성이기도 하다

그렇다면 우리는 어떻게 해야 우리의 역할을 조정할 수 있을까? 첫째, 상대방에게 대응하기 전에 상대방이 자신에게 어떤 입장과 역할을 기대하고 있는지, 그리고 자신은 그 위치와 역할을 받아들일 의향이 있는지 생각해 볼 필요가 있다.

"선생님을 만나서 정말 다행이에요. 이제 저는 살았네요!"

가끔 내담자 가운데 이렇게 말하는 분들이 있다. 날 바라보는 간절한 눈빛은 나를 기분 좋게 한다. 하지만 이때 생각해 봐야 할 것이 있다. '내가 그의 구원자가 될 수 있을까? 만약 내가 이 역할을 맡으면 그는 자신이 변하는 것이 내 책임이라고 생각하고 더 무능해질 수도 있지 않을까?' 이런 상황에서 내 대답은 단순했다.

"저는 구원자가 될 수 없지만 제가 도와드릴 수 있는지 한번 보죠."

이렇게 말하면 문제 해결의 책임은 더 이상 내 것이 아니다. 그에게 돌아가는 것이다. 이것도 일종의 역할 기대라고 할 수 있다.

둘째, 다른 사람과 있을 때 불편함을 느낀다면 자신의 위치나 역할에 문제가 있는 것은 아닌지 생각해 봐야 한다. 일반적으로 이와 같이 위치와 역할이 뒤바뀌는 상황은 우리가 자신의 위치에 있지 않고 다른 사람을 대신해서 책임지려고 하는 데에서 비롯된다.

샤오아이는 졸업하고 몇 년이 지났는데도, 여전히 베이징에서 일하고 있다. 이제 막 대학원을 졸업해서인지 그녀의 친구 샤오웨는 미래에 대한 불안함을 느꼈다.

"내가 베이징에 계속 남아 있어야 할까? 아니면 고향으로 돌아가 일자리를 찾아야 할까?"

샤오아이는 아무 생각 없이 대답했다.

"무조건 베이징에 남아야지. 여기가 취업할 기회도 많고 친구들도 있으니까 서로 도움을 받을 수도 있잖아. 마침 여기 방도 하나 비었으니까 당분간 여기서 지내면서 천천히 알아보면 되겠다."

샤오웨는 기쁜 마음으로 베이징에 남아 일을 찾아보기로 했다. 하지만 구직 과정은 생각보다 순탄치 않았다. 두 달이 지나도록 면접을 보러 오라는 회사는 한 군데도 없었다. 두 사람의 관계도 조금씩 서먹해지면서 갈등도 점점 커져갔다. 샤오웨는 가끔 후회하는 듯한 말을 내뱉었다.

"베이징에 남는 게 아니었어. 이럴 줄 알았으면 차라리 고향에 내려갈 걸. 그땐 농림부 채용이 있었는데 지금은 그것마저도 없네."

샤오아이는 샤오웨가 자신을 원망하는 것 같아서 기분이 좋지 않았다. 하지만 무턱대고 반박할 수가 없어서 언짢은 말투로 받아쳤다.

"그럴수록 더 열심히 해야지. 원래 인생은 잔인한 거야. 너처럼 그렇게 게을러서 취직을 어떻게 해? 졸업한 선배나 동기들한테 정보도 얻고 그래야지…."

사실 그녀의 말을 보면 자신의 역할을 잘못 이해한 것이 맞다. 그녀는 '조언자'에서 '비판가'로 역할이 바뀌었다. 조언자는 다른 사람이 필요로 할 때만 조언을 해주지만 비판가는 종종 다른 사람의 일을 자신의 일로 착각한다. 샤오아이가 샤오웨를 비판할 때 한 말은 '내 책임이 아니다'가 아니라 '네가 잘못한 거야. 그러니 내가 옳다'는 의미였다. 그런 표현은 독설가나 하는 말이다. 두 사람 모두 그 이면의 역할이 어긋나는 것을 보지 못했고 갈등의 골은 깊어질 수밖에 없었다.

셋째, 우리가 다른 사람에게 기대하는 바가 있다면 말로 요구하지 말고 우리가 기대하는 대로 그를 대해야 한다. 물론 우리가 그에게 기대할 만한 것이 있다고 진심으로 믿는다는 전제하에 말이다.

기대가 갖는 힘은 크다. 앞에서 언급한 콜린스 선생님도 아이들을 충분히 신뢰했기 때문에 거리를 떠돌던 문제아들이 사회적 인재로 거듭날 수 있었다. 언젠가 딸과 함께 〈빅 배드 폭스 Le Grand Méchant Renard et Autress Contes〉라는 프랑스 애니메이션을 봤다. 여우가 닭장에서 세 개의 알을 훔치는 내용으로, 여우의 원래 의도는 병아리가 부화하면 잡아먹으려고 한 것이었지만 생각지도 못하게 병아리가 태어나자마자 여우를 보고는 '엄마'라고 불렀다. '엄마'라는 커다란 역할적 기대는 여우가 병아리를 잡아먹지 못하게 했고 나중에는 오히려 병아리들을 보호하는 역할을 맡으면서 진짜 엄마가 되게 했다. 이것이 바로 역할 기대가 주는 신기한 힘이다.

사람은 다양한 얼굴을 가지고 있으니 미지의 자신을 발견해야 한다고 흔히들 말한다. 이 말을 관계적 관점에서 보면 이해하기 쉬워진다. 우리가 관계에서 많은 역할을 할 수 있다면 그만큼 우리 스스로도 다양한 가능성을 가질 수 있게 되기 때문이다.

'다양한 얼굴', 즉 성격은 우리가 관계에서 보여주는 데 익숙한 다양한 역할이다. 역할은 제한이자 변화의 방법이다. 만약 우리가 스스로를 항상 특정한 역할에 고정시킨 채 그 역할이 정해놓은 말과 행동을 자신의 성격으로 착각한다면, 시간이 지나면서 점차 다른 가능성을 잃어버리게 되고 더 이상 변화하고 발전하기 어려워질 것이다. 반대로 우리가 다양한 역할을 시도해서 자신의 다양한 면을 발견할 수 있다면 자아를 더 발전시킬 수 있을 것이다.

혼잣말이 아니라 '관계어'로 대화하라

내가 아닌 타인에게 집중해서 말한다는 것

앞에서 언급한 대로 역할의 본질은 사람 간의 행동적 기대다. 우리의 행동 방식을 결정하는 것은 성격이 아니라 관계에서의 역할이다. 그런 의미에서 모든 관계의 소통은 암묵적인 역할 분담 과정이다. 그렇다면 역할 분담 과정이 암묵적으로 진행되는데 다른 사람이 우리의 역할에 기대하는 바가 무엇인지 어떻게 알 수 있을까? 그리고 다른 사람의 말과 행동에서 어떻게 그들의 역할을 알아낼 수 있을까? 다른 사람의 역할 기대치와 우리의 역할 기대치가 충돌할 경우 어떻게 해결해야 할까?

가장 직접적인 답은 '듣기'와 '말하기'일 것이다. 언어는 사람 간의 의사소통 도구로 정상적인 상황에서는 듣기와 말하기를 통해 역할의 기대를 이해할 수 있다. 그러나 실제로 사람들은 의사소통에서 관계 자체를 직접 말하는 경우는 거의 없으며, 보통은 그 안에서 일어나는 여러 가지 일들을 에둘러 이야기하기 마련이다. 만약 우리가 서로의 기대를 제대로 들을 수 없다면 사람들이 피상적으로 얘기하는 부분만 접할 수 있을 뿐이다. 그러나 제대로 들을 수 있다면 사람들이 하는 모든 말이 전부 관계를 말하고 있다는 사실을 알게 될 것이다. 이것이 바로 관계의 언어다.

내담자 B씨에게 오랫동안 알고 지낸 친구 C씨가 있었다. 집을 사는 데 돈이 모자란 C씨는 B씨에게 열흘 안에 갚기로 약속하고 20만 위안을 빌렸다. B씨는 C씨와 워낙 허물없이 형제처럼 지내고 가족끼리도 왕래가 많았기 때문에 아무 생각 없이 돈을 빌려줬다. 열흘 후 C씨는 약속대로 빌린 돈을 갚았다.

C씨에게 돈을 받은 B씨는 아내에게 이 일을 얘기했다.

"C가 이번에 집 사는 데 돈이 부족하다고 하기에 20만 위안을 빌려줬다가 바로 받았어."

그런데 생각지도 못하게 아내가 화를 냈다.

"왜 화를 내고 그래. 당신도 C를 잘 알잖아. 그리고 이미 돈도 제대로 갚았다니까."

"아니, 왜 나한테 말 안 했냐고!"

"지금 말하고 있잖아."

아내는 더 이상 대꾸를 하지 않고 화가 안 풀리는지 식식거리기만 했다. 이 상황이 이해가 안 가는 남편은 나를 찾아와서 아내가 너무 인색하다며, 이렇게 화를 낼 줄 알았으면 차라리 말하지 말 것을 그랬다고 하소연을 했다.

겉으로 보기에 아내는 친구에게 돈을 빌려준 것 때문에 화가 났지만, 사실은 그가 친구에게 돈을 빌려주기 전에 자신과 상의하지 않은 것에 화가 난 것이다. 친구에게 돈을 빌려주기 전에 아내와 상의하거나 상의하지 않은 것은 관계적 의미가 다르다. 하나는 가정에서 중요한 결정을 내릴 때에는 아내의 동의를 거쳐야 한다는 의미고, 다른 하나는 필요하지 않다는 의미가 되기 때문이다. 아내는 돈 때문이 아니라 남편과의 관계에서 화가 난 것이다.

그런데 B씨는 왜 돈을 빌려주기 전에 아내와 상의하지 않았을까? 아마도 그 당시 머릿속에 미묘한 생각이 스쳐 지나갔을 것이다. '만약에 아내가 동의하지 않으면 친구에게 어떻게 설명하지?' 그렇다면 그는 왜 돈을 빌려줬던 사실을 아내에게 말했을까? 아예 끝까지 말을 하지 않는 것이 더 나았을 텐데 말이다. 아마도 그에게선 또 다른 생각이 스쳐 갔을지도 모른다. '아무리 그래도 이런 일을 아내에게 숨기면 안 되겠지?' 그는 자신의 솔직함이 분노로 돌아오자, 마음에 억울함이 가득 찼을 것이다.

이런 미묘한 심리 상태는 모두 관계적인 측면에서 발생하지만 언어의 소통만으로 표현하기는 매우 어렵다. 이와 같이 사람 간의 상호작용은 두 가지 측면에서 이해할 수 있다. 남편과 아내가 돈을 빌려줄지 말지에 대해 이야기하는 것처럼 표면적으로는 많은 이야기를 나누는 듯해 보이지만, 중요한 것은 대화 자체가 아니라 그 이면에 숨어 있는 관계다.

겉으로 드러난 내용과 정보에만 집중하고 정작 감정에 영향을 미치는 관계의 정보를 제대로 보지 못하면 많은 오해를 불러일으킬 수 있다. 관계의 언어는 화자가 이야기하는 내용을 통해 그들 사이의 관계를 이해하는 것이라고 할 수 있다. 관계의 언어를 이해할 수 있다면 관계를 이해할 수 있는 비밀을 깨달은 것이다.

하루는 샤오녠궁少年宮(청소년의 과외활동을 위해 설립된 종합교육시설)을 지나다가 부부가 다투는 소리를 들었다. 아들은 고개를 푹 숙인 채 어머니 옆에 서 있었다.

"다른 아이들도 수학 올림피아드에 나간다니까 얘도 신청해야지!"

"얘가 지금 몇 살인데 벌써 수학 올림피아드를 나가? 왜 그렇게 애를 힘들게 해!"

"얘가 안 나가면 누가 나가? 분명히 재능이 있다니까. 다른 애들보다 글도 빨리 뗐잖아."

"어릴 때부터 너무 공부, 공부하다가 나중에 흥미라도 잃어서 공부 안 한다고 하면 어쩌려고 그래!"

부부의 대화에 나타나는 관계의 언어는 무엇일까? 대화 내용만 보자면 자녀의 수학 올림피아드 지원 여부를 놓고 부부의 교육 철학이 엇갈리고 있다. 그러나 관계적 관점에서 보면 그들은 서로 '내가 당신보다 아이를 더 잘 알기 때문에 이 일에 대해서는 당신보다 내게 발언권이 있어. 그러니까 당신은 빠져'라고 말하고 있다.

이것이 바로 관계의 언어다. 먼저 관계의 문제가 해결되지 않으면 수학 올림피아드뿐만 아니라 앞으로도 자녀와 관련된 많은 문제에서 이와 비슷한 갈등을 빚을 것이다. 상담실에서 이런 부부를 만났다면 두 사람이 다투는 내용은 건너뛰고 단도직입적으로 물었을 것이다.

"왜 선생님께서 어머님(아버님)보다 아이를 더 잘 안다고 생각하시나요?"

보통 이런 질문을 하면 부모는 어리둥절해서 명확한 대답을 내놓지 못한다. 그런 다음 두 사람의 관계에 대해 생각해 볼 것이다. 아마 어머니의 대답은 이럴 것이다.

"우리 남편은 하루가 멀다 하고 야근이라 애가 어떻게 크는지 하나도 몰라요. 집안일도 신경을 못 쓰는데, 아이한테 신경 쓸 겨를이 있겠어요?"

그러면 아버지의 반응은 어떨까?

"아내가 애한테 애착이 너무 강해서 제가 낄 틈이 없어요. 저러다 애를 망치는 건 아닌지 정말 걱정이에요."

내용 뒤에 관계에 대한 이야기가 조금씩 모습을 드러내기 시작한다. 지금은 심리학이 사회의 대중적인 관심을 받는 학문으로 자리 잡아서 많은 사람들이 심리학 지식을 통해 관계를 회복하고 갈등을 해소하고 싶어 한다. 하지만 심리학을 공부한 뒤 오히려 관계가 나빠진 부부도 있으니 세심한 주의가 필요하다.

어느 모임에서 한 여성분이 나에게 다가왔다.

"선생님, 저는 심리학을 배우고 싶어요. 심리학을 배워서 저희 가족을 더 행복하게 만들고 싶어요. 어떻게 생각하세요?"

"이 문제는 말씀 드리기가 매우 조심스럽네요. 인간에게 경계가 있는 것처럼 지식에도 경계가 있습니다. 가족들과 소통을 더 잘하려는 의도일 수도 있지만 심리학을 배우면 당신이 가족보다 소통하는 법을 더 잘 안다는 특권의식이 생길 수도 있어요. 그러면 당신의 역할도 가정의 참여자에서 연구자나 방관자로 확대될 거예요. 그러나 가족들이 반드시 이 특권을 인정하란 법은 없어요. 그 자체만으로도 가족들에게 고스란히 영향을 미칠 수 있거든요. 만약에 가족들이 심리학을 좋아하지 않는다고 말한다면 그건 실제로 관계의 변화를 반기지 않는다는 의미입니다."

내가 대답을 마치자 옆에 있던 남성이 열렬하게 박수를 보냈다. 알고 보니 그녀의 남편이었다.

관계의 언어는 사람에만 집중한다

우리는 항상 사람이 누구든 상관하지 않고, 일 자체에 대해서만 이치를 따져야 한다고 말한다. 그러나 **관계의 언어는 정확히 이와 반대다. 일이 아닌 사람에 집중한다.** 관계가 좋으면 무슨 일이든 이야기할 수 있고, 관계가 좋지 않으면 무슨 일을 얘기해도 모두 관계에 관한 이야기만 할 뿐이다. 관계의 언어에서 이야기의 내용은 피상적인 것이고, 이야기를 나누는 두 사람의 관계야말로 본질적인 것이다.

일부 회사에서는 사무실에 '일에만 집중하자'는 분위기를 조성하지만, 그러한 조치는 역설적으로 일에서 관계가 중요하다는 것을 보여준다. 직원들이 업무에 의욕을 가지고 의견을 솔직하게 제시하려면 리더와 직원은 평등하고 서로 협력하는 관계라는 공감대가 형성되어야 한다. 이런 공감대가 없다면 리더가 '여러분의 의견을 마음껏 제시해주세요'라고 아무리 말해도 직원들은 그가 연기하는 깨어 있는 리더의 역할에 맞춰줄 뿐이다.

그리고 관계의 소통은 내용의 소통보다 더욱 광범위하고 보편적이다. 커플이라면 한 번쯤 겪었을 만한 아주 전형적인 소통의 갈등 장면을 살펴보자.

남자친구가 화가 난 여자친구를 달래며 말했다.

"알았어, 알았어. 내가 잘못했어."

여자친구는 남자친구의 사과에도 아랑곳하지 않고 따져 묻는다.

"그럼 어디, 네가 뭘 잘못했는지 말해 봐."

이 장면을 보는 우리는 여자친구의 반응이 조금 지나치고 공격적이라고 생각할 것이다. 그러나 관계적 언어에서 보면 남자친구의 '내가 잘못했어'는 사실 '너랑 더 이상 말하고 싶지 않아'라는 의미로 해석할 수도 있다. 그렇다면 여자친구의 '뭘 잘못했는지 말해 봐'는 '난 네가 이렇게 얼렁뚱땅 넘어가는 게 싫어'라는 뜻이 된다. 이렇게 보면 여자친구의 대응에는 아무 잘못이 없다.

그렇다면 말을 하면 할수록 실수도 많아지니 차라리 침묵을 선택하면 안 될까? 좋지 않은 방법이다. 내용의 소통적인 측면에서 침묵은 많은 내용을 담고 있다. 어떤 사람의 침묵은 '나에게는 널 설득할 방법이 없어, 더 이상 얘기하고 싶지 않아'라는 표현일 수 있다.

그렇다면 화제를 다른 곳으로 돌리는 것은 어떨까? 역시 좋지 않은 방법이다. 관계의 소통에 있어서 화제를 다른 곳으로 돌리는 것은 사실상 '나는 네가 하는 말을 듣고 싶지 않아. 네가 하는 말이 중요하지 않아'라는 의미가 되기 때문이다.

역할 기대의 모순을 해결하는 세 가지 방법

관계의 언어적 관점에서 역할 기대를 살펴 보면 사람들이 표면적으로 그 어떤 큰 주제를 가지고 논쟁을 하는 사실은 역할 기대에 대한 공감대를 형성하고자 다툰다는 것을 알 수 있다. 그렇다면 역할 기대의 갈등을 어떻게 해결할 것인가? 여기에는 세 가지 포인트가 있다.

첫째, 직접 마주하고 관계에 대해 토론해야 관계 문제를 해결할 수 있는 기회가 생긴다.

관계가 가진 모순은 매우 격렬한데, 그 안에는 우리의 가장 깊은 사랑과 두려움이 담겨 있다. 따라서 우리는 본능적으로 관계에 대해 직접적으로 이야기하기를 피하고 겉으로 드러나는 내용만 가지고 소통함으로써 모호하게 표현한다.

그러나 관계는 피할 수 없고 관계의 소통은 언제 어디서나 일어난다. 두 사람이 접촉하기만 하면 그들 사이에는 반드시 관계가 형성된다. 관계가 형성되면 관계의 소통이 반드시 존재한다. 관계의 언어만 알면 우리는 두 사람의 단편적인 대화에서 누가 누구를 지지하고 반대하는지, 누가 누구를 폄하하고 화를 내고 있는지 읽을 수 있다. 관계를 직접 논하지 않아도, 침묵하거나 화제를 돌린다 해도 내용에 대한 논의는 그 자체로 관계의 거울이 된다. 갈등을 피하기는커녕 더 격화되고, 오해는 깊어지며 갈등과 모순을 해결할 기회조차 잃게 된다.

둘째, 관계의 언어를 이해하고 나면 관계의 관점에서 다른 사람이 하는 말을 이해하고 그의 말에 대응하는 방식을 배울 수 있다.

"당신은 왜 자꾸 다른 사람한테 돈을 빌려주고 그래요?"

아내가 물었을 때 남편이 아내의 관심사가 돈이 아니라 관계에 대한 것이었음을 알았다면 어땠을까?

"여보, 그게 아니라 나도 말하고 싶었는데, 당신이 동의하지 않을까 봐 걱정이 돼서 그랬어. 그럼 내 체면이 말이 아니게 돼버리니 말이야."

이것이 바로 관계적 반응이다.

셋째, 이야기를 나누기 전에 어떻게 하면 역할에 대한 공감대를 형성할 수 있을지 고민해야 한다.

관계에서 긴장감을 느낀다면 그 안에 있는 사람들과 함께 이야기를 나누고 모든 사람의 역할에 대한 공감대를 형성하기 위해 노력해야 한다. 끝내 공감대가 형성되지 않더라도 이 같은 방법은 갈등이 어디서 비롯됐는지 알 수 있고 함부로 의심받을 일이 없기 때문에 유익하다고 할 수 있다.

체계는 어떻게 당신과 나를 결정하는가

역할이란 주어지는 것이 아니라 함께 만들어가는 것이다

어느 날 지도교수님께서 자신의 스승인 살바도르 미누친과 관련된 일화를 들려주셨다. 미누친이 아내와 함께 어느 파티에 갔을 때였다. 그는 아내가 사람들과 재치 있는 입담을 과시하며 이야기꽃을 피우고, 심지어 지금까지 들어본 적 없는 재미있는 농담을 하는 모습을 보고 놀라움을 금치 못했다. 그는 아내에게 이런 재능이 있을 줄은 생각도 못 했다.

그 후 미누친은 아내의 이런 면을 본 적이 없는 이유에 대해 곰곰이 생각해 봤다. 그 이유는 간단했다. 그의 아내가 집에서 이런 모습을 보여준 적이 없었기 때문이다. 사실 그녀가 이런 모습을 보일 기회가 없었다고 하는 것이 보다 맞는 설명일 테다. 수년 동안 미누친의 아내는 자신의 재능을 뒤로 미루고 남편의 사업을 돕고 자녀를 양육하면서 가정을 위해 자신을 희생하며 살았다.

결혼 생활에서 부부가 각자 다른 역할을 감당해야 가정이 잘 돌아간다고 하는데, 이것이 바로 상호보완이다. 결혼과 마찬가지로 우리는 항상 어떤 체계의 일부에 속해 있다. 여기서 말하는 체계는 회사가 될 수도 있고 가정이나 사회가 될 수도 있다. 체계가 작동하려면 체계 안에 있는 사람들에게 각자 다른 역할이 배정되어야 하고, 그 안에 속한 사람들은 배정된 역할에 점차 익숙해지고 고정된다. 때로는 체계 안에서 불행함을 느끼고 변화하려고 시도해 봐도 그 안에 존재하는 다양한 저항에 맞서야 하기 때문에 쉽지 않다.

예를 들어보자. 아내는 매우 지쳐 있다. 집안은 엉망진창인데도 남편과 아들은 어지를 줄만 알았지 치울 줄은 모른다. 늦게까지 일하고 돌아와도 결국 집안일은 모두 그녀의 몫이다. 아내의 마음속에 원망이 많을 수도 있지만 아내에게 왜 청소를 해야 하느냐고 물으면 돌아오는 대답은 뻔하다.

"그럼 어떻게 해요? 집이 이렇게 난장판인데 누군가는 치워야죠."

아내는 아들과 남편이 청소를 하지 않을 것이라고 단정했기 때문에 어쩔 수 없이 지금까지 혼자 청소를 해왔다. 하지만 사실은 그녀가 불만을 가지면서 계속해서 청소를 도맡았기 때문에 남편과 아들은 굳이 치울 필요가 없었던 것이다. 이것이 바로 아내가 가정이라는 체계에서 맡은 역할로, 집안의 세 사람이 서로 공모한 결과다.

이 이야기를 또 다른 측면에서 바라볼 수 있다. 아내는 늘 일을 하면서도 원망을 품고 있어서 불평하고 통제하려는 마음이 컸다. 그녀의 불평으로 인해 아들은 점점 반항적으로 변하고 남편과의 사이도 멀어지게 된다. 이때 그들은 아내와 어머니를 위해 무엇을 할 수 있는지 더더욱 생각하지 못한다. 아들과 남편의 반항과 소외는 아내의 원망에 불을 지피고, 그 불은 활활 타오르고 만다. 그녀는 가족을 위해 이렇게 많은 희생을 하며 살아왔는데 보답은커녕 남편과 아들이 자신을 배려하지 않는다고 느낄 것이다.

개인적인 관점에서 보면 불평을 달고 사는 아내이자 어머니라고 생각할 수 있지만, 체계적 관점에서 보면 그것이 아내의 피로든 불평과 통제든 모두 체계가 돌아가는 결과라는 사실을 알 수 있다. 가족이라는 체계는 그녀에게 이런 역할을 맡게 했고, 이 역할이 그녀의 행동을 제한했다. 관계 안에 있는 사람은 괴롭고 변화를 원하지만 체계가 작동해야 하기 때문에 변화를 이루기 어렵다. 이것이 체계 속 관계의 상호보완성이다.

지도교수님께서는 동양의 음양陰陽철학으로 관계의 상호보완성을 이해하기 쉽게 설명해주셨다. 그녀는 **관계에서 사람 간의 행동과 역할은 퍼즐과 같으며, 서로를 현재의 모습으로 만들고 함께 협력해 체계라는 큰 퍼즐을 완성해 가는 것이라고 하셨다.**

상호보완성은 동양철학의 음양과 매우 흡사해 서로 대립하고, 모순된 것처럼 보이지만 통일되어 있다.

"세상 모두가 아름답다고 하는 것은 아름다워 보이도록 했기 때문에 추한 것이기도 하다. 모두가 선하다고 하는 것은 선해 보이도록 했기 때문에 선하지 않은 것이기도 하다(天下皆知美之爲美, 斯惡矣, 皆知善之爲善, 斯不善已)."

노자의 말을 해석해 보면 당신이 무엇을 아름답다고 말하면 무엇이 아름답지 않은지도 동시에 확립되는 것이고, 이 세상에서 무엇이 좋다고 말하면 동시에 무엇이 좋지 않은지도 확립하게 된다. 체계에서 이른바 역할의 좋고 나쁨은 모두 서로 만들어가는 것이다.

불건전한 상호보완 관계 1: 상대에게 무능함을 바라는 관계

여기서는 내가 그동안 관찰해 온 매우 전형적인 세 가지 불건전한 상호보완 관계를 살펴볼 것이다.

가정이나 회사에 있을 때 유난히 유능해지는 사람이 있는 반면 유난히 무능해지는 사람이 있다. 사랑의 형태 가운데에는 '당신이 자립할 수 없을 정도로 당신을 돌보고 싶어요'와 같은 마음에서 맺어지는 관계도 있다. 실없는 농담처럼 들리겠지만 실제로 존재하는 관계다.

어느 날 상담실에 D씨가 찾아왔다. 한눈에 봐도 걱정이 많아 보이는 그녀는 집에서 놀고 있는 아들 생각만 하면 애가 탄다며 아들을 도울 방법이 있는지를 물었다. 그녀는 아들이 막 대학을 졸업했을 때 아는 사람을 통해서 아들의 일자리를 구해줬다. 그런데 아들은 거리가 멀다며 출근한 지 며칠 만에 그만두고 방 안에 틀어박혀 온종일 게임만 하며 시간을 보냈다.

그녀는 이대로 가면 아들이 너무 피폐해질까 봐 다시 여기저기 수소문해 아들의 새 일자리를 찾아다녔다. 아들 걱정에 쉴 틈이 없는 어머니와 그런 어머니 덕분에 자신의 일에는 관심도, 걱정도 없는 아들이 오랫동안 이 집안을 움직여온 체계였다.

그러나 두 사람 모두 자신의 역할을 좋아하지는 않았다. D씨는 이미 지칠 대로 지쳐서 능력 없는 아들이 마음에 들지 않았고, 아들은 한편으로는 어머니의 걱정을 즐기는 반면 다른 한편으로는 어머니의 지나친 간섭과 개입을 달가워하지 않았다.

이 관계에서 아들과 어머니는 '아들이 능력이 없으니 어머니가 걱정할 수밖에 없다'라는 잠재적인 공감대를 형성했다. 이 사실을 D씨에게 말씀드렸지만 별로 와 닿지 않은 듯했다.

"그럼 어떻게 하면 될까요? 그냥 저렇게 둘 수는 없잖아요?"

"당연하죠. 아드님에게 도움이 필요한 게 있는지 물어보시고, 있다고 하면 그때 어머님께서 도울 수 있는 일을 하겠다고 말씀하세요. 근데 도움이 필요하지 않다고 하면 그런가 보다 하고 그냥 가만히 있으셔도 돼요. 물론 그게 쉽지 않겠지만 아들을 도우려는 충동과 아들을 향한 모든 걱정을 자제하셔야 해요. 그래야만 주도권을 아드님에게 돌려줄 수 있어요."

D씨는 내가 조언한 대로 아들에게 도움이 필요한지 물어봤다. 그리고 얼마 후 아들은 스스로 일자리를 찾으러 다녔다.

불건전한 상호보완 관계 2: 희생양으로 유지되는 체계

내 친구 가운데 한 명은 비영리기관에서 일했다. 회사 규모도 크지 않았고 직원도 대여섯 명이 다였다. 회사 대표는 걱정이 많은 중년 여성으로 통제욕도 강하고 조그만 실수도 그냥 넘어가지 않고 가차 없이 직원들을 혼내는 성격이었다. 그래서 직원들은 대표가 하자는 대로 따를 수밖에 없었다.

그러나 워낙 유능한 친구는 자기 일만 잘하면 된다고 생각해서 회사 분위기는 별로 신경 쓰지 않았다. 그래서인지 다른 동료들은 매사에 친구를 탓하며 작은 일에도 트집을 잡았고, 친구의 마음속에도 점점 자기 의심이 싹트기 시작했다. 결국 얼마 안 돼 친구는 회사를 떠났다. 친구가 퇴사한 후 그 회사는 새로운 직원을 채용했지만, 얼마 후 그 사람도 회사를 그만두고 말았다.

대체 왜 그런 것일까? 리더의 불안은 다른 직원들에게 큰 영향을 끼쳤지만 직원들은 감히 대항하지 못했다. 그래서 신입사원이 들어올 때마다 모든 불안함을 신입직원에 투영했고 신입사원은 체계의 희생양이 되고 말았다.

그런데 '조직 속 말썽쟁이'인 신입사원이 퇴사하면 체계가 제대로 작동할까? 그렇지 않다. 기존에 있던 직원이 다른 사람들 눈에 거슬려서 새로운 불안함의 분출구가 되든지, 아니면 이 강렬한 불안함이 결국 대표를 향하게 되어 직원과 대표 사이에 대립 관계가 생길 수도 있다. 이때 체계는 구성원들의 역할을 다시 배정해서 새로운 관계적 균형을 이루게 한다.

나는 평소에는 반듯하고 말도 잘 듣다가 갑자기 학교를 가지 않으려고 하거나 인터넷 게임에 빠져 부모님을 힘들게 하는 아이들을 자주 본다. 겉으로는 스트레스에 약하고 말을 듣지 않는 아이의 문제인 것처럼 보이지만, 속을 들여다 보니 서로 사이가 좋지 않다가도 갑자기 아이에게 이상한 문제가 생기면 부모는 다급해져서 다투는 것을 그만 두고 힘을 합쳐 아이를 위해 바쁘게 뛰어다니고는 했다. 만약 그들의 관계가 아이의 문제 때문에 유지되는 것이라면 아이는 회복하기 어려울 것이다.

고등학교 3학년인 E씨는 대학 입시를 준비하던 중 갑자기 우울해졌다. 이에 마음이 초조해진 그의 부모님이 사방으로 알아보다가 나를 찾아왔다. 상담을 하던 어느 날 E씨는 나에게 이렇게 말했다.

"제가 아프지 않았으면 별거 중인 부모님이 저렇게 같이 다니는 모습을 볼 수 없었을 거예요. 두 분이 함께 있는 걸 볼 수 있다면 차라리 아픈 게 나아요."

아이들은 가족에게 매우 충실하다. 가족이라는 체계가 제대로 작동하지 않으면 자신의 아픔과 질병을 이용해서라도 체계를 유지하려고 한다. 이것도 일종의 상호보완, 즉 어쩔 수 없는 상호보완이다. **체계는 누군가를 문제 있는 사람으로 만들어 체계의 균형을 유지한다.**

불건전한 상호보완 관계 3: 잘못된 역할로 고정된 관계

아들이 ADHD(Attention Deficit Hyperactivity Disorder, 주의력결핍 과잉행동장애) 진단을 받자 부모는 급한 마음에 멀리서 심리 상담사를 찾아왔다. 상담사가 부모에게 무슨 일이 있었는지 묻자마자 아빠가 엄마를 탓하기 시작했다.

"제가 밖에서 사업을 하다 보니 집안일도 바쁘고 해서 아내한테 회사를 그만두고 아이를 돌봐달라고 했는데, 애 엄마가 이럴 줄 누가 알았겠어요."

엄마는 옆에서 가만히 아들만 바라보고 있을 뿐 아무 말도 하지 않았다. 그런데 잠시 후 갑자기 아들이 입을 열었다.

"엄마, 울지 마요. 엄마, 울지 마요."

그리고 엄마에게 달려가 안겼다. 그제야 상담사와 아빠는 엄마가 울고 있다는 사실을 알아차렸다.

주변에서 어렵지 않게 찾을 수 있는 이 광경은 가족이 가진 역할의 상호보완성을 깊이 있게 보여준다. 아빠가 엄마를 비난하면 엄마는 슬퍼하고, 엄마가 슬퍼하면 그 감정이 아들에게 영향을 미쳐 아들이 갖고 있는 어려움과 문제를 가중시킨다. 그러면 아빠는 더 화를 내고 엄마를 비난한다. 이런 상호작용 방식은 비난자와 위로자, 피해자, 이 세 가지 역할을 고정시켜 세 사람 모두를 움직일 수 없게 만든다.

어떤 불건전한 상호보완 관계는 역할 혼돈, 즉 체계의 누군가가 다른 사람이 맡아야 할 역할을 대신 떠맡아서 모든 사람을 잘못된 역할에 고정시킨다. 이러한 상호보완 관계는 종종 가족 간에 발생한다.

그렇다면 이런 불건전한 상호보완 관계를 어떻게 바꿀 수 있을까? 개인의 관점에서 볼 때 우리는 문제가 있는 사람에게서 변화의 방법을 찾으려고 한다. 아마도 이 아이의 아빠는 아들의 질병만 고쳐진다면 자기 집에는 더 이상 문제가 될 것이 없다고 생각할 것이다.

그러나 체계의 변화는 한 사람의 일이 아니라 체계의 모든 사람들에게 적용되는 일이다. 이 아이의 아빠는 아들을 치료할 수 있는 약이 바로 자기 자신에게 있다는 것을 깨닫지 못했다. 비록 아들을 직접적으로 치료할 수 있는 방법은 없지만, 아빠라면 엄마에게 더 가까이 다가가 위로하고 불안을 덜어줘야 한다. 그래야 엄마가 아들을 꼭 안으며 자신의 감정을 전가하지 않을 것이다. 나아가 더 이상 아들이 엄마를 걱정하지 않아야 과잉행동의 증상도 완화된다. 이것이 체계의 상호보완성이다.

상호보완 관계의 가장 큰 특징은 고정된 역할을 통해 더 많은 가능성을 제거한다는 것이다. 이것은 관계 속의 모든 사람들로 하여금 변화와 성장의 기회를 잃게 하고, 심지어 바꾸고 싶어도 할 수 있는 것이 아무것도 없게 만들 수도 있다.

체계적 관점에서 보면 변화는 특정 행동을 바꾸는 것을 의미할 뿐만 아니라, 이를 시작으로 체계를 재구성하는 것을 의미한다. 우리가 변하면 체계에 혼란이 생기고 많은 저항에 부딪힐 것이다. 그러나 이 체계는 결국 혼란에서 새로운 균형, 더 많은 가능성을 가진 균형, 그리고 체계의 모든 사람의 자기계발에 더 도움이 되는 균형에 이르게 될 것이다.

사람은 어떻게 관계에 중독되는가

사랑이 집착으로 변하는 이유

자아는 더 이상 안정된 실체가 아니라 관계의 산물이기 때문에 자기계발의 핵심 문제는 고립된 개인이 어떻게 새로운 경험을 만들어내고, 관계에 있는 사람이 어떻게 자기계발에 유리한 새로운 관계를 구축하는가에 달려 있다.

그렇다면 자기계발을 위해서는 어떤 관계가 좋을까? 바로 자율적이고 선택적이지만 자기를 책임질 수 있는 관계라고 할 수 있다. 이러한 관계에는 두 가지 특징이 있다. 첫째, 다른 사람의 감정에 쉽게 좌우되지 않고 자유롭게 선택할 수 있다. 둘째, 관계에 얽매이거나 역할에 고정되어 행동할 수 없는 대신 끊임없이 새로운 관계를 탐색하고 더 많은 가능성을 발견할 수 있다. 그러나 실생활에서 우리는 종종 다른 사람의 감정에 영향을 받고, 다른 사람의 시선에서 자유롭지 못해 건강하지 못한 관계에 얽매이곤 한다.

지금부터 우리는 두 가지 자아와 타인의 감정 혼돈 즉 불안정형 애착과 관계의 삼각화와, 두 가지 자아와 타인의 책임 혼돈 즉 '모두 네 잘못'과 '모두 내 잘못'에 대해 알아볼 것이다. 마지막으로 이러한 혼돈으로 인해 발생하는 관계의 어려움인 관계적 묶임에 대해 이야기하고자 한다.

너무 가까워져 생기는 감정의 혼돈

감정의 혼돈은 우리가 다른 사람의 감정에 너무 매몰되어 있다 보니 자신의 감정을 발전시키지 못하는 상황이다. 내가 네 살 때, 어머니께서 조카를 낳은 이모를 돌보느라 나를 일주일 동안 외갓집에 맡겼었다. 외할머니 말씀에 따르면 그 당시 나는 며칠 동안 넋을 잃고 마당 대문을 하염없이 바라보며 어머니가 돌아오기를 기다렸다고 한다. 어느 날, 이웃이 마당 입구를 지나가며 말했다.

"네 엄마 저기 오던데, 버스에서 내리는 걸 봤어."

나는 외할머니를 두고 재빨리 뛰어나갔다. 비탈길을 달려 내려가다 보니 멀리서 그림자가 보였다. 누가 봐도 어머니의 그림자였다. 아쉽게도 내 몸은 그리움의 속도를 따라가지 못했고, 그 바람에 심하게 넘어져 앞니 두 개가 부러졌다.

나를 모르는 사람이라도 이 이야기를 들으면 어린아이가 엄마의 품을 얼마나 그리워했을지 그 마음을 쉽게 짐작할 수 있을 것이다. 아이가 엄마의 품으로 달려드는 이 감성적인 풍경은 인류의 공통된 경험이다. 사람과 사람 사이는 긴밀하게 연결되어 있기 때문에 여러 가지 관계를 형성할 수 있다. 그런데 사람들을 하나로 연결하는 근본적인 원동력은 무엇일까? 바로 이익이 아니라 감정이다. 우리와 다른 사람의 감정이 너무 가까우면 다른 사람의 감정이 우리의 감정이 되고, 이때 감정의 혼돈이 일어난다.

애착은 인간의 가장 강하고 기본적인 감정이다. 많은 감정의 혼돈은 불안정형 애착 관계에 있는 두 사람 사이에서 발생한다. 그래서 애착은 보통 아이와 엄마 사이의 강력하고 친밀한 감정적 관계를 가리킨다.

네 살 난 내 딸은 아직도 엄마와 함께 잔다. 잠을 잘 때 두 사람은 숨 쉬는 것도 심장이 뛰는 것도 같아서 떼려야 뗄 수 없는 한 사람이 된 것 같다. 일상에서도 엄마와 아이 사이에는 친밀한 상호작용이 많이 이뤄진다. 아이가 엄마를 보면 엄마도 아이를 보고, 아이가 엄마를 보고 웃으면 엄마도 아이를 보며 웃는다. 이때 아이와 엄마는 모두 따뜻함을 느낀다. 그러나 애착 대상이 강한 불안함을 느낀다면 아이 역시 불안함을 느끼면서 불안정형 애착 관계를 형성한다.

일찍이 북유럽의 심리학자들은 영아가 부모에게 보이는 반응을 관찰하기 위한 연구에서 세 가지 전형적인 장면을 발견했다. 첫 번째는 부모가 아이와 함께 놀아줄 때 아이가 즐거워하고 기뻐하는 장면이다. 바로 안정형 애착이다.

두 번째는 부모가 아이에게 관심을 기울이지 않고 일 얘기만 하고 있는 장면이다. 그래도 아이는 자신이 부모와 함께 있다는 것을 알기 때문에 불안해하지 않는다. 이리저리 주위를 둘러보며 자기만의 세상을 탐색한다. 이는 아이가 안정감을 갖게 된 후 사회성을 발달시키는 기초가 된다.

세 번째는 부모가 갈등이 심하고 자주 다투는 장면이다. 이때 엄마는 나쁜 감정을 숨기고 아이를 웃게 해주려 애쓰지만 아이는 엄마의 불안함을 고스란히 느끼기 때문에 긴장하게 된다. 그리고 엄마를 위로해줄 사람을 찾는 것처럼 아빠를 찾기도 한다.

따라서 애착은 감정의 통로로 아이에게 안정감을 전달할 수도 있고 불안함을 전달할 수도 있다. 애착 관계에서 아이는 스펀지처럼 엄마의 감정을 흡수한다. 만약 아이가 엄마의 불안함을 너무 많이 흡수하면 세상을 탐색하는 흥미도 잃어버릴 것이다. 그러다 조금 더 자라면 엄마의 불안함을 자신의 문제로 여기고, 그 불안함을 해결할 방법이 없기 때문에 깊은 고민과 자책감에 빠진다.

딸이 부모의 마음을 따뜻하게 감싸준다고 해서 중국인들은 딸을 가리켜 부모의 솜저고리라고 한다. 그러나 부모가 행복하게 지내지 못 하면 딸도 솜저고리가 되기 어려울 것이다.

내담자 F씨는 한동안 기분이 좋지 않았다. 그녀가 다섯 살 된 딸을 데리러 유치원에 갔을 때 아무 말도 하지 않았는데 딸이 걱정스럽게 물었다.

"엄마, 오늘 기분 안 좋아요?"

"아니, 엄마 괜찮아."

하지만 딸은 다시 한 번 물어봤다.

"엄마, 왜 기분이 안 좋아요?"

엄마가 아무리 속마음을 숨기려 해도 어린 딸은 민감하게 느끼고 있음을 알 수 있다. 긴밀한 애착 관계에서 엄마의 나쁜 감정은 아이에게도 이어져 성인이 될 때까지 깊은 불안감을 가져다줄 것이다.

좋은 학교에서 수준 높은 교육을 받고 졸업한 다음 좋은 직장을 다니는 G씨는 항상 기분이 좋지 않다.

"기분이 좋지 않은 이유가 뭐라고 생각해요?"

"저희 엄마가 행복하게 살고 있지 않다는 생각을 하면 저도 기분이 안 좋아져요. 여행도 가고 좋은 것도 사고 싶은데, 제가 뭐만 하려고 하면 자꾸 엄마의 우울한 얼굴이 떠올라요."

알고 보니 그녀의 아버지와 어머니는 사이가 좋지 않았다. 어렸을 때 어머니는 자주 그녀에게 하소연을 해서 그 기억이 뇌리에서 지워지지 않았다. 그래서 나는 그녀의 어머니를 상담실로 모셨다.

"따님이 어머니를 걱정해줘야 하나요?"

"아니요, 그럴 필요 없어요. 같이 산 세월이 얼만데, 지금은 익숙해진 걸요. 그리고 지금은 애 아빠랑 사이가 좋아요."

나는 그녀에게 질문했다.

"어머니께서 하신 말씀에 대해 어떻게 생각하세요?"

"그렇지 않아요! 엄마는 분명 행복하지 않아요. 자신을 속이고 있는 거예요."

그녀는 무슨 말을 하고 싶었던 것일까?

'엄마의 감정은 제가 더 잘 알아요.'

수년에 걸쳐 어머니의 고통은 그녀의 감정에 깊숙이 파고들었다. 그녀는 어머니가 잊었다고 생각하는 감정들까지 모조리 기억하고 있었다. 어머니의 감정이 G씨의 마음을 지배했을 때 그녀는 자신의 감정과 어머니의 감정을 구분할 수 없었다. 그렇게 그녀는 어머니의 감정에 휩싸여 자신을 발전시킬 수 없게 되었다. 이것이 너무 가까운 애착으로 인한 불안감이다.

나를 과거에 옭아매는 불안정한 애착

그렇다면 불안정형 애착은 자기계발에 어떤 영향을 미칠까?

첫째, 우리가 부모의 문제, 특히 어머니의 고민에 지나치게 집중하면 더 이상 호기심을 가지고 세상을 탐색하고 자신의 재능을 발전시키기가 어려워진다. 내담자 H씨는 중요한 시험을 준비하는 기간 내내 공부를 하면서도 부모님이 화해하셨는지 신경 쓰느라 공부에 집중하기 어려웠다. 그때 그는 이미 대학생이었다. 불안정형 애착이 일을 미룬다는 연구 결과가 있다. 지연증 환자는 자신의 일에 집중하기까지 불안정한 관계를 지나치게 많이 생각해야 하기 때문이다.

둘째, 불안함 때문에 다른 사람의 감정을 살피는 데 익숙해지면 가족이든 동료든 다른 사람의 감정에 예민하게 반응하기 쉽다. 나는 인간관계에 민감한 여러 내담자들이 공통적으로 어렸을 때 불안정형 애착 관계를 경험했다는 것을 알게 됐다. 그들은 다른 사람의 감정까지 책임지고자 하며 상대방이 화를 내면 자기 탓이라고 생각한다. 따라서 다른 사람의 말이나 표정을 살피는 데 뛰어나고 다른 사람의 감정에 항상 주의를 기울인다. 이러한 특성은 그들에게 큰 부담을 주고 인간관계를 복잡하게 만든다.

셋째, 불안정형 애착은 엄마와의 관계를 더 강하게 만들어 자신을 발전시키기 어렵게 만든다. 우리는 불안할수록 서로 가까워진다. 이렇게 하면 아이와 엄마는 매우 친밀해져 스스로 성장할 여지가 거의 없어진다. 아이가 성장하는 과정은 곧 그가 점차적으로 집에서 멀어지는 과정이다. 그러나 엄마와의 관계가 지나치게 친밀하게 되면 아이는 집을 떠나기 꺼리게 되고 다른 사람들과 우정과 사랑을 형성하기 어려워한다.

자아는 관계 속에서 발전하기 때문에 관계가 충실하지 않으면 자아 또한 충실하게 발전시키기가 어렵다. 동시에 다른 사람의 감정을 너무 많이 마음에 품고 있으면 자신의 감정과, 기분, 필요, 욕구를 무시하고 중요하게 여기지 않게 된다.

우리가 어른이 되어가면서 부모에 대한 애착은 더 이상 중요해지지 않게 되지만, 그럼에도 어렸을 때 경험한 애착은 우리 안에서 우리가 다른 사람을 어떻게 바라보고 어떻게 관계를 맺을지, 그리고 가까워지고 싶은 욕망과 멀어지고 버려지는 불안함 사이에서 어떻게 균형을 잡을지를 결정하는 인간관계의 한 기준으로 자리 잡게 된다. 그리고 이런 균형은 자기만의 인간관계 스타일로 자리 잡는다.

이미 애착 관계에서 불안함을 많이 느낀다면 어떻게 해야 할까? 불안함을 회복하는 과정이 쉽지는 않겠지만 이 문제에 대한 간단한 해결 방법이 있다. 해묵은 경험은 과거의 관계에서 나오기 때문에 새로운 관계를 시도하고 새로운 경험을 쌓아야 한다.

예를 들어 불안함의 경우, 우리는 과거로부터 비롯된 애착의 불안을 가진 채 조금씩 다른 사람에게 접근하며 신뢰를 쌓을 수 있으며 안전한 관계에서 천천히 새로운 경험을 형성할 수 있다. 이에 대해서는 나중에 자세히 설명하도록 하겠다.

당신은 왜 '제삼자'로 이용당하는가

어디에나 존재하는 불건전한 삼각관계

불안정형 애착 외에도 우리를 혼란스럽게 하는 건강하지 않은 관계 패턴이 있다. 이런 관계 패턴을 갖는 사람들은 무거운 고통에 짓눌리지만 그 구조와 근본적인 원인을 제대로 알기 어려워 그 속에서 헤어 나오지 못하는 경우가 많다. 이러한 관계 패턴이 바로 관계의 삼각화, 다시 말해 삼각관계다.

상대적으로 안정적인 관계는 모두 세 사람으로 이뤄져 있다는 사실을 눈치챘는지 모르겠다. 어렸을 때 가장 친했던 친구를 떠올려 보면 거의 항상 세 명이었다. 영화 〈해리 포터〉에서도 세 명이 함께하며 우정을 쌓았다. 우디 앨런Woody Allen의 영화 〈내 남자의 아내도 좋아Vicky Cristina Barcelona〉에는 자주 싸우는 예술가 부부가 나오는데, 주인공이 등장하고 묘한 삼각관계가 형성되면서 부부는 더 이상 싸우지 않게 되었다.

이런 모습은 우연이 아니라 인간관계에서 흔히 볼 수 있는 현상이다. 왜 세 사람의 관계가 두 사람의 관계보다 안정적일까? 두 사람 사이에서 갈등이 생기면 충돌하기 쉬운데, 만약 이때 제삼자가 있다면 두 사람은 제삼자와의 연결을 통해 서로 간의 감정적 긴장감을 완화시키게 되고, 그러면서 세 사람의 관계는 다시 균형을 찾게 된다.

심리 상담을 하다 보면 자신의 문제를 이야기하던 부부들이 모순된 부분을 이야기하려고 하면 서로 피하다가 뜬금없이 아이와 이야기를 하는 모습을 자주 볼 수 있다.

"아들, 말해봐, 그렇지 않아?"

"그때 어떻게 했는지 말해봐."

이렇게 함으로써 그들은 서로 직접적인 충돌을 피할 수 있을 뿐더러 아이와의 대화를 통해 상대방에게 정보를 전달할 수 있다. 이른바 삼각관계란 두 사람의 관계에 문제가 생겼을 때 제삼자를 개입시켜 두 사람 사이의 감정적 긴장감을 줄이고 갈등을 희석시키며 관계를 보다 안정되게 만드는 관계 패턴을 일컫는다.

삼각관계 자체는 문제가 아니며 인간관계에서 정상적으로 나타나는 현상이다. 그러나 삼각관계 속 누군가가 계속해서 다른 두 사람의 갈등을 해결하는 수단으로만 존재한다면 그 사람은 삼각화^{triangulation}가 된다.

삼각화된 사람에게는 많은 어려움이 발생하고 다른 사람의 모순과 감정이 자신의 문제가 되면서 결국 그 관계에 갇혀 나올 수 없게 되어버린다. 가족치료의 선구자이자 삼각화 개념을 발명한 머레이 보웬^{Murray Bowen}은 모든 정신 질환은 본질적으로 삼각화의 문제라고 봤다.

실제로 삼각관계는 매우 일반적인 현상이다. 가족관계를 예로 들면 부부 사이에서 갈등이 발생했을 때 아이를 폄하함으로써 상대방을 깎아내리는 경우가 종종 있다.

"당신 애들 좀 봐요, 오늘 또 무슨 사고를 쳤나!"

아내의 말에 남편의 대답도 곱지만은 않다.

"당신이 키운 애들 좀 봐, 이걸 성적이라고 받아 온 거야?"

부부 사이에 오가는 대화는 얼핏 아이를 탓하는 것 같지만 사실은 자녀 교육에 소홀하고 가정에 충실하지 못한 상대방을 탓하는 것이다. 하지만 아이는 자신이 잘못해서 어머니와 아버지의 사이가 나빠졌다고 생각한다.

또 부모가 자식을 너무 사랑하는 경우에는 한쪽이 늘 아이의 핑계를 댄다. 예를 들어 '아이가 이렇게 하라고 했다'거나 '이렇게 하는 게 아이에게 좋다'는 식으로 상대방에게 요구를 하면 상대방은 반박할 수가 없게 된다. 이때 아이는 매우 높은 위치에 서게 되면서 부부가 서로에게 행사하는 권력의 바탕이 된다. 이 위치에 있는 아이는 자신의 말 한 마디가 부모 갈등의 원인이 될까 봐 매우 소심해지고 불안해한다. 이 또한 삼각화의 대표적인 사례다.

부모와 자식 사이뿐만 아니라 부부와 시어머니 사이에도 삼각관계는 존재한다. 시어머니와 며느리가 갈등을 빚으면 시어머니는 아들에게 며느리 흉을 보고, 며느리는 남편에게 시어머니의 잘못을 쉬지 않고 늘어놓는다. 중간에 낀 남편만 매우 괴로워지는데, 이때 조금만 반응이 반대쪽으로 치우쳐도 상대방은 자신을 이해하지 못하고 지지

하지 않는다고 비난할 것이다.

삼각관계는 직장에서도 존재한다. 우리가 실제로 겪고 있는 많은 '사내 정치'야말로 이 삼각관계의 산물이다. 내담자 I씨는 회사에서 일도 잘하고 부서장들과도 좋은 관계를 유지해왔다. 그런데 어느 날 낙하산 인사로 새로운 이사가 오게 됐다. 이사는 I씨에게는 아무런 불만이 없었지만 부서장들을 탐탁지 않아 했다. 어느 날 그가 보고를 하던 중 실수를 하고 말았다. 마침 부서장도 그 자리에 있었다. 그러자 이사가 비웃는 말투로 부서장을 쏘아붙였다.

"이 팀은 수준이 이거밖에 안 돼?"

얼핏 보면 이사가 I씨를 비난하는 것 같지만 실제로는 그를 통해 부서장을 조롱한 것이다. 부서장의 얼굴이 점점 굳어지더니 갑자기 I씨를 나무라기 시작했다.

"너 일을 어떻게 한 거야? 이것도 제대로 못 해!"

I씨는 이사와 부서장 사이에 갈등이 생긴 이후로 매일 출근할 때마다 무덤에 가는 것 같은 기분이 든다고 했다.

"갈등은 두 사람 사이에 있는데, 왜 제가 더 피곤하죠? 저는 아무 문제없는데 말이에요."

말 그대로 고래 싸움에 새우 등 터지는 꼴이 돼버리고 말았다. 이 역시 삼각관계의 한 사례다.

주변에 이런 관계가 있다는 사실을 모르고 지낼지언정 삼각관계는 많든 적든, 심각하든 사소하든 우리 일상 속에 언제나 존재한다. 그 속에서 우리는 누군가를 삼각화하는 사람일 수도 있고 누군가로부터 삼각화된 사람일 수도 있다. 만약 후자라면 특히 조심해야 한다.

'부모님에게 나는 권투 글러브 같은 존재다. 서로 때리는 것 같지만 결국 나를 때린다.'

삼각관계에 있는 한 아이가 한 말이다. 이것만 봐도 삼각화된 사람이 얼마나 큰 감정적 스트레스에 시달리는지를 알 수 있다.

관계 사이에 끼어 감정의 도구가 되는 삼각화

삼각화가 가져오는 첫 번째 문제는, 방어적 고립을 선택하는 경우가 많아진다는 것이다. 삼각화된 사람은 자신과 다른 두 사람 사이에 갈등이 없더라도 두 사람이 서로 간의 갈등에 자신을 개입시키기 때문에 차라리 두 사람과 멀어지는 것이 낫다고 생각할 수 있다. 하지만 이것은 진정한 고립이라기보다 갈등을 피하기 위해서 갈등을 일으키는 쌍방에 대한 감정을 억누르는 것뿐이다. 이때 삼각화된 사람은 자신의 진짜 감정을 외면하기 시작한다.

내담자 J씨가 대학에 다닐 때 J씨의 아버지가 그녀를 보러 왔다. 두 사람은 택시를 타고 시후西湖로 향했다. 그런데 가는 길 내내 두 사람 사이에는 아무 대화도 오고 가지 않았다. 택시 기사도 의아했는지 조심스럽게 물었다. "두 분은 무슨 사이예요?"

몹시 속이 상한 아버지는 택시에서 내린 후 자신과 의사소통을 하지 않은 것을 가지고 J씨를 비난했다.

그녀도 마음이 편치 않았다. 분명히 마음속으로는 아버지를 무척 사랑하고 아끼지만, 아버지를 향한 어머니의 원망을 생각하면 무슨 말을 해야 할지 몰랐다. 아버지와 이야기하는 것이 마치 어머니를 배신하는 것만 같았다. 그렇다고 그녀가 어머니와 친밀한가 보면, 별로 그렇지도 않다. 방어적 격리는 자신을 보호하기 위한 어쩔 수 없는 수단이었지만 세 사람 모두를 외로움에 빠뜨린다.

삼각화가 불러오는 두 번째 문제는, 우리의 감정을 왜곡한다는 것이다. 삼각관계에서 우리가 어느 한쪽을 선택하려면 우리가 편을 들기로 한 쪽에게 순종하고 다른 쪽에 대한 감정을 억제해야 한다. 이렇게 되면 감정은 더 이상 우리 자신의 것이 아니라 관계 속의 어느 한쪽에 얽매여 그의 도구가 된다. 이 또한 우리가 감정을 자유롭게 발전시킬 수 없게 한다.

큰 갈등은 없지만 우리 가족에게도 삼각화의 상황이 존재한다. 어느 날 소파에서 아내와 딸과 놀고 있었는데 아내가 장난으로 나를 발로 찼다. 옆에서 나와 재미있게 놀고 있던 딸은 아내와 내가 싸우는 줄 알고 순식간에 내 얼굴을 할퀴었다. 얼굴에 상처가 났지만 얼굴이 아니라 가슴을 할퀴고 지나간 것처럼 마음이 너무 아팠다. 아내가 깜짝 놀라며 아이에게 말했다.

"아빠는 왜 할퀴고 그래? 엄마가 장난친 거야."

딸이 무척 당황한 표정을 지었다. 우리는 이 일이 그렇게 끝났다고 생각했는데, 그날 밤 자려고 누웠을 때 딸이 아내에게 물었다.

"엄마, 아빠랑 장난친 거야?"

"응, 엄마가 그냥 장난친 건데, 우리 딸이 아빠를 할퀴어서 깜짝 놀랐어."

그러자 딸이 대답했다.

"정말 화가 났거든."

내 딸은 올해 네 살이다. 아직 어려서 인간관계가 무엇인지 잘 모르지만 엄마에게 충성해야 한다는 것은 알고 있다. 만약 내가 아내와 진짜 갈등을 겪는다면 이 충성심 때문에 내 딸은 나에 대한 감정을 거부하게 될 것이다. 이때 그녀는 자신의 감정을 자유롭게 표현할 수 없을 것이다.

삼각화의 세 번째 문제는 우리가 죄책감과 자책감을 느끼도록 만든다는 것이다. 삼각화된 사람은 모든 일이 자기 탓이라고 생각하고 자신이 잘하지 못해서 두 사람 사이에 갈등이 생겼다고 생각한다. 만약 우리가 오랫동안 이런 관계에 처해 있다면 병이 나도 크게 난다. 이것이 바로 머레이 보웬이 대부분의 정신질환은 그 핵심이 삼각관계에 있다고 한 이유다.

고통스러운 '제삼자'에서 벗어나라

우리는 부모의 갈등과 다툼이 종종 아이의 심리 건강에 영향을 미친다는 것을 잘 알고 있지만, 그 문제의 근본 원인은 갈등이나 다툼 자체가 아니라 이런 삼각화된 관계에 있다.

내담자 K씨는 지금까지 부모님 사이에서 메신저 역할을 해왔다. 그녀의 어머니는 문제가 생기면 바로 달려와 그녀에게 말했다.

"가서 아빠한테 얘기해…."

그녀는 아빠와 엄마 사이에 놓인 다리처럼 두 분 사이에 무슨 문제가 있으면 자신을 통해 소통해야 한다고 생각했다. 이로 인해 우울함과 무력감을 느끼면서도 부모 사이에 놓인 자신의 역할이 정당한지 의심하지 않고 마땅히 해야 할 일이라고만 여겼다.

"혹시 다리의 가장 큰 문제가 무엇인지 알아요? 다리는 고정되어 있기 때문에 자기만의 길을 찾을 수 없어요. 자기가 떠나면 다리로 연결된 두 섬이 서로 분리된다는 사실을 잘 알고 있기 때문이에요."

하지만 조금 더 깊이 생각해 보자. 어쩌면 다리가 존재하기 때문에 두 섬이 서로를 잇는 새로운 의사소통 방법을 찾지 못하는 것은 아닐까? 다리가 사라지면 두 사람은 서로의 문제를 직면해야 한다. 그러다 보면 화해든 이별이든 오히려 갈등을 해결하는 방법을 찾게 될 수도 있다.

당신이 다른 사람을 삼각화하고 있다면 그 사람을 갈등 완화의 도구로 삼지 말고 충돌과 갈등은 스스로 해결할 수 있어야 한다. 반대로 당신이 삼각화된 당사자라면 관계로 돌아가 고통스러운 '제삼자' 역할에서 벗어나야 한다. 그리고 관계에 속한 모든 사람에게 정확하게 알려줘야 한다.

"당신과 좋은 관계를 유지하고 싶지만 두 사람 사이의 전쟁에 휘말리고 싶지 않아. 우리 모두 단순한 관계로 돌아가자."

그들이 갈등을 어떻게 해결하든, 당신이 두 사람에게 얼마나 관심을 갖고 있든 그것은 그들의 전쟁이지 당신의 전쟁이 아니다.

모두 너 때문이야:

우리는 왜 서로를 비난하는가

우리는 서로의 원인이자 결과다

불안정형 애착과 삼각화 외에도 관계에서 우리는 종종 많은 혼란을 겪는다. 그러면서 자신도 모르게 자신의 책임을 회피하고 모든 문제가 다른 사람이 관계를 주도해서 벌어진 결과라고 생각한다. 이렇게 되면 우리는 다른 사람을 통제함으로써 관계의 어려움을 해결하려고 애쓴다.

나는 이러한 전형적인 책임 혼동을 '너 때문이야'라고 정의해 봤다. '너 때문이야'는 누구나 가지고 있을 수 있는 아주 흔한 사고방식이다. 관계에서 느끼는 많은 분노와 원망 뒤에는 대개 이러한 비난의 그림자가 있다. 그러나 이 사고방식의 근원이 무엇인지 제대로 알고 있는 사람은 많지 않다. '너 때문이야'는 바로 개인의 관점에서 자아를 바라보는 데에서 비롯되는 것이다.

그렇다면 그 이유는 무엇일까? 만약 두 사람의 관계에 문제가 생겼다면, 개인의 관점에서는 두 사람 가운데 누군가의 성격 때문에 문제가 생긴 것이라고 생각하기 마련이다. 예를 들어 대부분의 엄마들이 통제욕이 강하기 때문에 남편과 아이는 그녀에게 불만이 있을 것이라고 생각한다. 또 회사 대표의 카리스마가 약하면 직원들이 그를 따르지 않을 것이라고 생각한다.

사실 이것은 일종의 '인과적 사고'로, 한 사람이 잘못된 행동을 하면 다른 사람이 특정한 반응을 하도록 만든다. 이러한 관점에서 바라본 문제에는 원인과 결과가 있기 때문에 옳고 그름을 가려 누가 원만하지 못한 결과의 첫 번째 원인인지, 누가 결과에 책임져야 하는지 따지는 것을 피할 수 없게 된다. 나아가 인과적 사고는 '옳고 그름의 사고'를 만들어 낸다.

그래서 개인적 관점은 인과적 사고를 낳고 인과적 사고는 다시 옳고 그름을 구분하는 사고를 낳는다. 갈등은 바로 여기에서 시작된다. 주로 원인 제공을 하는 사람은 자신이 원인이라고 생각하지 않고 다른 사람이 문제의 원인이고 자신은 결과라고 생각한다. 그러다 보면 두 사람 사이에 결국 갈등이 빚어지기 시작한다. 인간관계의 패턴은 이렇게 형성된다.

그러나 실제 관계에서 비롯된 모든 문제에서 우리는 서로의 원인이자 또 서로의 결과다. 관계 속 두 사람은 '인과의 순환' 방식으로 서로를 강화하고 최종적으로 모두가 이런 상호관계 패턴의 희생자가 된다. 예를 들어, 관계적 관점에서 우리는 어머니가 무엇을 했기에 남편과 아이가 그런 생각을 하게 됐는지 생각할 뿐 아니라 남편과 아이가 무엇을 했기에 어머니가 그토록 그들을 통제하려고 하는지에 대해서도 생각해 볼 수 있다.

관계 속 당위적 사고, "난 나에게 너무 소중해!"

앞에서 언급했던 사례를 다시 살펴보자. 연인끼리 다투다가 남자친구가 여자친구를 달래고자 먼저 말을 꺼냈다.

"알았어, 알았어. 내가 잘못했어."

그러나 여자친구는 화가 사그라지지 않은 듯 다시 쏘아붙였다.

"그럼 뭘 잘못했는지 말해 봐!"

그들의 소통방식은 옳고 그름을 따지는 방식이기에 링 위의 라이벌처럼 상대방이 언제 맹렬한 공격을 퍼부을지 몰라 누구 하나 쉽사리 주먹을 내려놓지 못한다. 이렇게 되면 누구도 자신의 실수를 인정하지 않고 서로 상대방이 잘못했다고 비난할 뿐이다. 그렇게 두 사람의 관계는 옳고 그름만을 따지다가 대립하는 상황이 심화되고, 결국 교착 상태에 빠지고 만다.

관계에서 옳고 그름의 기준이 무엇일까 곰곰이 생각해 보자. 아마거의 '내 뜻대로 되지 않는다'일 가능성이 높다. 물론 '내 뜻대로 되지 않는다' 전에 하나가 더 있다. '난 나에게 매우 소중해', 이것이 아니면 두 사람이 옳고 그름을 따질 필요도 없을 것이다. 하지만 '난 나에게 매우 소중'하기 때문에 '내 뜻대로 되지 않으면' 더 받아들이기 힘들어진다.

앞서 2장에서 당위적 사고의 본질은 우리가 생각을 바꾸지 않고 세상과 타인, 심지어 자기 자신도 우리 생각대로 움직이기를 바라는 것이라고 했다. 옳고 그름을 따지는 것은 바로 관계에서의 당위적 사고라고 할 수 있다.

관계에서 내가 책임질 수 있는 범위는 오직 나뿐이다

그렇다면 책임의 문제를 관계적 사고의 관점에서 어떻게 바라봐야 할까? 사실 매우 간단하다. 관계에서 우리의 행동은 상호작용에 의해 이뤄지기 때문에 문제의 인과관계가 명확하지 않고 옳고 그름도 분명하지 않다는 사실을 깨달으면 된다. 물론 이것이 쉽게 납득할 수 있는 사고방식은 아니다. 옳고 그름이 없으면 관계에 문제가 생겼을 때 어떻게 해야 할까? 도대체 누가 변해야 문제가 해결된다는 것일까?

나는 이 질문에 대한 유일한 방법은 상대방의 반응이든 관계의 최종 결과든 상관없이 자신에게 좀 더 집중하고, 자신이 할 수 있는 일을 하고, 자신이 감당해야 하는 책임을 지는 것이라고 생각한다.

상담실에 관계에 어려움을 느끼는 부부나 커플이 자주 찾아온다. 아내는 현실에 안주하는 남편을 원망하고 남편은 배려할 줄 모르고 쌀쌀맞은 아내를 탓하느라 두 사람 사이의 싸움은 그칠 줄 모른다. 두 사람의 대화를 듣고 있다 보면 그들이 반복하는 말이 딱 하나 있는데, 그것은 바로 '다 너 때문이야!'다. 가끔은 그들을 진정시킨 후 새로운 도전을 유도하기도 한다.

"지금 두 분은 상대방의 실수와 잘못만 계속 나열하고 있어요. 그리고 상대방을 변화시키려고 많은 시도를 해왔지만 그게 잘 안 된 것 같고요. 그럼 이제 자신에게 집중해서 이 관계를 위해 스스로 무엇을 할 수 있는지 생각해 볼 수 있을까요?"

그러면 아내나 남편이 억울한 표정을 지어 보인다.

"왜 제가 변해야 하죠? 전 잘못한 게 없는데, 다 저 사람이 잘못한 거예요."

"관계에는 옳고 그름도 없고, 좋은 사람이나 나쁜 사람도 없어요. 서로 영향을 주고받는 것뿐이지요. 계속해서 상대방이 해야 할 일만 생각하다 보면 자기도 모르게 통제할 수 없는 일을 통제하려고 들어요. 이제 자신이 통제할 수 있는 일로 돌아가서 관계를 개선하기 위해 무엇을 할 수 있을지 생각해 보세요."

그러고 나면 더 이상 '너 때문이야'라고 직접적으로 말하지는 않지만, 대신 다양하고 교묘한 방식으로 어떻게든 '너 때문이야'라고 표현한다. 예를 들어 '우리 둘 다 변해야 한다고 생각해서 저는 언제나 변하려고 애쓰고 있지만 그(그녀)는 전혀 변할 의지가 없어요'라는 식으로 '너 때문이야'라는 표현을 이어가는 것이다.

그러면 또 다른 사람은 '내가 그랬지? 무슨 일이 생기면 먼저 자신에게서 원인을 찾아야 한다고!'라고 받아친다. 이 말은 '나는 나 자신에게서 원인을 찾을 수 있지만 당신은 그렇지 않다'는 의미를 내포하고 있다. 이 역시 '너 때문이야'의 다른 표현이라고 할 수 있다.

'다른 사람들이랑은 말이 잘 통하는데, 너랑만 얘기하면 벽이랑 대화하는 것 같아.' 이 역시 '너 때문이야'라는 인식이 녹아들어가 있는 말이다.

'네가 좀 더 자상하게 대해주면 나도 변할 수 있어.' 이 또한 상대방이 변하지 않기 때문에 자신도 변하지 못한다는 식으로 상대방을 탓하는 뉘앙스가 기저에 깔려 있다.

이런 말들을 들으면 나는 단호하게 말해준다.

"그가 변하든 안 변하든 그건 그의 일이지, 당신의 일이 아니에요. 그냥 당신 자신에게만 집중하고 자신을 들여다보세요. 당신 스스로를 어떻게 하느냐가 당신이 통제할 수 있는 유일한 일이에요."

자신을 돌아보고 자신이 감당할 수 있는 책임을 지는 것이 옳고 그름의 사고를 깨는 가장 직접적인 방법이다. 우리는 시스템의 일부이기 때문에 일반적으로 당신이 변하면 상대방도 이에 맞게 변화한다. 왜 자꾸 자신에게 변화를 강요하는지, 무슨 근거로 고치라고 하는지 억울하다는 생각이 들 수도 있을 것이다. 하지만 단언하건대 당신이 변하지 않으면 관계는 깨지고 만다. 만약 관계가 정말 당신을 불편하게 한다면 관계에서 떠나면 된다.

하지만 관계를 회복하기 위해 자신을 변화시킬 의향이 있다는 것은, 당신이 그 관계를 소중하게 여긴다는 사실을 의미한다. 관계에서 중요한 문제에 직면했을 때 당신이 소중하게 생각한다고 말은 하지만 자신의 변화는 꺼리고 다른 사람만 계속해서 변화시키려고 노력한다면, 그것은 당신의 잘못이다. 나아가 상대방을 바꾸려는 노력이 무시당해 전혀 효과를 보지 못했을지라도, 그것은 당신의 잘못이다.

모두 나 때문이야:

나는 왜 자책할수록 편안해질까

인간관계에는 적당한 거리가 필요하다

'너 때문이야'와 대응하는 개념은 '나 때문이야'다. 전자는 다른 사람에게 자신의 감정을 책임지도록 요구하며 관계에서 자신의 책임을 회피하는 것이고, 후자는 다른 사람의 감정에 대해 책임을 느끼면서 감당하지 않아도 되는 책임을 지고 불필요한 죄책감을 안은 채 살아가는 것이다.

'다른 사람의 문제를 스스로 짊어지는 그런 어리석은 사람이 어디 있을까?' 이런 의문을 품은 사람도 있을 것이다. 사실 이런 생각 편차는 매우 보편적이지만 많은 사람들이 의식하지 못하고 있을 뿐이다. 한 번은 심리 상담 모임에 갔을 때 현장에 있던 청중이 질문을 했다.

"제 친구가 요즘 기분이 좋지 않아요. 우울증에 걸린 건 아닌지 걱정스럽습니다. 이미 여러 번 친구에게 심리 상담을 받아보라고 권해봤지만 받으려고 하지 않아요. 이런 상황에서 친구를 어떻게 설득하면 좋을까요?"

"제가 보기에는 이미 할 수 있는 일은 다 하신 것 같습니다. 아무리 좋은 말을 해줘도 친구 스스로가 필요하다고 생각하지 않으면 어쩔 수 없어요. 그건 친구의 선택이자 결정이기 때문에 그냥 존중해주고 인정해주면 됩니다."

내 대답이 마음에 들지 않았는지 그는 질문을 이어갔다.

"하지만 친구로서 아무것도 하지 않고 지켜보고만 있기에는 너무 죄책감이 느껴져요. 선생님에게도 그런 친구가 있다면 저처럼 하지 않으시겠어요?"

"죄책감은 느낄 수 있죠. 하지만 저는 죄책감이 제 감정이라는 것을 알기 때문에 스스로 잘 처리할 거예요."

그는 친구의 우울증에 죄책감을 느꼈다. 친구가 정말 어려운 상황에 처하면 죄책감이 자책으로 바뀔지도 모른다. 그는 모두 자신의 잘못이라며 자신이 제대로 설득하지 못해서 친구가 상담을 받지 않았다고 생각하기에 이른다. 여기에는 '나는 친구의 결정에 영향을 미치고 친구의 삶을 책임질 만큼 중요한 사람이야'라는 암묵적인 가설과 동정심이 포함되어 있다.

그의 질문에 대답하다 보니 심리학에서 말하는 '길고양이 효과'가 떠올랐다. 한 마음씨 고운 여성이 산책을 하다가 버려진 고양이를 보고 가엾게 여겨 집으로 데려와 키우게 된 데서 유래한 용어다. 며칠 후 그녀는 산책을 나갔다가 공원을 떠도는 길고양이를 보고는 역시나 불쌍히 여겨 집으로 데려왔다. 그녀가 공원에서 만나는 고양이마다 집으로 데려오는 바람에 키우는 고양이가 두 마리에서 세 마리로,

세 마리에서 네 마리로 점점 늘어나 이내 그녀의 집은 고양이 소굴이 되었다. 그리고 고양이를 키우면서 고양이들로 인해 자신의 삶이 망가졌다는 생각에 그녀는 분노를 느끼기 시작했지만 그렇다고 고양이들을 차마 버릴 수는 없었다. 결국 그녀는 고양이 집사도 아닌 고양이의 노예가 되었다.

이 이야기는 아무리 좋은 의도가 있더라도 돕는 사람과 도움을 받는 사람 사이에는 경계가 있어야 함을 일깨워 준다. 누군가를 도울 때는 선의가 경계를 허물어서 관계를 망치지 않도록 주의해야 한다.

심리 상담에서 경계는 매우 중요한 단어다. 이는 **서로의 독립성을 인정하고 존중해야 하며, 각자의 인생은 스스로 책임지고 마음대로 경계를 넘지 않는다는 것을 의미한다.** 두 개의 계란이 각자 껍질을 가지고 있는 것처럼 다른 계란과 아무리 가까워지고 싶어도 '같은 바구니 속 계란'이 되기를 바랄 뿐 '같은 계란'이 되기를 기대할 수는 없다. 서로 너무 가까이 있으면 부딪쳐 깨지기 쉽다.

사람들에게는 항상 다른 사람과 가까워지고 싶은 욕망이 있다. 이 욕망 때문에 우리는 항상 다른 사람의 고통을 감당하기를 원한다. 그러나 자신의 한계를 인정해야 할 때도 있다. 한계란 사랑이 부족한 것이 아니라 사람이기에 어쩔 수 없이 능력이 부족한 것일 뿐이다. 경계는 객관적이기 때문에 인정하고 존중할 수밖에 없다.

관계의 경계는 가족에서부터 시작된다

가장 지키기 힘든 경계는 가족 간의 경계다. 예전에 지도교수님의 사례를 살펴본 적이 있다. 밖에서 열심히 돈을 버는 남편과 집에서 아이들을 돌보는 아내가 있다. 아내는 남편이 가족을 돌보지 않는다고 속상해하고 남편은 가족을 위해 뼈 빠지게 일하는데 아내가 자신을 이해하지 못한다며 서운해한다. 이런저런 이유로 부부가 자주 다투게 되면서 중학생인 딸은 점점 우울해졌다.

더없이 평범한 가정의 모습이다. 남편과 아내는 모두 '다 너 때문이야'라고 생각하며 오랫동안 교착 상태에 빠져 있다. 상담 중 아내는 남편이 한동안 회사에서 돌아오자마자 침대에 드러누워 집안일은 전혀 신경 쓰지 않았다며 원망을 늘어놓았다. 남편은 당시 다리를 삐었다고 변명했다. 그의 주장에 따르면 아내는 아픈 남편을 돌보지 않았을 뿐더러 비난하기까지 했다.

그때 옆에 있던 딸이 대화에 끼어들었다.

"제 기억에는 그렇지 않았어요. 그때 제가 시험을 망쳐서 기분이 안 좋았거든요. 그래서 집에 들어오면 바로 침대로 뛰어들었어요. 아마 아빠도 저를 따라 하시느라 그런 것 같아요."

당시 두 사람이 한창 싸우고 있어서 상담실 분위기는 여전히 산만했고 딸의 말을 귀담아듣는 사람이 없었다. 그때 지도교수님께서 두 사람의 싸움을 중단시켰다.

"어머님, 혹시 지금 따님이 뭐라고 했는지 들으셨어요?"

아내는 잠시 어리둥절해하더니 딸의 말이 대수롭지 않다는 듯 대답했다.

"우리 애가 자기 아빠를 위해 변호라도 했나요?"

"어머님은 딸의 말을 전혀 신경 쓰지 않는 것 같네요. 따님이 아빠를 탓하지 말고 자신을 탓하라고 하네요. 모두 자기의 잘못이라고."

그 순간 상담실 전체가 조용해지더니 분위기가 무겁게 가라앉았다. 아내는 울음을 터트렸다.

"여보, 우리 이제 이러지 말자. 우리에게는 변화가 필요해."

부모가 스스로 갈등을 해결할 수 없을 때 아이들은 갈등을 자신의 문제로 받아들인다. 어떤 아이는 자신이 얌전하지 못해서 부모가 다투는 것이라고 생각해 최대한 얌전하게 행동하면서 부모를 기쁘게 하려고 애쓴다. 또 어떤 아이는 부모의 갈등이 자신의 성적 때문이라고 생각해서 열심히 공부한다. 어른이 되면 그것이 부모의 문제였다고 분명히 분간할 수 있겠지만 마음속에는 여전히 '만약 내가 더 많은 일을 한다면 부모님의 갈등이 해결되지 않을까'라는 환상을 가지고 있다. 때로는 이런 죄책감이 생각의 습관으로 굳어져, 다른 관계에서도 누군가 화를 낼 때마다 습관적으로 자신이 무엇인가를 잘못했다고 느끼게 된다.

'내 탓이야'의 근원, "무력감보다는 자책감이 덜 아프다"

젊고 유능한 L씨가 날 찾아왔다. 그녀는 항상 부모님께 미안한 마음을 가지고 있었다. 어릴 적 아버지는 아들을 무척이나 원했지만 어머니는 그렇지 않았기 때문에 그녀에게 의견을 구했다.

"남동생이 생기면 어떨 것 같아?"

"동생을 낳으면 목 졸라 죽일 거야."

어머니는 그녀의 격한 반응에 동생을 낳지 않기로 했다. 그러면서 두 분의 관계는 점점 악화됐고 그녀는 그 책임이 자신에게 있다고 생각했다. 나는 그녀에게 몇 가지 질문을 했다.

"그때 몇 살이었죠?"

"아마 네다섯 살 정도였을 거예요."

"어머니가 당신의 말을 들어서 그런 선택을 하셨다기보다는 어머니가 하고 싶은 말을 당신이 대신해준 것이라는 생각이 들어요. 알다시피 아무리 화목한 가정이라도 그렇게 중요한 일을 네 살 아이에게 결정하게 두지는 않거든요. 당신이 어머니의 생각을 예민하게 받아들였을 뿐이에요."

"그럴 수도 있겠지만 그래도 제가 제대로 하지 못하고 있는 것 같다는 생각이 들어요. 제가 중학교를 다른 도시로 가지 않았다면 두 분의 관계가 그렇게 나빠지지 않았을 거예요. 그때부터 두 분이 다투기 시작했거든요."

"그 점은 저도 잘 이해가 안 돼요. 당신이 집에 있었다면 어머니와 사이가 좋았을 것이고 아버지와도 사이가 좋았을지도 모르지요. 하지만 어떻게 두 분의 서로에 대한 감정까지 바꿀 수 있겠어요? 부부 관계는 두 사람만의 문제잖아요."

"그럼 제가 두 분의 관계를 바꿀 수 없다는 말인가요?"

"할 수 있다고 생각해요?"

그녀는 깊은 한숨을 내쉬었다.

"정말 안 될지도 모르죠. 그런데 그렇게 말씀하시니까 너무 마음이 아프네요. 제가 잘하지 못하면 두 분의 관계가 좋지 않을 거라는 생각이 여전히 들어요. 그런데 저는 이렇게 중요한 일을 위해 아무것도 할 수 없다는 것을 인정하고 싶지 않아요. 오히려 제가 잘하지 못해서 두 분의 관계가 좋지 않은 것 같아요."

그래도 그녀는 '다 내 탓이야'의 근원을 제대로 파악하고 있으니 똑똑한 편이다. 왜 우리는 분명히 자신의 책임이 아닌 일에도 책임을 지려고 하는 것일까? 우리가 중요한 관계에서 무력하다는 것을 인정하기보다 죄책감과 자책감을 느끼는 게 낫다고 생각하기 때문이다. 사람은 무력감을 느끼는 것을 죄책감과 자책을 느끼는 것보다 더 견디기 힘들어한다. 나는 자기비판에 익숙한 많은 내담자들이 한 번쯤은 어려운 관계에 직면했다는 것을 알게 됐다. 자기비판은 이런 관계에 적응하기 위한 대처 방식일 수 있다.

내담자 M씨의 경우, 중학교에 진학했을 무렵부터 부모님의 다툼이 잦아지기 시작해 이후 줄곧 두 분의 사이가 좋지 않았다. 그러다 보니 자연스럽게 삼각관계에 갇히게 됐고 종종 심판처럼 부모님의 옳고 그름을 판단해야만 했다. 그럼에도 불구하고 부모님의 갈등의 골은 깊어만 갔다. 원래 심판은 당사자의 일에 관여하지 않지만 그녀는 그럴 수 없었다. 부모님은 다투다 보면 새벽 두세 시를 훌쩍 넘기는 경우가 많았고 그녀는 그 시간까지 잠을 잘 수 없었다.

그녀의 부모는 서로의 사이가 좋지 않았을지언정 자녀는 끔찍이 챙겼다. 이때 아버지는 늘 그녀 곁에 있어주곤 했다.

"괜찮아. 아빠와 엄마의 문제는 우리 부부의 문제일 뿐, 네 문제가 아니야."

그녀는 착한 딸인 척할 수밖에 없었다.

"네, 저도 알아요. 제 일은 제가 알아서 할게요."

그녀는 부모님을 걱정시키지 않기 위해 매일 아침 6시에 일어나 학교에 갔다. 당연히 친구들에게 자신의 속마음을 털어놓지는 않았다. 아이들에게는 가족의 갈등이 엄청난 비밀이기 때문이다. 수업 시간에 자주 졸기는 했지만 혹시라도 선생님과 친구들이 자신에게 문제가 있다고 생각할까 봐 한동안 엎드려 자지도 못했다. 그럴 때마다 그녀는 모든 것이 꿈인 것 같고 꿈속에서도 여전히 외롭다는 느낌을 받았다. 그리고 성적이 떨어지자 끊임없이 자책하기 시작했다.

"왜 부모님을 원망하지 않고 자기 탓만 했어요?"

내 질문에 그녀는 한참을 생각하더니 깊은 한숨을 내쉬었다.

"부모님을 원망해봤자 무슨 소용이 있겠어요? 그들을 탓하느니 차라리 저를 탓하고 말죠."

'다 내 탓이야'는 삼각화된 사람에게 흔히 나타나는 전형적인 심리 상태다. 그들은 다른 사람이 겪는 갈등을 해결하지 못한 스스로를 책망하며 타인의 문제를 자신의 문제로 받아들인다. 그리고 '나에게 해결책이 있었지만 단지 잘하지 못했을 뿐이야'라고 생각한다.

나를 지켜주는 주문, "나 때문이 아니야"

'다 너 때문이야'는 다른 사람을 향한 외적 공격으로 분노의 감정을 유발한다. '다 나 때문이야'는 자신을 향한 내적 공격으로 죄책감과 자책, 우울한 감정을 유발한다. 나아가 때로는 '너 때문이야'와 '나 때문이야'가 동시에 나타나기도 한다.

"엄마는 너만 아니었으면 진작 이혼했을 거야."

가끔 가다 자녀에게 이런 말을 하는 엄마들을 보곤 하는데, 이것은 '너 때문이야'라는 의미로 자신의 현재 상황을 모두 상대방에게 떠넘기는 것과 마찬가지다. 그러면 아이는 자연스럽게 엄마의 말에 동의하게 되고 엄마가 지금 이렇게 힘들게 사는 것이 '다 나 때문이야'라고 생각하게 된다. '너 때문이야'와 '나 때문이야'가 상호보완적 관계를 형성하면 한 사람은 갈수록 더 화를 내고 반대로 다른 사람은 점점 우울해진다. 그렇게 두 사람은 서로를 불편해하지만 정작 관계의 변화는 불가능한 경우가 많다.

이런 상황은 가정뿐만 아니라 직장에서도 흔히 볼 수 있다. 회사 대표가 항상 어떤 직원을 비난하자 그는 모두 자신의 잘못이라고 생각한다. 그러면서 그는 어느새 '희생양'이 되어버렸다. 감정적으로도 한쪽은 늘 상대방을 탓하고 다른 한쪽은 항상 자신의 잘못이라고 생각하면 언젠가 그 관계는 무너지고 만다.

따라서 가장 가까운 사이라도 우리는 그와는 다른 사람이라는 것을 인정해아 한다. 그것이 경계가 갖는 의미다. 어떤 어려움은 직접 직면해야 해결할 수 있고, 어떤 결정은 우리가 그의 결정에 얼마나 동의하든 하지 않든 그 스스로가 짊어져야 한다. 우리 모두는 자신의 삶에 대해서만 책임이 있기 때문이다. 항상 관계의 잘못을 자신의 탓으로 돌리고 죄책감과 자책감에 사로잡혀 있다면 이 말을 다시 떠올리기를 바란다.

'내 잘못이 아니야.'

우리는 왜 친할수록 깊은 상처를 줄까

당신이 나와 같기를 바라는 마음에서 시작되는 집착

앞에서 나는 우리가 어떻게 자신과 타인의 감정과 책임을 혼동하고 있는지를 분석했다. 이러한 혼동은 어떤 결과를 초래했을까? 가장 흔히 볼 수 있는 결과로는 우리를 비정상적인 관계에 빠뜨리게 한다는 것을 들 수 있다. 이런 관계에 놓인 사람은 남 탓을 하든 내 탓을 하든 타인과 서로 밀접하게 연결되어 있으며 서로를 힘들게 하기에 관계에서 벗어나려고 하지만 생각대로 되지 않는다.

'사람의 관계는 고슴도치 무리와 같아서 멀어지면 온도가 떨어져서 추위를 느끼고 가까워지면 서로의 가시 때문에 상처를 입는다'는 말처럼 가까워지고 싶지만 가까워질 수 없고, 떠나고 싶지만 떠날 수 없는 그런 관계에 얽힌 것이다. 이것이 바로 '관계의 얽매임'이다.

관계의 얽매임은 종종 가까운 사람들과의 사이에서 발생한다. 자기계발은 독립된 공간을 필요로 하므로 스스로를 성장시키기 위해서는 경계가 있어야 하고 자신과 상대방을 구분할 줄도 알아야 한다. 하지만 이런 관계에서는 상대방이 너무 중요하기 때문에 상대방과의 생각이 자신의 생각과 같기를 바란다. 자신의 생각과 일치하지 않으면 이것은 상처로 자리 잡는다. 단지 혼자서 숨을 돌릴 수 있는 공간이 필요해서 잠시 떠나려고 해도 이 모든 시도는 상대방에게 배신으로 느껴지고, 부정적인 얽매임으로 작용한다. 이러한 관계의 얽매임에는 일반적으로 두 가지 특징이 있다.

첫째, 모든 얽매임은 서로에게 상처를 주는 악순환을 포함한다.

이제 막 초등학교 6학년이 된 아들과 아버지가 나를 찾아왔다. 아버지는 아들이 고집이 세다고 도움을 요청했다. 예를 들어 아버지가 아들에게 신발 끈을 묶으라고 했는데 아들은 일부러 느슨하게 묶고는 나중에 다시 풀어버렸다. 또 숙제를 하라고 하면 꾸물거리기만 했다. 그러면 아버지는 화를 참지 못하고 아들을 혼내거나 체벌을 가하곤 했다. 그러면 아들은 참지 않고 아버지에게 반항했다.

"아빠가 자꾸 혼내고 때리니까 제가 일부러 그러는 거잖아요."

아들의 말에 아버지는 화가 머리끝까지 치밀었다.

"너 같으면 안 때리고 배겨 나겠니! 내가 가만두나 봐라!"

부자간의 대립은 끊임없이 서로를 자극하고 강화시켜 결국 서로를 서로에게 얽매이게 만든다.

둘째, 모든 얽매임은 형식상 대칭을 이룬다.

어느 날 나는 하소연이 가득 담긴 이메일을 받았다. N씨의 아버지와 어머니는 줄곧 사이가 좋지 않았고, N씨는 어머니의 원망 속에서 자랐다. 이후 N씨는 유학 생활을 하면서 외국에서 남자친구를 만났는데, 어머니는 그 관계를 인정하지 않고 계속해서 헤어질 것을 강요했다. N씨는 어머니가 자신을 이해하지 못한다는 생각에 서운하고 원망스러웠다.

나는 N씨에게 말했다.

"어머니는 '말 잘 듣는 딸'을 기대하고 있다가 막상 현실을 마주하고 보니 실망스러운 마음이 있었을 거예요. 어머니의 기대에 부응하지 못하면 당신 스스로 괴롭기 때문에 애초에 그런 기대를 가진 어머니를 원망하게 되죠. 그런데 당신도 '합리적인 엄마'를 기대하고 있지 않나요? 그럼 이중 누구의 기대가 더 정당할까요?"

어머니는 '말 잘 듣는 딸'을 기대하고 딸은 '합리적인 엄마'를 기대한다. 이는 형식상 대칭을 이룬다. 어머니는 말 안 듣는 딸 때문에 화를 내고, 딸은 말이 통하지 않는 어머니를 원망한다. 이 또한 일종의 형식상 대칭이다. 이러한 대칭은 모든 얽매인 관계에 존재한다.

가족이나 친구, 연인, 동료 등 모든 가까운 관계는 이런 식으로 얽매일 수 있다. 이는 모두 서로에 대한 깊은 애정과 높은 기대에서 비롯된다. 그러면서 차츰 이런 애정과 기대는 상대방을 향한 요구사항이 되는데, 상대방이 항상 요구사항을 충족시켜 주지는 못한다. 그러면 두 사람 사이에 서운함이 생기고 서로를 비난하기 시작한다. 결국 좋았던 관계는 두 사람이 너무 가까워지면서 서로에게 상처만 남기고 끝나게 된다.

얽매인 관계는 오직 '나'만이 풀 수 있다

어떻게 하면 이러한 관계의 얽매임에서 자유로울 수 있을까? 이론적으로 이 얽매임의 고리는 '나'부터 끊어버리면 된다. 어머니와 딸의 관계를 예로 들면, 어머니는 딸이 말을 잘 듣고 자신이 인정하는 남자 친구를 찾기 바라지만 이에 대한 딸의 생각은 다르다. 딸은 어머니가 그런 기대를 가지고 있더라도 자신은 그 기대에 부응할 수 없다고 생각한다. 바로 이 지점에서 딸이 멈춘다면, 더 이상 어머니가 합리적일 것이라고 기대하지 않고, 더 이상 어머니의 생각을 바꾸려 하지 않는다면, 순환의 고리는 끊어질 것이다.

'제가 여기서 멈추고 어머니의 기대에 부응하지 않으면 이기적인 게 되지 않을까요?'라고 물을 수도 있다. 만약 이기적이라고 생각한다면 그냥 좀 이기적이어도 된다. 어머니에 대한 죄책감은 자녀가 독립하는 과정에서 치러야 하는 대가다.

'어머니가 내 기대에 미치지 못하니, 내가 여기서 멈추고 어머니가 합리적인 사람이 아니라는 사실을 인정하면 너무 실망스럽지 않을까?'라고 생각할 수도 있다. 물론 실망할 것이다. 그러나 우리는 이 실망감조차 스스로 감당해야 한다. 때때로 다른 사람들, 심지어 우리와 가장 가까운 사람들조차도 우리가 원하는 대로 살아주지 않는다.

관계의 얽매임에서 우리가 정말 두려워하는 것은 죄책감이나 실망이 아니라 감정적 거리감일지도 모른다. 다시 말해 우리와 가장 가까운 사람들과도 갈등과 충돌이 발생할 수 있고, 우리는 우리 자신의 삶을 살 수밖에 없다는 것을 알게 된다. 하지만 이것은 관계적 사실이다. 우리는 이 사실을 인정하기 싫어서 관계 속에서 서로에게 얽매이고 서로를 고통스럽게 한다.

　모든 얽매임의 본질은 상대방이 우리와 다르다는 사실을 인정하지 않거나 그렇게 두고 싶지 않으려는 데에서 비롯된다. 우리는 자신이 상대방의 기대에 부응할 수 없다는 사실을 인정하지 않고, 상대방이 자신의 기대에 부응할 수 없다는 사실도 인정하지 않는다. 우리는 상대방을 자신이 원하는 방향으로 변화시키려고 필사적으로 노력했지만 결국 실패로 돌아갔기 때문에 상대방이 자신에게 협조하지 않는다고 비난한다.

용서는 남이 아닌 나를 해방시키는 선물이다

　관계의 얽매임은 항상 서로의 상처를 동반한다. 그리고 상처를 치료하기 위해 새로운 관계의 얽매임이 형성된다.

　2017년 설 연휴, 한 남성이 부모를 공개적으로 비난하는 글이 인터넷에 떠돌았다. 그는 베이징대학을 졸업한 후 미국으로 유학을 가서 다시 집에 돌아오지 않았다. 그러나 여전히 가슴속에 남아 있는 상처가 제대로 치유되지 않았는지 장문의 글을 써서 부모님으로부터 받은 상처를 전부 끄집어냈다. 내가 그 글을 읽고 생각한 것은 딱 하나였다. '이미 오랫동안 부모님과 교류가 없었는데, 왜 아직도 과거의 상처를 내려놓지 못하고 이런 글을 써서 부모님과 또다시 얽히려고 하는 거지?'

　사실 그는 부모가 그에게 입힌 상처를 깨닫고 사과하기를 기대했다. 많은 분노와 성토, 공격의 최종 목적은 상대방이 우리가 입은 상처를 인정하고 사과하기를 바라는 것뿐이다. 그러나 상대방의 사과를 기대하는 것은 또 다른 형태의 얽매임이다. 언젠가는 그의 부모도 잘못을 깨닫고 사과할 수도 있지만 영원히 깨닫지 못할 수도 있다. 그런데 이 남성은 사과를 받기 위해 얼마나 많은 시간을 보내야 할까? 우리가 계속해서 상대방의 사과를 기다리는 것은 피해자의 입장에서 자신의 상처를 끊임없이 드러냄으로써 상대방이 사과해야 하는 이유를 강화하는 것과 다를 바 없다.

그렇다면 얽매임으로 인한 상처에서 어떻게 벗어날 수 있을까? 가끔 상담을 하면서 내담자에게 용서의 가능성에 대해 이야기하곤 한다. 용서를 말하는 것은 정말 어려운 일이다. 자칫 이야기가 잘 전달되지 않으면 내담자는 내가 자신의 입장은 생각하지도 않고 원론적인 말만 한다고 생각하거나 자신에게 상처를 준 사람을 대변하고 있다고 생각하기 때문이다. 그렇다. 마음에 있는 억울함과 상처를 어떻게 쉽게 떨쳐 버릴 수 있겠는가?

그러나 내가 말하는 용서는 자신에게 상처를 준 사람을 억지로 용서하거나 분노와 원망을 거두라는 것이 아니다. 우리는 성인聖人이 아니기 때문에 그런 감정까지 억제할 필요는 없다. 나는 그저 다른 차원의 용서를 말하고 싶은 것뿐이다.

'용서하다'는 영어로 'forgive'인데, 단어 안에 들어 있는 'give'(주다)는 상대방을 위한 것이 아니라 자신을 위한 것이라는 어느 교수님의 이야기를 들은 적이 있다. 용서는 상대방에게 용서를 베푸는 것이 아니라 자신에게 여유를 주는 것이다. 얽매인 관계에서 벗어나 자신을 발전시킬 수 있는 여유를 주자. 이것이 모든 얽매임을 풀 수 있는 궁극적인 해결책일지도 모른다.

관계에서 어디까지가 나이고 남일까

나의 문제는 나의 것이고 당신의 문제는 당신의 것이다

앞에서 우리는 감정의 혼동, 책임의 혼동, 관계의 혼동이 불러온 결과인 관계의 얽매임에 대해 살펴봤다. 건강하지 않은 관계는 상처를 동반한다는 사실을 알았으니 이제 어떻게 하면 건강한 관계를 형성할 수 있는지 알아보도록 하자.

먼저 인간관계에서 문제가 발생하는 이유에 대해 생각해 보자. 사실 이런 고민의 주된 원인은 **자신의 일과 다른 사람의 일을 제대로 구분하지 못하는 데 있다.** 이러한 혼동은 우리를 예민하고 내성적으로 변하게 하고 다른 사람의 감정에 영향을 받아 다른 사람의 평가와 기대 속에서 살아가게 한다. 심지어 다른 사람의 기대를 자신의 기대로 바꾸고 다른 이의 감정을 자신의 감정으로 여기기까지 한다. 그러나 자기계발의 성숙 지표는 다른 사람의 일과 자신의 일, 다른 사람의 감정과 자신의 감정을 얼마나 명확하게 구분할 수 있는지로 나타난다. 자아의 경계는 바로 이 구분을 통해 확립된다.

이것이 바로 **인간관계를 다루는 기본적인 원칙이자 건강한 인간관계의 초석이 되는 과제분리다.** '과제분리'는 유명한 심리학자 알프레드 아들러 Alfred Adler 가 창시한 이론으로, 그 내용은 인간관계의 문제를 해결하려면 자신의 과제와 다른 사람의 과제를 구분해야 한다는 것이다. 나는 내 과제를 해내야 하는 책임이 있고, 다른 사람은 그의 과제를 해내야 하는 책임이 있다. 어떤 일이 누구의 과제인지를 판단하는 데에는 간단한 규칙이 있다. 행동의 직접적인 결과를 누가 책임질 것인지 확인해야 하고, 그렇게 확인된 직접적인 결과를 초래하는 사람이 책임을 저야 한다.

다음과 같은 세 가지 전형적인 상황과 같이 인간관계에서 불거지는 난제들은 과제분리를 통해 해결할 수 있다.

문제 1. 많은 사람들이 자신의 욕구를 표현하는 방법을 모른다.

룸메이트가 시끄럽게 굴 때나 돈을 빌려 간 친구가 갚는 것을 잊어버렸을 때 우리는 하고 싶은 말을 주저한다. 또 동료가 자신의 실적을 가로챘을 때에도 어떻게 불만을 표현해야 할지 모른다. 이런 일들이 어렵게 느껴지는 이유는 우리가 다른 사람들의 반응과 의견을 상상하며 이를 바탕으로 우리의 진정한 필요를 표현해야 하는지, 말아야 하는지를 결정하기 때문이다. 과거의 인간관계에서 거절을 많이 당했다면 필요를 표현하는 것이 더욱 어렵게 느껴질 수도 있다.

그러나 과제분리 차원에서 생각해 보면 '필요를 표현하는 것'은 우리의 과제이고, 그것을 수용하거나 거부하는 것은 다른 사람의 과제다. 우리는 정작 자신의 필요는 보지 못하면서 다른 사람의 필요만을 감지하는 민감한 레이더가 될 필요가 없다.

문제 2. 많은 사람들이 다른 사람을 거절하는 방법을 모른다.

내 친구는 사람이 좋아서인지 회사 동료들이 항상 그에게 도움을 요청한다. 가끔 정말 하기 싫은 요청을 받을 때도 있지만 거절하는 것을 미안해한다. 그러다 보니 어느 샌가 회사에서 '소방관'이 되어 버렸다. 친구의 마음 한편에는 원망이 가득했고 동료들이 자신을 이용한다는 생각을 떨쳐버릴 수 없었다. 나는 그의 속내가 궁금했다.

"다른 사람의 도움을 거절하면 뭐가 가장 걱정돼?"

"아무래도 쩨쩨하다는 소리를 들을까 봐, 이것도 못 도와주느냐고 할까 봐 신경 쓰이지."

과제분리의 관점에서 이해하면 누군가 어려움을 겪거나 부탁을 하는 것은 그의 일이지만 그것을 받아들일지 거절할지는 자신의 몫이다. 자신이 거절을 잘 못 한다고 해서 동료가 부탁한 것에 불만을 품어서는 안 된다. 거절을 선택했을 때 다른 사람이 자신을 어떻게 평가하느냐는 또 그 사람의 몫이다. 그것은 결코 우리가 통제할 수 있는 일이 아니고, 우리가 박탈할 수 있는 권리도 없다. 따라서 다른 사람이 우리를 어떻게 평가하는지가 행동 규칙이 되어서는 안 된다.

문제 3. 실패가 두려워서 시도하지 못하는 사람들이 많다.

많은 사람들이 실패를 두려워하는데, 실제로 그 이면에 있는 진짜 두려움의 대상은 무엇일까? 바로 자신을 향한 다른 사람의 평가다.

꼴찌 퇴사제를 시행하는 회사에 다니는 친구는 혹시라도 실적이 좋지 않을까 봐, 인사고과 성적을 안 좋게 받을까 봐 언제나 전전긍긍해한다. 그렇게 인사제도를 너무 신경 쓰느라 늘 불안해서 일도 제대로 못하는 지경까지 이르렀다.

나는 농담 삼아 말을 건넸다.

"이 정도면 인사팀에서 너한테 월급 줘야 하는 거 아니야? 계속 인사팀 일만 신경 쓰느라 정작 네 일은 제대로 못 하고 있잖아."

나를 찾아오는 내담자 가운데 일부는 인사팀에서 자신의 이력서를 마음에 들어 하지 않을까 하는 걱정에 이력서를 낼 엄두조차 내지 못한다고 하소연한다. 그럴 때마다 나는 같은 말을 해준다.

"사실 당신은 자신이 안 된다고 생각하는 것이 아니라 충분히 할 수 있다고 생각하잖아요. 적어도 인사팀보다는 더 전문적이라고 생각하잖아요. 왜 그런 줄 아세요? 당신의 판단이 인사팀보다 더 정확하다고 믿고 있기 때문이에요. 일자리를 찾으려면 이력서를 보내야 해요. 이력서를 제출하면 당신의 과제는 거기서 끝나는 거예요. 당신의 합격 여부는 이제 그들의 몫이죠. 만약 그들이 당신이 부족하다고 생각한다고 해도 너무 괴로워하지 마세요. 이건 그들의 일이니까요. 그리고 그들이 당신이 충분한 자격을 갖췄다고 생각하면 그들의 결정을 의심하지 마세요. 설령 스스로를 믿지 못하더라도 말이에요."

가까운 사이일수록 더욱 필요한 과제분리

일반적인 인간관계 문제를 해결하기 위해서는 과제분리의 원칙을 따를 수 있다. 그렇다면 가족의 경우에는 어떨까? 실제로 이 또한 비숫하게 원칙을 적용할 수 있다. 다만 우리는 가족과의 감정적 유대가 더 가깝기 때문에 가족의 감정에 더 민감하게 반응하고, 과제분리의 원칙에 따라 문제를 처리하기도 더 어려워한다.

상담을 하면서 자주 접하는 딜레마 가운데 하나는 부모와 성인 자녀의 감정적 얽매임이다. 한 모녀가 날 찾아왔다. 아버지는 사업 때문에 집에 있는 시간이 많지 않았고, 어머니는 지금까지 딸의 성공을 유일한 인생 목표로 삼으며 살아왔다. 어머니는 딸의 학업을 위해 집까지 처분한 다음 딸의 고등학교 근처에 전셋집을 구했다. 나중에 딸이 유학을 떠나려고 하자 온갖 통제를 가했다. 딸의 동창회에 따라간다거나 딸이 집에 조금만 늦게 들어오면 쉬지 않고 전화를 했다. 이런 어머니의 행동에 딸이 반항하기 시작했고 두 사람은 자주 싸웠다.

나는 어머니에게 물었다.

"따님을 왜 그렇게 통제하려고 하세요?"

어머니는 딸이 자기관리 능력이 부족한데다가 아직 어린애 같은 면이 있어서 그런 것이라며 여러 이유를 늘어놓았다. 그런데 어머니가 궁극적으로 하고 싶었던 말은 '딸이 아직 어려서 제 도움이 필요해요'였다.

이번에는 딸에게 물었다.

"아직도 어머니의 도움이 필요하다고 생각해요?"

딸은 고개를 절레절레 흔들었다. 딸의 고개를 젓는 모습을 본 어머니는 실망한 눈치였다.

"제가 예전에 영화를 한 편 봤는데, 어떤 여성이 아주 보수적인 가정에서 태어났어요. 그녀는 한 남자와 사랑에 빠졌지만 집안의 반대를 무릅쓸 자신이 없어서 결국 전혀 사랑하지 않는 남자와 결혼했어요. 결혼 후 아들이 하나 생기자 그녀는 아들에게 모든 관심을 기울였어요. 아들이 자라서 집을 떠날 때 아들이 물었어요. '어머니, 저 갈게요. 제가 가면 어머니가 외로워질까요? 그러면 누가 어머니를 위로해 주죠?' 어머니가 대답했어요. '네가 떠나면 당연히 이 엄마는 외롭겠지, 위로해 줄 사람도 없고 말이야. 하지만 그렇다고 해서 널 붙잡고 싶진 않단다.'"

나는 다시 어머니에게 물었다.

"어머니도 지금 영화와 비슷한 상황에 처해 있는데, 어떤 선택을 하시겠어요?"

어머니는 한동안 아무 말도 하지 않았다.

"저는 항상 딸에게 가장 좋은 것을 줬다고 생각해요. 이제 알겠네요. 알고 보니 제가 딸에게 짐이 되어 버렸다는 사실을요. 이제 한 걸음 물러나야죠."

이 말을 하는 어머니의 표정이 무척 쓸쓸해 보였다. 이런 모습도 딸이 차마 떠나지 못하는 이유가 된다. 하지만 두 사람이 너무 가깝게 묶여 있으면 서로를 불행하게 만들 뿐이다.

이것은 부모를 위한 이야기지만 만약 내담자가 성인 자녀라면 다른 이야기를 해주곤 한다. 내담자 O씨는 어머니의 도움으로 졸업하자마자 수월하게 일자리를 구했다. 그렇게 그 회사에서 일한 지 3년이 지났지만 그는 여전히 부모님과 함께 살고 있다. 어머니는 여느 때와 마찬가지로 매일 아침식사를 챙겨주고 방 청소를 도와주거나 그가 늦게 들어오는 날이면 전화를 걸어 귀가 시간을 확인하기도 했다.

사실 그는 다른 도시로 가서 일하고 싶었지만 자신이 떠나고 난 다음 어머니가 받을 실망에 어떻게 대처해야 할지 몰랐다.

어느 날 그가 나에게 물었다.

"선생님, 왜 어머니는 저를 놓아주지 못하시는 거죠?"

"왜 어머니가 당신을 놓아주지 않는 거라고 생각하세요?"

"어머니는 아무 말씀 안 하시지만 눈빛만 봐도 알 수 있어요. 절 순순히 놓아주시지 않을 게 확실해요."

"그렇다면 O씨는 자신을 돌봐주는 어머니를 미워하는 게 아니라, 더 큰 돌봄을 바라는 겁니다. 어머니가 이제 장성한 당신에게서 알아서 떠나주길 바라는 거잖아요. 그런데 어머니가 자녀를 사랑하는 건 전혀 잘못된 일이 아니에요. 집을 떠나 독립하는 건 당신의 과제지 어머니의 과제가 아니고요. 당신이 원하는 게 있다면 어머니가 먼저 당신을 떠나보내지 않는다고 불평하기보다 스스로 쟁취해야 하는 게 맞지 않을까요."

"그러네요. 이건 제 몫이네요."

이 두 이야기는 모순된 것처럼 보이지만 모두 '감정의 얽매임 속에서 무엇이 우리 자신의 일인지 분명히 구분하고 그 일을 잘 해내야 한다'는 같은 이치를 말하고 있다. 과제분리에는 조건이 없다. 반드시 다른 사람이 먼저 시도해야 자신도 할 수 있다면 그것은 과제분리가 아니다.

앞서 2장에서 통제의 이분법을 소개했듯이, 우리는 통제할 수 없는 일을 함부로 통제하려 들지 말고 통제할 수 있는 일을 통제해야 한다. 과제분리는 인간관계에 적용되는 통제의 이분법이다. 결국 모든 사람은 자신의 일만 할 수 있기 때문이다. 우리가 정말 자신의 일만 잘 해내고 다른 사람의 일은 그 사람의 몫으로 맡겨 버린다면 다른 사람의 평가에 연연하지 않아도 된다. 그렇게 된다면 인간관계에서 오는 고민과 굴레들이 우리를 괴롭히지 못할 것이다.

나의 간격을 조금씩 깨닫는다는 것

자기중심의 단계: 모든 것은 나를 위해 존재한다

앞서 소개했듯 복잡한 인간관계를 다루는 원칙은 자신의 일과 다른 사람의 일을 구분할 수 있어야 한다는 것이다. 그러나 구분한 다음에는 어떻게 해야 할까? 인간관계를 다룰 때 어떻게 하면 우리가 더 성숙해질 수 있을까? 어떻게 하면 인간관계의 영향에서 벗어나 자유로워질 수 있을까?

인간관계에서 자기계발을 이루기 위해서는 보통 자기중심의 단계, 타인의 단계, 그리고 독립의 단계의 세 단계를 거친다. 이 가운데 독립의 단계에 들어가야만 관계 안에서 자유를 얻을 수 있다.

인간관계의 첫 번째 단계인 자기중심의 단계에서 우리는 세상과 다른 사람이 우리의 필요에 의해 움직이는 것처럼 느끼게 되고, 타인의 필요와 욕구가 자신의 의도와 같다고 여기며, 자기 관심의 중심을 다른 사람의 관심의 중심으로 여긴다. 이 단계에서 우리는 자신이 무대의 주인공이고 다른 사람은 그저 관객일 뿐이라고 생각하기 때문에 그들이 우리를 돌보고 잘해주는 것이 당연하다고 생각한다.

그러나 천천히 다시 생각해 보면 우리는 이것이 사실이 아님을 깨닫게 된다. 다른 사람도 자신의 필요와 기대, 의견이 있고, 우리에게 관심을 가지지 않기도 하거니와 자기 자신에게만 관심을 가진 경우가 훨씬 많다. 이 사실을 알고 나면 우리는 놀랄 뿐 아니라 좌절감까지 느낄 수 있다.

그 지점에서 우리는 천천히 두 번째 단계인 타인의 단계로 넘어가게 된다. 여기서 우리는 자신과 타인의 차이를 깨닫고, 그 차이를 일종의 갈등으로 이해하고 나아가 그 갈등을 해결하려고 한다. 이 단계에는 두 가지 전형적인 특징이 있다.

타인의 단계 1: 다른 사람이 우리의 행동을 결정한다

첫 번째 특징은 자신을 수동적인 위치에 놓고 다른 사람이 우리의 행동을 결정하도록 하는 것이다. 이 단계에 있는 사람들은 주로 두 가지 다른 태도를 보이는데, 하나는 순종이고 다른 하나는 반항이다. 순종은 다른 사람을 통해 자신을 억울한 처지로 만드는 것이다.

우리는 다른 사람의 시선과 기대 속에서 살아가면서 그들이 내리는 평가와 칭찬, 관심, 분노를 가장 중요한 일이라고 여긴다. 그리고 다른 사람의 필요를 만족시키지 못해서 깊은 죄책감과 자책감에 시달리면서도 정작 자신의 필요와 가치는 소홀히 한다. 그 이면에는 '내가 당신의 말을 잘 듣고 순종하면 당신도 나에게 필요한 안정감과 사랑을 주어야 한다'는 기대 심리가 숨어 있다.

그러나 때때로 이런 기대는 희망 사항에서 그칠 때가 많다. 그것이 실현되지 않을 때 우리는 또 다른 태도인 반항을 선택한다. 사춘기를 겪는 아이들의 대부분은 반항을 경험한다. 부모나 교사는 아이들이 공부를 열심히 해야 한다고 생각하지만 정작 아이들의 생각은 그렇지 않다. 또 규칙을 잘 따르고 순종하기를 바라지만 아이들은 정말 지독하게 말을 듣지 않는다. 아이들이 반항하는 모습은 마치 다른 사람이 비밀 계약을 깨뜨렸다고 항의할 때 터뜨리는 분노와 같은 형태로 나타나며, 그것을 표현하는 도구로 자신을 사용한다.

그러나 이런 반항은 순종의 또 다른 형태일 뿐이다. 자신의 가치 기준이 없기 때문에 다른 사람에게 반항함으로써 자신을 다르게 드러낼 수밖에 없다. **순종하거나 반항하는 것은 우리 자신을 수동적인 위치에 두고 다른 사람들이 우리의 행동을 결정하도록 하는 것이다.**

오래전 한 대학에 교생 실습을 나가 신입생 반의 담임을 맡았다. 그 반에 건들건들거리는 남학생이 있었는데 수업 태도도 성적도 그리 좋지 않았다. 신기하게도 이런 학생들이 에너지가 넘치고 활동력도 좋다. 반 대표 선거에서 그는 다른 남학생들에게 자신을 반 대표로 뽑아달라고 했고, 또 '뽑지 않으면 의리가 없는 사람'으로 간주하겠다며 학생들에게 부담을 줬다. 결국 많은 학생들이 그의 압박에 못 이겨 그를 뽑았다. 나는 교생이기는 했지만 담임으로서 심사숙고 끝에 선거 결과를 뒤집었다.

그 남학생은 매우 화가 나서 나에게 문자 메시지를 보냈다.

"선생님, 아시겠지만 저는 원래 대학에 와서 마음잡고 잘살아 보려고 다짐했었습니다. 그래서 친구들에게 절 반 대표로 뽑아달라고 부탁한 거고요. 그런데 지금 선생님께서 제가 한 발 내디딜 기회를 없애 버리셨으니 저는 계속 이렇게 엉망진창으로 살 수밖에 없습니다."

메시지를 받은 순간 죄책감이 밀려왔다. 혹시라도 내가 앞길이 창창한 청년의 미래를 망친 것은 아닐지 걱정스러웠다. 그렇게 한참을 생각하다 이 죄책감이 어디서 온 것인지 깨달았다. 바로 그 학생이 나에게 준 것이었다.

이 학생에게 목표가 있었고, 그것을 달성하지 못한 데 실망하고 심지어 분노까지 터뜨린 점은 충분히 이해할 수 있었다. 하지만 문제는 그의 표현 방식이었다. '내가 이렇게 엉망진창으로 사는 것은 모두 당신 탓입니다.'

이런 방식으로는 순간의 분풀이를 할 수 있지만, 결국은 '나는 좋은 생각을 했지만 당신은 그런 나를 만족시키지 못했기 때문에 내가 이런 상태에 빠진 건 모두 당신 책임이야. 다 당신 때문이야'라며 스스로를 다른 사람이 자신의 인생을 결정할 수 있는 수동적인 위치에 놓는다. 이것은 결코 성숙과 독립의 표현이 아니다. 그는 최종적으로 결과에 대한 대가를 치러야 할 사람이 자기 자신이라는 사실을 깨닫지 못했기 때문이다.

때로는 '나는 좋지 않다'는 말이 언어적 공격일 뿐 아니라 도움과 위로를 구하는 일상의 전략이 되기도 한다.

어느 날 내담자 P씨가 경험이 많은 상담사를 찾아왔다. 이상하게도 그는 하는 일마다 항상 망치곤 했다. 일을 잘하다가도 일부러 실수를 해서 결국 해고를 당하거나 여자친구를 만날 때도 일부러 불필요한 말을 해서 그녀를 화나게 했다. 이런 일이 생길 때마다 그의 어머니는 걱정이 돼서 어떻게 하면 아들을 도울 수 있을지 고민했다. 그러자 그는 어머니를 걱정시켰다는 죄책감에 사로잡혔다. 그의 이야기를 듣고 난 후 상담사가 말했다.

"당신이 스스로에게 조금이라도 좋은 것을 갖지 못하게 하는 이유는 조금이라도 좋은 것을 가지면 자신을 도와주고 보살펴 줄 사람이 없어질까 봐 두렵기 때문입니다."

'나는 좋지 않다'는 식으로 반항을 하든지, '나는 좋지 않다'로 동정을 얻든지 모두 자신을 수동적인 위치에 두는 것이다. 그 배후에는 '내 인생은 다른 사람이 책임져야 한다'는 가설이 존재한다.

타인의 단계 2: 차이를 인정하기 어렵다

타인의 단계 두 번째 특징은 다른 사람과의 차이를 인정하기 어려워하는 것이다. 타인의 단계에 있는 사람은 자신과 타인의 차이를 잘 인정하지 못한다. 우리는 다른 사람에게 영향을 받을 때도 있고, 반대로 다른 사람에게 영향을 주고 변화시켜 자신처럼 물들이고 싶을 때도 있다.

우리는 우리와 가까운 사람일수록 자신과 다르다는 사실을 인정하기 더 어려워한다. 우리는 자신이 다른 사람과 같다는 것을 확인함으로써 '우리는 같은 편이다' 혹은 '우리는 하나다'라는 유대감을 가지면서 외로움을 달래야 할 때가 있기 때문이다. 또 가끔은 상대방과의 차이가 자신을 위협한다고 느껴 부인하거나 공격함으로써 스스로를 방어하기도 한다. 그리고 자신과 교류하며 차츰 변화하는 다른 사람들의 모습을 변화를 통해 그들이 자신에게 관심을 갖고 공감한다는 것을 확인하고, 더 나아가 자신이 그들에게 중요한 존재라는 사실을 확인하고 싶어 한다. 이는 관계의 얽매임을 초래해 친밀한 관계에서 자신을 발전시킬 수 있는 여지를 잃어버리게 만든다.

차이를 인정하지 못하면 다양한 인간관계에서 갈등과 문제를 일으킬 것이다. 상담을 하다 보면 치열하게 싸우는 부부들을 자주 만나는데, 이들은 서로의 차이를 인정하지 못해 항상 긴장 속에서 살아간다. 앞서 이야기했던 부부의 사례를 다시 살펴보자.

아내가 남편에게 물었다.

"다른 집 애들은 다 수학올림피아드에 나간다는데, 우리 애만 안 나갔다가 뒤처지면 어떡하지?"

"우리 애는 아직 어린데, 뭐 벌써부터 시켜. 너무 닦달하면 심리적으로 안정이 안 돼서 나중에 공부해야 할 때 흥미를 잃을지도 몰라. 당장 눈앞의 이익만 보고 미래를 망치지 말자고!"

두 사람은 모두 자신의 주장하는 바가 맞다고 생각했기 때문에 조금도 타협하려 하지 않았고 결국 심하게 다퉜다. 물론 부부간의 차이는 인정만 한다고 해결되는 것이 아니라 서로 합의가 이뤄져야 다음 단계로 넘어갈 수가 있다. 하지만 만약 성숙한 부부라면 비슷한 상황에서 어떻게 대화를 나눴을까?

"나는 우리 애도 수학 올림피아드에 나가야 한다고 생각해."

"지금 나이에는 좀 더 노는 게 좋지 않을까?"

그들 또한 아이의 미래를 놓고 상의하는 과정에서 말다툼을 할 수도 있고, 그것이 부부싸움으로까지 번질 수도 있지만 결국 창조적인 방식으로 합의를 이끌어낼 것이다.

"그래, 그럼 일단 해 봐. 근데 애가 싫어하면 바로 그만두는 거야."

"그럼 먼저 책을 사서 보여주고, 재미있어 하면 학원을 보내는 걸로 하자."

이들은 견해의 차이가 있었지만 더 높은 차원에서 합의에 이르렀다. 어떤 갈등을 겪든 갈등이 관계에 영향을 주지 않도록 해야 한다. 이런 공감대가 있으면 오히려 서로의 갈등과 차이를 인정하기 쉽다.

독립의 단계: 개인의 간격을 깨닫는다

스스로 책임질 수 있는 능력과 차이를 인정할 수 있는 능력을 갖추면 인간관계에서 순종하거나 반항하는 함정에 쉽게 빠지지 않고 인간관계의 세 번째 단계인 독립의 단계로 들어간다. 이 단계에서 우리는 다른 사람의 과제가 무엇인지 어느 정도 구별할 수 있을 뿐만 아니라 그것을 자신과 분리시키는 것이 가능하고, 타인을 이해함과 동시에 자신을 존중할 수 있게 된다.

내 친구 중에 몸집도 제법 크고 용감한 친구가 있는데, 그는 어렸을 때 하루가 멀다 하고 싸움을 했다. 그러다가 마음을 잡아 어둠의 과거를 청산한 다음 대기업에 다니는 회사원이 되었다. 어느 날 나는 그와 이야기를 나누다가 갑자기 궁금해졌다.

"언제 네가 성숙해졌다고 느꼈어?"

"옛날에는 길을 가다가 시비가 걸리면 무조건 싸웠었는데, 지금은 도망가기 바빠."

그는 어떻게 시비에서 도망가는 것을 성숙으로 여기게 됐을까? 과거에 싸울 때는 용감하기는 했지만 그가 가진 행동의 근원은 건달이었다. 하지만 이제는 달라졌다. 그에게는 선택할 권리가 생겼다. 그는 시비가 걸렸을 때 예전처럼 싸울 수도 있고 그 자리를 벗어날 수도 있다. 이 선택의 자유가 바로 성숙이다.

"뭐야, 완전히 겁쟁이가 다 됐네. 그건 비겁한 변명일 뿐이야. 그 혈기는 다 어디로 간 거야? 널 보니까 우리가 정말 나이가 들긴 들었구나 싶네."

나의 농담에도 그는 전혀 기분 나빠하지 않았다. 그저 상대할 가치도 없다는 듯 웃어넘겼다. 그때 나는 그가 정말 성숙하다고 생각했다. 나의 어떤 농담과 도발도 그에게 영향을 주지 않았다. 이른바 왕년에 잘나갔던 사람이 겁쟁이라고 놀림을 받아도 흔들리지 않는다는 것은 놀라운 발전이 아닐 수 없다. 그는 자신만의 행동 원칙을 가지고 있고 무엇을 해야 하는지도 잘 알고 있었다.

프랑스 소설가 로맹 롤랑Romain Rolland은 '진정한 용기는 현실을 인식하고도 사랑할 수 있는 것이다'라고 했다. 이 말은 인간관계의 원칙에도 적용된다. 다른 사람의 태도가 아니라 우리 마음속의 신념이 우리의 행동을 이끌 때 우리는 주도적이며 자신에 대해 책임을 지는 자세를 배우게 된다. 그럼으로써 우리는 성숙해지기 시작한다.

공자는 '군자는 자기 자신에게서 잘못을 찾고, 소인은 남에게서 잘못을 찾는다(군자구제기 소인구제인君子求諸己 小人求諸人)'라고 했다. 군자는 내면의 규칙에 따라 행동한다는 뜻이며, 바로 이 이치를 말한다.

관계에서 자유로워져야 관계를 맺을 수 있다

기꺼이 고독해질 수 있을 때 독립이 이뤄진다

언젠가 생명에 관한 다큐멘터리를 보았는데, 모든 생명체는 아주 오래전에 같은 세포에서 진화했다고 한다. 세포가 끊임없이 분화되고 분리되어 다양한 동물과 식물, 미생물로 진화하면서 지구에는 풍부하고 다채로운 생명권生命圈이 생겼다.

어떤 의미에서는 우리도 이런 분화와 분리를 끊임없이 경험하고 있다. 생리학적으로 이와 같은 분리는 우리가 갓난아이로 태어나면서부터 이미 완성되었다. 그러나 관계의 분리는 결코 쉽지 않다. 가정이든 조직이든, 다른 집단이든 우리가 다른 사람에게 천진난만한 환상을 가지고 있다면 항상 다른 사람의 시선을 신경 쓰고, 다른 사람의 감정에 자신을 노출시키며 죄책감으로 인해 자신의 경계를 보호하지 못하거나 역으로 다른 이를 통제하려 들게 된다. 그러면 우리는 다른 사람과 분리되지 않고 여전히 하나의 상태로 남게 된다.

사람은 자기중심의 단계, 타인의 단계를 천천히 거쳐 독립의 단계에 도달해야만 비로소 인간관계에서 여유를 느낄 수 있다. 이때 통제를 받고 싶지 않으면 다른 사람도 더 이상 우리를 통제할 수 없다. 우리는 자유로워지는 동시에 다른 사람의 자유를 침해하지 않을 것이다. 관계 안에서 이뤄지는 모든 일은 마음에서 우러나온다. 그러나 독립은 결코 쉬운 일이 아니다. 어느 정도 외로움을 의미하기도 한다.

　독립적인 사람은 심리적으로 젖을 뗀 사람이다. 문제가 생기거나 기분이 좋지 않을 때, 우리는 더 이상 가족이나 친구, 동료에게 '당연한' 기대를 품지 않는다. 도움을 요청할 수는 있지만 이것은 어디까지나 자신이 책임져야 하는 과제다. 동시에 우리는 다른 사람이 문제에 처했을 때 도와주든 도와주지 않든 그 또한 그들이 해결해야 하는 과제라는 것도 알고 있다. 독립한 날부터 우리는 불평할 이유와 자격을 잃는다. 물론 우리도 다른 사람의 감정까지 책임질 필요는 없다. 사람과 사람 사이에 익숙한 통제와 기대로 관계를 유지하는 방식을 없앤 독립적인 사람이 어떻게 외롭지 않을 수 있겠는가?

　어쩌면 외로움은 인생의 진짜 모습일 수도 있다. 결국 이 세상에서 누구도 타인을 온전히 이해할 수 없고, 그 누구도 다른 사람의 인생을 온전히 책임질 수 없다. 우리는 항상 누군가를 소유한 것처럼 '우리 가족', '우리 남편', '우리 아이'라고 말한다. 그러나 소유는 관계에서 가장 큰 환상일 뿐이며 아무도 다른 사람을 소유할 수는 없다. **우리는 그저 각자의 여정에서 만나 서로 동행할 뿐이다.** 이렇게 생각하는 만남에는 장단점이 있지만, 우리는 결국 언젠가 모든 관계에서 헤어져서 각자의 길을 가게 된다.

그렇기 때문에 오히려 누군가의 도움에 감사해할 줄 알아야 한다. 타인이 우리에게 꼭 잘해 줄 필요는 없기 때문이다. 상대방이 우리를 속일지 또는 속이지 않을지 모르기 때문에 우리에게 신뢰가 생겨난 것이고, 우리가 떠날 수도 있고 또는 지킬 수도 있기 때문에 만남이 소중한 것이다.

자유는 미덕의 전제이며, 모든 인간관계 또한 자발적인 선택에 의한 것만이 미덕이 된다. 그렇지 않으면 '반드시 해야 하는' 강요가 되고 두 사람은 원망으로 서로 얽매이게 될 것이다.

독립과 고립은 다르다

그렇다면 독립은 관계의 친밀함과 모순되는 것일까? 꼭 그런 것은 아니다. 독립한 후에도 대부분의 사람들은 여전히 다른 사람과의 관계에 많은 시간과 에너지를 쏟지만, 이는 온전히 자신의 선택에 달려 있는 일이다. 내 강의를 들은 어떤 아버지의 질문이다.

"아버지의 일은 아버지의 일이고, 아들의 일은 아들의 일이면 나중에 아들에게 문제가 생겼을 때도 도와주지 말라는 건가요? 너무 이기적인 것 같은데 말이죠."

그때 그의 아들은 막 대학 입시를 끝내고 어느 대학에 지원해야 할지, 어떤 전공을 선택해야 할지 한창 고민하고 있었다.

"그런 뜻은 아닙니다. 아들을 돕는 것이 아버지로서 반드시 지켜야 할 의무와 같은 강요라고 생각된다면 도와주지 않아도 됩니다. 그건 어디까지나 아드님의 일이니까요. 하지만 아버지라는 신분과 의무가 아니더라도 아버지라면 항상 아들을 도와주고 싶은 마음을 가지고 있죠. 이때 비로소 아버지의 일이나 아들의 일이 아닌 '우리의 일'이 되는 겁니다. 어떤 강요나 기대 없이 아드님을 도울 때, 아버님은 스스로 자유로워지고 아드님에게도 자유를 줄 수 있지요."

독립은 사람들 사이의 고립을 부추기지도 악화시키지도 않는다. 이는 우리가 독립성과 자유를 믿으면서도 인간의 본성이 선함을 믿기 때문이다. 인간의 본성이 이기적이고 냉정하다고 믿으면 독립성과 자유는 자연스럽게 사람 간의 단절을 심화시킬 것이다.

그러나 강요 없이, '무조건'과 '당연함' 없이도 여전히 인간은 다른 사람에게 선의를 베푼다고 믿는다면 독립과 분리는 사람들 사이의 상호 지원과 도움을 자발적인 본성으로 되돌릴 뿐이다. 우리가 독립과 선의를 믿는다면 다른 사람이 실망할 것을 두려워하거나 기대나 도움에 보답을 하기 위해서기 아니라 단지 다른 사람에 대한 본능적인 사랑과 연민에 의해서 저절로 남을 돕게 된다. 우리가 굳이 그렇게 할 필요가 없다는 것을 알고 있으면서도 말이다.

분리는 인간관계의 끝이 아니라 시작이다

앞서 나는 성인 자녀가 부모와 분리되는 사례를 언급했다. 그럼 여기서 '그렇다면 나는 꼭 우리 가족에서 분리되어야 하는가?'라는 의문을 가질 수도 있다. 가족 발달 이론의 관점에서 보면 자녀가 자라서 집을 떠나는 것은 자기계발의 기본 법칙이다. 그러나 내가 강조하고 싶은 것은 바로 자발성이다.

대학을 졸업한 지 얼마 되지 않은 한 남성이 과제분리 이론을 듣고 나를 찾아와 부모님이 그가 고향으로 돌아오기를 원하신다고 했다.

그는 부모님의 어려움이 그들의 일이라는 것을 알고 있었지만, 고향으로 돌아가 부모님을 보살피기로 결정했다. 그 역시 이것이 자신이 하고 싶은 일이라고 생각했기 때문이다. 나는 이렇게 응원했다.

"잘됐네요. 행운을 빌어요."

가족 치료사 모니카 맥골드릭^{Monica McGoldrick}은 《가계도 분석을 통해 본 세계 유명인의 가족비밀^{You Can Go Home Again}》에서 가정을 떠나 본 사람만이 집으로 돌아갈 수 있다고 말했다. 마찬가지로 우리는 관계에서 독립적일 때에만 성숙한 태도로 진정한 자주적인 관계를 맺을 수 있다. 분리는 관계의 끝이 아니라 자발적인 선택이다.

몇 년 전 나는 둥베이^{東北} 지역의 한 모자가 나오는 프로그램을 본 적이 있다. 어머니는 이미 여든을 훌쩍 넘었고 아들도 예순이 넘어 은퇴 후 생활을 보내고 있었다. 도심 아파트에 사는 어머니가 지루한 나날을 보내자 아들은 삼륜차를 개조해서 어머니를 모시고 전국을 누비며 여행을 했다. 연세가 너무 많다 보니 어머니는 방송 중에도 잠이 들어 코를 골기도 했다. 그녀가 깨어나 여정의 에피소드를 이야기할 때 의사 전달이 명확하게 되지는 않았지만 얼굴에 웃음꽃이 활짝 피었다. 진행자가 물었다.

"아드님과 삼륜차를 타고 전국을 여행하는 기분이 어떠세요?"

진행자를 포함한 모든 사람들은 아들에 대한 고마운 마음을 표현할 줄 알았는데, 어머니는 고개를 빳빳이 들고 대수롭지 않게 말했다.

"이게 뭐 별거인가요. 자식이면 다 하는 거죠."

아들은 그녀 옆에서 헤헤 웃고 있었다.

"저희는 이렇게 계속 갈 준비를 하고 있어요. 만일 어머니가 먼 곳으로 떠나시더라도 안심하고 가실 수 있을 것 같아요."

이 프로그램은 10년도 더 돼서 지금은 그의 어머니가 돌아가셨을 수도 있지만 나는 아직도 두 사람의 순수한 웃음이 잊히지 않는다. 그 웃음에는 세상에서 가장 소박하고 깊은 사랑이 녹아 있었다.

어떤 관계도 절대적인 것은 없다. 자신의 삶을 만든 것은 다름 아닌 자기 자신이다. 그것을 알면서도 자신이 힘들게 사는 것에 대해 다른 사람을 비난 해서는 안 된다.

관계에서 벗어날 수 있어야 관계를 맺을 수도 있다

마지막으로 어떤 화가의 이야기로 인간관계에 관해 이야기한 이 장을 마치려고 한다. 아주 유명한 화가는 아들이 가업을 물려받기를 바라는 마음으로 어려서부터 아들에게 그림을 가르쳤다. 아들은 어린 시절 내내 엄격한 아버지 밑에서 그림을 그려야 했고 온갖 비난과 지적도 감수해야 했다.

그렇게 고등학생이 된 아들은 반항하기 시작했고 더 이상 그림을 그리지 않겠다고 선언했지만 화가는 아들에게 예술대학에 지원하도록 강요했다. 결국 아들은 억지로 진학한 대학에서 4년 내내 붓을 들지 않았고, 학업을 포기한 다음 사업을 시작했다. 아버지의 온갖 협박과 회유에도 아들은 자신의 뜻을 굽히지 않았다. 부자간에 많은 갈등과 다툼이 있었지만 결실은 맺지 못했다. 결국 화가는 안타깝지만 자신의 뜻을 포기해야 했다.

몇 년 후 화가가 병으로 세상을 떠났는데, 떠나기 전 아들에게 용서를 구했다.

"내가 잘못했다. 네가 하기 싫은 일을 강요해서는 안 됐는데, 미안하구나. 아버지를 용서해다오. 그리고 네가 하고 싶은 일을 하거라."

화가가 세상을 떠난 후 아들은 다른 도시로 가서 다시 붓을 들었다. 그리고 마흔이 넘어서 그 역시 유명한 화가가 되었다.

관계는 이렇게 신비롭다. 관계는 자신을 잃어버리게도 하고 다시 찾게도 해준다. 관계에 대한 집착을 버려야 우리가 진정으로 원하는 것이 무엇인지 알 수 있을 것이다.

제4장

역경의 극복

우리는 결코 멈추지 않고 끊임없이 발전하고 변화한다. 관계적 관점이 자신을 다른 사람과 연결시킨다면, 변화적 관점은 현재를 과거 그리고 미래와 연결해준다. 지금부터 나는 사람들을 변화의 과정에 두고 변화적 관점에서 자기 자신과 자신의 발전을 다시금 새롭게 이해하도록 도울 것이다. 이 장에서는 사람이 어떻게 변화에 저항하는지, 또 변화에 적응하는 것이 얼마나 어려운지 이해하고, 이러한 변화로부터 새롭고 위대한 자아를 발전시키는 방법에 대해 모색하고자 한다.

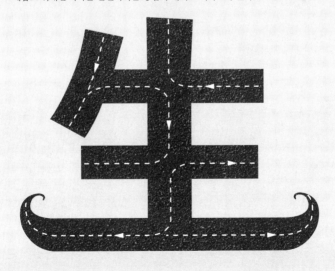

역경은 나를 다시 세우는 새로운 기회다

어떤 시련을 겪었는지에 따라 어떤 사람인지가 결정된다

지난 장에서 언급했듯이 모든 사람은 독립적이지 않다. 자신을 관계 사이에 두어야만 우리는 자신을 더 잘 이해하고 발전시킬 수 있다. 그래서 이 장에서는 우리 모두가 고정된 존재가 아니라는 사실을 이야기하고자 한다. 변화의 흐름에 자신을 던져야 비로소 자신을 더 잘 이해할 수 있고, 또 발전할 수 있다.

이 장을 시작하기 전에 몇 가지 물어보고 싶다. 지금까지 살면서 인생의 중요한 변화가 언제 일어났는지 기억하고 있는가? 학교를 졸업하자마자 낯선 사회생활에 뛰어들었는가? 아니면 다른 사람이 부러워하는 회사를 그만두고 새로운 진로를 찾아 나섰는가? 혼자만의 삶을 마치고 사랑하는 사람을 만나 결혼하고 가정을 이뤘는가? 아니면 사랑하는 사람을 떠나보내고 혼자만의 삶을 새롭게 시작했는가? 당신의 마음을 설레게 하는 꿈을 찾았는가? 아니면 오랫동안 싸우다가 포기하고 말았는가?

어떤 변화를 거쳐서 지금 여기의 자신이 되었는지 기억할 수 있는가? 기억은 항상 과거를 매끄럽고 논리적인 곡선으로 쉽게 정리해서 자신의 변화가 지속적이고 완만하며 점진적인 과정이라고 착각하게 만든다. 사실은 그렇지 않다. 현실에서 자기계발은 늘 많은 비약적인 변화를 요구하며, 이 과정에는 급격한 변화와 극심한 불안이 수반된다. 마치 어느 순간, 갑자기 인생의 신비로운 붉은 선을 넘어 한 번도 가본 적이 없는 미지의 영역에 도달한 자신을 발견하는 것과 같다. 익숙한 과거의 삶은 이미 지나갔고 원하는 새로운 삶은 아직 오지 않았으며, 당신은 과거와 미래의 갈림길에 남겨진 채 길을 잃고 헤매고 있다. 이것이 바로 '전환기'다.

왜 자기계발과 심리학을 이야기하는 책에서 전환기에 대해 이야기해야 하는 것일까? 그만큼 인생에서 전환기가 중요하기 때문이다. 인간은 어떤 전환기를 보냈고 어떻게 전환기를 통과했느냐에 따라 어떤 사람인지가 결정된다. 평생 순조로운 삶을 영위하며 어떤 어려움도 겪어본 적이 없는 사람은 그 순조로움 자체가 다른 형태의 좌절이 되어 그를 평면적이고 피상적인 사람으로 만들 것이다. 모든 전환기는 우리의 세계와 자아에 대한 인식을 갱신하고, 우리의 의지와 정신을 시험하며, 우리의 자아에 새로운 내용을 더해 준다. 만약 이런 것들이 없다면 자아는 무미건조해질 것이다.

자기계발은 우리가 단계를 뛰어넘는 데 도움이 되는 특별한 장력을 필요로 한다. 전환기는 바로 이러한 장력을 제공한다. 그래서 사람에게는 전환기가 필요하다. 이 기간을 어떻게 경험하고 넘기는지도 자아 형성과 발전에서 중요한 부분을 차지한다.

익숙한 내가 죽고 새로운 나로 재구성되는 시기

전환기는 자기계발에 있어 두 가지 의미를 갖는다. 하나는 우리 자신에 대한 이해를 새롭게 하는 것이다. 일상생활에서 우리는 예민함, 소심함, 열등감 등 여러 가지 고정된 성격의 꼬리표로 자신을 표현하는 것에 익숙한데, 이것이 정체된 관점이다.

발전적 관점은 사람이 변한다는 것을 깨닫는 것이다. 변화의 단계에 따라 우리의 심리 상태도 달라진다. 아주 중요한 전환기에는 심리적 변화가 평소와 다르게 특히 극대화될 수 있다. 따라서 부정적인 심리 상태는 자신의 특징이 아니라 변화의 특성일 가능성이 높다.

예를 하나 들어보자. 병원에서 우울증 진단을 받은 친구가 있는데, 이로 인해 그는 매우 큰 심리적 압박을 받고 있다고 말했다. 우울증으로 인한 문제에는 정서적인 어려움뿐만 아니라 '우울증'이라는 꼬리표에 따라다니는 무거운 의미도 무시할 수 없다. 그저 마음이 아픈 것뿐인데, 더 이상 정상적인 사람이 아니라는 평가까지 감내해야 하기 때문이다. 하지만 이것은 일종의 정지된 관점에서 바라본 모습이다.

그렇다면 발전적 관점에서 보면 어떨까? 나는 우울증에 걸린 사람을 보면 그가 인생에서 중요한 변화를 겪고 있기 때문에 그런 것이라고 생각한다. 그의 우울증이 매우 심각하다면 그에게 있어 이 변화의 과정이 특히 중요하기에 그만큼 매우 힘겨운 것이라고 생각한다. 또 그의 우울증이 장기간 지속된다면 그가 변화의 과정 중 어딘가에 끼어서 변화가 순조롭게 이뤄지지 않게 되었다고 생각할 것이다. 이것이 바로 발전적 관점이다. 사람 자체에 문제가 있는 것이 아니라 변화의 과정에 문제가 생긴 것이다. 우리가 어딘가에 막히거나 걸리면 우울한 기분이 드는 것처럼 말이다.

이러한 관점은 많은 이점을 가져다준다. 살바도르 미누친도 이와 관련된 사례를 이야기한 적이 있다.

칠순에 가까운 할머니는 한 아파트에서 25년을 살았다. 어느 날 그녀는 집에 도둑이 든 것을 발견하고 이삿짐센터를 찾아 이사를 했다. 그러나 이사를 마친 후에도 그녀는 이삿짐센터 직원들이 자신을 감시하고 있다는 생각이 들었다. 그들은 일부러 귀중품을 잘못 두거나 잃어버렸고 그녀의 새 가구에 암호(사실 이삿짐센터가 가구에 붙이는 표식) 같은 표시를 남겼다. 그녀가 외출을 하면 직원 중에 하나가 그녀를 따라다니며 서로 신호를 주고받곤 했다.

그녀는 정신과 진료를 받았고 의사는 당연히 그녀에게 정신적인 문제가 있어서 망상 증상을 보인다고 판단해 약을 처방해줬다. 하지만 그녀는 의사가 의도적으로 자신을 해치기 위해 약을 처방했다는 의심이 들어 약을 먹고 싶지 않았다. 결국 그녀는 심리 상담사를 찾아갔다. 상담사는 정신적 문제는 언급하지 않고 현재 그녀의 상태에 대해 설명해줬다.

"여사님은 지금 특별한 시기를 보내고 계세요. 오래 살았던 집과 익숙한 물건, 친한 이웃처럼 오래된 껍데기를 잃어버렸어요. 그래서 껍데기가 벗겨진 갑각류처럼 쉽게 상처를 받을지도 몰라요. 새로운 껍데기가 자라면 더 좋아질 거예요."

상담사는 새 껍데기가 자라는 시간을 단축하기 위해, 예를 들어 어떻게 하면 새집을 원래의 아파트와 비슷하게 꾸며서 삶을 다시 규칙적으로 만들 수 있을지에 대해 그녀와 이야기를 나눴다. 또한 새 껍데기의 성장 주기와 맞지 않으니, 2주 안에 새로운 곳에서 친구 사귀는 것을 기대해서는 안 된다고 덧붙였다. 친구를 만나려면 이전에 살던 곳으로 가야 하는데, 친구와 가족에게 부담을 주지 않기 위해 가능하면 의심스러운 경험은 이야기하지 않는 것이 좋고 혹여나 누가 물으면 그저 노년에 흔히 겪는 문제라고 말하라고 권했다.

정신과 의사도 진단을 내리는 데 있어 당연히 자기만의 근거가 있었을 것이며, 대부분의 경우에는 정신과 치료를 위해 의사가 처방한 약물을 복용해야 한다. 하지만 이 할머니의 경우 심리 상담사는 새 껍데기의 비유를 사용해 그녀의 감정을 자기계발의 과정에 뒀다. 외로운 할머니에게 필요한 것은 '망상'이라는 꼬리표가 아니라 희망과 탈출구였다. 이러한 껍데기 비유는 실제로 그녀가 탈출구를 찾는 데 도움이 되었다. 이것이 바로 발전적 관점으로 자신을 보는 이점이다.

이 껍데기 비유가 갖는 역할이 바로 전환기의 두 번째 의미인 자기계발에 대한 이해를 새롭게 하는 것이다. 나도 상담 중에 비슷한 말을 자주 한다.

"몇몇 동물과 마찬가지로 인간도 어느 정도 자라면 지금까지 자신을 감싸고 있던 껍데기를 스스로 벗겨내야 해요. 묵은 껍데기에서 벗어나기란 매우 고통스럽지만 반드시 거쳐야 하는 과정이죠. 오래된 껍데기는 동물의 성장을 제한하니까요. 오래된 껍데기에 갇혀 있으면 더 자랄 수 없어요. 이 묵은 껍데기는 오래된 직업이나 관계, 습관으로 이해해 볼 수 있어요. 자기계발도 여러 번 탈피를 겪어야 하는

데, 이는 우리에게 고통과 혼란을 안겨주기도 하죠. 하지만 그건 나에게 문제가 있다는 의미가 아닙니다. 자기 발전을 이루기 위해 반드시 거쳐야 하는 과정에서 마주하는 것이니까요.”

경험적 관점에서 자기계발은 새로운 행동을 통해 새로운 경험을 창조하는 과정이다. 사고 진화적 관점에서 자기계발은 현실과의 접촉을 통해 새로운 사고를 만들어내는 과정이고, 관계적 관점에서 보면 ‘네 것’과 ‘내 것’을 구분해 새로운 관계를 구축하는 과정이다.

변화적 관점에서 자기계발은 자기 파괴와 재건을 통해 이전 단계에서 새로운 단계로 넘어가는 과정이다. 이 단계의 변화는 항상 새로운 경험과 새로운 생각, 새로운 관계를 낳기에 변화의 결론이라고 할 수 있으며 다른 변화를 경험할 때보다 격렬한 감정적 파동을 경험하게 된다. 즉 자기계발이란 발진의 양적 변화가 아니라 질적 변화인 것이다.

올챙이가 천천히 자라는 것은 양적 변화다. 그런데 어느 날 올챙이의 꼬리가 사라지고 조금씩 개구리의 형상으로 변화되는데, 이것이 질적 변화다. 개구리는 올챙이에서 시작하고 발전했지만 그렇다고 해서 개구리가 다 자란 올챙이는 아니다. 마찬가지로 직장에서 매일 새로운 것을 접하다가 가끔 창업을 하는 것이 좋지 않을까 고민하기도 하고, 사랑하는 사람과 문제가 생기면 서로가 잘 맞는지 가끔씩 의문이 들 때도 있다. 그러나 막상 회사를 그만두고 창업을 한다거나 사랑하는 사람과 헤어지기로 결심했을 때 느끼는 감정은 매우 다를 것이며 이후의 경험은 훨씬 더 다를 것이다. 생활의 전환기는 바로 이런 질적 변화다.

이전 단계에서 새로운 단계로 넘어가는 과정이 ‘죽음과 부활’의 개넘과 매우 흡사하다고 말하는 사람도 있다. 자기 안에 있는 쓸모없어진 부분은 변화하면서 천천히 죽지만 새로운 자아는 이런 변화 속에서 자라난다. 이것이 바로 자아가 하나하나 변화하는 과정이며, 이를 통해 자아는 끊임없이 성장하고 새로워지며 점점 풍부해진다.

그러나 세속적인 의미에서 보자면 변화가 반드시 더 나은 삶으로 이어지는 것은 아니다. 우리는 실연당한 친구에게 더 좋은 사람을 만날 수 있을 것이라고 위로하고, 퇴사한 친구에게 더 좋은 직장을 찾을 수 있을 것이라고 위로한다. 정말 운이 좋다면 이런 일이 일어날지도 모른다. 하지만 이런 측면으로 변화를 이해하는 것은 지나치게 계산적으로만 접근하는 것이다.

변화의 본질은 외부의 낡은 것을 새로운 것으로 교체하는 것이 아니라 내면의 자아를 재구성하는 것이다. 우리가 이 단계를 순조롭게 통과해 자아의 재구성을 완성한다면 내면에 깊은 지혜가 생기고, 우리 자신에 대해 더 많이 알게 될 뿐만 아니라, 자신과의 관계가 잘 정리되고 스스로에 대해 더욱 확고해지며 모든 두려움이 사라지게 된다.

원시 부족에게는 사람들의 변화 과정을 돕는 신비로운 의식이 존재했다고 한다. 예컨대 저녁이 되면 마을 사람들은 모닥불 주위로 모여 성년이 되는 청년을 둘러싸고 노래를 부르고 춤을 춘다. 부족의 장로들은 청년을 위한 부족의 노래를 부르고 낫으로 청년의 얼굴에 두 개의 흉터를 새긴다. 이 흉터는 혹독한 인생을 상징한다.

그러면 청년은 부족을 떠나 깊은 숲속으로 들어간다. 이제 그는 지금까지 자신을 구성해온 신분도 가족도 부족도 없이 세상에 홀로 떨어진 자기 자신으로만 남게 된다. 그렇게 그는 외딴 곳에서 오롯이 있는 그대로의 자신과 마주하게 된다.

두 달 뒤 새로운 신분으로 돌아온 그는 이제 더 이상 소년이 아니며, 얼굴의 상처는 성인의 표식이 된다. 성인이 된 상징으로 그의 부모는 그가 어릴 때부터 사용했던 이불을 불에 던져 태워버린다. 부족으로 돌아온 청년은 처음에는 부모도 알아보지 못하고 익숙한 것도 기억하지 못한다. 어린 시절의 모든 기억은 아득해진 지 오래다. 이제 부모는 그에게 새로운 이름을 지어준다. 부족의 장로들은 그가 완전히 새로운 삶에 익숙해질 때까지 변화의 과정을 돕는다.

우리에게 이런 의식은 없지만 우리 또한 살아가면서 이러한 변화를 겪고 있다. 익숙한 곳을 떠나서 광야에서 자신을 마주하고 마침내 새로운 나로 돌아오는 것이다.

익숙했기에 결별을 미뤘던 과거에서 벗어나기

변화는 끝에서 시작한다

전환기의 심리적 단계에는 특별한 규칙이 있는데, 미국의 작가 윌리엄 브리지스William Bridges는《변환 관리Managing Transitions》에서 변화는 '끝 – 중립 – 새로운 시작'의 세 단계를 거쳐야 한다고 했다. 그는 변화란 항상 과거에 대한 '끝'에서 시작하고, 끝낸 뒤에는 공허와 고통이 지배하는 '중립지대'에 접어들며, 이 시간을 견뎌내면 마침내 '새로운 시작'이 있다고 생각했다.

왜 변화는 끝에서 시작할까? 왜 우리는 인생에서 계속해서 더할 수 없고 먼저 빼야 하는 것일까? 예전에 나는 이 문제를 잘 이해하지 못했는데, 시스템 안에서 움직여야만 했던 대학 교수에서 프리랜서 심리 상담사가 되기까지 많은 변화를 겪으면서 서서히 이해하게 됐다. 바로 자기계발에는 자기만의 공간이 필요하다는 것이다.

우리가 집을 꾸밀 때 새로운 가구를 들이려면 오래된 가구를 버려야 하는 것처럼 우리가 먼저 끝내고 포기하고 비워야만 새로운 발전을 위한 공간을 마련할 수 있다. 그러나 이것이 바로 변화의 가장 어려운 점이기도 하다. 누가 쉽게 끝내기를 바라겠는가? 그래서인지 우리는 끝에 대해 크게 오해하고 있는 것들이 많다.

첫 번째 오해, 끝을 종결의 한 형태, 발전의 최종 결과라고 생각한다. 시작해서 끝나면 그 뒤로 아무것도 없다고 여기는 것이다. 그러나 변화의 과정에서 끝은 최종 결과일 뿐만 아니라 오히려 다른 형태의 시작이기도 하다.

두 번째 오해, 끝을 배제해야 할 의외의 요소로 치부하고, 그것은 정상적인 발전 궤도가 아니라고 생각한다. 그러나 끝은 곁가지나 의외의 것이 아니라 자기계발의 과정에 포함된, 누구나 겪어야 하는 일이다.

세 번째 오해, 끝을 잘못과 동일시한다. 내 친구는 아내와 사이가 좋지 않았다. 그는 애초에 배우자를 잘못 선택했다고 여겨 이 실수를 바로 잡고자 아내와 이혼하고 다시 시작하는 게 맞는지를 물었다. 나는 그에게 단호하게 대답했다. "끝내는 것이 실수를 바로잡는 것은 아니야."

그 당시 그가 어떤 선택을 했든지 나름의 이유가 있겠지만 이것은 실수도 잘못도 아니다. 다만 일이 발전하면서 원래 옳았던 일이 점점 옳지 않게 변할 수도 있을 뿐이다. 사실 끝에는 여러 가지 의미가 있으며 이혼과 같은 마무리는 끝내기의 한 형태일 뿐이다. 이별이 아니라도 마음속에 있는 이상형의 환상을 버리고 서로에게 상처를 주는 교제 방식을 바꾸는 것 또한 끝내기다. 물론 이혼보다 쉽지 않다.

끝내기는 잘못을 바로잡는 것이 아니라 우리가 변화에 적응하는 한 형태다. 끝내기는 과거 생활의 끝이지만 삶 자체의 끝을 의미하지는 않는다. 그것은 단지 우리가 변화에 적응하는 과정이며 반드시 거쳐야 할 과정일 뿐이다.

끝내기에서 가장 중요한 점은 바로, 벗어나는 것이다. 아이가 어머니 몸에서 떨어져 나오는 것처럼, 뱀이 딱딱한 껍질을 벗고 나오는 것처럼, 끝내기는 벗어나는 것에서 시작된다. 벗어나는 것은 환경과 신분, 목표의 세 가지 영역에 적용된다.

끝의 시작이 적용되는 영역 1: 익숙한 환경에서 벗어나기

끝이 나면 우리는 익숙한 환경과 관계에서 떠난다. 우리의 언행은 우리가 처한 관계와 환경에 따라 결정되며, 관계와 환경은 무엇이 옳고 그른지를 규정한다. 그러므로 변화가 발생하면 먼저 원래의 관계와 환경에서 벗어나 자기 자신에 대해 다시 생각해 봐야 한다.

한 친구는 몇 년 전 메이저 언론사를 그만둔 다음 SNS 계정을 운영하고 있다. 그의 퇴사 소식을 들은 주변 동료들은 의아한 눈빛으로 그를 바라봤다. 친한 동료들은 그가 다니는 직장이 얼마나 안정적이고 다른 사람들에게 얼마나 선망의 대상인지를 거듭 설명하며 충동적으로 결정하지 말라고 설득했을 것이다. 또 별로 친하지 않은 동료들은 '진짜 대담하다!'라며 영혼이라고는 찾아볼 수 없는 반응을 보였을 것이다. 퇴사 수속을 하러 갔을 때 인사팀 담당자가 물었다.

"정말 퇴사할 거예요?"

"네, 그만둘 겁니다!"

"당신 직책의 결재라인을 확실히 알아야 하겠지만, 어쨌든 부서장의 결재가 필요해요."

주변 사람들의 이런 반응에 그는 잘못된 선택을 했다는 생각이 들어 조금 불안해지기도 했다. 하지만 막상 회사를 그만두고 새로운 미디어 환경에서 새로운 사람들을 만나 보니, 쇠퇴하고 있는 기존 미디어를 사수하는 동료들이야말로 진짜 아웃사이더라는 생각이 들었다.

변화는 새로운 깨달음을 가져다주지만 처음부터 새로운 깨달음을 갖기는 어렵다. 우리는 무엇이 잘못되었는지 쉽게 알 수 있지만 무엇이 옳은지는 바로 알기가 어렵다. 관계나 환경에서 항상 지치고 우울하고, 심지어 너무 절망적이어서 미래를 생각할 수조차 없다면 그것은 어쩌면 변화가 필요하다는 신호일 수 있다.

당신이 여전히 예전의 환경과 관계에 있다면 모두가 당신에게 상황에서 벗어나는 것이 매우 잘못된 결정이라고 말할지도 모른다. 하지만 원래의 환경과 관계에서 벗어나지 못하면 새로운 길을 발견하기 어렵다. 앞에서 언급한 성인식처럼 어른이 되기 위해 청년은 가족과 부족을 떠나 외로운 방황 속에 자신을 맡기고 자신이 누구인지 생각해야 한다. 우리의 끝은 항상 익숙한 환경을 떠나거나 관계를 떠나는 것에서부터 시작된다.

끝의 시작이 적용되는 영역 2: 기존의 신분에서 벗어나기

우리가 원래의 환경과 관계에서 벗어날 때, 그것과 연결된 역할과 신분에서도 분리되기 때문에 이로 인한 새로운 혼란을 겪기도 한다. **신분이란 우리가 자신을 보는 방식이자 다른 사람이 우리를 보는 방식이다.**

즉 신분은 '나는 누구인가'라는 질문에 있어서 자신과 다른 사람이 이뤄낸 일종의 공감대다.

원래 신분이란 워낙 확고해서 우리를 제한하고 동시에 충분한 안정감을 제공해줬다. 그것은 자아의 껍질과도 같다. 그래서 그 껍질이 깨지면 우리는 자신이 누구인지 혼란스러워진다. 내가 저장대학에서 일할 때에는 '저장대학교 교수'라는 호칭이 그렇게 대단하다고 생각하지 않았다. 그러나 이직을 고민하던 중 어느 기업에서 초청을 받아 강연자로 나서게 됐다. 발표 자료의 첫 페이지를 작성하는데 잠시 망설이다가 '저장대 교수'라는 호칭을 집어넣었다.

저장대학을 정말 그만두고 난 후 한동안 나는 자신감을 상실했음을 깨달았다. 그러던 어느 날 전화가 왔다.

"천 교수님, 우리 아이가 대학생인데 학교에서 문제가 좀 있나 봐요. 친구 소개로 전화 드렸는데, 혹시 상담을 받을 수 있을까요?"

지금까지 많은 내담자들이 날 찾아온 이유는 '저장대학교 교수'라는 신분 때문이라고 생각했다. 그래서 이런 전화를 받으면 나는 본능적으로 아이에게 무슨 문제가 있는지 물어보는 것이 아니라 내가 학교를 그만둔 것을 알고 있는지부터 물어보곤 했다. 그날도 역시 같은 질문을 던졌다.

"제가 학교를 그만둔 건 알고 계시죠?"

"네, 알고 있습니다. 그래도 교수님을 믿어요."

지금까지도 그 어머님께 매우 감사한 마음을 가지고 있다. 그녀는 내가 어디에서 일하기 때문이 아니라 나라는 사람 자체를 신뢰해줬다. 이를 계기로 나는 나 자신을 다시 돌아보며 신분이 가져다주는 것이 무엇인지, 특정한 신분을 벗어난 이후에 내가 여전히 가지고 있는 것은 무엇인지에 대해 생각해 봤다. 이러한 고민 끝에 도달한 자아의 핵심은 자아의 본질에 더 가까울 것이다.

신분에 대한 혼란은 우리가 기존의 관계와 상황에서 벗어날 때 흔히 경험하는 현상이다. 끝날 때 벗어난 신분이 자기 정의의 핵심에 가까울수록 변화가 가져오는 고통은 커진다. 예를 들어 결혼을 하고 나면 우리는 자신을 누군가의 아내나 남편으로 정의하고 아내나 남편의 신분으로 자신의 생활을 재구성한다. 그러다 이혼하게 되면 매우 큰 고통을 느낀다. 많은 사람들에게 아내나 남편은 매우 핵심적인 신분이기 때문이다.

이런 신분에서 벗어나는 것은 늘 강한 불안과 수치심을 동반한다. 우리가 아무리 변명하고 다른 사람이 우리를 위로한다고 해도 우리 마음속에는 여전히 풀리지 않는 의문이 남는다. '내가 충분히 잘하지 못했나? 이 신분을 잃었다는 것은 내가 실패했다는 뜻인가?' 이러한 의문은 신분에서 벗어나는 것뿐만 아니라 목표에서 벗어나게 한다.

끝의 시작이 적용되는 영역 3: 목표에서 벗어나기

사람들은 목표에 따라 삶을 운영한다. 목표에는 과거의 치열함과 미래의 기대가 담겨 있다. 무엇이 중요하고 무엇이 중요하지 않은지, 무엇을 해야 할지 말아야 할지를 정의하고 무엇이 성공이고 실패인지를 확정한다. 우리가 끝내기를 선택한다는 것은 우리가 한때 붙잡았던 목표를 포기한다는 것을 의미한다. 그리고 끝을 보고 나면 이렇게 오래 버텨왔는데 왜 더는 버틸 수 없었는지에 대한 의문이 든다.

만약 정말로 버텨내지 못하면 이 또한 실패라고 받아들인다.

그러나 다른 관점에서 생각해 보면 목표는 우리의 삶을 이끌어가기도 하지만 우리의 생각을 제한해서 우리가 목표와 관련된 부분만 보게 하고, 목표 자체가 가치 있는 것인지 궁리할 수 있는 능력을 상실하게 한다.

도시 직장가에 늘어선 고층건물들 밑에는 일상과 일의 균형을 잃어버린 채 바쁘게 움직이지만 행복하지 않은 사람들이 쉴 새 없이 오간다. 그들 중 많은 사람들이 자신만의 목표를 가지고 있을 것이다. 어쩌면 그들의 눈에는 승진과 연봉 인상, 회사로부터 인정을 받는 것이 가장 중요해 보일지도 모른다. 그래서 항상 '조금만 참으면 괜찮아질 거야', '승진만 하면 괜찮을 거야', '회사가 상장만 하면 괜찮을 거야' 등의 말로 자신을 격려할 것이다.

그러한 목표지향적인 시스템에서 불행한 현재는 미래의 희생자가 된다. **물론 끝까지 버틴다는 것은 좋은 것이지만 한편으로는 그저 '난 변하고 싶지 않아'라는 생각을 다르게 표현한 것에 지나지 않는다.**

목표를 잃으면 매우 실망하게 되므로 우리는 항상 목표를 놓지 않으려고 애쓴다. 목표를 기준으로 생각해 보면 목표를 놓친다는 것은 실패를 의미할 수 있다. 그러나 목표를 향한 경로에서 잠시 이탈해 보면 우리는 인생에서 무엇이 중요하고 중요하지 않은지 다시 생각할 수 있는 기회를 갖게 되며, 그러면서 우리를 더 가치 있고 행복하게 만드는 목표를 다시 찾을 수도 있다. 이것은 자기계발에 있어서 매우 중요한 과정이다.

끝내고 싶지 않고 변화에 적응하고 싶지 않은 것은 매우 일반적인 심리적 안전지대다. 우리는 어떤 일이 정말로 끝나가고 있는 것을 알면서도 어떻게든 끝을 미룰 방법을 찾는다. 이미 이 일이 우리에게 익숙해졌기 때문에 자신에게 적합하지 않은 줄 알면서도 머무르려고 한다.

　비슷한 예로 우리는 자신에게 끊임없이 상처를 주는 관계를 유지하려고 애쓰곤 하는데, 이 관계에서 달콤함을 맛볼 수 있기 때문이다. 그리고 지금까지 해왔던 오래된 방식이 효과가 있었기 때문에 더 이상 새로운 방식으로 새로운 일을 처리하려고 하지 않는다. 한마디로 우리는 아픔을 두려워하기 때문에 끝내지 못한다. 그리고 때로는 끝날까 봐 두려워서 상황을 더욱 어렵게 만들고 자신을 발전시킬 기회조차 놓치곤 한다.

새로운 나를 만나기 위해서는 기다림이 필요하다

중립지대, 과거와 미래 사이에 놓인 의미의 진공 공간

많은 사람들이 정말 끝나는 순간에 불안함보다 자신을 힘들게 했던 문제에서 벗어났다는 생각에 오히려 해방감을 느낀다는 말을 많이 들었다. 그러나 끝은 답이 아니라 우리에게 더 많은 질문을 던진다. 끝난 뒤에는 막막함이 엄습한다. 지식공유 앱인 더다오 창업자인 뤄전위는 CCTV(중국중앙텔레비전)에서 퇴사한 후 한동안 불안 상태에 있었다고 한다. 대부분의 끝에는 이런 공허함과 막막한 시간이 뒤따른다. 우리가 끝을 두려워하는 이유는 그로 인해 발생하는 손실뿐만 아니라 끝난 후에 오는 공허함과 막막함 때문인 경우가 많다.

삶의 의미에는 두 가지 중요한 근원이 있다. 하나는 목표 의식인데, 우리는 가치 있는 목표를 통해 자신의 현재와 미래를 연결한다. 목표가 없으면 일과 생활 모두 허무한 상태가 되고 그러면 자연스럽게 공허해지고 힘이 빠진다.

또 하나는 인간관계다. 사실 인간의 의미는 관계 안에서 짜인 것이다. 살면서 매우 외롭고 친밀한 관계가 부족하다면, 누가 정말로 우리를 아끼고 또 우리가 누구를 아끼는지 모른다면 우리도 동일하게 공허함과 지루함을 느낄 것이다.

끝이 난 후 혼란스럽고 막막한 시기가 이어지는 까닭은 우리가 원래의 관계, 원래의 신분, 원래의 목표에서 벗어나면서 일시적으로 의미를 만들어내는 토양을 잃어버렸기 때문이다. **이전 생활은 이미 지나갔지만 새로운 생활은 아직 오지 않았다. 끝을 맞으면 우리가 어디에 있고, 어디로 가야 하는지 모르는 의미의 진공 상태에 놓이게 된다.**

중립지대에서의 심리 상태 1: 과거로 돌아가고자 한다

나는 끝과 시작 사이에 놓인 이러한 중립지대를 특별한 그릇이라고 생각한다. 여기에는 공간이 아니라 특정한 인생 단계가 담겨 있으며, 이 안에서 우리는 과거를 정리하고 미래를 키워가야 한다. 끝을 경험한 다음 바로 새롭게 시작해서 새로운 변화를 이루기는 매우 어렵다. 공허함과 막막함도 견디기 힘들기 때문에 전형적인 심리적 반응이 나타난다.

그 가운데 과거로 돌아가려는 시도는 행동 자체로 보기보다 심리적으로 바라볼 필요가 있다. 우리는 다양한 방식으로 과거와 연결된다. 그중 가장 일반적인 방식은 현재의 삶을 과거와 비교하는 것이다.

내가 알고 있는 한 친구는 졸업 후 미국의 투자은행에서 일했다. 그녀는 높은 연봉을 받았고 예쁜 집까지 빌려서 살았다. 월세가 비싸지는 않았지만 내부 물건은 모두 새것이었고 무엇보다 넓은 발코니가 그녀를 사로잡았다. 친구는 발코니에 예쁜 화단을 꾸미고 주말이면 일광욕을 즐겼다.

그러나 새로운 정책 때문에 원래 문제가 되지 않던 취업 비자에 갑자기 문제가 생겼다. 안타깝게도 친구는 취업 비자를 받지 못해 일 년 만에 중국으로 돌아오게 됐다. 귀국 후 그녀는 베이징에서 이상적인 직장을 찾기가 쉽지 않을 뿐만 아니라, 중국 기업에서 제시하는 연봉이 이전에 비해 훨씬 낮다는 것을 깨달았다.

그녀는 새로운 직장을 찾는 동안 머무를 곳이 필요했기에 베이징 외곽의 시얼치西二旗에 작은 방을 하나 얻었다. 지은 지 30년이 넘은 집이라 엘리베이터도 없었고 집 벽에 붙은 시멘트도 여기저기 떨어져 나갔고 변기와 싱크대도 노랗게 색이 바랬다. 그녀는 얼룩덜룩한 벽을 쳐다보며 생각했다. '몇 달 전까지만 해도 예쁜 집에 살았는데, 이제 나는 이런 집에서만 살 수 있는 건가?'

절망적인 경험이다. 일반적으로 끝은 상실을 의미하고 상실은 우리에게 커다란 고통을 안겨준다. 중립지대는 우리가 이러한 상실과 고통을 소화하고 적응하는 단계다. 고통이 더욱 심해지면 현재와 과거를 비교할 뿐 아니라 과거로 돌아가려는 반응을 보이는데, 그것이 바로 우리가 잘 알고 있는 후회다. 중립지대에 놓인 많은 사람들은 계속해서 자문하곤 한다.

'다른 사람의 삶은 그렇게 평온한데 왜 나만 이렇게 괴로운 걸까? 내가 뭘 잘못한 걸까? 나한테 문제가 있는 걸까?'

이런 생각을 하는 이유는 우리의 정신력이 약해서가 아니라 우리의 두뇌가 끝과 막막함을 다루는 방식이 그렇기 때문이다. 대뇌는 본능적으로 변화에 저항하기 때문에 원래의 의미가 더 이상 우리에게 적용되지 않는다는 것을 알고 있음에도 가능한 한 빨리 원래의 의미로 돌아가게 하려고 상실을 상기시킨다.

홍일법사弘一法師가 막 출가했을 때 사찰 생활이 상상했던 것과 다르자 잠시 망설였다는 글을 읽은 적이 있다. 그럼에도 그는 친구의 설득과 자신의 의지로 마음을 다잡고 불법을 수련해 결국 고승이 되었다. 홍일법사 같은 고승대덕도 그러한데 하물며 우리 같은 평범한 사람들은 어떻겠는가.

중립지대는 고통 그 자체다. 그래서 자꾸만 과거로 돌아가려고 한다. 그러나 우리가 이미 돌아갈 수 없다는 것을 깨달았을 때 두 번째 반응이 나타난다.

중립지대에서의 심리 상태 2: 미래로 벗어나려고 한다

"나 회사 그만뒀어. 그래서인지 기분도 별로고 의욕도, 목표도 없는 것 같아. 어떻게 해야 빨리 긍정적인 태도로 새로운 시작을 할 수 있을까?"

이런 질문을 하는 친구들이 더러 있다. 분명 그들은 이 시기에 적응하지 못해서 당황스러울 것이다. 그래서 가능한 한 빨리 목표를 찾지 못하면 끊임없이 자신을 탓할 것이다. 여기서 한 발 더 나아가 무작정 빨리 새 일부터 시작하려고 하기도 한다. 허무하고 혼란스러운 감정을 피하기 위해 당장 마음에 들지 않는 직장에 들어가거나 헤어지고 나서 바로 또 다른 연애를 시작한다. 그러면서 끊임없이 '나는 괜찮아'라며 자신에게 암시를 건다. 다만 가끔씩 찾아오는 공허함만이 이러한 시기를 피하느라 변화가 도중에 끝났다는 것을 알려준다.

그들은 단지 다른 형태를 취했을 뿐, 벗어나고 싶은 과거를 이어나가고 있을 뿐이다. 나는 이들에게 다음과 같은 조언을 해준다.

"변화의 단계에서 실망하고 막막한 게 당연할지도 몰라. **변화에는 자기만의 리듬이 필요하거든. 겨울이 가야 봄이 오듯이 더 긍정적이고 더 자신감 있게 변화시키려고 급하게 서두르면 오히려 변화의 리듬을 깨뜨릴 수 있어.** 이 시간 동안에는 괴로움과 고통을 받아들이고 아무 일도 하지 않는 것이 좋아. 인내심을 가지고 새로운 변화가 일어나는지 지켜보길 바라."

과거로 돌아가는 것도, 미래로 가는 것도 불필요하고 불가능한 상황이라면 중립지대에서 잠시 머물러 보는 것은 어떨까? 이때 우리는 전형적인 세 번째 반응을 보인다.

중립지대에서의 심리 상태 3: 익숙했던 것들로부터 예민해진다

여기서 말하는 예민함이란 우리가 흔히 말하는 성격이나 인간관계에서의 예민함이 아니라 아름다움이나 일상을 초월한 영적인 삶, 영성에 대한 예민함을 말한다.

언젠가 한 독자가 나에게 편지를 보냈다. 원래 매우 이성적인 그녀는 평소에 경제와 투자 분야에 속한 '실용'서만 읽었다. 그러다 혼란의 시기를 겪으면서 마음을 가라앉히고자 이전에 읽지 않았던 문학 작품들을 읽기 시작했다.

"제가 절 의심하고 부정하며 사람들과 거리를 두고 있을 때 누군가 이미 제가 겪었던 것과 비슷한 고통과 발버둥, 그리고 가능한 구원에 대해 글로 표현한 것을 읽었어요. 그때 저는 전혀 외롭지 않다는 생각이 들었어요."

그녀는 위대한 문학 작품에서 새로운 의미를 찾은 것이다.

내가 아는 또 다른 독자는 박사 2년차에 지금까지 해온 전공이 맞지 않는다는 것을 깨닫고 어렵게 들어간 명문대를 자퇴했다. 그리고 고향으로 돌아가 한동안 쉬기로 했다. 그는 매일 일찍 일어나서 비욘드^{Beyond}의 노래를 들으면서 조깅을 했다. 그는 원래 감성적인 성격이 아니지만 비욘드의 〈하이쿠오티엔콩^{海闊天空}〉을 들으며 '몇 번이나 냉담한 눈빛과 비웃음을 받았지만 마음속에 있는 꿈을 포기한 적이 없어'라는 노랫말에서 눈물을 흘렸다.

이런 예민함은 단순한 억지나 우울함이 아니다. 나는 사람들이 원래의 의미에서 벗어날 때 새로운 단계에서 더 깊고 넓은 영적인 영역과 연결되는 공간을 얻게 되고, 보다 본질적인 관점에서 삶을 바라볼 수 있게 된다고 생각한다. 아마도 이 단계에서 깨닫는 것은 통찰과 연민을 가진 불교의 무상함일 것이다.

막막함에 아무 일도 일어나지 않는 것 같지만 중립지대는 사실 매우 중요한 시기다. 오래된 의미는 서서히 지워지고 새로운 의미가 천천히 모습을 드러낸다. 쓸쓸한 겨울이 봄의 힘을 축적하듯이 혼란스러운 시기도 다시 시작할 힘을 모은다. **유무상생**^{有無相生}(있는 것과 없는 것은 서로 공존한다), **혼란의 시기가 '무**^{無}**'라면 '무' 안에도 장력이 있어서 '유**^{有}**'가 함축되어 있다.** 앞서 언급했듯이 특별한 용기를 통해 이 중립지대 시기에는 과거의 자아가 끝나기도 하고 미래의 자아가 새롭게 태어나기도 한다.

지금까지 전한 이야기가 모호하다고 느낄지도 모르지만 그래도 괜찮다. 이 시기가 원래 그렇게 명확하지는 않다. 다만 이 책을 읽는 당신도 비슷한 경험을 겪었거나 지금 그 시기를 지나가고 있다면 자연스럽게 이해하게 될 것이다.

라이너 마리아 릴케$^{Rainer\ Rilke}$의 《젊은 시인에게 보내는 편지$^{Briefe\ an}$ $^{Einen\ Jungen\ Dichter}$》의 한 구절을 함께 나누고 싶은데, 혼란의 시기에 문학을 읽기 시작한 독자가 나에게 추천한 구절이다.

"질병이란 하나의 생물체가 이질적인 것으로부터 스스로를 해방시키는 수단입니다. 따라서 생물체가 질병을 고스란히 앓을 수 있게 병세가 악화되도록 도와줘야 합니다. 그 과정은 곧 발전입니다. 친애하는 카푸스 씨, 당신 내부에서는 지금 아주 많은 일이 일어나고 있습니다. 당신은 병든 사람처럼 인내심을 가져야 하고, 회복기의 환자처럼 확신에 차 있어야 합니다. 당신은 필시 둘 다이기 때문입니다. 게다가 당신은 당신 자신을 진찰해야 하는 의사도 되어야 합니다. 그러나 어떠한 병에도 의사가 기다리는 수밖에 달리 방법이 없는 때가 있기 마련입니다. 그 기다림이야말로 당신이 당신의 의사일 때 무엇보다도 가장 먼저 해야 할 일입니다."

릴케가 이 구절에서 얘기하고 싶었던 바는 질병을 통해 유기체가 자신을 회복시키듯이 우리도 혼란과 막막함을 통해 스스로를 다시 분명하게 할 수 있다는 것이다. 이것이 이 시기가 가지는 의미다.

새로운 시작:

어떻게 하면 이전보다 더 낫게 시작할 수 있을까

회복탄력성, 되돌리는 것이 아니라 다시 시작하는 힘

큰 병에 걸렸다가 완치된 경험이 있다면 몸은 아직 허약하지만 그 래도 생기가 넘치는 느낌을 받았을 것이다. 병상에서 일어선 사람들 은 몇몇 징후들을 통해 자신이 이미 새로운 사람이 되었고 완전히 새 로운 몸으로 다시 시작할 수 있음을 알게 된다. 혼란의 시기를 벗어났 을 때의 느낌이 바로 이런 기분이다.

얼마 전 한때 아시아에서 가장 큰 담배 회사 CEO였던 추스젠楮時 健의 전기를 다시 읽었다. 그는 새로운 시작의 상징과 같은 사람이다. 담배 기업가로서 중국을 넘어 세계에서 손꼽힐 정도로 승승장구했던 그는 72세에 갑자기 횡령죄로 무기징역을 선고받았다. 그가 수감되 었을 때 사랑하는 큰딸이 스스로 목숨을 끊고 말았다. 당시 그도 당뇨 병을 앓고 있어서 자주 쓰러지곤 했다. 그의 주변 사람들, 그 자신조 차도 이제 다 끝이라고 생각했다.

3년 동안 수감생활을 한 후 75세가 된 추스젠은 당뇨병이 심해져 가석방되었다. 그는 남은 시간을 어떻게 보냈을까? 광업 회사에서 그를 고문으로 초청했지만 정중히 거절했고, 다른 담배 회사에서도 그에게 임원 자리를 제시했지만, 이 역시 고사했다. 그는 예전에 몸담았던 분야로 돌아가고 싶지 않았다.

하지만 처음에는 무엇을 해야 할지 몰라 길거리에서 쌀국수 장사를 할 정도로 온갖 시도를 했다. 젊은 시절 처음 사업을 시작했던 아이라오산哀牢山으로 돌아왔을 때 그는 문득 오렌지 농사를 지어야겠다는 생각이 들었고, 그 뒤로 오랜 시간을 들여 관개 시설을 만들고 품종을 개량해서 오렌지 나무를 심었다.

그가 오렌지 농사를 짓기로 결심한 것은 우연이 아니라고 생각한다. 길을 잃거나 실의에 빠지면 우리는 항상 자연을 찾곤 한다. 게다가 심는 것 자체가 새로운 시작에 대한 상징적인 의미를 갖는다. 숲에서 자라는 식물은 세월 안에서 피고 지는 시기를 겪어야 비로소 천천히 번성해간다. 사람의 마음을 헤아릴 수 없는 것에 비하면, 농사는 '뿌린 대로 거둔다'는 이치를 따르기에 언제나 기꺼이 애쓰는 사람에게 안정된 보답을 가져다준다. 좌절을 겪은 사람에게 씨앗을 뿌리고 열매를 거두는 것보다 더 희망차고 새로운 것이 있을까?

당시 왕커그룹 회장인 왕스王石가 아이라오산으로 가 그를 만났는데, 추스젠은 확신에 찬 목소리로 작은 묘목을 가리키며 이렇게 말했다고 한다. "5년 후면 이 과수들이 열매를 맺을 겁니다." 그는 5년 후면 자신이 여든이 된다는 사실에 조금도 개의치 않았다.

추스젠은 84세의 나이에 오렌지 브랜드 추청楮橙을 출시했다. 추청은 곧 전국적으로 불티나게 팔리기 시작했고, 그는 왕년의 담배 왕에서 지금은 오렌지 왕으로 불리고 있다.

많은 사람들이 그의 일생을 보면서 늦은 나이에도 불구하고 자신이 평생 일궈온 것을 버리고 새로운 분야에 도전한 데 대해 감탄할 것이다. 심리학에서는 '회복탄력성^{Resilience}'이라고 하는데, 이는 심각한 삶의 고난에 좌절하지 않고 이전보다 더 나은 방식으로 재기할 수 있는 개인의 고유한 성질을 말한다.

회복탄력성의 핵심은 변화를 수용하는 사고를 키우는 것이다. 이에 대해서는 2장에서 자세하게 소개했다. 여기서는 변화적 관점에서 다시 시작하는 데 필요한 요소를 살펴보려고 한다. 첫 번째는 우연과 의외, 두 번째는 새로운 시작이다.

회복에 필요한 요소 1: 정해진 운명과 같은 우연과 의외

우리는 기계적인 관점으로 자기계발을 바라보는 경우가 많기에 우리 삶에 문제가 생기면 '1, 2, 3, 4'라고 적힌 매뉴얼의 순서에 따라 그것을 고칠 수 있다고 생각한다. 그러나 결코 그렇지 않다. 다시 시작하는 것은 생명 자체가 가진 창조력에 의존한다. 이러한 창조력은 우리가 한계와 도전에 부딪힐 때 종종 튀어나온다. 이것은 삶의 현실과 결합되어 우리 삶에 놀라운 변화를 일으킨다. 그렇다면 어떻게 다시 시작할 수 있느냐는 질문이 나올 수 있다. 이에 대한 내 대답은 간단하다.

"나도 모르겠다."

사실 내가 봤던 사례들은 항상 우연과 뜻밖의 것들로 가득 차 있었다. 그러나 곰곰이 생각해 보면, 그 우연과 의외의 일에는 의미심장한 필연성이 포함되어 있었다. 우리가 끝을 경험하며 혼란에 빠진 시기에는 그 답을 알 수 없지만, 필연적인 순간을 우연하게 맞이하면 자연스럽게 알게 될 것이다. 그리고 왜 전에는 그런 생각을 떠올리지 못했는지 의아해할 수도 있다.

감옥에서 인생의 끝과 혼란스러운 시기를 경험했을 때에도 추스젠은 자신의 미래를 알지 못했다. 그가 감옥에서 복역하는 동안 오렌지를 재배하던 사촌이 그에게 사업과 관련된 질문을 하고 오렌지를 가져다준 것이 전부였다. 나중에 그가 사촌의 산에 구경을 갔다가 여기서 오렌지를 재배해야겠다는 생각을 했는데, 이것이 바로 우연이다.

그러나 아이라오산은 사촌의 산이 아니라 그가 처음 사업을 시작한 곳이자, 어린 시절 학교를 다녔던 곳이었다. 그는 담배 회사에서 일하면서 담배를 재배한 경험이 있었고, 과학기술을 접목시킨 재배법으로 홍타그룹紅塔集團을 전 세계 담배 시장의 3분의 1을 차지하는 대기업으로 성장시킨 경험도 가지고 있었다. 이렇게 보면 이 우연은 그의 과거 경험뿐만 아니라 자원과도 연결되어 어떤 필연성을 만들어냈다. 브라질 출신의 작가 파울로 코엘료Paulo Coelho의 소설《연금술사El Alquimista》에도 이런 말이 나온다.

"자네가 무언가를 간절히 원할 때 온 우주는 자네의 소망이 실현되도록 도와준다네."

지나치게 이상적으로 들리기는 하지만 실제로 많은 사람들이 혼란을 겪은 후 예상치 못한 기회를 만난다. 이러한 뜻밖의 기회를 우리 일상에서 찾자면, 예를 들어 직장에서 힘든 시간을 보내고 있는데 오랫동안 연락도 없이 지내던 친구를 우연히 만나게 됐고, 마침 그 친구가 나에게 딱 맞는 새로운 직장을 소개해주는 경우를 꼽을 수 있다. 또는 연인과 헤어진 후 평소에 잘 가지 않던 모임에 나갔다가 마음에 드는 사람을 만난다거나, 우연히 책을 봤는데 그 책에 그동안 품고 있던 질문에 대한 답이 들어 있다거나 하는 경우도 주변에서 어렵지 않게 찾을 수 있을 것이다.

새로운 시작은 언제나 뜻밖의 일로 가득 차 있다. 우리의 삶 자체가 완벽하게 계획할 수 있는 것이 아니기 때문에 그 시작 또한 완벽하게 계획된 것은 하나도 없다. 그러나 다시 시작하는 것은 우리의 과거 경험과 특별한 관련이 있기에 모든 것이 의도된 것처럼, 정해진 운명처럼 보인다.

미국에시 돌아와 얼룩덜룩한 벽을 보며 '내가 몇 달 전에는 아름다운 집에 살았는데, 이제 이런 집에서만 살아야 하는 건가?'라고 한탄했던 친구는 힘든 시기를 보낸 이후 카페에서 책을 읽다가 우연히 옆 사람의 통화를 듣게 됐다. 희미하게 들리던 대화 내용은 평소 그녀가 흥미를 느끼던 것이었다. 그래서 친구는 그 사람에게 말을 걸었고 두 사람은 대화를 시작했다. 그 후로 그녀는 '더다오'에 들어가게 됐고 내 '자기계발 심리학' 수업의 편집장이 되었다.

또 다른 친구는 IT 회사에서 일했지만 그 일이 마음에 들지 않았다. 그는 인터넷에 글을 올리기 시작했고, 조금씩 사람들에게 알려졌다. 어느 날 그는 회사를 그만두고 싶어서 자신이 무엇을 할 수 있을지 생각해 보았다. 카페나 서점을 여는 것 등 생계를 유지할 수 있는 여러 가지 방법을 생각해 봤지만 모두 현실과 맞지 않았다.

그가 회사를 그만두려고 하자 가족과 친구들이 모두 반대하는 바람에 그는 심각한 갈등에 시달렸다. 얼마간의 혼란스러운 시간을 보내고 난 후 인터넷에 글을 썼던 경험이 그에게 새로운 길을 열어줬다. 그는 회사에서 나와 책을 쓰기로 결정했다.

일 년 동안 책 한 권을 쓰는 일은 낯선 곳에 발을 내딛는 모험과도 같았다. 알다시피 당시 출판 시장은 호황이 아니었고 신진 작가의 작품을 기대하는 사람도 별로 없었다. 그런데《정진精進》이라는 책이 대중의 관심을 끌면서 연간 베스트셀러가 됐다. 다음해에 온라인의 지식공유 시장이 확장되면서 그는 더 많은 수익을 얻게 됐다. 이것이야말로 '당신이 무언가를 간절히 원할 때 온 우주는 자네의 소망이 실현되도록 도와준다네'의 현실판이 아닐까.

회복에 필요한 요소 2: 완전하게 새로운 시작

여기서 말하는 '새로운 시작'은 원래의 상처를 피하거나 손실을 만회하기 위한 것이 아니라 원래의 목표로부터 벗어나야 한다는 것을 의미한다. 그래야만 다시 시작할 수 있다. 앞서 말했듯이 끝나는 과정은 벗어나는 과정이기도 하다. 여기에는 손실이 수반되기 때문에 매우 고통스러울 수 있다.

그러나 우리가 항상 손실을 만회하는 방법만 생각한다면 아직 과거를 완전히 끝내지 못한 것이나 다름없다. 새로운 시작에는 변화를 수용하는 능력이 필요하고 지금까지 축적해온 경험을 내려놓는 결단도 필요하다. 가끔은 손실을 인정해야만 비로소 진정한 내려놓음을 경험하고 새롭게 시작할 수 있다.

내가 저장대학을 떠나려는 시기에 마침 대학에서 사택을 분양하는 중이었고 내 이름도 분양자 명단에서 꽤 앞쪽에 자리하고 있었다. 이 일만 생각하면 왠지 모르게 아직도 씁쓸하다. 오래전부터 부동산에 관심이 많았기 때문에 그 동네 시세가 어떤지 지켜보고 있었고, 어떻게 재테크를 해볼까 고민하다가 그곳으로 새집을 보러 갔다. 나중에 친한 선배와 이야기를 나누는데 그가 말했다.

"지금 너한테 가장 큰 위험이 뭔지 알아? 그 집을 포기하는 게 아니라, 앞으로도 그 집을 포기하지 못하고 있는 거야."

처음에는 무슨 말인지 이해하지 못했지만 시간이 지나고 보니 그의 말이 옳다는 것을 깨달았다. 때로는 끝내기로 했다면 거기서 바로 끝내야 한다. 계속해서 손실을 메우려고 한다면 끝을 맺을 수도 없게 되고, 다시 시작할 수도 없게 된다.

이는 우리에게 상식처럼 알려진 교훈과는 좀 다를 것이다. 많은 사람들이 항상 넘어진 곳에서 일어나라고 조언한다. 그 이면에는 '용기란 끝까지 버티는 것이다. 포기는 겁쟁이들이나 하는 것이다'라는 의미가 숨겨져 있다. **그러나 가끔은 넘어지면 넘어진 대로 엎드려 있는 법도 배워야 한다. 잘못과 실패를 인정할 수 있어야 다른 곳에서 다시 시작할 수 있다는 것도 깨달을 수 있다.**

포기는 인내보다 쉽지 않다. 포기에도 용기가 필요하다. 손실을 받아들이는 용기, 오래된 것을 버리고 새로운 것을 시작하는 용기, 익숙한 것을 버리고 낯선 것을 시도하는 용기, 쉬운 것을 버리고 어려운 것을 선택하는 용기를 가져야 한다.

내가 본 대부분의 변화와 새로운 시작에 대한 이야기는 모두 곧게 위로 뻗어 차근차근 상승한 끝에 결과를 뒤집은 역전승이 아니라 지금까지 그려온 직선을 지운 다음 낯선 출발지에서 새로 시작하는 것이었다. 추스젠은 가석방으로 나왔을 때 다른 담배 회사의 고문 자리를 받아들이지 않았다. 익숙한 자리로 돌아가지 않은 것이다. 그가 지금까지 쌓아온 경험을 살려 자신이 설립한 담배 회사를 이기려고 했다면 그가 아직 끝을 제대로 경험하지 못했다고 생각했을 것이다. 그러나 그는 완전히 다른 업종을 선택해 새롭게 시작했다. 내 친구는 더 높은 연봉을 주는 IT 회사로 이직하지 않고 글을 쓰기로 선택했다. 이러한 사례들이 다른 일을 선택해 새롭게 시작하는 것이다.

우리는 변화의 성패를 경제적, 사회적 지위와 같은 성취로 가늠하는 데 익숙하기 때문에 새로운 시작을 받아들이기가 쉽지 않다. 새로 입사한 회사가 이전 회사보다 크지 않고, 연봉도 적고, 직급도 낮다면 그는 실패한 것으로 평가받는다. 하지만 이런 식으로 새로운 시작을 이해하는 것은 너무 편협하다는 생각이 든다.

변화는 본질적으로 우리 안에서 일어나는 것으로, 오랫동안 겪어온 심리적 갈등이나 갇혀 있던 자리에서 나와 다시 시작하는 것이다. 파직당하고 황저우黃州로 유배됐던 소동파蘇東坡를 생각해 보자. 관직 생활만 놓고 보면 그는 내리막길을 걸었다고 할 수 있지만 그가 황저우에서 지내면서 뱃놀이를 하다가 〈전적벽부前赤壁賦〉를 지었을 때는 어땠을까?

"강 위의 맑은 바람과 산간의 밝은 달은 귀로 들으면 소리가 되고 눈에 뜨이면 빛을 이뤄서, 가져도 금할 이 없고 써도 마르지 않으니, 조물주의 다함이 없는 갈무리로 나와 그대가 함께 누릴 바로다.(惟江上之淸風 與山間之明月 耳得之而爲聲 目遇之而成色 取之無禁 用之不竭 是造物者之無盡藏也 而吾與子之所共適)"

과연 누가 그가 새로운 시작을 하지 못했다고 말할 수 있겠는가! 그는 딱딱한 관료에서 벗어나 소탈하고 자유로운 중국 문인의 문화적 상징으로 변모했으니, 이 또한 새로운 시작이다. 추스젠의 오렌지 재배 사업은 홍타그룹만큼 규모가 크지는 않지만 자신의 노력을 통해 새로운 시대의 문화적 상징이 되었다.

다시 시작하는 것은 사고방식을 재구성하는 과정이다. 끝의 단계에서는 원래의 환경과 신분, 목적에서 벗어나야 한다. 중립지대에서는 더 깊고 넓은 영적 영역과 연결되며, 다시 시작하는 단계에서는 새로운 목표, 새로운 인지 구조, 새로운 의미를 얻는다. 원래의 인지 구조에 비해 새로운 인지 구조는 더 지혜롭고, 손실과 변화를 수용하는 데 있어 더 관대하며, 새로운 현실에 더 잘 적응할 것이다.

다시 시작하는 것은 자아를 재구성하는 과정이다. 이 과정은 마치 우리 안에 존재하는 많은 자아 가운데 가장 중요한 자아가 자신의 한계에 부딪혀 사라지고, 대신 보잘것없어 보이는 또 다른 자아가 성장하는 것과 같다. 처음에는 취미 삼아 후자의 자아를 복잡한 삶의 휴식처럼 마련한 자기만의 작은 공간에서 키웠을지도 모른다. 그러나 전환기를 지나면서 후자의 자아가 우리의 내면의 가치관과 외부 환경의 요구에 더 부합하기 시작하면서 어느 날 갑자기 우리의 주요 신분이 되었다.

다시 시작하는 것은 인생을 재구성하는 과정이다. 변화의 과정에서 우리 삶의 썩은 것들은 분리되었고, 삶의 중요한 부분들은 더 보존되고 확장되었다. 우리는 새로운 신분과 자아를 갖게 되었고, 다음의 변화가 다가올 때까지 더욱 유연하고 강인해졌다.

앞으로 다가올 저항이 아무리 강해 보여도 우리는 항상 스스로 탈출구를 찾는다.

직업 전환:

무수한 선택들이 쌓여 형성된 '나'

도대체 '나다운 나'란 무엇일까?

우리는 변화의 시대를 살고 있다. 직업을 바꾸는 것은 우리가 흔히 접하는 변화다. **일은 우리가 사회에 참여하는 통로일 뿐만 아니라 우리가 자아를 형성하고 자신의 가치를 구현하는 길이기도 하다.** 그래서 우리는 좋은 직업을 갖고 싶어 한다.

그렇다면 좋은 직업이란 무엇일까? 매년 졸업 시즌이 되면 많은 우수한 대학생들이 돈을 많이 버는 전문직이나 대기업 사원이 되고 싶어 한다. 하지만 경쟁률이 치열하다 보니 이런 직업을 가지거나 기업에 들어가는 행운을 얻는 학생은 많지 않다. 그래서 모두가 취업이 어렵다고 느끼나 보다.

그러나 다른 측면에서 볼 때 이런 선택은 생각만큼 어렵지 않다. 자신이 진정으로 하고 싶은 일이 무엇인지 고민할 필요가 없고, 자신의 독립적인 사고에 따라 선택할 필요도 없기 때문이다. 그저 다수의 기준을 따르기만 하면 된다.

물론 젊은 사람들이 직업을 선택하는 데 있어 다수가 원하는 일반적인 길을 가서, 직업적인 경험을 쌓는 과정 또한 필요하다고 생각한다. 그러나 내가 만난 사람 중에는 오히려 좋은 직장에서 어느 정도 경험을 쌓고 난 후부터 힘들어하는 사람도 있었다. 그들은 '이 일이 정말 내가 원하는 일인가? 내가 이런 식으로 살아야 하나?'와 같은 고민을 하다가 간신히 직업을 바꾸기 시작한다.

최근 몇 년 동안 내 주변에도 직업을 바꾼 사람이 많았다. IT 분야에서 일하다가 작가가 된 사람도 있고, 기업에서 임원으로 근무하다가 심리 상담사가 되거나, 프로그래머에서 목수가 된 사람도 있다. 회사 내 부서 간 이동처럼 일부 변화는 폭이 그리 크지 않지만 그 과정에서 겪는 심경의 변화는 비슷했다. 직업을 바꾸는 일은 결코 더 많은 돈을 벌 수 있고 더 발전할 여지가 있는 일을 찾는 것만큼 간단하지 않다. 사실 직업을 바꾼다는 것은 자기 자신을 새로 만드는 과정이기도 하다.

모든 직업에는 자아가 있다. 회사를 운영하는 것도, 기관에서 공무원이 되는 것도 하나의 자아다. 대학교수가 되거나 사업을 시작하거나 프리랜서로 활동하는 것에도 각각의 자아가 있다. 이 자아는 다른 사람들이 우리를 어떻게 대하는지, 우리가 자신을 어떻게 대하는지, 우리가 어떻게 행동하고 생각하고 느끼는지와 관계가 있다. 따라서 직업을 바꾸는 과정은 옛 자아와 새로운 자아가 바뀌는 과정이고, 바로 그것이 가장 어려운 부분이다.

얼마 전 IT 회사에서 제품 개발 업무를 담당하고 있는 내담자가 찾아왔다. 이 일을 해나가기 위해서는 많은 의사소통이 필요하고 때로는 적극적으로 자원을 확보할 수 있어야 하지만 그녀는 자신이 이러한 업무를 제대로 해내지 못하는 것 같다며 고민이 많았다.

"제가 직업을 잘못 선택한 걸까요? 더 창의적인 디자인 같은 일을 할 걸 그랬나 봐요."

"왜 그렇게 생각하세요?"

"이전에 직업성향 테스트를 해 봤는데, 그런 유형의 일이 제 적성에 맞는다고 나왔거든요."

나는 직업성향 테스트 결과가 어떻게 나왔는지 더 묻지 않았다.

"그럼 본인은 어떻게 생각하세요? 그런 것 같아요?"

그녀는 아무 대답도 하지 못했다. 상담을 하다 보면 이런 상황을 자주 경험한다. 우리가 자신에 대해 뚜렷한 생각이 없을 때, 성향 테스트 등과 같은 도구를 통해 '진정한 자아'를 발견하고 자신의 생각을 확정한 다음에 이를 바탕으로 직업을 선택하고 발전 계획을 세운다.

이러한 사고방식의 문제는 무엇일까? 진정한 자신을 발견하는 방법에 대해 논의할 때 정적인 방식으로 자신을 바라본다는 것이다. 우리는 자아가 이미 형성된 것이라고 가정한다. 다만 가제 수건 같은 것에 가려져서 제대로 볼 수 없을 뿐이다. 따라서 우리가 해야 할 일은 자신을 가린 수건을 치우고 진정한 자아가 어떤 모습인지 확인한 후, 이를 바탕으로 합리적인 직업 선택을 하면 된다고 여긴다.

그러나 사실 우리는 특정 선택을 하기 전까지는 진정한 자아가 전혀 존재하지 않는다. 진정한 자아는 우리가 찾고 선택하는 과정에서 조금씩 형성되는 것이기 때문이다.

내가 선택해서 만들어가는 '가능한 자아'

'진정한 자아'에 대한 가설과 달리 스탠퍼드대학의 문화심리학자 헤이즐 로즈 마커스^{Hazel Markus}는 '가능한 자아'에 대한 이론을 내세웠다. 이 이론은 앞에서 언급한 진정한 자아와 달리 모든 사람들이 자신 안에 많은 '가능한 자아'를 가지고 있다고 말한다. 이중 일부는 우리가 꿈꾸던 이상화된 자아이고, 나머지 일부는 우리가 싫어하고 연기하고 싶지 않은 자아다. 서로 다른 가능성의 자아들이 우리 안에서 치열한 경쟁을 벌이고 있다가 망설이거나 고민하는 그때 자기 자신을 향해 큰소리로 외친다. "날 선택해! 날 선택해!" 당신이 여러 자아 가운데 하나를 선택하면 다른 자아는 계속해서 쇠퇴할 것이다.

직업을 바꾸는 과정은 가능한 자아 가운데 하나를 선택해서 세상과 상호작용을 하는 과정이다. 가능한 자아가 현실에 잘 적응하면 점차 진정한 자아로 성장하게 되지만, 적응하지 못한다면 다른 자아로 바꿔서 다시 비슷한 시도를 해야 한다. 우리가 이미 성공적인 변화를 이뤘다면 뒤돌아봤을 때 '모든 것이 당연하다'는 생각이 들 것이다. 그러나 실제로 맹아기^{萌芽期}(새 싹이 움트는 시기)에 이러한 가능한 자아는 우리 마음에 있는 생각일 뿐이다.

나는 박사를 졸업한 후 저장대학의 심리센터에서 일을 했다. 당시 하던 일에서 내가 좋아하는 부분은 똑똑한 학생들과 수업하는 것과 상담이었고, 좋아하지 않은 부분은 사업을 운영하는 기관의 제약이었다. 나는 천성적으로 자유롭고 구속받는 것에 익숙하지 않은데다가 그냥 내 연구만 하고 싶을 뿐, 다른 행정적인 처리까지는 신경 쓰고 싶지 않았다. 그래서 종종 문제가 발생하기는 했다. 그럴 때마다

'프리랜서로 일할 수 있는 심리 상담사가 될까?'라는 생각이 떠오르곤 했다. 하지만 정말 어쩌다 한 번씩 생각해 본 것뿐이다. 만약 그때 누군가 나에게 일 년 후에 저장대학을 그만둘 것이라고 했다면 말도 안 되는 소리라고 생각했을 것이다.

작은 씨앗은 처음에는 눈에 띄지 않는다. 구석에 조용히 있다 보니 우리조차도 진지하게 여기지 않는다. 나중에 나는 인터넷에 글을 올리면서 점점 더 많은 사람들에게 알려지게 되었다. 그리고 직장에서 받는 구속이 많아지면서 자연스럽게 마음이 들뜨기 시작했고, 늘 피곤해서 하는 일마다 잘 되지 않기도 했다. 그렇게 차츰 어쩌다가 떠올리던 생각이 진지하게 고민해야 할 선택지로 바뀌어 갔다.

돌이켜보면 마치 내가 가야 할 길을 제시해주는 것 같았기에 그 막연하다고 여겼던 생각들이 삶에서 중요한 변곡점이었다고 생각할지도 모르겠다. 물론 일리는 있지만 그렇다고 절대적인 것은 아니다. 사실 그 생각은 단지 하나의 가능한 자아, 다시 말해 많은 자아 가운데 하나였을 뿐이었다.

그 무렵 나는 항저우 불교대학에서 심리학을 가르쳤다. 거의 매주 아침마다 나는 '샤오시톈^{小西天}'이라고 적힌 돌문을 지나 꽃이 만발한 푸른 산길을 걸어서 링인쓰^{靈隱寺}(중국 저장성 항저우시 시호 서북쪽의 링인산 기슭에 있는 사찰) 뒤에 있는 불교대학에 가서 불교를 배우는 학생들과 함께 불교와 심리학의 유사성에 대해 이야기를 나눴다. 그러다 보니 가끔씩 불교대학에서 전임교수가 되어 불교와 심리학의 상호 발전에 더 많은 공헌을 해 보는 것은 어떨까 하는 생각을 하곤 했다. 이 생각 뒤에도 가능한 자아가 있었다. 그러나 나는 그 길을 가지 않았고 그

가능한 자아도 그렇게 사라져버렸다. 어쩌면 다른 평행 우주에 존재할지도 모르겠다.

나다운 나로 성장하기 위해서는 일단 시작해야 한다

그렇다면 어떻게 가능한 자아가 생각에서 실행 가능한 선택으로 성장할 수 있었을까? 여기에는 두 가지 이유가 있다고 생각한다. 첫 번째 이유는 가능한 자아가 우리의 가치관에 부합하기 때문이다. 즉 우리가 그것에 특별한 매력을 느끼고 특별한 친근감을 가지고 있기 때문이다. 두 번째 이유는 우리가 시도해야 하기 때문이다. 자아는 실천 속에서 점점 분명해진다. 시도하지 않으면 가능한 자아는 발전하지 않았을 것이다.

어떤 사람들은 직업을 바꾸는 것을 먼저 자신을 이해하고 자신의 성격에 따라 계획을 세우고 점차적으로 완성해나가는 과정이라고 생각할 수도 있다. 그러나 실제로는 많은 반복과 갈등이 도사린 시행착오를 겪는 과정이다. 이 과정에서 계획은 쓸모가 없다. 오직 시도로 얻은 피드백만이 미래 직업에 대한 구상이 옳고 그른지, 개선하려면 더 실재적인 길이 어디에 있는지 알려줄 수 있다.

프리랜서 심리 상담사가 되겠다는 생각을 하고 나서 외부에 장소를 마련해서 유료 상담을 하던 기억이 아직도 생생하다. 지금은 쉬운 일처럼 보일지 모르지만, 당시 나의 한 걸음 한 걸음은 심리적 안전지대에서 벗어나기 위한 작은 돌파구였다. 처음에는 유료로 상담하는 것도 민망해서 상담 비용도 비교적 저렴하게 책정했다. 그러면서 조금씩 이미 내가 안정적인 고객 기반을 가지고 있기에 나에게 상담을 받으려면 줄을 서야 한다는 것을 알게 되었다. 이때 프리랜서 상담사의 역할이 명확해졌고, 이것이 하나의 선택지가 되었다.

물론 모든 시도가 순조롭지만은 않았다. 오랜 시간을 돌고 돌아야 가능한 자아가 이상적인 자아로 변하는 그림자를 볼 수 있는 정도였다. 이때 나는 새로운 시기인 자아의 전환기에 접어들었다. 전환기에서는 새로운 자아와 과거의 자아가 공존하고 경쟁하며 우리에게 선택을 강요한다. 그리고 우리는 끊임없이 자기 자신과 흥정을 하며 선택을 미루고 시간을 끄는데, 과거의 자아를 포기하는 데에 대한 상실감과 미래의 불확실성에 대한 두려움 때문이다. 이러한 불안함은 우리가 끝을 마주할 때 흔히 경험할 수 있다.

당시 나도 이런저런 생각을 많이 했다. '학교를 계속 다니면서 여가 시간에 상담하면 안 될까?', '몇 년만 기다리면 학교에서 사택을 분양해줄 텐데, 어느 정도 안정되면 직장을 그만둘까?' 내가 저장대학을 그만두자마자 바로 프리랜서 생활을 시작한 것은 아니었다. 다른 대학에서 시간 강사로 일하면서 때를 기다렸다. 그때도 나는 시간 강사도 나름 자유롭고, 일주일에 이틀만 수업을 하고 나머지 시간에는 내가 하고 싶은 일을 하면 되겠다는 생각을 했었다. 지금 생각해 보면 뭘 선택해야 할지 몰랐던 것이 아니라 그저 현실이 두려웠던 것 같다.

전환기 동안 과거의 자아와 새로운 자아는 밀물과 썰물처럼 나타났다 사라졌다를 반복하고, 우리는 어느 순간 더 이상 선택을 피할 수 없다는 것을 깨달을 때까지 불안한 상태로 있을 것이다. 그때 진정한 변화가 찾아온다. 이를테면 직업을 바꾸는 과정이다.

새로운 싹을 틔우고 끊임없는 시도를 거쳐 과거의 자아와 새로운 자아가 서로 분리되는 전환기에 이르고 나서야 비로소 변화는 완성된다. 이 과정은 보통 길고 때로는 엄청난 대가를 치르기도 한다. 그러나 일단 이 과정이 시작되면 다시 되돌리기 매우 어렵다. 내면의 부름에 호응하지 않고 지겹지만 출근해야 하는 순간, 한밤중에 깨어나는 순간, 가끔 멍하니 있는 순간, 우리는 인생의 도전을 받아들이지 않았기 때문에 중요한 것을 잃어버렸음을 깨닫고 불안하고 우울해진다. 그렇다면 직업을 바꾸는 일이 완성된 후에는 어떻게 될까?

대학 때부터 음악을 시작한 친구가 있다. 그는 대학을 졸업한 후 부모님의 뜻에 따라 사업을 시작했는데, 사업이 잘됐을 때는 직원이 200~300명이나 되었다. 그러나 그는 35세에 잘 운영되고 있던 회사를 매각하고 다시 음악을 시작했다. 나는 그에게 사업가와 뮤지션의 차이가 무엇이냐고 물었다.

"예전에 사업을 할 때는 다른 사람에게 나를 소개하면 '어느 회사의 누구'라고 했는데, 그럴 때마다 어딘지 모르게 허전함을 느꼈어. 행사나 모임에 갈 때마다 항상 '나는 여기에 속한 사람이야'라며 몇 번이고 나를 다독여야 했지. 하지만 뮤지션이 되고 나서는 그런 기분이 안 들어. 나를 뮤지션이라고 소개하는 것도 전혀 어색하지 않고 굉장히 편안해."

어쩌면 우리가 직업을 바꾸는 과정에서 그렇게 많은 어려움을 겪으면서도 멈추지 않는 이유는 결국 이런 편안함을 얻기 위함일지도 모르겠다. 이런 편안함 속에는 우리가 진정으로 되고자 하는 자신이 있다는 것을, 우리는 너무나 잘 알고 있기 때문이다.

관계의 변화:

돌이킬 수 없는 상실을 받아들이는 태도

끝, 특별한 형태의 죽음

직업의 변화 외에도 중요한 변화가 하나 더 있다. 바로 관계의 변화다. 관계는 행복과 의미의 원천이며, 우리는 관계를 통해 희로애락과 사랑과 미움을 배울 수 있다. 그래서 관계의 변화는 엄청난 정서적 충격을 주기도 한다. 관계의 변화에 있어서 가장 고통스러운 부분은 관계의 끝이다. 실연이나 이혼, 가까운 사람과의 예상치 못한 이별은 언제나 우리에게 커다란 고통을 안겨준다.

에고는 관계의 매개체로, 관계가 끝나면 우리는 관계에서 상대방뿐만 아니라 그 속의 자아도 잃게 된다. 당신이 상대방을 다정하게 보살폈다면 새로운 관계를 맺기 전에 다정하게 보살펴 준 당신도 그 관계와 같이 사라지게 될 것이다. 이것이 사람들이 관계의 끝을 죽음에 비유하는 이유다. 이별은 돌이킬 수 없는 상실을 동반하는 특별한 형태의 죽음이다. 이러한 상실은 우리에게 엄청난 정서적 충격을 주고 다시 시작할 수 있는 가능성을 보지 못하게 한다.

관계를 잃는다는 것은 자아를 잃는 것을 의미한다. 상실은 단순히 커다란 파이에서 한 조각이 떼어지는 것처럼 간단하지 않고, 이러한 상실로 인해 나머지 부분까지도 변할 수 있다. 관계가 존재할 때 우리는 이 관계에 많은 의미를 부여하기 때문이다. 예를 들어 우리는 인연이 닿아야 관계가 이뤄진다고 생각한다. 상대방을 끌어당겨 맺어진 관계에서 생겨난 모든 것은 자아 개념의 일부가 되지만, 관계가 끝나면 이 관계와 관련된 자아 개념은 다시 바뀔 수밖에 없다.

누군가를 사랑하다가 사랑하지 않게 되는 이유를 두고 처음에는 그 사람의 온몸에서 나오는 빛에 눈이 멀었다가 지금은 그 빛이 완전히 사라졌기 때문이라고 말하는 이들도 있다. 원래 관계 안에서 우리는 서로를 밝게 비추는 존재였다. 빛이 사라진 지금, 우리는 자신을 그리고 그 관계를 어떻게 다시 바라볼 수 있을까? 천생연분이었던 관계가 운명의 장난으로 바뀐 것일까? 당신 본연의 매력이 '너무 쉽게 속는다', '아무도 날 사랑하지 않는다'의 증거로 바뀐 것일까?

그래서 헤어진 연인에게 '날 사랑하긴 했어?'라고 묻는 사람이 많다. 이 질문에 대한 답이 이별 자체를 되돌릴 수는 없겠지만, 이별 이후에 자기 자신과 두 사람의 관계를 어떻게 바라보는지 되돌아보는 것은 매우 중요한 과정이다.

관계의 변화 과정에서 우리의 생각은 매우 혼란스러워진다. 아마도 1초 간격으로 우리의 생각은 오락가락할 것이다.

'네가 떠나든 말든, 나는 당신을 영원히 사랑할 거고 당신을 결코 잊지 않을 거야.'

1초 후에는 다른 생각이 든다.

'어떻게 나한테 이럴 수 있어! 냉정하고 무정한 사람 같으니라고, 넌 쓰레기야! 내 앞에 다시는 나타나지 마!'

그리고 다시 1초 후에는 감정을 다잡는다.

'우리가 헤어진다고 해도 우리가 함께 지낸 시간을 참 감사하게 생각해. 당신을 만나서 행복했어.'

하지만 이 생각도 오래가지 못한다.

'도대체 내가 뭘 잘못했길래 하늘이 나한테 이런 벌을 주는 거야!'

이렇게 수시로 바뀌는 생각들로 혼란스러워지면 혹시 자신이 미친 것이 아닌가 하는 생각까지 들지만, 이는 뇌가 상실이라는 감정을 처리하느라 애쓰면서 관계와 자아에 대한 새로운 인식을 정리하기 때문에 그런 것이다.

끝을 인정해야 비로소 다시 시작할 수 있다

다른 변화와 마찬가지로 관계의 변화도 '끝 – 혼돈 – 시작'의 세 단계를 거친다. 끝의 단계에서 우리는 다양한 방식으로 끝내기를 거부하는데, 대표적으로 다음에 나오는 세 가지 방식을 꼽을 수 있다.

첫째는 돌이킬 수 있다는 환상이다.

실연 후 찾아오는 내담자들이 꽤 많다. 그들은 자신의 아픔을 털어놓은 후에 상대방의 웨이보나 위챗의 채팅 기록을 들춰 보여주며 내가 두 사람이 다시 만날 수 있는지 없는지 판단해주기를 바란다. 하지만 그럴 때마다 나의 대답은 하나뿐이다.

"죄송하지만 이런 것들로 한 사람을 판단할 수는 없어요. 제가 당신보다 그분을 더 잘 알지 못할 거예요."

그러면 역시나 같은 반응이 돌아온다.

"상담사님은 심리학을 공부하지 않으셨나요? 그런데 어떻게 모를 수가 있어요?"

심지어 어떤 사람은 이렇게 바로 묻기도 한다.

"그럼 이 관계를 회복하기 위해 제가 뭘 해야 하는지 선생님께서 알려주시겠어요?"

"저도 몰라요. 만나는 건 두 사람이 결정해야 하는데, 헤어지는 건 한 사람만 결정해도 돼요. 상대방이 정말 떠나기로 결정했다면 당신이 뭘 해도 소용이 없어요."

이런 상황은 누구든 받아들이기 힘든 것이 사실이다. 만약 우리가 남겨진 쪽이라면 관계를 결정하는 것은 우리에게 달려 있지 않다. 상대방이 마음을 정했다면 무슨 일을 해도 관계를 되돌릴 수 없다. 오히려 관계의 회복을 바랄수록 상대방의 부담만 가중시킬 뿐이다.

물론 헤어졌다고 해서 다시 만날 가능성이 전혀 없는 것은 아니다. 단지 다시 만나는 것은 더 이상 남겨진 우리가 결정할 문제가 아니기에, 기다리는 입장에서는 이런 불확실성을 견딜 수밖에 없다는 것을 말해주고 싶다. 하지만 관계를 되돌릴 수 있다는 환상을 버리는 것은 어려운 일이다.

둘째는 상대방과의 관계 이상화다.

모든 관계가 끝나는 데에는 다 이유가 있다. 두 사람이 정말 잘 맞지 않는다면 끝맺음이 반드시 나쁜 선택이라고는 할 수 없다. 그러나 상실에 대한 두려움은 이미 끝난 관계를 여전히 기억 속에서 빛나고 있는 현재진행형으로 착각하게 하고, 상대방이 갑자기 이상적으로 보이면서 자신이 이 관계에 최선을 다하지 않았기에 파국을 맞은 것이라는 자책을 부르며, 다시는 상대방처럼 좋은 사람을 만날 수 없을 것이라는 끊임없는 한탄을 자아내기도 한다.

이러한 생각들은 우리가 관계를 돌이키게 만들어 끝내지 못하도록 하려는 뇌의 속임수로, 우리가 관계를 바라보는 객관적인 시각을 가려 결국 고통을 가중시킨다.

내담자 A씨의 남편은 계속해서 바람을 피우고 집에도 자주 들어오지 않았다. 두 사람은 오랫동안 끝없는 말다툼과 의심에 빠진 채 살았다. 그러다가 참다못한 그녀는 헤어지기로 결심했다. 하지만 이혼 후에도 자신이 문제를 잘 해결하지 못해서 관계를 망친 것이라며 계속 자책했다. 그녀의 잘못이 아니라고 말해도 아무 소용이 없었다. 나중에야 나는 그녀가 기억의 편집자처럼 관계에서 느낀 배신과 상처를 모두 제거하고 좋은 부분들만 편집해서 완벽한 관계로 기억하려는 것을 이해하게 됐다. 이러한 이상화는 관계의 아름다움을 유지시켜 주기는 하지만 관계를 끝내기 힘들게 만든다.

만약 당신이 관계를 끝내려고 한다면 당신이 잃어버리는 것은 완벽한 관계가 아니라는 사실을 자신에게 일깨워 주도록 하자. 우리의 뇌가 아무리 과거를 미화해도 실제 겪었던 과거는 결코 그렇지 않다. 관계 자체가 이미 지루함이나 갈등으로 가득 차 있다면 누가 먼저 끝을 내는지는 중요하지 않다. 그저 끝내는 것을 누가 더 두려워하는지에 대한 차이만이 있을 뿐이다.

셋째는 슬픔에 잠기는 것이다.

모든 감정에는 대상이 있다. 슬픔은 괴롭지만 기억하는 대상과 연락을 유지하는 방법이기도 하다. 내담자 B씨는 전 남자친구와 헤어진 지 3년이 지났지만 여전히 출근해서 가장 먼저 하는 일이 전 남자친구의 SNS를 살펴보며 그가 무엇을 하는지 보는 것이었다. 그녀에게는 하루 일과를 시작하는 의식과도 같았다. 전 남자친구의 SNS에는 아내와 아이들과 함께 찍은 사진이 올라와 있었다. 당연히 그의 현재에 그녀의 흔적은 어디에도 없었다. 매일 이 사실을 확인할 때마다 그녀는 실의에 빠졌다.

나는 그녀가 왜 이런 식으로 자신을 슬픔 속으로 밀어 넣는지 이해할 수 없었다. 그러던 어느 날 그녀가 말했다.

"전 남자친구에게서 저에 대한 감정의 흔적을 찾을 수 없어요. 제가 여전히 슬픈 건 그 감정이 아직 남아 있다는 거겠죠. 제가 괜찮아지면 그 감정은 정말 사라지겠죠."

그녀는 관계를 끝내는 고통을 감당하느니 차라리 자신을 슬프게 하는 편이 낫다고 판단했다. 슬픔보다 끝내는 고통이 훨씬 아프기 때문이다. 다른 내담자도 이와 비슷한 말을 한 적이 있다.

"실연당했는데, 전 끝내고 싶지도 고통에서 벗어나고 싶지도 않아요. 관계를 끝내고 배신감을 느끼느니 아파도 그냥 과거에 머물러 있는 게 나을 것 같아요."

과거에 연연하는 것에 무슨 좋은 점이 있겠는가? 어쩌면 우리 마음속에서 헛된 희망이 생겨나, 이 희망을 가지고 외로움과 싸울 수 있을 지는 모르겠다. 다만 끝을 인정하는 것은 사랑하는 사람을 영원히 잃 었다는 것을 마음속 깊이 인정하는 것이다. 끝과 혼란을 겪지 않고서 는 우리는 다시 시작할 수 없다.

평온한 슬픔 속에서 다만 앞으로 나아간다

그럼 우리는 '끝'을 어떻게 받아들여야 할까? 심리학자 엘리자베스 퀴블러로스Elisabeth Kübler-Ross는 오랫동안 죽음을 앞둔 사람들을 인터뷰 했다. 그렇게 임종에 가까운 사람들을 연구한 끝에 그녀는 인간이 죽 음을 앞두고 겪게 되는 다섯 단계를 제시했다. 사실 이 다섯 단계는 이별과 같은 관계의 끝을 받아들이는 것에도 적용된다.

첫 번째 단계는 부정이다. 즉 관계가 실제로 끝났다는 것을 믿지 못 하고 과거에 있었던 다툼으로 받아들인다. 두 번째 단계는 분노다. 자 신이 상대방에게 속았고 버림받았다고 느끼면서 왜 이런 일이 일어 났는지를 한탄한다. 그리고 떠난 상대방이 다시 자신에게 돌아와 비 난을 받아들이기라도 하듯 계속해서 상대방을 비난한다. 세 번째 단 계는 협상이다. 상대방이 변할 수도 있고, 돌아올 때까지 기다릴 수도 있고, 다시 함께할 수 있는 기회가 있을 수도 있다고 생각한다. 네 번 째 단계는 우울이다. 이것이 바로 앞에서 언급한 혼란의 시기다. 마지 막으로 다섯 번째 단계로 접어들어야 우리의 마음이 서서히 안정을 되찾게 된다.

내가 좋아하는 영화 〈러브레터〉는 끝을 받아들이는 과정을 다룬 작품이다. 영화 속 주인공 히로코의 약혼자는 등산을 갔다가 다시는 돌아오지 못했다. 약혼자를 상실한 이후 그녀는 슬픈 그늘에서 벗어나지 못했다. 이야기 결말에 히로코의 새 남자친구가 그녀를 약혼자가 조난당한 설산으로 데리고 간다. 산 아래에서도 히로코는 남자친구의 손을 잡아당기며 불안한 목소리로 말했다.

"안 되겠어. 그가 놀랄 거야. 그만 돌아가자."

그러나 그날 아침, 히로코는 저 멀리 평화로워 보이는 하얗게 눈 덮인 산을 바라보다가 오랫동안 억눌렀던 슬픔이 터져 나왔다.

"잘 지내시나요? 전 잘 지내고 있어요."

그녀의 뺨을 타고 눈물이 흘러내렸다.

그 순간, 그녀는 마침내 지나간 슬픔과 마주할 수 있게 됐다. 그녀의 남자친구도 미소를 지으며 그녀를 바라보고 있었다. 설산의 저쪽은 죽은 약혼자와의 과거가 있는 끝이고, 설산의 이쪽은 새로운 남자친구와의 시작이다. 삶이란 얄궂게도 평온한 슬픔 속에서 앞으로 나아가는 것이다.

그렇다면 끝을 어떻게 받아들여야 할까? **상실을 인정하고 슬퍼하고 울음을 터뜨린다. 그러고 나서 아직 미래를 볼 수 없을지라도 우리에게 새로운 미래가 있을 것이라고 고집스럽게 믿으면 된다.**

우리가 끝에 대해 한 가지 오해를 하고 있는 것이 있다. 우리는 끝을 바로 없어지는 것이며, 우리 삶에서 상대방이 완전히 사라지는 것이라고 생각한다. 그러나 관계가 끝났다는 것은 우리가 다시는 그 사람을 볼 수 없다는 것을 의미할지도 모르지만, 그렇다고 해서 아예 사라지는 것은 아니다. 단지 예전에는 그 관계에 우리가 존재했지만, 지금은 우리 마음속에 그 관계가 계속해서 존재할 뿐이다.

잃어버린 관계에서 다시 시작할 때 우리는 그 관계를 회복한다. 그리고 과거의 기억 속에서 그것은 우리 마음속의 포근한 일부로 변화한다.

다른 무엇도 아닌 내가 선택의 기준이 된다는 것

선택의 원칙 1: 숫자를 따를 것인가, 마음을 따를 것인가

일이든 관계든 거의 모든 변화에는 협상이 일어나면서 과거의 자아와 새로운 자아가 공존하는 시기가 있을 것이다. 학업을 계속할 것인가, 포기할 것인가? 본업을 더 깊이 파고들 것인가, 이직할 것인가? 이 일을 계속할 것인가, 그만둘 것인가? 이 관계를 지속할 것인가, 헤어질 것인가? 변화의 시기에 이런 선택들은 우리를 혼란스럽게 한다. 그렇다면 우리는 어떻게 선택해야 할까?

사실 전환기마다 직면하는 선택이 모두 다르기 때문에 대답하기가 매우 어렵다. 다만 나를 찾아오는 내담자들과 주변 친구들, 그리고 나의 경험을 바탕으로 선택에 필요한 두 가지 원칙을 정리해봤다. **첫 번째 원칙은 우리가 경제적 선택을 하고 있는지 아니면 심리적 선택을 하고 있는지 정확하게 파악해야 한다는 것이다.**

한 독자에게 편지 한 통을 받았다. 작은 도시에서 영어 학원을 운영하는 그녀는 사업이 어느 정도 자리를 잡은 후 항저우로 사업을 확장해야 할지 아니면 그냥 이 도시에 남아 계속 일을 해야 할지 깊은 고민에 빠졌다. 그녀는 항저우에서 대학교를 다녀 그곳에 친구들도 많았고, 그녀도 대도시의 화려함과 편리함을 동경했기 때문에 좋은 선택이라고 생각했다. 그러나 대도시가 주는 위압감과 비싼 임대료 같은 현실적인 문제 역시 무시할 수 없었다. 그냥 현재의 삶에 머무르기로 선택한다면 사업이 잘된다고 해도 뭔가 만족스럽지 않을 것 같았다. 무엇을 선택해야 할지 몰랐던 그녀는 결국 나를 찾아왔다.

이런 선택의 기로에 서게 되면 일반적으로 두 가지 생각을 하게 된다. 하나는 경제적 선택으로, 경제학적 모델을 적용해 어떻게 선택할지를 생각한다. 즉 미래를 가늠할 때 리스크와 수익, 기회, 원가 등 각종 이해득실을 따져보는데, 그렇다고 해서 경제학적 모델이 반드시 경제적 요소만 고려하는 것은 아니다. 그것의 핵심은 다양한 장점과 단점을 가감하고 비교하는 데 있다. 이러한 의사결정 모델에서 우리에게 필요한 것은 미래를 정확하게 예측하기 위해 보다 완벽한 정보를 얻을 수 있는 방법이다.

그러나 이러한 의사결정 모델에는 두 가지 단점이 있다. 첫 번째 단점은 아무도 미래를 예측할 수 있는 충분한 정보를 가지고 있지 않다는 것이다. 결국 우리는 모두 불완전한 정보로 결정을 내릴 수밖에 없기 때문에 고민하는 것이다. 두 번째 단점은 이런 모델에서 우리는 어떤 선택도 하지 않았다는 것이다. 우리가 실제로 하는 일은 정보를 계산하고 처리하는 것뿐이다. 즉 그러한 선택에는 굳이 '우리'가 필요하지 않다. 손실과 이익의 비용을 정확하게 추정할 수 있는 슈퍼컴퓨터가 있다면 그 결과에 따라 누구나 동일한 선택을 할 것이다.

경제적 선택 외에 심리적 선택을 하는 경우도 있는데, 앞으로 가능한 결과가 무엇인지 묻지 않고 현재의 선택 자체로 돌아가는 것이다. 만약 우리가 선택을 자기 변화의 맥락에 놓고 서로 다른 자아의 경쟁으로 여긴다면 모든 선택 뒤에 있는 가능한 자아가 무엇인지, 어떤 자아가 되고 싶은지, 어떤 가능한 자아를 기꺼이 지지할 것인지 생각해야 한다.

많은 사람들이 미래를 생각할 때 경제적 손실과 이익에 대해 생각하지 않는다고 하지만, 사실은 여전히 선택을 앞두고 경제학적 모델로 생각한다. 아마도 '어떤 사람이 되고 싶은가'와 같은 심리적 선택이 '얼마나 벌 수 있을까'와 같은 경제적 선택보다 더 어려워서인지도 모른다. 심리적 선택은 더 많은 책임과 불확실한 상황에서 자신을 책임질 용기를 필요로 하기 때문이다.

선택의 진정한 의미는 선택의 결과를 감수하는 것이다. "어떤 사람이 될 것인가?" 이런 선택을 내릴 때 의지할 수 있는 사람은 없다. 나를 결정하는 선택은 오직 나만이 내릴 수 있다. 막연해 보이는 이런 선택은 우리를 불안하게 만들기 때문에 여기에서 벗어나 경제학적 모델에 기대 확실한 답을 찾고 싶어진다.

그러나 선택은 자아실현의 첫걸음이다. 우리는 자신의 선택으로 자신이 되고 싶은 자신을 만들어 간다. 따라서 선택을 할 때 경제적 선택인지 심리적 선택인지를 정확히 알아야 한다. 그래야 무엇을 선택해야 할지 제대로 알 수 있다.

선택의 원칙 2: 현실에 맞출 것인가, 현실을 바꿀 것인가

어떤 사람들은 선택에는 현실이 충분히 반영되어야 한다고 생각한다. 그렇지 않으면 환상으로 도피하는 꼴이 되어 버리기 때문이다. 여기서 **선택의 두 번째 원칙이 나오는데, 선택을 내릴 때에는 환경의 가능성 측면보다 자아창조의 측면에서 고민해야 한다는 것이다.**

내가 저장대학에서 일할 때였다. 한 학생이 찾아와서 자퇴를 해야 할지 말아야 할지 고민이 된다며 조언을 구했다. 그는 학교 추천으로 박사로 선발되어 아주 좋은 연구실에 들어갔다. 그러나 막상 연구실에 가 보니 지도교수는 자신의 프로젝트로 너무 바빠서 연구원들에게 제대로 된 지도를 할 수 없는 상황이었고, 그에 비해 요구사항은 너무 많았다. 연구실 선배들도 별로 우호적이지 않았고 내부 경쟁도 치열했다. 그러다 보니 당연히 졸업도 쉽지 않았고 선배들 또한 대부분이 졸업을 미룬 상태였다.

스트레스가 심해지자 그는 선배를 찾아서 조언을 구했다. 선배의 조언은 굉장히 현실적이었다. "그만두려면 일찍 그만두는 게 좋아. 박사 이삼 년 하다 보면 그만두는 게 더 어려워지거든." 부모님과도 의논을 해봤지만 당연히 두 분은 완강하게 반대하셨다. 그래서 결국 날 찾아오게 됐다.

자퇴를 할지 말지는 쉬운 선택이 아니다. 환경적 관점에서 생각해 보면 선택지는 환경에 순응하거나 반항하거나 두 가지뿐이다. 그가 환경에 순응한다면 '나는 어렸을 때 순종적이고 예의바른 아이였으니 계속 말을 잘 들어야 한다'고 생각할 것이고, 환경을 거스른다면 '지도교수를 비롯해서 연구실 사람들이 마음에 들지 않으니 떠나야 한다'고 생각할 것이다. 그러나 그의 마음은 여전히 매우 혼란스럽다.

환경에 순응하든 반항하든 '우리는 환경 자체에서 벗어날 수 없다'는 사고방식은 외부 환경이 선택을 결정하는 가장 중요한 요소라고 가정하고 있다. 그러나 우리가 선택권을 환경에 맡기면 우리는 심리적 선택을 하지 못하게 되면서 쉽게 무력감에 빠진다. 그렇기 때문에 선택을 하려면 우리 마음을 되돌아봐야 한다.

이 학생은 어떻게 결정을 내려야 할까? 망설임을 의사결정의 기회로 삼기보다는 자아성찰의 기회로 삼아야 할 것이다. 그리고 이때 그가 물어야 할 가장 중요한 질문은 현재 고민하고 있는 선택지 각각의 장단점이 아니라 '내가 어떤 사람이 되고 싶은가'다.

자아의 형성은 발견의 과정이 아니라 창조의 과정이다. 화가의 마음속에 있는 그림은 그것을 붓으로 표현하지 않는 이상 추상적일 수밖에 없으며, 상상에서 끄집어낸 단 하나의 선택만이 마음속 그림을 완전한 현실로 바꿀 수 있다.

정체된 사고로 생각한다면 어둠 속에 이미 두 개의 서로 다른 완성된 자아가 우리의 선택을 기다리고 있거나, 이미 형성된 두 개의 길 중에 하나가 다른 하나보다 더 순조롭다고 가정할 수도 있다. 그러나 과정적 사고로 보면 자아의 형성은 나 자신이 완전한 현실로 바뀌어 나가는 과정이며, 선택은 자아를 창조하는 과정의 첫 번째 단계라는 것을 알게 될 것이다. 그 후에 이어지는 많은 단계들은 우리가 먼저 첫 단계를 내디뎌야만 알 수 있다.

우리가 선택을 자아 형성의 프레임에 두면 우리와 선택의 관계는 달라진다. 하지만 그렇다고 해서 우리가 결정 앞에서 망설이지 않게 된다는 것은 아니다. 결정은 여전히 어렵다. 단지 우리가 더 이상 환경이나 문제에 지배되지 않을 뿐이다.

자퇴를 망설이고 있는 학생이 품은 앞으로의 꿈이 비영리단체를 돕는 것이라면, 그 일에 박사학위가 반드시 필요한지 생각해 볼 필요가 있다. '그래도 박사학위가 있는 것이 일하는 데 더 도움이 되지 않을까? 아니면 졸업장보다는 현장에서 직접 부딪쳐보는 것이 더 도움이 되지 않을까?'

어려운 고민 끝에 박사학위를 따봐야 소용없고 차라리 빨리 사회적 경험을 쌓아야 한다고 생각했다면 자퇴를 결정할 것이다. 또는 그래도 앞으로 박사학위가 필요하다고 느꼈다면 연구실에 남아 학업을 이어갈 것이다. 그가 여기까지 생각을 했을 때 삶의 변화가 생기기도 한다. 이제부디 선택을 결정히는 힘은 더 이상 지금 처한 환경이 아니라 미래에 대한 그의 비전에서 나오기 때문이다. 환경이 그의 선택을 변호하는 것이 아니라 그가 앞으로 되고 싶은 자기 자신을 선택하는 것이다.

이때 그와 선택과의 관계에 변화가 생긴다. 먼저 그의 선택은 이제 더 이상 환경의 산물이 아니다. 환경에 대한 그의 좋고 싫음으로 선택의 결과가 바뀔 수 있는 것도 아니다. 반면에 불리한 조건일지언정 환경은 자아창조가 직면해야 하는 현실에서 극복해내야 하는 어려움이 된다. 말 그대로 환경은 전체적인 그림의 일부가 되었다.

이런 프레임에서는 위험에 대한 생각도 달라진다. 이전에는 위험을 어떤 길을 선택할지 결정할 때 반드시 고려해야 하는 중요한 요소로 여기곤 했다. 따라서 선택을 해야 할 때에는 하고 싶은 일과 그로 인해 예상되는 위험 사이에서 균형을 찾으려고 했다. 그러나 자아를 창조하는 것을 목표로 삼게 되면 위험에 대한 생각도 달라진다.

대학 졸업 후 직장과 대학원을 동시에 합격한 학생이 나를 찾아왔다. 그는 원래 연구를 하고 싶었지만 지금 들어온 취업의 기회를 포기하자니 나중에 대학원을 졸업한 후에 지금보다 좋은 직장을 구한다는 보장이 없다는 생각도 들어 두 가지 경로를 놓고 깊게 고민하고 있던 차였다.

위험에 대한 그의 생각은 전적으로 두 가지 선택의 장단점에 근거하고 있다. 그러나 선택을 자아창조 과정에 두면 생각이 완전히 달라져서 위험에 대해 다음과 같이 생각할 것이다. '내가 미래에 하고 싶은 일을 지원하기에 충분한 돈이 있는가? 만약 없다면 이 제안을 먼저 받아들여 돈을 벌 수 있지만, 이것은 좋은 기회를 잃을까 두려워서가 아니라 미래의 나를 위해 재정적 지원이 필요하기 때문이다.'

이때 위험은 최종 결과가 아니라 창조를 실현하는 조건이 되었다. 즉 우리가 선택의 근거를 '자신이 어떤 사람이 되고 싶은가'로 확고히 정한다면 위험은 더 이상 선택을 결정하는 요소가 아니게 된다. 그것이 우리의 바람을 실현하는 데 도움이 될 수 있을지에 대해서만 고려하면 되기 때문이다.

상처 이후의 성장:
붕괴는 일방적이지만 재건은 선택할 수 있다

누구에게나 자신만의 오래된 지옥이 있다

인간이 환경에 적응하는 능력은 매우 뛰어나다. 우리가 얻는 중요한 능력 또한 모두 상실에 대한 적응에서 비롯된 것들이다. 인간은 복잡하고 어려운 환경에 처할수록 특별한 능력과 지혜를 발전시켜 적응할 것을 강요받는다. 그리고 어느 날 갑자기 이런 능력과 지혜가 다른 방면에 쓰일 수도 있고, 자신의 자원과 재산이 될 수 있다는 사실을 알게 될 것이다.

내 친구 C는 자산만 수십억 위안에 달하고 수천 명의 직원을 거느린 성공한 사업가다. 그녀는 언뜻 유약해 보이는 겉모습과는 다르게 일을 할 때는 노련하고 단호하면서 과감하게 행동했다. 처음에는 그녀의 그러한 모습이 일을 하면서 발전시킨 스타일인 줄 알았는데, 나중에서야 그렇지 않다는 것을 알았다. 한 번은 둘이서 이야기를 나누던 중 그녀가 말했다.

"옛날에 꿈을 꾸면 항상 내가 남자로 나오는 거야."

알고 보니 그녀는 남아선호사상이 강한 아버지 밑에서 자라면서 내내 부모님의 관심을 독차지하는 남동생 뒤로 밀려나 있었다. 모든 아이들은 아버지에게 인정받고 싶어 하는데 그녀도 예외는 아니었다. 그래서 열심히 노력하고 항상 1등을 해서 아버지에게 자신을 증명하고 싶어 했다. 그러나 아버지는 여전히 그녀에게 무관심했고, 기껏해야 아쉬움이 잔뜩 묻어나는 한마디만 건넬 뿐이었다.

"이렇게 똑똑한데, 남자아이였으면 얼마나 좋았을까."

그녀의 꿈에 등장하는 남성 이미지는 바로 아버지에게 인정받고 싶은 그녀의 깊은 소망이 반영되어 있다. 이런 강력한 동기 때문에 그녀는 항상 열심히 일했다. 그렇게 조금씩 그녀의 사업은 성공가도를 달리게 되었다. 그때 그녀의 스타일은 그녀가 시장에 더 잘 적응하고 성공적인 사업가가 되는 데 많은 도움이 됐다.

그녀에게 아쉬운 부분이 있다면 무엇일까? 아마 있을 수도 있고 없을지도 모르겠다. 아마도 그녀는 성공에 자신감을 얻어 과거의 아쉬움 따위는 깨끗하게 씻어버리고 자신의 리더십 스타일을 강점으로 삼아 앞으로도 더욱 발전할 것이다. 하지만 애초에 과거를 마음에 담아둔 채 아버지에게 인정받기 위해 애쓰던 동기가 없었다면 오늘날 그녀가 이 자리에 있기는 매우 어려웠을 것이다.

이런 일은 우리 모두에게 일어난다. 이런 해묵은 좌절은 우리가 선택할 수 있는 것이 아니며, 만약 선택할 수 있다면 아무도 겪으려고 하지 않을 것이다. 이런 좌절 때문에 우리는 울고, 지치고, 쓰러지고 길을 잃었을 것이다. 그러나 이러한 좌절에 적응해 나갈 때, 비로소 우리는 좌절 뒤에 오는 선물이 있다는 사실을 알게 된다.

이 선물은 좌절 자체에서 오는 것이 아니라 우리가 적응하면 자동으로 따라오는 것이다. 하지만 좌절과 선물은 언제나 함께 온다는 것을 기억해야 한다. 좌절 없이는 이런 좌절에 적응하는 능력과 지혜를 발전시키지 못할 것이다.

지워지지 않는 상처만이 변화를 일으킨다

우리는 인생에서 중요한 것들 대부분을 상실에서 얻는다. 직장이나 관계의 변화와 같이 우리가 선택할 수 있는 상실이 있고, 갑작스럽게 찾아온 병이나 인생에서 중요한 사람과 이별하는 것처럼 우리가 선택할 수 없는 상실도 있다. 이러한 상실은 큰 충격을 주거나 상처가 되기도 한다. 그러나 상처는 단순한 상처 그 이상을 의미하며, 성장할 수 있는 기회를 뜻하기도 한다.

《왜 나는 항상 결심만 할까The Willpower Instinct》로 이름을 알린 심리학자 켈리 맥고니걸Kelly McGonigal은 2015년 스트레스에 관한 흥미로운 사실을 정리한 책을 출간했다. 그녀는 《스트레스의 힘The Upside of Stress》에서 미국 성인 남녀 3만 명을 대상으로 "한 해 동안 얼마나 스트레스를 받았는지", 그리고 "스트레스가 건강에 해롭다고 믿는지"를 묻는 설문조사를 실시한 뒤 8년 동안 그들의 삶을 추적한 종단 연구 결과를 소개했다.

그녀가 8년 후 연구 결과를 확인해 보니, 스트레스 수치가 높은 사람들의 사망 위험률이 43퍼센트 증가한 것으로 나타났다. 설문조사는 스트레스가 건강에 해롭다는 사실을 확인시켜주는 것 같지만 더 자세히 분석해 보면 스트레스가 해롭다고 '믿은' 사람들만 이 사망 위험률이 증가했다는 사실을 알 수 있다.

실제로 스트레스 수치는 무척 높았지만 스트레스가 해롭다고 '믿지 않은' 사람들은 사망 위험률이 증가하지 않았고, 오히려 참여자 가운데 사망 위험률이 가장 낮았으며 스트레스를 거의 받지 않는다고 응답한 사람들보다도 훨씬 낮았다. 다시 말해 해로운 것은 스트레스 자체가 아니라 '스트레스가 건강에 해롭다는 생각'이었다.

이 보고서의 결과처럼 살면서 겪는 좌절을 어떻게 바라보느냐가 좌절을 겪는 그 자체보다 더 중요할 때도 있다. 상처는 우리를 변화시킬 수 있지만 상처가 주는 나쁜 점만 본다면 그 상처는 두려움으로 인해 더 악화될 뿐이다. 물론 상처가 부정적인 영향을 미친다는 것은 분명한 사실이다. 그러나 또 다른 사실은 상당한 비율의 사람들이 심각한 상처에서 회복하고 심지어 상상할 수 없는 성장까지 경험한다는 것이다. 이것이 바로 '외상 후 성장Post-Traumatic Growth'이다.

스테판 조셉Stephen Joseph은 《우리를 죽이지 못하는 것What Doesn't Kill Us》에서 외상 후 성장이 무엇인지에 대해 흥미로운 비유로 설명했다.

폭풍우가 몰아치는 동안 언덕 꼭대기에 있는 나무를 상상해 보자. 첫 번째 유형의 나무는 바람에 부대끼지만 부러지지 않고 굳건히 서 있다. 폭풍이 지나가자 아무런 영향도 받지 않은 것처럼 보이기 때문에 우리는 나무가 강인하다고 생각한다. 사람들 중에도 어떤 고난에도 흔들리지 않고 견디는 것처럼 보이는 이들이 있다.

두 번째 유형의 나무는 휘어지기는 하지만 부러지지 않고 폭풍이 멈추면 다시 원래 모습으로 돌아온다. 우리는 나무가 매우 강한 복원력을 가지고 있다고 생각한다.

세 번째 유형의 나무는 바람에 부러져 가지에 깊은 상처가 생겼고 바람이 멈춰도 원래의 상태로 돌아오는 대신에 영구적인 변화가 일어난다. 나무의 모양이 전과 같지 않게 된 것이다. 그러나 얼마 후 이 상처에서 새싹이 나왔고 이전보다 더 잘 자랐다. 결과적으로 폭풍은 나무를 파괴하는 대신 새로운 생명력을 불어넣었다.

인간이 겪는 외상 후 성장은 이 세 번째 나무와 같다. 여기서 말하는 성장은 외상을 겪어도 흔들리지 않는 강인함을 확인하거나 또는 유연하게 넘긴 다음 이전으로 회복하는 것이 아니라 외상 후에 변화를 경험하는 것이다.

외상의 경험은 우리를 어떻게 변화시켰을까? 사회심리학자 로니 지노프 불먼Ronnie Janoff-Bulman은《박살난 가정Shattered Assumptions》에서 '가정 세계'라는 개념을 제시했다. 그는 우리가 일상에서 다음과 같은 '순진한 가정'을 지키고 있다고 생각했다. 첫째, 세상은 안전하고 살기 좋은 곳이며 사람들도 따뜻하고 우호적이다(세상의 우호성에 대한 신념). 둘째, 세상은 합리적으로 움직이는 공정한 곳이며 모든 것이 이해 가능할 뿐만 아니라 예측 가능하다(세상의 합리성에 대한 신념). 셋째, 나는 소중한 존재이며 무가치하게 희생되지 않을 것이다(자신의 가치에 대한 신념).

이 세 가지 기본적인 가정은 내가 좋은 사람이 되고 건강한 생활 습관을 유지하며 열심히 일하면 평화롭고 행복하게 살 수 있다는 세계관을 만들어냈다. 게다가 어떤 한 개인의 가정이 아니라 사회 전체가 이 가정을 유지하고 있다. 그렇지 않으면 열심히 일하는 것과 보상

사이에 아무런 관계가 없음에도, 내일이 있는지 없는지 확신할 수 없음에도 우리가 왜 굳이 출근을 하고 회사 프로젝트에 대해 열심히 고민하며 상사에게 비난받는 것을 참겠는가?

오늘날 많은 사람들이 도시에 살고 있으며, 도시의 번영은 우리가 삶에서 경험해야 하는 고난을 쉽게 간과하게 만든다. 그래서 어느 날 정말 재난이 닥쳤을 때, 우리 삶을 지탱해주던 기본 가정이 무너지면 우리는 어찌할 바를 모르게 되는 것이다.

우리가 선택할 수 있는 것은 재난을 맞는 태도뿐이다

몇 년 전 베이징에 폭우가 내려 육교 밑에 있던 차가 물에 잠겼는데, 운전 기사가 미처 문을 열고 빠져나오지 못하는 바람에 물에 빠져 사망했다는 뉴스를 본 적이 있다. 이 일은 안전하고 질서 있는 대도시에 대한 우리의 가정을 깨뜨렸기 때문에 당시 상당한 반향을 일으켰다. 누가 베이징과 같은 대도시에서, 그것도 폭우로 사람이 익사할 것이라고 생각이나 했겠는가?

극단적인 사례이기는 하지만 실연이나 이혼, 실직, 심각한 질병과 같이 삶을 뒤흔드는 상황들은 우리도 충분히 겪을 수 있는 고난이다. 우리는 실제로 겪기 전까지는 이런 고난이 자신과 동떨어져 있다는 착각 속에서 살아간다. 그러다 고난이 닥치면 고난의 폐해와 영향을 과장하는 한편 자신의 적응력을 과소평가하면서 더 이상 회복할 수 없다는 착각에 빠진다.

그러나 비바람을 견뎌내는 나무처럼 사람도 적응할 수 있다. 기본적인 신념이 무너지면 힘겨운 재건이 시작된다. 시각장애인은 촉각이 예민해지고 손이 없는 사람은 발을 정교하게 사용하듯이 우리 머릿속의 인지 구조도 외상 후 재구성된다. 외상의 핍박 아래 우리는 앞에서 언급한 세 가지 가설 외에 새로운 인지구조를 발전시켜야 한다. 그렇지 않으면 모든 일에 원망이 끊이지 않고 세상이 불공평한 이유에 대해 집착하며 원망만 하거나 지나치게 예민해질 뿐만 아니라 가능한 한 위험을 피하기 위해 몸을 움츠릴 수도 있다.

외상에 적응하는 과정에서 어떤 사람은 한 번도 생각해보지 않았던 잠재력을 발견해 자신의 한계를 돌파하고, 또 어떤 사람은 가족과 친구가 소중한 존재임을 깨닫게 되거나 다른 사람을 돕는 데 헌신하기 시작하고 자신을 내어주는 것에서 새로운 가치와 의미를 찾는다. 폭풍우에 상처를 입은 나무처럼 흉터에서 새로운 가지가 나온다.

내 친구의 시례를 통해 이와 같은 적응 과정을 자세히 살펴보고자 한다. 지우링허우(90后, 90년대 이후 태어난 사람)인 그녀는 전형적인 공부벌레였다. 2008년 5월, 6층 교실에서 한 달 뒤에 있을 입시를 위해 공부에 열을 올리고 있던 차였다. 갑자기 교실이 심하게 흔들리자 교실에 있던 모두는 하던 일을 멈추고 필사적으로 계단을 향해 달려갔다. "지진이다!"

집이 장난감 블록처럼 이리저리 흔들리고 벽이 갈라지면서 흩날리는 먼지 때문에 눈을 뜰 수가 없었다. 순식간에 할리우드 블록버스터 영화의 한 장면처럼 세상이 끝나는 것 같았다. 여기저기서 비명소리와 함께 몇몇 사람들이 3층과 4층에서 아래로 뛰어내리기 시작했다. 천장에 있던 전등이 갑자기 깨져서 그녀의 발 앞에서 산산조각이 났다. 당시 그녀의 머릿속에는 한 가지 생각밖에 없었다. '살아야 한다!'

다행히 그녀는 무사히 탈출했다. 가까스로 빠져나와 운동장에 모여 있던 사람들은 흔들리는 건물을 보며 울고 있었다. 구조된 후 체육관에 도착하자 피범벅이 된 부상자와 시신이 계속해서 실려 들어왔다. 죽음은 이렇게 예고 없이 나타나 파괴적인 몸짓으로 세상에 대한 그녀의 가설을 무너뜨렸다.

그녀는 지진이 일어나기 전에는 그저 평범한 수험생이었고 인생에서 가장 중요한 목표는 좋은 대학에 들어가는 것이었다. 그러나 지진이 일어났을 때 그녀의 생각은 오로지 살아남는 데 쏠려 있었다.

외상 사건 경험은 사람의 가치관을 변화시킨다. 대학을 졸업한 후 그녀는 대학원 진학을 포기하고 사업을 시작했고, 또 회사가 막 정상 궤도에 올랐을 때 회사를 떠났다. 그녀는 대학원 진학이나 대기업 입사, 창업으로 많은 돈을 버는 것처럼 다른 사람들이 매우 중요하게 생각하는 가치에 전혀 끌리지 않았다. 이런 것들에 초연해진 지 이미 오래였다.

그녀는 항상 내면에 깨달아야 할 무언가가 도사리고 있다고 느꼈지만 그것이 무엇인지는 몰랐다. 그런데 지진의 경험이 그녀를 계속 일깨워줬다. 이후 그녀는 우리가 일상적인 경험과 존재 자체에 대해 생각해 볼 수 있는 명상 앱을 만들어 점차 팬층을 확대해 나갔다.

자주 만나지는 못하지만 만날 때마다 나는 그녀가 새로운 경험과 깨달음을 겪었다는 것을 느낄 수 있다. 그녀는 어느 산에 올라가서 단식을 하거나 라오스에서 원시적인 부족 생활을 경험하기도 한다. 이런 자유롭고 거침없는 행보 덕분에 그녀의 경험과 비전은 또래 친구들보다 훨씬 더 개방적이다. 그녀는 자신의 삶에 매우 만족한다. 지진을 경험하지 못했다면 이런 삶을 살지 못했을 것이다.

그러나 지진이 남긴 부정적인 흔적이 아예 없는 것은 아니다. 한번은 여행 중에 낮잠을 자다 일어나서는 멍하니 사방을 둘러보다가 갑자기 눈물이 터져 나온 적이 있었다.

"이 눈물은 슬픔이 아니었어요. 뭐랄까, 마치 모든 사람이 가려지지 않는 허무와 존재에 꿰뚫린 것 같고, 존재 자체를 절실하게 느끼는 것 같았어요."

나는 그녀가 이토록 계속해서 '왜 살아야 하는지'에 대한 답을 찾도록 만든 것은 극적인 경험에서 얻은 허무함과 존재에 대한 직관적인 느낌이었다고 생각한다. 우리 같은 평범한 사람들에게 그 답이란 우리 모두에게 합의된 가치 평가 정도에서 제시될 수 있겠지만, 그녀처럼 생사를 넘나던 경험을 한 사람에게는 이 사회적 가치 평가는 설득력이 없고 답이 될 수도 없다. 오직 그녀 자신만이 답을 찾을 수 있다. 그래서 답을 찾는 과정이 그녀의 사업이 되었다.

그녀의 이야기에서 나는 줄곧 모순된 마음을 가지고 있었다. 또래보다 성숙하고 활발한 모습이 흐뭇하기도 하지만, 다른 한편으로는 그녀의 조숙함이 걱정되기도 한다. 삶의 이치를 깨달았는데, 이미 알고 있는 것을 되돌려서 모르는 척할 수는 없다. 그러나 이런 이치를 너무 일찍 깨닫게 되면 그것을 차근차근 탐색하는 과정은 경험할 수 없을 것이다. 시행착오를 겪을 확률도 높지 않으니 이렇게 일찍 깨달은 이치들에는 그것을 뒷받침할 내용이 부족할 것이다. 그러나 삶의 이치에서는 살아가며 조금씩 깨달아가는 과정이 이론으로 정리된 결론 자체보다 훨씬 중요하다.

하지만 살아가며 맞닥뜨리는 사건들에는 선택의 여지가 없다. 선택권이 주어진다면 대부분의 경우 좌절과 외상을 겪기보다는 영적 성장을 포기하는 쪽을 택할 것이라고 생각한다. 앞서 등장했던 사업가 친구는 선택할 수만 있다면 차라리 아버지에게 사랑받고 인정받는 평범한 소녀가 되고 싶었을 것이다. 그러나 삶에는 무수한 일이 일어나고 우리에게는 선택의 여지가 없었다. 우리가 선택할 수 있는 것은 일이 벌어졌을 때 어떤 태도를 취할지, 즉 그것에 의해 쓰러질 것인지, 도망갈 것인지, 아니면 고통을 직면하며 끝내 그것을 소중한 경험으로 만들 것인지 선택하는 정도뿐이다.

그것이 우리가 상처에 적응하는 방식이다. 상처 속에서 세상에 대한 순진한 가정이 무너진다. 그러나 **튼튼하지 않은 집이 무너진 후에도 집을 지었던 벽돌은 그대로 남아 있기에, 우리는 이 남은 벽돌들로 새롭고 더 튼튼한 집을 지을 수 있다.** 이 과정에서 우리는 삶의 선택을 다시 바라보고, 자신을 다시 이해하며 허무함 속에서 우리를 지탱할 수 있는 삶의 의미를 재창조하기 시작한다.

자기 서사:

나는 인생이란 소설의 유일한 독자이자 작가다

인생의 의미는 살아온 이야기에서 나온다

앞 장 마지막 부분에서 말했듯이 경험, 특히 어려운 경험은 사람을 영구히 변화시킨다. 폭풍우에 부서진 나무처럼 모양이 영구적으로 변하거나 흉터도 많이 남는다. 하지만 상처 입은 나무가 천천히 새로운 가지를 뻗어 내듯이 우리도 상처로부터 새로운 의미를 만들어낼 수 있다. 그렇다면 이런 의미는 어떻게 만들어지는 것일까? 우리는 어떻게 경험을 조직해 유기적인 전체로 바꿀 수 있을까? 그 답은 바로 '이야기'에 있다.

우리가 누군가를 가늠할 때 먼저 보는 조건은 그 사람의 성격일 것이다. 그렇다면 성격이란 무엇일까? 그 사람이 내향적인지 외향적인지, 호감이 가는지 가지 않는지, 보수적인지 급진적인지 등 개인이 가진 다양한 품성이 성격이라고 부르는 영역이다. 그러나 심리학자 댄 맥애덤스^{Dan McAdams}는 성격을 세 가지 영역으로 구별했다.

첫 번째 영역은 '친절하다', '내향적이다'와 같이 우리가 흔히 성격이라고 부르는 영역이다. 기본적인 특성이자 가장 낮은 단계라고 할 수 있으며, 흔하게 접하는 심리 테스트와 별자리 등에서 짚어주는 성격이 여기에 속한다.

두 번째 영역은 끊임없이 변화하는 사회적 상황에 대한 적응 방식을 가리킨다. 우리의 목표와 방어 기제, 신앙 등 우리가 인생에서 무엇을 중요하게 생각하는지 결정하는 기준과 같은 것이다. 이것은 우리가 현재의 역할을 수행하고 맡겨진 과제를 완료하기 위해 개발하는 성격이다.

세 번째 영역은 개인이 살아온 이야기로, 가장 핵심적이고 고유한 영역이라고 할 수 있다. 댄 맥애덤스는 우리가 과거와 현재, 미래가 하나로 이어지는 생동감 넘치는 개인의 신화를 끊임없이 엮어내고 있다고 했다. 즉 인생 서사야말로 바로 자신의 정체성을 드러내는 가장 효과적인 방법이다.

우리는 언제 어디서나 자신만의 이야기를 만들어내고 있다. 삶의 의미는 그러한 우리의 인생 서사에 대한 이해에서 비롯된다. 각각의 인생 전체가 독특한 이야기를 완성하고 있다고 할 수 있다. 서사가 시작될 때는 그것이 어떻게 전개될지 전혀 알지 못한다. 좋은 일을 경험하면 원래 이렇게 행복하고 아름다운 이야기였다며 매우 기뻐하다가도 고난이 찾아오면 비극적인 결말이 아닐까 걱정할 때도 있다.

우리는 자신의 삶에서 독자인 동시에 작가이며, 경험을 하면서 인생이라는 이야기의 개요를 수정한다. 이야기는 기억에 영향을 미치기 때문에 우리는 이야기의 개요에 맞는 중요한 줄거리를 기억 속에 보관하고 이야기와 무관한 부수적인 부분은 잊어버린다. 또 이야기는 우리가 현재를 바라보고 미래를 예측하는 방법에 영향을 미친다.

내담자 D씨는 자신을 좋아한다는 모든 남자들을 경계하고 그들이 거짓말을 한다고 생각하거나 거짓말을 하지 않더라도 그녀의 실제 모습을 보고 나면 더 이상 좋아하지 않을 것이라고 생각했다. 거짓과 배신의 서사가 바로 그녀의 마음속 이야기다. 설령 그녀가 정말 아름다운 여성이고, 좋은 교육을 받고 좋은 회사에 다닌다고 해도 이야기의 구조는 절대 변하지 않는다. 그리고 이 이야기에서 그녀는 자신뿐만 아니라 다른 사람에게도 속는 사람과 속이는 사람의 배역을 맡았다. 그녀는 항상 자신이 약한 존재라고 생각했기 때문에 설령 자신이 이미 많은 자원을 가지고 있더라도, 정말 괜찮은 남자가 그녀에게 호감을 표시한다 하더라도 여전히 외면할 것이다. 때로는 현실보다 우리 마음속의 이야기가 더 견고하다.

역경의 두 가지 서사 유형: 구원 구조와 오염 구조

이야기의 관점에서 볼 때, 우리는 역경이나 상처가 어떻게 우리를 변화시키는지 이해할 수 있다. 실제로 역경은 우리의 인생 서사를 변화시킨다. 따라서 역경이 닥쳤을 때 우리는 그것을 자신의 인생 서사에 포함시켜 이야기를 재창조할 수 있어야 한다. 역경을 겪었음에도 불구하고 우리의 목표가 단순한 승진과 연봉 인상에 여전히 머물러 있다면 그 이야기에서 의미는 찾아볼 수 없을 것이다.

댄 맥애덤스는 좌절을 직면했을 때 보통 두 가지로 서사를 해석할 수 있다고 했다. 하나는 '구원 구조'다. 이 유형의 이야기는 대개 시작이 좋지 않고 주인공이 여러 가지 난관에 부딪히게 되지만 끊임없는 노력과 탐구를 통해 어려움을 헤쳐 나가고 과거의 갈등에서도 벗어나는 좋은 결말로 마무리된다. 고통이 완전히 해소되지 않더라도 적극적으로 수용하면 내면의 평화를 얻을 수 있다. 우리가 구원 구조식 서사를 가지고 있다고 생각하면 어려움에 처했을 때 자연스럽게 우리가 곤경에서 벗어나 삶의 지혜를 배울 것이라고 예측하게 된다. 구원 구조를 토대로 하는 서사는 우리의 행동을 이끌어낸다.

또 다른 유형은 '오염 구조'다. 이야기의 처음은 나쁘지 않지만 현실은 원래 좋았던 삶을 조금씩 깨뜨릴 것이다. 이야기 속 주인공은 온갖 고난을 겪을 것이며, 고난은 오염원처럼 삶을 더럽힌다. 그러나 정작 그는 아무것도 할 수 없으며 잘못된 발걸음을 내딛다가 결국 후회 속에서 과거를 그리워한다.

우리가 오염 구조식 서사를 가지고 있다고 생각하면 좋은 시간을 즐기고 있을 때도 이 순간이 오래 가지 않고 나쁜 일이 모든 것을 끝내버릴까 봐 두려워서 제대로 즐기지 못한다. 힘든 시간을 보낼 때도 운명적으로 정해진 불행이 찾아올 것이라고 한탄하고, 변화를 맞을 때 느끼는 불안과 막막함은 자신이 처한 무력함의 증거라고 생각할지도 모른다. 이럴 때 우리는 비관적이고 우울해지기 쉽다.

미국의 유명 요리사 앤서니 보뎅Anthony Bourdain은 에세이《미디엄 로우Medium Raw》에서 이렇게 말했다.

"나는 스무 살에 죽어야 했다. 그런데 갑자기 마흔 살이 되던 어느 날, 나는 많은 인기를 얻었다. 쉰 살에 딸이 생겼다. 아주 특별하고 좋은 차를 훔친 것 같았다. 그래서 매일 백미러를 보면서 당장이라도 사고를 당할 것 같은 기분이 들었다. 아직 부딪히지 않았을 뿐 언젠가 그날이 올 것 같았다."

분명히 그의 마음속에는 전형적인 오염 구조 서사가 존재하고 있었다. 2018년 6월, 그를 추모하는 글에서 이 글을 다시 봤다. 결국 그는 스스로 목숨을 끊었다.

나는 인생이란 소설의 작가이자 독자다

어떻게 오염 구조식 서사를 구원 구조식 서사로 바꿀 수 있을까? 인생 이야기는 우리의 외부에 있는 것이 아니기 때문에 우리 역시 좋다 나쁘다를 판단해서 마음대로 이야기를 꾸며낼 수 없다. 하지만 다시 의미를 부여해 다른 이야기로 만들 수는 있다. 물론 이야기를 하는 사람 자체가 이 이야기를 믿는다는 전제가 깔려 있어야 한다.

내가 저장대학에 있을 때 내가 쓴 '저장대 병'에 대한 기사를 보고 나를 찾아온 내담자가 있었다. 이 글은 저장대학에 입학한 많은 학생들이 이상한 좌절감과 실패감을 가지고 있는 것을 보고 쓰게 됐다. 이들은 모두 자신이 칭화대학이나 베이징대학에 갔어야 했다고 생각하고 있다. 그도 마찬가지였다. 그도 원래 베이징대학에 진학할 생각이었으나 수학올림피아드 선발전에서 탈락한 데다가 그해 대학입학시험이 너무 쉬워서 만점을 받았음에도 불구하고 다른 학생들과의 격차를 크게 벌리지 못해서 어쩔 수 없이 저장대학으로 오게 됐다. 그는 방황 속에서 1학년 시절을 보내고 2학년이 돼서야 정신을 차리고 열심히 공부할 마음을 다졌다.

그런데 어느 날 건강 검진 결과, 자신이 골암에 걸렸다는 사실을 알게 됐다. 이제 막 스무 살이 된 그에게 청천벽력 같은 소식이었다. 그는 왜 이런 불행이 자신에게 벌어졌는지 한탄했다. 당시 그는 매달 검진을 위해 병원에 가야 했다. 그는 또 검사를 받을 생각만 하면 식은땀이 날 정도로 심각한 불안에 휩싸였다. 검사 후 모든 것이 정상이면 그는 며칠 동안 긴장을 풀고 편안하게 쉴 수 있었다. 한탄하고 불안해하다가 안심하는 이 모든 과정이 다음 검사 전까지 반복됐다.

그동안 나는 상담실에서 그의 이야기를 들었다. 그는 암 병동에서 마주한 온갖 삶과 죽음에 대한 이야기와 병실에서 함께 지냈던 환자들이 어떻게 한 명씩 사라졌는지, 환자들이 다리를 절단할지 치료를 중단할지 결정한 후 죽음을 어떻게 받아들이는지에 관한 이야기를 들려줬다. 모든 이야기가 거의 성공하려다 실패하는 일종의 오염 구조식 서사였고 이는 그에게 많은 부정적인 암시를 주었다. 나 또한 영향을 받아 이런 일에 비하면 내가 고민하는 일이 그렇게 중요하지 않다는 생각이 들었다.

그 후 나는 저장대학을 떠났고, 한동안 그와 연락이 닿지 않았다. 그러던 2016년 어느 날에 그가 보낸 이메일을 받았다. 그는 우연히 스탠퍼드대학의 머신러닝 관련 공개 수업을 듣다가 '언젠가 암이 인간에 의해 정복된다면 머신러닝이 중요한 역할을 할 것으로 믿는다'는 말을 듣고, 그것을 계기로 삼아 졸업 후 유전자 회사에서 인턴으로 근무했다.

그 말은 그의 마음에 한 알의 씨앗을 심었다. 그는 데이터 마이닝 data mining 기술을 열심히 배워 이 분야에서 일을 하며 언젠가는 배운 기술을 암과 싸우는 데 사용할 수 있기를 바랐다. 그래서 모든 대기업의 일자리 제안을 거절했다. 한 기업의 인사 담당자가 물었다.

"모든 제의를 거절하셨는데, 나중에 아예 제의가 안 들어오면 어떻게 하시려고 그러세요?"

"죄송합니다. 하지만 저는 인생에서 자신을 위해 퇴로를 만들지 않을 겁니다."

암처럼 무서운 질병을 앓고 있으면 죽음에 대한 불안은 항상 보이지 않는 압박감으로 다가올 것이다. 이제 그는 눈에 보이는 적을 찾았고 마침내 그것에 대처할 수 있는 방법을 찾았다. 암과의 싸움은 그가 질병으로 인한 무력감에서 벗어날 수 있게 해줬다. 그가 재검사를 받으러 갔을 때 의사는 3년 동안 잘 버텼다며 재발 가능성이 크게 낮아졌다고 했다. 그리고 검사 횟수도 한 달에 한 번에서 세 달에 한 번으로 바뀌었다.

나중에 그를 다시 만났다. 그에게 어떻게 지내냐고 물었더니 일하는 것이 매우 즐겁다고 말했다. 하지만 질병의 그림자는 여전히 남아 있었다. 얼마 전 그는 혼자 마라톤에 나갔다. 그것도 '풀코스 마라톤'이었다. 가족과 친구들은 걱정되는 마음에 참가 자체를 말리고 참가를 하더라도 풀코스를 완주할 필요가 없다고 설득했지만 그는 뜻을 굽히지 않았다. 육체적인 질병은 극복할 수 없지만 정신적인 질병은 극복하고 싶었기 때문이다. '암 환자'라는 꼬리표는 그에게 너무 많은 불안과 스트레스를 가져다줬다. 그는 자신이 환자가 아니라 정상인들보다 더 많은 일을 할 수 있다는 것을 증명하고 싶어 했다.

물론 마라톤은 힘든 운동이지만 지금까지 그래왔던 것처럼 그에게는 스스로 앞으로 나아가게 하는 힘이 있었다. 마지막 코스는 터널을 통과하는 길이었는데, 터널 안은 매우 어두워서 앞도 제대로 보이지 않았다. 게다가 두 다리에 쥐가 나서 덜컥 겁도 났다. 하지만 그는 '여기서 멈추면 안 돼. 이왕 시작한 거 결승선은 넘어야지'라며 자신을 다독였다.

그는 쥐가 난 다리를 끌고 한 걸음 한 걸음 결승선을 향해 발걸음을 옮겼다. 드디어 결승선을 통과하는 순간, 그는 터져 나오는 눈물을 멈출 수 없었다. 마치 암이라는 질병과 고통스러운 과거, 밤낮으로 잠을 이루지 못하게 했던 불안함이 결승선 뒤로 던져진 것 같았다.

달리기는 더 이상 단순한 달리기가 아니라 질병과의 싸움을 상징하는 것으로 바뀌었다. 이 상징은 그의 인생 이야기에 스며들어 진정성을 얻었다. 가장 중요한 것은 이 이야기가 더 이상 성공하려다가 만 오염 구조식 서사가 아니라 온갖 고난을 통해 자신을 이겨낸 구원 구조식 서사라는 점이다. 이것이 그의 모든 노력이 추구한 의미였다.

2018년 7월은 그가 검사한 지 5년이 된 날이었다. 재발 검사의 시한이 5년이기 때문에 이번 검사 결과가 괜찮으면 더 이상 검사를 받지 않아도 된다. 나는 항상 그를 걱정했으며, 동시에 그가 괜찮을 것이라고 믿어 의심치 않았다.

어느 날 메시지 한 통을 받았다.

'선생님, 검사 결과 아무 이상이 없다고 하네요. 길고 긴 꿈을 꾸다가 이제야 깨어난 것 같아요.'

나는 매우 기뻤다. 그런데 왠지 모르게 눈가가 촉촉하게 젖었다.

삶이란 평범한 인간이 비범하게 늙어가는 과정이다

이야기로 생각하는 동물, 인간

우리는 자신의 이야기를 엮어가며 어려운 시기를 이겨내고 변화를 완성한다. 그러나 변화의 전환기에는 우리의 인생 서사가 어떤지 알지 못한다. 그리고 우리가 긍정적인 이야기를 만들어내고 싶어도 강력한 부정적인 감정이 우리의 마음을 쉽게 빼앗아 우리가 겪고 있는 것이 나쁜 이야기라고 믿게 만든다. 그렇다면 우리에게 자신에게 일어난 일을 이해하고 인생의 이야기를 만드는 단서가 될 만한 자료가 있을까? 물론 존재한다. 바로 영웅담이다.

어렸을 때부터 영웅의 이야기를 많이 듣기는 했지만 모두 가짜라고 생각할 수도 있다. 물론 《해리 포터》 같은 이야기도 재미있지만 성인이라면 그것이 허구라는 사실을 알고 있다. 우리 앞에 닥친 고난을 해결하기 위해 마법의 주문을 외우는 사람은 아무도 없을 것이다. 그런데 거짓된 영웅담이 어떻게 우리를 도울 수 있다는 것일까?

사실 이런 이야기들은 거짓이지만 동시에 진짜다. 줄거리야 당연히 허구적이지만 해리 포터가 아무것도 모르는 소년에서 훌륭한 마법사로 성장하고, 모든 사람들의 보호를 받는 아이에서 무시무시한 강적을 이길 수 있는 리더로 성장하는 변화의 서사만큼은 우리에게 진짜로 받아들여지기 때문이다.

인간은 이야기로 생각하는 동물이고, 우리도 이야기에서 변화의 과정을 배운다. 그중에서도 영웅의 모험담은 매우 특별하다. 미국이 낳은 세계적인 비교신화학자 조지프 캠벨Joseph Campbell은 한동안 세계 각지에서 신화 이야기를 수집했다. 그는 아프리카의 부족과 아시아의 사찰, 현대적 도시에서 전해지는 영웅 서사가 시공을 막론하고 모두 비슷한 핵심을 가지고 있으며, 그것이 바로 변화라는 사실을 발견한 다음 《천의 얼굴을 가진 영웅The Hero with a Thousand Faces》을 썼다.

이 책에서 그는 영웅이 겪어야 하는 세 가지 단계인 출발, 입문, 회귀에 대해 이야기했다. 이 세 단계는 삶의 중대한 변화에 대처하는 사람들의 심리적 과정에도 적용할 수 있다. 나는 이 세 단계가 일상생활에서 어떻게 발생하는지를 분석해 보고자 한다.

영웅 서사의 세 단계: 집을 떠나 모험을 끝내고 집으로 돌아오다

첫 번째 단계는 소명에 응해 길을 떠나는 '출발'이다.
영웅 서사의 맨 처음에서는 우리가 직장이나 관계에서 피로감을 느낄 때 가끔 마음속에 변화에 대한 생각이 떠오르는 것처럼 영웅이 소명을 듣게 된다. 이 소명은 우리에게 중요한 것이 사라지고 있고,

우리가 가진 힘이 약해지고 있거나 치유가 필요한 상처가 있다는 것을 일깨워준다.

그러나 우리는 이야기의 시작에서 이런 소명이 낯설고 어색해서 외면하기도 한다. 소명은 일상에 대한 우리의 가설과 익숙해진 스스로의 모습에 대해 도전하기 때문이다. 우리는 이 소명들을 가끔씩 기상천외한 것으로 생각하고 잊어버리려고 하지만 마치 우리의 운명을 상기시키는 것처럼 우리 마음에서 사라지지 않는다.

그렇게 우리는 조금씩 소명에 저항하기를 멈추고 진지하게 생각하기 시작한다. 이러한 낯선 부름은 종종 커다란 변화와 문제, 위험을 의미하지만 결국 우리는 변화에 대한 두려움을 극복하고 소명에 순응해 용감하게 길을 떠나기로 결심한다.

두 번째 단계는 모험을 통해 성장하는 '입문'이다.

출발 단계가 일상에서 떠나는 것을 의미한다면 입문 단계는 초자연적인 세계에서 모험을 하고 우리를 성장시키는 과정이라고 할 수 있다.

모험을 떠나기로 결정한 순간부터 우리는 신비로운 문턱을 넘은 것이다. 과거의 세계는 사라지고 이제 우리가 마주한 것은 미지와 위험, 희망으로 가득 찬 완전히 새로운 영역이다. 이 문턱을 넘은 것은 우리가 이미 심리적 안전지대를 벗어났음을 의미한다. 문 너머에서는 어려움과 도전, 고통, 위험, 미지와 거대한 불확실성이 쉴 새 없이 다가오고 있다. 원래의 사고방식과 행동 습관은 새로운 세계에서 전혀 쓸모가 없기 때문에 우리는 새로운 사고와 행동방식을 배워야 한다. 문턱을 넘었다는 것은 이제 돌아가고 싶어도 왔던 곳으로 돌아갈 수 없다는 뜻이기도 하고, 앞으로 나아가야 할 길을 새롭게 찾아야 한다는 뜻이기도 하다.

다행히도 이 여정에서 우리는 보통 특별한 수호자를 만나게 된다. 《반지의 제왕The Lord of the Rings》이나 《해리 포터》, 마블 시리즈 같은 영웅 서사를 보면 주인공 곁에는 언제나 그를 이끌고 보호해주는 수호자가 있다. 우리의 여정에서도 마찬가지다. 이 수호자는 우리에게 정서적 지지를 보내며, 우리에게 없는 지식과 기술을 제공하고, 우리가 가야 하는 여정을 이해할 수 있도록 돕는다. 때로 수호자는 실존 인물일 수도 있고, 존경을 받는 롤모델이거나 신화 속의 인물이 될 수도 있고, 심지어 책이나 강의가 될 수도 있다.

물론 여정은 여전히 우리의 것이기 때문에 누구도 그 길을 대신 걸어줄 수는 없다. 다만 수호자는 우리에게 무슨 일이 일어나고 있는지, 우리의 사명이 무엇인지 더 명확히 이해하도록 도와준다. 수호자들과 관계를 맺고 그들의 존재를 느낄 수 있어야 우리도 더 단단해질 수 있다.

이러한 에너지를 축적한 후에 우리는 이야기의 악역, 즉 운명적인 숙적인 용을 만나게 된다. 영웅 서사를 보면 영웅은 용을 물리치거나 없애려는 것이 아니라 변화시키려고 한다. 캠벨은 '처음에는 용을 안 풀리는 일과 까다로운 사장, 도박을 하느라 집에 들어오지 않는 남편처럼 외부의 적이라고 생각했다'고 했다. 그러나 문제는 외부가 아니라 우리 마음에 있다는 것을 조금씩 깨닫게 됐다.

용은 결국 좋지도 않고 나쁘지도 않은 힘일 뿐이다. 우리 자신의 탐욕과 오만, 두려움, 비겁함이 우리 머릿속을 가득 채운 당위적 사고에 반영되어 용을 만들어내는 것이다. 용과의 싸움은 우리가 자신의 약점을 외면하지 않고 똑바로 보게 해주고, 갈등이 다른 사람 때문이 아니라 관계에 문제가 생겼기 때문에 벌어진 것임을 깨닫게 해준다. 우리가 이 사실을 깨닫게 되면 용은 더 이상 악당이 아니라 우리가 이용할 수 있는 에너지가 된다.

용과의 싸움에서 자신을 극복한다면 우리는 새로운 자아이자 새로운 자원을 발전시킬 수 있고 새로운 기술과 사고방식을 배우게 된다. 결국 자신감과 지혜를 얻게 된 그는 더 이상 이제 막 문턱을 넘은 어리바리한 어린 소년이 아니다.

이 단계는 우리가 새로운 인식과 새로운 자원을 만들어내도록 이끄는 몸부림과 헌신, 투쟁으로 가득 차 있다. 이 과정이 고되고 길게 느껴질 수 있지만 여기서 얻는 것은 우리가 감히 예측할 수 없을 정도로 크다. 용과의 싸움에서 자아는 새로운 단계로 도약한다. 즉 완전히 새로운 사람이 된다.

세 번째 단계는 또다른 시작을 준비하는 '회귀'다.

이 단계에서 영웅은 그의 사명을 완수하고 출발한 곳으로 돌아와 여정에서 배운 것들을 또 다른 출발을 기다리는 사람들에게 나눠줘야 한다. 다른 사람이 원한다면 그는 자신 또한 누군가로부터 도움을 받았듯이 이번에는 그들의 여정에서 수호자가 될 수 있다.

캠벨은 영웅 서사의 세 단계인 출발, 입문, 회귀가 소년이 집에서 떠나 갖가지 모험을 경험한 다음 집으로 돌아오는 과정이라고 했다.

구체적으로는 소명을 들은 다음 소명에 몰입하고, 문턱을 넘어 수호자를 찾고, 악당인 용과 마주하며 내면의 자아를 발전시킴으로써 완전히 새로운 사람으로 탈바꿈한 후, 선물을 가지고 집으로 돌아가는 여정인 것이다.

영웅의 여정은 우리가 어른이 되어가는 과정이다

영웅의 여정은 우리 모두가 살아가며 직면하게 되는 변화의 심리 과정에 대한 이야기이기도 하다. 이것이 바로 우리가 영웅 서사를 사랑하는 이유다. 다양한 형태의 허황된 이야기 속에는 우리가 찾고자 하는 진실이 숨어 있다. 앞에서 얘기했던 원시 부락을 떠난 청년이 가장 혼란스러울 때 부족의 장로들이 가르쳐준 노래를 불렀던 것처럼 영웅 서사도 낯선 곳으로 떠난 청년이 불렀던 노래처럼 우리가 겪게 될 변화를 상기시켜 준다.

이야기는 우리가 앞으로 어떤 변화를 겪게 될지, 지금은 어떤 단계에 있는지, 그리고 최종적으로 어떤 방향으로 나아갈 것인지 알려주는 매개체다. 이런 영웅 서사를 통해 우리는 자신의 경험과 역사적 문화적 전통을 연결시키고, 자신의 인생과 긴 여정을 지나온 영웅을 연결시킨다. 우리는 이러한 영웅 서사에서 힘을 얻고 자신의 독특한 여정을 이야기에 보태 새로운 힘을 더한다. 이렇게 해야 이야기는 비로소 문화적 진실을 얻을 수 있다.

영웅 서사의 본질은 장렬한 전투도, 영웅적인 특별한 행위도 아니다. 우리 모두가 겪게 될 자기변화와 자기발견의 여정이 곧 영웅 서사다. 다만 우리는 그것들을 허황된 이야기라고만 여기며 정작 이야기가 전하고 싶은 것이 무엇인지는 보지 못하곤 한다.

캠벨이 영웅의 여정에 대해 서술한 내용은 나에게도 특별한 의미가 있다. 내가 저장대학을 막 그만뒀을 때 그 책을 처음 보게 됐다. 한편으로는 큰 실수를 한 것 같아서 왜 나에게 이런 일이 일어났는지 불안하기도 하고 혼란스럽기도 했다. 또 다른 한편으로는 나에게 일어난 이런 일들이 매우 중요하다는 생각이 들었다. 나는 영웅의 여정에 관한 이야기 덕분에 내가 선택한 여정의 의미를 알게 되었다.

물론 내가 영웅이라는 말은 아니다. 사실 영웅 서사에서 이른바 영웅이라고 불리는 이들은 소명을 받아들이고 평범하지 않은 상황에 들어가는 평범한 사람들일 뿐이다. 그에 반해 내가 내린 선택은 나 자신을 위한 것일 뿐 영웅 이야기에 흔히 등장하는 위대한 희생의 의미는 없었다.

그 이후로 선택에 대한 질문을 자주 받았다. 그 가운데에는 사직을 후회하느냐는 질문도 많았다. 내가 막 문턱을 넘은 단계에 왔을 때 이런 문제는 나를 매우 고통스럽게 했다. 하지만 이제는 후회하지 않는다고 아무렇지 않게 말할 수 있다.

사람은 자신이 가야 할 길을 후회하지 않고, 오직 소명에 응답하지 않은 것을 후회할 뿐이다. 이것이 바로 내가 가야 할 길이다. 어느 길로 가느냐가 가장 중요한 것은 아니다. 나는 시스템 밖으로 나와 프리랜서가 됐지만, 여전히 시스템 안에서 자신의 위치를 찾기 위해 고군분투하는 사람이 있다. 처음부터 분투하고 있던 직업의 길을 끈질기게 가고 있는 사람도 있고, 어렵게 경로를 틀어 직업을 바꾼 사람도 있다. 친밀한 관계에 대한 두려움을 극복하고 결혼한 사람이 있고, 자신과 맞지 않은 관계를 떠난 사람도 있다. 정해진 길은 없다. 중요한 것은 우리가 그 길을 걸으면서 자신을 수련하고 있는가다. 캠벨의 말처럼 모든 영웅의 여정은 결국 자기발견의 여정이다. 당신이 하루빨리 영웅의 여정에 오를 수 있기를 바란다.

제5장

인생의 지도

자기계발은 외재적인 것인 동시에 심리적인 것이다. 심리학자 에릭 에릭슨[Erik Erikson]의 이론에 따르면, 우리는 전 생애에서 모든 단계의 발달에서마다 심리적 위기에 직면하게 된다. 이 위기를 이겨낸다면 우리는 새롭고, 더욱 성숙한 심리적 자질을 얻게 되고, 인생의 다음 단계로 순조롭게 넘어갈 수 있다. 그리고 이 위기를 극복하지 못하면 다음 단계에 다시 나타나 보완할 수 있도록 상기시킨다. 지금부터 나는 인생의 단계적 관점에서 자아와 자기계발을 새롭게 이해하고, 특정한 인생의 발전 단계에서 사람이 마주하는 특정한 모순이 무엇인지, 그리고 사람이 어떻게 자기중심적 성향을 넘어 자신의 범위를 확대하고 더 넓은 인생을 살아갈 수 있는지를 이해하는 데 도움을 주고자 한다.

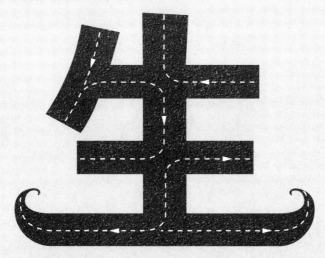

사람은 어떻게 아이에서 어른이 되는가

모든 사람에게는 시기마다 해결해야 할 숙제가 있다

어쩌면 행동의 발달과 심리적 발달에서 관계의 발달과 전환기에 이르기까지 자아와 자기계발을 바라보는 시각이 미시적, 구체적인 시점에서 거시적, 추상적인 시점으로 변했다는 것을 느꼈을지도 모르겠다. 2장에서 이야기한 '국부적 지식'에 관한 견해를 이어간다면, 행동과 마인드, 관계와 전환기를 이야기할 때 사실을 명확하게 말하지 않았다. 인간의 삶에서 큰 변화는 어느 특정한 인생 단계에서 자주 발생하는데, 그 변화의 어려움에 대해 이해하기 위해서는 우리가 처하게 되는 인생 단계와 함께 생각해 볼 필요가 있다.

3장 관계의 재구성에서는 관계의 난제를 해결하는 중요한 원칙을 소개했다. 바로 자신의 일과 다른 사람의 일을 구분하는 과제분리의 원칙을 따르는 것이다. 그러나 과제분리를 하더라도 인생의 발달 단계에 따라 그 의미는 달라진다. 아이들은 본능적으로 부모와 연결되어 있으려고 하며 그 안에서 안정감을 얻어야 한다. 이제 막 독립한 청년은 가족에 대한 애착을 떨쳐버리고 인생의 반려자를 찾는 것이 가장 큰 과제다. 자녀가 독립해서 둘만 남은 중년 부부의 과제는 자녀가 자립할 수 있도록 잘 배웅해주고 새로운 인생을 찾는 것이다.

마찬가지로 4장의 전환기에서 소개한 바와 같이 전환기에 놓인 사람들의 심리적 과정은 매우 비슷하더라도 각각의 인생 단계에 있는 사람들에게 전환기는 저마다 다른 의미를 갖는다. 같은 관계의 상실이라도 청년기의 실연과 중년기의 이혼, 노년기의 사별은 인생 단계에 따라 다른 의미를 갖는다. 직업도 비슷한데, 같은 변화라도 젊었을 때 다양한 직업을 시도하는 것과 중년기의 직종 변환, 그리고 은퇴 후 다른 일을 찾는 것 등 인생 단계에 따라 의미가 달라진다. 그러므로 자아와 지기계발에 관심을 가질 때 우리가 처한 특정한 인생 단계라는 큰 배경을 잊어서는 안 된다.

사람에게는 생의 단계마다 주어지는 인생 발달 과제가 있다. 예를 들어 많은 사람들은 20~35세 청년기에 결혼해서 아이를 낳고 직장 내 커리어를 공고히 한다. 35~60세 중년기에는 자녀를 키우고 새로운 세대를 양육한다. 60세 이상 노년기에는 은퇴와 노화의 문제에 직면한다. 이런 인생 과제는 생리적 법칙일 뿐만 아니라 사회적 법칙이며, 더욱이 심리 발달의 법칙이다.

이러한 관점에서 볼 때 특정한 인생 단계와 그에 상응하는 인생 과제는 자기계발의 배경이자 전제가 되고, 행동 변화와 심리 변화, 관계 변화, 전환기는 이러한 인생의 과제 아래에 놓인 하위 과제라고 할 수 있다.

어떻게 살아야 삶의 끝에서 후회하지 않을까?

그렇다면 도대체 인생 발달 단계의 과제는 무엇일까? 그리스 신화에 따르면 스핑크스Sphinx는 테베 주변 길목에 앉아 저 유명한 수수께끼를 내서 행인들을 괴롭혔다. '아침에 네 발로 걷고, 점심에는 두 발로 걷고, 저녁에는 세 발로 걷는 동물은 무엇일까?'

만약 행인이 이 수수께끼를 알아맞히지 못하면 잡아먹었다. 그러다 영웅 오이디푸스Oedipus가 스핑크스를 찾아가 수수께끼를 풀었고, 스핑크스는 수치심에 절벽으로 뛰어들어 스스로 목숨을 끊었다.

이 수수께끼 자체는 그리 어렵지 않았지만, 그 뒤에 숨은 '사람은 어떻게 발달하는가'라는 진정한 수수께끼는 여전히 이해하기 어렵다. 우리의 일생을 생각해 보자. 체형의 변화를 제외하고 심리적으로 어떤 변화를 겪어야 성숙한 사람이 될 수 있을까? 어떻게 우리는 어린 아이에서 자신의 인생을 책임지고 자녀를 가르칠 수 있을 정도로 성장했을까? 우리는 어떻게 유치하고 순수한 첫사랑에서 연인과 깊고 친밀한 관계를 맺고 서로의 인생을 공유할 수 있게 되었을까? 마지막으로 우리는 어떻게 지금까지 겪어온 세월을 지혜로 바꾸고 담담하게 죽음을 맞이할 수 있을까?

이런 수많은 질문들은 '인간의 발달'이라는 난제 뒤에 숨겨져 있다. 많은 심리학자들이 이 난제를 풀기 위해 다양한 시도를 하고 있다. 그 중 가장 유명한 것이 심리학자 에릭 에릭슨의 이론이다. 그의 이론에 따르면, 인생의 모든 단계마다 우리가 직면해야 하는 모순과 완수해야 하는 인생의 과제가 있다.

만약 우리가 각 단계의 과제를 성공적으로 완수하면 마치 드래곤

볼을 모아 소원을 이루는 것처럼 귀중한 품성을 얻을 수 있다. 그러나 완성하지 못하면 이 단계의 과제가 다음 단계에서 다른 형태와 모습으로 나타나 다시 해결하도록 종용한다.

그렇다면 인생의 단계마다 직면해야 하는 과제는 무엇일까? 또 이런 과제들을 완성하는 데 가장 큰 걸림돌은 무엇일까? 어떻게 해야 이런 과제들을 무사히 완성할 수 있을까?

자기중심에서 벗어나 나를 확장해 나간다는 것

심리학자 조지 베일런트^{George Vaillant}는 청소년기에 안정적인 자아를 얻는 것부터 친밀감을 쌓아가는 두 사람이 되기까지, 그리고 보다 폭넓은 직업적 관계를 맺고 다음 세대를 돌보고, 더 나아가 인류 공동체에 이르기까지 자기계발의 과정이란 자기 범위를 끊임없이 확대시키는 과정이라고 했다.

이를 크게 두 단계로 나눌 수 있는데, 청소년기부터 시작되는 인생의 전반부는 수집의 단계다. 우리는 안정된 자아와 친밀한 관계, 직업적 정체성과 그에 따른 성취와 명성, 존경을 수집한다. 인생 후반부에 접어들면 분배의 단계에 들어간다. 전반부에 모은 것들을 나눠주고 나 외에 다른 사람에게 관심을 가지며 다음 세대를 돌보기 시작한다. 그럼으로써 후반기를 맞은 우리는 다음 세대를 육성하고 번성시키는 데에서 인생의 의미를 찾고 새로운 가능성을 얻게 된다. 그렇지 않으면 우리의 삶은 정체 상태에 빠질 것이다.

모든 단계의 자기계발에서 우리는 자기중심성을 극복할 수 있어야 한다. 이렇게 해야만 자아는 원래의 소아小我(우주의 절대적인 나와 구별되는 자아. 현상 세계에서 한 인간으로서의 개성을 이루는 나를 말한다_역주)에서 벗어나 더 큰 무대로 나갈 수 있다. **자기계발의 과정은 자아를 깨뜨리고 소아에서 대아**大我**로 나아가는 과정이라고 할 수 있다.**

지금부터 청소년기, 성인 초기, 중년기, 노년기 네 단계로 나눠 인생의 특정 단계마다 요구되는 발달 과제를 소개하겠다. 각 단계마다 어떤 갈등과 장애물이 있는지, 그 이면에는 어떤 자기 중심적 성향이 있는지 살펴보고, 이러한 자기 중심적 성향을 극복할 수 있는 방법에는 어떤 것들이 있는지 살펴보도록 하자.

청소년기:

인생의 질문을 찾아나서는 시기

가장 중요한 숙제는 정체성을 만들어가는 것이다

청소년기의 기간을 여러 갈래로 정의하는데, 에릭슨은 이 시기를 12세~18세 사이라고 정의한다. 학자에 따라서는 35세 이전이라고 정의하는 경우도 있다. 나는 현대인의 청소년기가 좀 더 길어져 15세 ~25세 사이라는 넓은 연령대를 아우르는 범위라고 생각한다. 이 단계에서 가장 중요한 임무는 바로 정체성 확립이다.

정체성은 동일성이라고 한다. 이 개념의 의미는 매우 복잡하지만 한 사람이 신분을 인정받은 후에 '내가 누구인가'라는 질문에 비교적 확실한 답을 할 수 있는 것이라고 이해할 수 있다.

왜 정체성을 찾는 것이 청소년기의 가장 중요한 발전 과제가 되었을까? 청소년기 자체가 모순으로 가득 차 있고 단절된 과도기이기 때문이다. 청소년기에는 생리적으로 낯설고 성숙해진 신체와 강렬하지만 어딘지 모르게 부끄러운 성욕과 마주하게 된다. 그리고 가족관계에서는 여전히 부모와 다른 가족 구성원에게 의존하고 있지만 다른 한편으로는 가족을 떠나 자신만의 독립된 공간을 가지기 위해 노력하기 시작한다. 또 사회적 활동에 참여하기 시작하지만 실제로 사회에 대해 아는 것은 하나도 없다.

청소년기는 아이에서 성인으로 넘어가는 과도기이며, 이 시기에는 자아에 새로운 부분이 많이 나타나기에 '나는 누구인가?'라는 질문에 대한 답을 정리해서 찾기가 매우 어려워진다. 그러나 이 질문에 대한 대략적인 답이 있어야 아이가 진정으로 성인 사회에 참여할 수 있고, 그렇지 않으면 성장하지 못하는 아이인 채로 남게 될 것이다.

이 단계에서 우리의 성장을 방해하는 장애물은 자신의 이미지에 대해 과도하게 관심을 쏟는 것과 타인의 평가에 지나치게 신경을 쓰는 것이다. 청소년기에 있는 대부분의 사람들은 매우 자기중심적이다. 이 단계에 놓이면 마치 무대 위에서 스포트라이트를 받으며 사는 것처럼 자신의 일거수일투족이 다른 사람들의 관심과 평가를 받고 있다고 생각한다. 그래서 자신의 외모와 재능에 신경을 쓰고 더 나은 사람이 되고자 하는 한편, 이렇게 신경 쓰는 것 자체를 부끄러워하기도 한다.

한 여고생이 상담실을 찾아왔다. 그녀는 한 번도 자신이 예쁘다고 생각하지 않았다. 방에 혼자 있을 때에는 몰래 거울을 보거나 화장을 하기도 했다. 그러나 화장을 하고 난 뒤에는 혹시라도 다른 사람에게 자신이 화장을 하고 예쁜 것을 좋아한다는 것을 들킬까 봐 아주 깨끗이 화장을 지웠다.

또 학업에 대한 압박감 때문에 학교에 가기 싫은 청소년이 있었다.

그는 열심히 노력했는데도 성적이 좋지 않으면 사람들이 자신을 멍청하다고 생각할까 봐 걱정이 됐다. 이것이 경직된 사고의 전형적인 특징이다.

"누가 너를 바보라고 하는지 말해줄 수 있어? 누가 너를 바보라고 할까 봐 제일 무서워?"

"다요. 다 그렇게 말할 것 같아요."

그는 다른 사람의 시선 속에서 살아가면서 다른 사람이 자신을 평가하고 있다고 생각했지만, 정작 '다른 사람'이 무엇인지에 대해서는 매우 모호한 개념을 갖고 있었기 때문에 자신이 그냥 상상해냈다. 그는 다른 사람의 평가에 매우 신경을 쓰는 것 같지만 실제로는 다른 사람이 어떤 생각을 가지고 사는지에 대해서는 전혀 관심이 없었다. 그가 주목하는 것은 오로지 자기 자신뿐이었다.

우리가 다른 사람의 평가를 자신의 이미지와 개념에 결합하는 까닭은 우리 자신이 누구인지 모르기 때문이다. 이 질문에 대한 답을 찾지 못할수록 우리는 자신의 이미지에 더욱 집착하게 된다.

이런 가상의 스포트라이트를 받으며 사는 데 따른 생활 스트레스는 두 가지 전형적인 반응을 불러온다. 한 가지 반응은 사회적 기준에 대한 순종이다. 다른 사람이 학생이란 일단 성적이 좋아야 한다고 생각하기 때문에 열심히 공부하고, 다른 사람이 경제학과가 전망이 밝다고 하니까 경제학과에 진학하는 등 다른 사람의 평가가 매우 중요하기 때문에 다른 사람의 평가에 따라 행동한다. 다른 사람의 평가가 자기 가치관의 기준이자 선택의 기준이 되는 것이다. 다른 사람에게 칭찬을 받으면 매우 자랑스러워하고 그렇지 못하면 열등감을 느낀다. 그러나 다른 사람의 평가에 순응하면 확고한 정체성을 확립하지 못하고 스스로를 순종적인 아이로 만들 뿐이다.

또 다른 반응은 사회적 기준에 대한 반항이다. 많은 청소년기 아이들은 반항을 통해 부모에게 자신의 합법적인 성인 신분을 주장한다. 부모님은 열심히 공부해야 한다고 생각하지만 아이는 한사코 하지 않는다. 부모님은 규칙을 잘 지켜야 한다고 생각하지만 아이는 역시 말을 듣지 않는다. '어른 세계'에 반항하는 이런 청소년들은 자기들끼리 모여서 서로를 보듬어주는 그들만의 독특한 하위문화를 형성한다. 어른들이 이들의 하위문화를 비판하고 싫어할수록 이 문화의 생명력은 더욱 강력해진다. 청소년들은 확고한 독립을 주장하면서 어른들에게 '나는 너와 다르다'는 것을 인지시키고, 그러면서 '나는 누구인가'를 확인하고 싶어 하기 때문이다.

그런데 '다르다' 이후는 어떨까? 고의적인 반항은 또 다른 평가가 될 것이다. 그들이 확인하려는 가치 또한 결국 그들이 반대하는 것에 바탕을 두고 있기 때문이다. 그러므로 순종과 반항은 같은 것의 두 가지 측면이며 이를 근거로 자기 정체성을 확립할 수는 없다.

어른이란 자기 자신에게 책임을 다하는 존재다

정체성은 어떻게 확립되는 것일까? 또 정체성을 확립한 지표는 무엇일까? 언젠가 청소년 한 명이 날 찾아왔다. 처음 만났을 때 그는 찢어진 청바지에 하이탑 소가죽 부츠를 신고 있었다. 바지와 부츠에는 반짝이는 메탈 조각들이 잔뜩 박혀 있었다. 록 가수처럼 풀어헤친 그의 긴 머리가 참 인상적이었다.

그는 나에게 이 사회를 향한 분노를 거침없이 토로했다. 주변 어른들은 모두 위선적이고 속물이라 열심히 공부하라는 말만 할 줄 알 뿐 그가 어떤 사람인지 전혀 관심이 없었다. 그의 부모님도 그가 잘나가길 바라지만 그는 좋은 대학을 나와 높은 연봉을 받으며 열심히 일해 집이랑 차를 사는 일은 무의미하다고 생각했다. 나는 그에게 앞으로 무엇을 하고 싶은지 물었다. 그는 잠시 망설이다가 대답했다.

"예술 공부를 하고 싶어요."

예술 공부는 많은 젊은이들이 현실을 도피하기 위한 핑계로 자주 삼아왔기 때문에 당시 나는 진지하게 받아들이지 않았다. 그렇게 상담을 마치고 한동안 그를 보지 못했다. 그를 두 번째로 만난 것은 3년 후였는데, 이미 해외에서 예술대학에 다니고 있을 때였다.

그는 학교 교복인 흰색 티셔츠를 입고 있었다. 긴 머리는 그대로였지만 깔끔하게 묶고 있었다. 이제 제법 예술가다운 분위기를 풍겼으며, 3년 전 철없던 그의 모습은 찾아볼 수 없었다. 지난 몇 년 동안 그에게 무슨 일이 있었는지 매우 궁금했다. 뜻밖에도 그는 어떻게 하면 스트레스를 해소할 수 있는지 물었다.

"그동안 어떻게 지냈어?"

"아버지는 제가 공부에 소질이 없어 보였는지 그림이라도 그리면 대학에 갈 수 있겠다 싶어 그림을 배우게 해주셨어요. 그러다가 미술 선생님을 만났어요. 선생님께선 인생에 굴곡이 참 많았는데, 시골에서 한 걸음 한 걸음 고군분투한 끝에 유명한 선생님이 되셨죠. 정말 존경스러워요."

그는 선생님을 매우 존경했고 선생님도 그에게 잘해주셨다. 또 그에게 재능이 있다고 믿고 그에게 영어를 배워서 미국에 있는 예술대학에 가도록 격려해주셨다.

"지금은 너랑 비슷한 생각을 가진 또래가 없기 때문에 외롭다고 느낄 수도 있어. 그런데 학교에 가면 괜찮아질 거야. 예술가들은 많은 생각을 하는데 관건은 자신을 표현하는 방법을 배우는 거야."

성장하는 과정에서 인생의 본보기로 삼을 수 있는 스승을 만나는 것은 매우 중요한 과정이다. 일 년 넘게 그림을 배운 그는 정말 예술대학에 가서 디자인을 공부했고 그와 비슷한 젊은이들을 많이 만났다. 그는 그곳에서 세상에 구애받지 않는 자신과 비슷한 젊은이들에게 소속감을 느꼈고 전공 공부도 게을리하지 않고 적극적으로 경쟁에 뛰어들었다. 그렇게 하루가 멀다 하고 새벽 두세 시까지 공부하다 보니 학업 스트레스가 심해졌고 결국 날 찾아왔다.

"이 사회가 불공평하다고 생각하지 않았어? 공부와 일은 아무런 의미가 없다고 생각했던 것 같은데, 왜 이렇게 열심히 하는 거야?"

그는 예전에 했던 말을 잊어버린 것 같았다.

"맞아요. 불공평해요. 근데 전 제 할 일만 잘하면 돼요."

이 짧은 말 한 마디는 그의 생각이 얼마나 발전하고 성숙했는지를 보여줬다. '사회적 불의'와 '어른 세계의 위선' 등 그가 이전에 상상했던 적들이 무너졌다. 지금 그에게는 '학업 스트레스'와 같이 실제로 존재하는 적만 있을 뿐이다.

'사회는 불공평하지만 내 할 일만 잘하면 된다'는 이 말은 그가 두 가지 중요한 진리를 깨달았음을 보여준다. 첫째, 자신의 인생은 자신이 책임져야 한다. 그가 사회의 불공정에 대해 아무리 불평하고 저항

해도 이 사실은 바뀌지 않는다.

둘째, 사회의 주요 가치관에 불만이 있어도 왈가왈부할 필요 없이 자기 할 일만 잘하면 된다. 이때 그는 갈등을 수용할 수 있는 얻기 힘든 능력을 발전시켰고 이런 갈등 속에서 자신에 대한 성실함을 키울 수 있었다. 이런 성실함은 매우 견고해서 순종과 반항으로 스스로를 확인할 필요도 없게 했고, 그저 갈등을 수용하기만 하면 됐다. **나는 정체성을 확립했다는 지표가 자신에 대해 책임을 지고 갈등을 수용할 줄 아는 태도에서 비롯된다고 생각한다.**

그렇다면 그는 어떻게 정체성을 확립했을까? 첫째, 예술을 배우려는 시도를 통해 자신의 재능을 조금씩 발견하게 되면서 자신감을 얻었다. 둘째, 그의 재능을 높이 평가해주고 롤모델로 삼을 수 있는 좋은 스승이 있었다. 셋째, 자기탐색을 포용해주는 비슷한 가치관을 가진 집단이 있었다.

이것은 모두 정체성을 확립하는 조건이다. 안정된 정체성을 얻은 후에는 자신이나 다른 사람의 평가에 지나치게 신경 쓰지 않고 점차 청소년기의 자기중심성을 극복하며 진정한 어른의 사회에 들어가게 된다. 정체성은 우리가 상상 속에서 만들어낸 평가를 내리고 평가를 받는 관계에서 벗어나 자신을 인정하는 능력을 얻는 데 도움을 줄 수 있다. 그리고 자신을 인정하는 능력을 바탕으로 우리는 다른 사람과도 평등한 입장에서 관계를 맺을 수 있게 된다.

상담을 마치고 그와 악수를 나누며 축하 인사를 건넸다.

"진정한 어른의 세계에 온 걸 환영해!"

어쩌다 보니 어른이 되었다고 느끼는 시기

사람을 구원하는 것은 결국 사람이다

청소년기가 끝나면 성인 초기에 들어간다. 성인 초기는 일반적으로 25세~35세 사이의 시기를 말한다. 이 단계는 우리가 이미 정체성을 확립한 상태이며 비교적 안정된 자아를 가진 상태다. 하지만 그것만으로 충분할까? 사람은 항상 외로움을 느끼기 때문에 사랑하는 사람을 찾고 그 사람과 자신을 나눔으로써 외로움을 극복하기 마련이다. 이것이 바로 성인 초기의 핵심 과제인 친밀감 형성이다.

친밀감 형성은 자기계발의 중요한 이정표가 된다. 이것은 우리 인생에 자신만이 아니라 다른 사람도 함께 있다는 것을 의미한다. 어떤 의미에서 친밀감 형성은 자아가 확장되는 것을 의미하고, 사랑하는 사람은 자아의 연장으로 볼 수 있다. 이때 사랑하는 사람과 우리는 서로의 결함을 보완해줄 수 있다.

유명한 심리학자이자 철학자인 윌리엄 제임스^{William James}는 젊은 시절 우울증을 앓았는데, 우울증에서 벗어나기 위해 많은 철학적 질문을 던지고 여러 학문을 탐색했다. 그러나 그를 우울증에서 구해낸 것은 철학적 사상이나 어떤 학문적 이론도 아닌 바로 사람이었다.

34세에 결혼을 하면서 드디어 그는 과도한 자기반성에 종지부를 찍었다. 그는 안정된 감정에서 여태껏 느껴본 적 없던 평온함을 누렸다. 이때부터 그의 학술적 성과는 황금기에 접어들었다. 그의 사상과 감정 모두 한층 성숙해졌다. 인간에 대해 연구하는 철학자와 심리학자도 학문으로 스스로를 구원할 수 없었고, 결국 친밀한 관계에 의존할 수밖에 없었던 것이다.

왜 친밀감 형성이 자아에 미치는 영향은 이토록 큰 것일까? 두 사람이 서로를 돌볼 수 있기 때문이라고 생각하는 사람들도 있다. 이 생각도 어느 정도 일리가 있지만, 그렇다면 서로를 돌본다는 것은 무엇을 의미할까?

관계에서 우리에게는 항상 특정한 배역이 주어진다. 하지만 친밀한 관계에서 주어지는 역할이 가장 특별하다. 친밀한 관계는 우리가 연약함을 드러내고 그 연약함을 상대방에게 맡기는 것을 허용해준다. 어떤 사람들은 친밀한 관계란 어떤 가식도 없이, 상대방이 자신을 어떻게 생각할지 걱정하지 않고 그저 상대방 앞에서 편안함을 느끼는 것이라고 말하기도 한다.

이런 자신의 연약한 부분들이 친밀한 관계에서 받아들여질 때 이것은 더 이상 우리가 숨기고 감춰야 할 비밀이나, 더 이상 우리가 배척해야 할 부분이 아니게 된다. 이러한 친밀감은 우리 안에 갈무리되어 우리가 스스로를 더 잘 받아들이고 더 완전하게 해준다. 이것은 자아 정체성의 심화이며, 신체적 보살핌보다 더 중요하고 깊은 수준의 보살핌이다.

자기중심성의 표현 1: 용납받지 못하는 두려움

그러나 이런 친밀감을 얻으려면 발전을 방해하는 세 가지 요인, 즉 이 단계의 세 가지 자기중심성을 극복해야 한다. 친밀감이 형성되기 전에 대부분의 사람들은 '이 관계가 안전한가', '상대방이 내 진짜 모습을 봐도 여전히 날 사랑할까', '차라리 내가 먼저 떠날까'와 같은 의구심을 갖는다. 친밀한 관계를 맺는다는 것은 상대방에게 자신을 맡기고 그를 의지하고 신뢰하겠다는 의미다. 그것은 또한 상대방에게 나를 상처 줄 수 있는 권한을 준 것이나 다름없다고도 볼 수 있다.

내담자 A씨는 오랫동안 솔로로 지냈다. 그녀는 누구도 자신을 진정으로 좋아하지 않을 것이라는 뿌리 깊은 신념을 가지고 있었다. 그래서 새로운 이성을 만날 때마다 '내가 뭘 잘못했을까? 그가 나를 싫어할까?'라는 생각들로 지치곤 했다. 이런 과도한 자기초점self-focused attention은 불안정한 정체성의 특징이다.

상담 중에 나는 그녀에게 이성과의 교제 중 편안했던 순간을 떠올려 보라고 했다. 그녀는 대학 시절 알고 지내던 선배가 있었는데, 그는 많은 사람들과 대화도 잘 통하고 성격도 좋은 사람이었다. 두 사람은 가끔씩 함께 밥을 먹고 학교 안에서 산책을 하기도 했다. 그런데 산책을 마치고 돌아올 때면 불안한 생각이 머리를 스치곤 했다. '역시 선배는 참 좋은 사람이야. 나를 배려한다고 이렇게 같이 걸어주다니. 하지만 내가 어떤 사람인지 알면 날 좋아하지 않을 거야.'

그녀는 '나를 진정으로 좋아하는 사람은 없다'는 강력한 믿음을 지키기 위해 이러한 방식으로 자신의 경험을 왜곡했다. 그녀를 사람들로부터 보호해준 이 믿음은 결국 친밀한 관계를 형성하는 데 걸림돌로 작용했다.

또 다른 내담자 이야기를 해 보자.

"이성 앞에서 진짜 제 모습을 보여줄 용기가 없어요. 제가 자상해 보여서 사람들은 제가 좋은 사람이라고 생각하는데, 너무 피곤하면 저도 모르게 사람들 앞에서 약점을 드러낼까 두려워요. 다른 사람이 제 진짜 모습을 보면 절 떠날 것 같아요."

그가 말하는 '진짜 모습'이란 무엇일까? 그는 자신의 정체를 숨기고 있는 변태 킬러가 아니다. 그가 이야기하는 자신의 숨겨진 모습이란 '성격이 좋지 않다', '자신감이 없다'는 정도에 지나지 않는데, 타인을 조금의 이해심도 없는 존재로 여기는 것은 도리어 그가 다른 사람을 받아들일 마음이 없는 것이다. 그러다 보니 연애를 숨바꼭질처럼 상대방에게서 숨고 상대방을 피하는 게임으로 만들어 버렸다. 상대방이 조금이라도 불만을 느낀다고 생각하면 매우 당황하게 되고, 이제 상대방이 자신의 본 모습을 알게 됐다고 멋대로 여기고선 먼저 돌아서 버렸다.

"상대방이 저를 떠날 것 같으면 제가 먼저 헤어지자고 해요."

그의 얼굴에서 슬픔이 묻어 나왔다.

다른 사람은 모르는 자신의 또 다른 모습이 있다는 것은 아마 거의 모든 사람에게 해당되는 비밀일 것이다. 용감하게 시도해야만 우리는 이 비밀이 사실은 그렇게 위험하지 않다는 것을 깨달을 수 있다.

자기중심성의 표현 2: 헌신에 대한 두려움

친밀한 관계는 배타적이며, 이는 일단 누군가와 친밀한 관계를 형성하면 다른 사람과는 유사한 관계를 발전시킬 수 없다는 것을 의미한다. 우리가 누군가를 좋아하게 되면 이로 인해 다른 관계를 맺을 수 있다는 인생의 가능성을 조금은 잃어버릴 수 있다. 친밀한 관계에 있는 거의 모든 사람들은 '이 사람이 나와 평생 함께할 사람인가? 그 사람은 결점이 너무 많아!'라는 의심을 자주 한다. 그래서 많은 사람들이 결혼을 두려워한다. 가능성을 잃는 것이 두려워서 헌신을 두려워하는 것은 자기중심성의 또 다른 모습이다.

내담자 B씨에게는 오랫동안 사귄 여자친구가 있는데, 여자친구는 그와 결혼하고 싶어 했다. 그는 어떻게 해야 할지 몰라서 깊은 고민만 이어갔다. 그런데 어느 날, 모임에 갔다가 아름다운 여성을 만났다. 그 순간 엄청난 깨달음을 얻은 것처럼 그의 눈이 밝아졌다. '앞으로 더 예쁜 여자친구를 만날 수 있어. 그러니 지금은 결혼할 수 없어.'

'예쁜 여자친구 만나기'라는 환상으로 헌신 밖의 가능성을 열어두자 그의 마음은 오히려 편안해졌다. 심지어 여자친구가 부모님을 만나러 가자고 했을 때도 따라갔다. 하지만 그의 생각에는 변함이 없었다. '어차피 난 결혼은 안 할 거야. 앞으로 난 더 예쁜 여자친구를 찾을 거니까.'

나는 그에게 물었다.

"더 예쁜 여자친구를 만나고 싶어서 결혼하기 싫은 거예요, 아니면 단순히 지금 여자친구와 너무 가까워지는 것이 두렵고 누군가에게 헌신하는 게 두려운 건가요?"

"둘 다요. 지금은 책을 보거나 뭔가를 배우고, 게임도 마음대로 할 수 있잖아요. 그런데 결혼을 하면 혼자 있을 공간이 사라질 것 같아요. 게다가 결혼은 두 사람 말고도 각자의 가족들과도 이어져야 하는 것이니까 생각만 해도 무서워요."

그는 헌신을 두려워하는 것 외에도 실제로 친밀감을 가로막는 세 번째 장애물인 '변화'에 대한 두려움을 언급했다.

자기중심성의 표현 3: 변화에 대한 두려움

누군가 나에게 오랫동안 독신으로 지내다 보니 연인을 찾는 일이 익숙하지 않다고 했다. 혼자 있을 때는 먹고 싶으면 그냥 먹으면 됐고 놀고 싶으면 바로 놀면 그만이었다. 그런데 좋아하는 사람이 생기면 상대방의 기분도 배려해야 하고 두 사람이 함께 할 수 있는 적합한 활동을 찾아야 한다. 노는 것은 고사하고 공부할 시간도 사라진다. 친밀한 관계가 자아의 공간을 밀어내고, 우리의 자율성을 희생시킨다는 말은 사실이다.

더욱이 친밀한 관계는 우리의 습관과 취향, 감정 표현까지 변화시킨다. 관계의 상호보완적 관점에서 친밀한 관계는 우리를 시스템이 원하는 모습으로 변화시킬 수 있다. 그래서 사람들은 혼자가 더 자유롭고 혼자인 상태를 더 이해하기 쉽다고 생각한다.

용납받지 못하는 두려움과 헌신에 대한 두려움, 변화에 대한 두려움, 이 세 가지 다른 형태의 자기중심성은 친밀한 관계 형성을 가로막는 가장 큰 장애물이다. 때로는 외로움 때문에 함께해야 할 때도 있고, 의심 때문에 서로의 비밀을 공유할 수 없기도 하다.

그래서 절충안으로 우리는 서로 가면을 쓰고 각자 맡은 역할을 소화하며 친밀한 관계를 맺었다. 이 안에서 우리는 친한 척하지만 결국 혼자 남게 되고 외로움은 각자의 몫이다. 바람을 피우거나 상대방을 상품화해서 이용하고 소유하고 자극받는 도구로 전락시키기도 한다. 그때 느끼는 내면의 공허함과 외로움은 우리가 인생의 중요한 과제를 완수하지 못했다는 것을 알려준다.

어른스러운 관계란 서로 기꺼이 헌신하는 것이다

그렇다면 어떻게 해야 진정으로 친밀한 관계를 맺을 수 있을까? 이 질문에 대한 간단한 답을 내놓기란 쉽지 않다. 사랑하는 사람을 만나서 연애의 충동으로 관계에 대한 두려움을 극복하며 두 사람이 함께 지내는 법을 천천히 배워가는 사람이 있고, 안정감을 주는 상대를 만나서 자신이 아무리 불안하고 두려워도 관계에 대한 긍정적인 기대를 가지고 있는 상대방에 의지해 새로운 안정형 애착을 서서히 형성해가는 사람도 있다. 또 만남과 헤어짐 속에서 조심스럽게 친밀한 관계의 경계를 탐색하다가 결국 상대방이 자신의 일부가 되었음을 깨닫게 되는 사람도 있다.

친밀한 관계를 어떻게 맺는지에 대한 간단한 답은 없지만 친밀한 관계를 발전시키는 능력을 어떻게 키울 수 있는지에 대한 간단한 답은 있다. 그것은 바로 마음에서 우러나오는 헌신이다.

"내가 상처받더라도 끝까지 사랑한다고 약속할게."

"내 인생의 가능성을 놓치더라도, 당신이 완벽하지 않아도 기꺼이 사랑할 거야."

"나는 우리 두 사람의 관계를 기꺼이 책임지고 이로 인한 여러 가지 제약도 받아들일 거야."

누군가에게 헌신하면 친밀한 관계에 여러 가지 제약이 생기게 되는 것 같지만, 헌신 자체가 자율적이기 때문에 이때 제약은 더 이상 제약이 아닌 자유로운 선택이 된다. 당연히 이 헌신은 형식적인 것이 아니라 진심에서 우러나온 것이다. 헌신을 지키면 인생의 해당 단계에 주어진 과제를 완수하고 소중한 성품인 사랑을 얻게 된다. 이 헌신 자체가 사랑의 또 다른 형태다.

그런 헌신을 하고 싶다고 생각하는 사람도 있겠지만 누가 헌신하다가 상처받지 않을 것이라고 장담할 수 있고, 누가 헌신할 내 사람인지 한눈에 알아볼 수 있을까? 사실 헌신 자체는 우리가 생각하는 것보다 대상에 대한 의존도가 훨씬 낮다. 오히려 심리적인 과제라고 하는 것이 맞을 것 같다.

물론 아무나 찾아도 된다는 말은 아니다. 이른바 느낌이 오는 사람을 찾아야 한다. 그런데 먼저 맞는 사람을 찾지 않고 그냥 헌신해버리는 경우도 있다. 우리는 관계를 맺을 때 먼저 헌신부터 해놓고 그 사람을 나와 맞는 사람으로 만들려는 경우가 많다. 그러나 진정한 헌신을 경험해야 우리는 깊은 책임과 연결, 신뢰가 무엇인지 배우고 우리의 자아도 한 사람에서 두 사람으로 변한다.

"사랑하면 상처받을 수 있다는 걸 알지만 그게 두려워서 사랑을 멈출 수는 없어!"

친구의 말처럼 우리의 자아 정체성도 헌신을 통해 점점 깊어지고 성숙해진다. 어쩌면 이 친구는 그때 이미 친밀감 대 외로움이라는 인생 과제를 완수하고 사랑할 수 있는 능력을 갖게 되었을지도 모른다. 그의 사랑은 더 이상 가상의 상처에 구애받지 않기 때문이다.

물론 관계의 헌신은 결코 한 번에 이뤄지지 않는다. 눈빛을 보고 나와 맞는 사람이라고 생각했는데, 시간이 지나면서 그 사람이 아니라는 생각이 들 때가 있다. 하지만 관계가 바뀌어도 그 안에서 얻은 헌신과 사랑의 능력은 쉽게 사라지지 않는다. 친구에게 이렇게 물어본 적이 있다.

"언제 그 사람을 사랑한다고 느꼈어?"

"아는 사람들이랑 서바이벌 게임을 하러 갔는데, 나랑 그가 한 팀이었어. 그가 다른 팀한테 공격을 받아서 구석에 몰려 있을 때 내가 총을 들고 막 돌진하고 있더라고. 저 사람을 구해야겠다는 생각 말고는 아무 생각도 안 들었어. 만약에 진짜 전쟁이 나서 진짜 총을 들고 있었더라도 난 그렇게 행동했을 거야."

그리고 다시 말을 이었다.

"결국 결혼했다가 이혼하긴 했지만 후회하지 않아. 사랑하지 않은 것보다 그래도 사랑한 게 낫다고 생각해. 난 운이 좋은 거지. 적어도 사랑은 해봤으니까."

그녀가 누군가를 사랑하는 능력은 지금도, 그리고 앞으로도 사라지지 않을 것이라고 생각한다.

"좋아하는 일을 할까요, 하고 있는 일을 좋아할까요?"

친밀한 관계를 형성하는 것 외에도 성인 초기에 중요한 과제가 하나 더 있다. 바로 자신에게 적합한 직업을 찾고 사회적 정체성을 확립하는 것이다.

어떤 의미에서 사회적 정체성을 확립하는 데 대한 어려움은 친밀한 관계를 형성하는 데 대한 어려움과 비슷하다. 연봉이나 복지 등 외적인 것은 연인의 외모와 같고, 일하면서 느끼는 감정은 연애 중에 느끼는 친밀감과 비슷하다. 상대방의 외모가 뛰어나면 물론 좋겠지만 관계에서 보다 중요한 것은 두 사람이 서로 공유할 수 있는 친밀감을 형성하는 것이다.

마찬가지로, 일을 하면서 우리를 진정으로 행복하게 하는 것은 우리가 한 일을 인정받는 순간이다. 사회적 정체성을 찾는 과정은 진정한 사랑을 찾는 것과 매우 유사하며, 여기서 겪게 되는 어려움에는 적합한 상대나 직업을 찾는 것과, 완벽함에 대한 환상을 떨치는 것, 상실 가능성에 대한 불안을 극복하는 것, 자신의 선택과 헌신을 이루는 것이 포함된다. 안정적인 친밀한 관계가 마음의 안정과 평화를 가져오듯이 좋아하는 직업에 집중하면 우리의 마음이 서서히 진정되면서 자신감과 성취감을 얻을 수 있다.

"선생님, 제가 좋아하는 일을 해야 할까요? 아니면 하고 있는 일을 좋아해야 할까요?"

이런 질문을 많이 받는데, 그때마다 '선생님, 저를 사랑하는 사람과 결혼해야 하나요, 아니면 제가 사랑하는 사람과 결혼해야 하나요?'라는 질문과 똑같다는 생각을 한다. 어떤 연애든 결국 두 사람 사이에 친밀감이 형성되지 않으면 좋은 관계로 발전하지 못할 것이다. 마찬가지로 '해야 하는 일과 좋아하는 일 사이의 갈등'을 어떻게든 해결하지 않고는 사회적 정체성을 확립할 수 없다.

그렇다면 사회적 정체성을 확립한다는 것은 무슨 의미일까? 바로 우리가 사회 활동 이면에 있는 인간관계를 받아들이고 그것을 자신의 일부로 삼는다는 것을 뜻한다. 사회적 인간관계에는 두 가지 의미가 있다. 첫째, 그것은 우리와 업무 파트너와의 관계를 포함한다. 예를 들어 우리는 기꺼이 협력 관계를 형성해 함께 일하는 사람들을 인정하고, 그 분야의 선배를 본보기로 삼아 그들을 따라간다. 둘째, 더 중요한 점은 사회적 인간관계에는 서비스 대상과의 관계도 포함된다는 것이다.

　직업에는 세 가지 차원이 있는데, 바로 생계와 사업, 사명이다. 이 세 가지 차원 뒤에 설정된 인간관계는 서로 다르다. 생계는 압박과 강요 등 어쩔 수 없이 맺어진 관계를 대표한다. 사업은 평등과 안정, 협력의 관계를 대표한다. 그리고 사명은 직업 대상을 위해 봉사와 헌신, 심지어 희생하는 관계를 대표한다. 바로 직업 이면의 관계를 인식하면서 우리는 조금씩 능력을 인정받으며 노련하고 헌신적인 전문가로 성장하고, 이 과정에서 자아의 개념도 확장할 수 있다.

　직업 이면의 관계를 인정하지 않으면 사회적 헌신을 할 수 없고 사회적 정체성도 확립할 수 없다. 일을 자신 이외의 것으로 여기면서 그저 부담이나 고역, 임시방편으로만 생각할 것이다. 이런 상태는 보통 자신이 사회로부터 인정받는 근거가 무엇인지, 또는 자신이 그것을 위해 헌신할 수 있는 것이 무엇인지 모르기 때문에 결국 불안에 휩싸일 수 있다.

사회적 정체성의 지표, 일을 삶에 담아낼 수 있는가?

심리학자 조지 베일런트는 사회적 정체성에 네 가지 지표가 있다고 생각했다. 그것은 바로 역량과 헌신, 보상과 만족이다. 역량이란 자신에게 이 일을 감당할 수 있는 능력이 있다는 것을 의미하며. 우리는 일을 하면서 능력의 성장을 경험하고 성취감을 얻을 수 있다.

헌신이란 기꺼이 그 일에 뛰어들고 한결같은 성실함을 유지해 그것을 자신의 중요한 일부로 여기는 것을 의미한다. 나는 글을 쓰고 학생을 가르치며 교육기관에서 컨설턴트로 활동하는 등 많은 일을 하고 있지만 누군가 나에게 어떤 일을 하느냐고 묻는다면 조금도 주저하지 않고 심리 상담사라고 대답할 것이다. 그만큼 나는 상담에 대해 깊은 애정을 갖고 있고, 그 일을 삶에서 매우 중요한 부분으로 여기기 때문이다.

보상은 우리가 직업에서 만족스러운 보답을 얻는 것을 의미한다. 직업은 서로 간의 이익이 되는 관계를 구현한다. 우리가 일을 하면서 합당한 보상을 받지 못하면 착취당한다는 생각을 할 수도 있고 그 일에 계속해서 몰입하기 어려울 것이다. 보상은 직업과 취미를 구별하는 기준이 되기도 하는데, 취미는 보상을 따지지 않아도 되지만 직업은 반드시 따져 보아야 한다.

끝으로 만족이란 일이 우리의 자아와 크게 어긋나지 않고, 우리가 일을 하면서 특별해지는 것을 느끼고, 당연히 그 일을 해야 했다고 여기는 것을 의미한다.

이 네 가지 지표는 사회적 정체성을 확립하는 네 가지 장애물로 시사되기도 한다. 일을 감당할 수 없거나, 진심 어린 헌신을 하지 못하거나, 만족스러운 보상을 받지 못하거나, 일 자체가 만족감을 주지 못한다면 사회적 정체성을 형성하는 데 어려움을 겪게 될 수 있다.

처음 세 가지 지표는 그런대로 이해하기 쉬운데, 사회적 정체성의 네 번째 지표인 만족은 그 모습이 쉽게 그려지지 않을 것이다. 일을 하다 보면 자신의 장점을 드러낼 수 있기 때문에 만족한다는 사람도 있고, 일과 자신의 성격이 잘 맞아서 만족한다는 사람도 있다. 모두 맞는 말이라고 생각하지만 그렇게 완전하지는 않다. **만족에 대한 보다 완전한 답은 우리가 하는 일을 자신의 인생 서사 전반에 끼워 넣어 이야기의 일부로 만들 수 있어야 한다는 것이다.**

각본을 쓸 때 인물호^{Character arc}라는 개념이 있는데, 줄거리가 진행되는 동안 일어나는 등장인물의 변화 또는 '내면의 여정'을 가리킨다. 안정적인 사회적 정체성은 자신의 인생 이야기에서 이런 인물호를 그리기도 한다.

중학생 때부터 자신의 능력으로 먹고사는 장인匠人이 되고 싶어 하는 친구가 있었다. 그는 대학에서 언론학을 전공했는데 원고를 쓰는 것도 손재주가 필요한 일이기 때문에 꼭 원고를 써야 한다고 생각했다. 그러다 뜻하지 않게 CCTV의 행정 부서에 배치되어 일을 하게 되었다. 일은 나름대로 괜찮았고 같이 일하는 선배들도 그를 높이 평가했다. 그러나 이 일은 그가 꿈꿨던 '장인'이라는 비전과는 맞지 않았다. 결국 그는 과감히 사표를 내고 작은 잡지사에 들어가 글을 썼다.

이 이야기에서 내 친구의 인물호는 '장인이 되는 것'이다. 행정 업무의 역량도 갖췄고 보상도 좋았지만 '장인'이라는 인물호에서 벗어났기에 만족을 얻지 못했고, 덩달아 사회적 헌신도 자신할 수 없었다.

나중에 그는 잡지사 기자가 돼서 글을 쓰더니 다시 작가의 원고를 교정하는 출판편집자가 되었다. 지금은 팀을 이끌며 프로젝트를 진행하고 있다.

비록 그가 하는 일의 내용에 약간의 변화가 있었지만 그는 모든 일을 장인의 태도로 임했다. 다양한 직업을 경험했지만 '장인'이라는 이야기의 핵심은 변하지 않고 내 친구의 사회적 정체성을 형성했다. 그래서 그는 이후의 일에 매우 만족했고 즐겁게 일했다.

사회적 정체성의 이면에는 일을 삶에 담아내는 인생 이야기가 있다. 나아가 인생 서사가 우리와 동일시되려면 우리의 더 깊은 감정을 이해해야 하는데, 이런 감정은 종종 일 이외의 생활에서 나온다.

보험 설계사로 일하는 친구가 있는데, 주로 생명 보험을 다룬다. 어떻게 보면 사회적 정체성이 쉽게 일어나지 못하는 일이지만 그녀는 나름대로 뚜렷한 사회적 정체성을 가지고 있었다. 처음에는 그녀의 사회적 정체성을 잘 이해하지 못했고 한때는 그녀가 회사에 세뇌된 것이 아니라 스스로를 세뇌시킨 것이라고 생각했다. 그러나 그녀가 자신의 경험을 말한 후에 나는 더 많은 사실을 알게 되었다.

원래 친구는 대기업에서 회계 업무를 하다가 나중에서야 보험 설계를 하게 되었다. 예전에 회계 업무를 할 때에는 사람들이 자주 찾아와서 선물을 주곤 했는데, 그저 그녀에게 청탁을 하기 위해서였다. 그래서 프로젝트가 끝나면 관계도 종료됐다. 그에 반해 중국에서 보험료는 일 년에 한 번씩 내야 하기 때문에 보험 설계 업무를 하면서부터는 고객과 오랫동안 관계를 유지할 수 있었다.

"나는 '사람이 떠나가니 차도 식는다'는 그런 느낌이 아직도 익숙하지 않더라. 그래서 오래된 관계를 더 선호하는 것 같아. 내게 관계를 끝낸다는 것은 매우 어려운 일이거든."

그녀의 회사에는 전설적인 할아버지가 계신데, 그녀가 말하기를 자신의 아이돌이라고 했다. 그는 27세에 입사해 나이 아흔이 넘도록 일을 하면서 고객의 가족들과 친구가 됐다. 나는 친구가 왜 이렇게 오랜 관계를 선호하는지 궁금했다.

"왜 이런 오래된 관계가 좋은 거야?"

"내가 관계가 끝나는 걸 꺼리는 데는 아마도 어린 시절 경험과 관련이 있는 것 같아."

그녀가 두 살 때 외할아버지가 돌아가셨다. 어머니가 그녀를 외할아버지 댁에 데려갔을 때, 침실로 뛰어 들어가 두리번대던 그녀는 어머니에게 물었다.

"엄마, 외할아버지는요?"

그리고 그 뒤로 울기 시작했다. 며칠이 지나도록 그녀는 외할아버지의 사진이 담긴 앨범을 안고 계속 울었다. 친구는 외할아버지의 죽음을 통해 처음으로 관계가 끝나는 고통을 경험했다. 장기적인 관계에 대한 갈망은 그녀의 사회적 정체성의 일부가 되었다.

이처럼 일과 우리의 인생 이야기는 떼려야 뗄 수 없는 관계다. 진정한 사회적 정체성을 구축하기 위해서는 살면서 마주하게 되는 굽이마다 일이 깊이 연결되어 우리의 일이 인생 서사에 잘 녹아들어야 한다. 일이 인생 이야기에 잘 합쳐지는 것이야말로 사회적 정체성의 가장 중요한 부분이다.

루쉰^{魯迅}은 가족이 돌팔이 의사에게 피해를 입었기 때문에 의사가 돼서 병을 치료하고 사람을 구하고 싶다는 생각을 했다. 그런데 그가 의학을 포기하고 글을 쓴 이유는 정신의 치료가 몸의 치료보다 더 시급하고 중요하다는 것을 깨달았기 때문이다. 직업과 인생 이야기를 연결하는 사회적 정체성은 우리가 하는 일에 의미를 부여하고 '나는 누구인가'라는 질문에 계속 대답하는 자기 동일성의 연장이자 심화이기도 하다.

모든 것이 선명해지기에 흔들리게 되는 시기

나를 깨닫고 당신을 사랑할 수 있게 된 때, 중년

모든 과정이 순조로웠다면 우리는 이미 청소년기에 안정된 자아를 형성했을 것이다. 성인 초기에는 친밀한 관계와 사회적 정체성이 확립되어 자아의 범위가 한 사람에서 두 사람으로, 그리고 사회적 관계 안에 있는 많은 사람들로 확장되었다. 가정은 안정되고 일은 갈수록 잘 돼서 몇 년 동안 정말 평온하게 살아왔다. 심지어 여생을 이렇게 보내는 것이 아닌가 하는 생각이 들 정도다. 하지만 역시 인생이란 그렇게는 흘러가지 않는다. 새로운 변화가 곧 찾아올 것이다. 우리는 인생에서 또 다른 격동의 시기인 중년기에 접어들게 된다.

중년기는 성인 중기라고도 하는데, 일반적으로 35세~60세 사이의 긴 기간을 말한다. 많은 사람들에게 중년기는 거칠고 힘든 시기다. 청소년기와 마찬가지로 이 시기에도 신체적으로 낯선 변화가 일어난다. 다만 이번에는 성숙이 아니라 노화가 시작된다. 청소년기처럼 감정이 격변하면서 다시 주변의 골칫거리가 되곤 한다. 자녀는 청소년기에 접어들어 반항하기 시작하고 부모님은 병에 걸리거나 세상을 떠난다.

스스로도 이 단계의 소소한 일상과 업무에 만족하지 못하고 더 깊은 인생의 의미를 찾고 싶어 한다. 젊었을 때 전혀 문제가 되지 않았던 '시간'이 이 단계에서 문제가 되기도 한다. 우리의 생명은 원래 유한하고 노화와 죽음을 피할 수 없다는 사실을 깨닫게 된다.

이 단계의 발달을 막는 장애물은 노화를 두려워하는 것이다. 그렇다면 우리는 노화에서 어떤 점을 두려워할까? 신체기능의 쇠퇴도 물론 걱정되겠지만 가장 큰 두려움은 역시 가능성의 상실일 것이다.

노화와 죽음의 과정은 가능성을 현실로, 질문을 해답으로 만드는 과정이다. 중년이 되면 우리는 삶의 가능성이 조금씩 희미해지고 있다는 것을 깨닫는다. 젊었을 때 하고 싶었지만 하지 못한 일을 영원히 이루지 못할 수도 있고, 함께하고 싶었지만 그럴 수 없었던 사람을 다시는 보지 못할 수도 있다. 우리는 이런 확실성에 불안해하며 눈에 보이는 노화와 죽음 외에 자신의 미래는 어떻게 될지 깊이 생각할 것이다. 젊은이들에게 고향을 떠나거나 안정된 직장을 그만두는 상황은 '한눈에 미래가 보이는' 것만 같은 두려움으로 다가올 수 있다. 그러나 중년 이후에는 막연한 상상이 아니라 정말로 자신의 미래가 자연스럽게 가늠이 된다.

중년기에는 가능성의 결핍에서 오는 두려움을 노화로 인한 것이라고 착각하기 쉽다. 그래서 늙는다는 것에 대해 강한 거부감을 느낀다. 일부 남성은 청춘의 열정을 다시 경험하기 위해 외도를 하면서 자신이 늙지 않았다는 착각을 유지하며, 일부 여성은 나이가 들면서 매력을 잃을까 봐 지나치게 외모에 신경을 쓰느라 성형까지 마다하지 않는다. 또 '내가 젊었을 때는 어땠는데'라며 과거에 젖은 채로 권위와 이익만 따지며 젊은이들에게 이래라저래라 사사건건 참견하고 인생의 성장을 평가하는 기준을 돈이나 명성처럼 눈에 보이는 것들에 의존하는 사람들도 있다.

그러나 중년이 된 후에 경험도 풍부해지면서 더 성숙해지고 창의력도 높아지는 사람들도 있다. 이들은 '소아小我'의 한계를 벗어나 삶의 범위를 넓힌다. 이런 변화가 일어날 수 있었던 이유는 이들이 중년이 된 후에 세상, 그리고 타인과 맺는 관계가 달라졌기 때문이다.

그들의 삶에서 타인은 중요하지 않으면서도 더욱 중요해졌다. 타인이 중요하지 않게 되었다는 말은 그들이 더 이상 다른 사람의 의견과 평가에 신경 쓰지 않게 되면서, 더 이상 세속적 의미에서의 규칙과 성공에 휘둘리지 않고 내면의 소리를 따라 결정을 내릴 수 있게 됐다는 의미다.

타인이 더욱 중요해졌다는 의미는 중년이 되면서 '나'라는 범위를 벗어나 자신 이외의 타인, 특히 다음 세대를 육성하고 번성시키고자 하는 데에서 삶의 의미를 얻기 때문이다. 그들은 다른 사람의 성장에서 새로운 가능성을 얻는다.

중년기에서 번성이란 인간이 완성해야 할 발전 과제다. 번성은 가정의 영역(다음 세대의 번성)뿐만 아니라 일과 사회의 영역에서도 일어난다. 심리학자 에릭슨의 이론에서 보면 번성하고자 하는 욕구, 즉 생식성generativity의 의미는 매우 광범위하다. 일과 여가활동에 활력을 유지하고, 삶에 대한 열정과 호기심을 가지며 다른 사람을 적극적으로 양육하고 돌보고 공정과 정의를 수호하는 마음 모두가 생식성의 성격을 띤다. 생식성의 핵심 의미는 이러한 활동을 통해 자신의 한계를 돌파하는 데 있다.

이제 가정 내 번성과 가정 외 번성의 두 가지 측면에서 어떻게 하면 자신의 한계를 돌파하고 중년의 위기에서 벗어날 수 있는지 살펴보도록 하자.

가정 안의 번성: 소유할 것인가, 헌신할 것인가

가정 내 번성은 자녀가 있는 부모라면 아주 쉽게 이해할 수 있다. 아이가 넘어져서 울고 있으면 우리는 차라리 아이 대신 자신이 넘어졌기를 바란다. 아이가 기뻐서 웃고 있으면 우리는 아이보다 더 기뻐한다. 아이가 옆에 있으면 우리가 하는 모든 일이 가치 있다고 느껴진다. 아이들은 우리를 미숙한 자아로부터 끌어내서 자아의 의미를 한 단계 더 확장시킨다. 그럼으로써 자아에 나 자신뿐만 아니라 다음 세대가 포함된다. 그리고 자아가 확장되는 데 따르는 가능성의 위기는 더 이상 중요한 문제로 인식되지 않게 된다.

그러나 자녀가 있는 모든 성인에게 생식성이 발달되는 것은 아니다. 생식성의 본질은 자신을 헌신해 자녀의 일부가 되는 것이다. 그러나 어떤 부모는 이와 정반대로 자녀를 끌어들여 자신을 강화시키고 자녀를 자신의 일부로 만든다. 이것은 두 가지 다른 형태의 사랑이다.

전자의 사랑은 헌신이고, 후자의 사랑은 소유다. 헌신적인 사랑은 자녀의 필요에서 출발해 자녀가 독립된 개체임을 인정하고 진정으로 그들에게 관심을 갖는다. 소유적인 사랑은 자신의 필요에서 출발하고 오로지 관계 속의 자아에만 관심을 갖는다. 오직 헌신적인 사랑만이 생식성을 발달시킬 수 있다. 그렇지 않으면 우리는 자녀와 갈등을 빚으면서 정체 상태에 빠질지도 모른다.

내 친구의 어머니는 아들을 끔찍이 아끼셨다. 특히 친구를 위해 온갖 종류의 맛있는 음식을 준비하기를 무척 좋아하셨다. 그러나 얼핏 보면 어머니가 아들을 잘 챙겨주는 것 같지만, 그 이면에는 묘한 무관심이 있었다.

한 번은 어머니가 닭발 요리를 하면서 맛이 어떤지 물어보셨다.

"조금 딱딱한 것 같아요. 5분 정도만 더 졸이면 괜찮을 것 같아요."

어머니는 그의 반응이 탐탁지 않았다.

"지금도 괜찮은데, 다시 한 번 맛볼래?"

그는 다시 맛을 보고 난 후에도 같은 대답을 했다. 그러자 어머니는 또다시 맛을 보라고 했다.

결국 그는 세 번째로 맛을 보고 나서야 어쩔 수 없이 괜찮다고 말했다. 그러자 어머니는 득의양양하게 말했다.

"거봐. 다시 먹어보면 괜찮을 거라고 했잖아."

친구의 어머니는 그가 옳다고 생각하지 않고 자신이 옳다고 생각했다. 그리고 아들에게 자신을 인정하고 자신의 헌신에 감사를 표현하도록 했다. 대부분의 부모들이 자녀에게 옷을 입혀주고 반찬을 올려주는 것을 좋아한다. 하지만 정작 자녀가 부모의 과한 도움이 필요하지 않다고 거부하면 화를 내며 예의가 없다고 생각한다.

때로는 자녀를 통해 자신의 못다 한 꿈을 이루려고 한다. 어렸을 때 공부를 못해서 좋은 대학에 가지 못한 아쉬움을 자녀를 좋은 대학에 보내는 것으로 만회하려 하거나 직장 동료와의 경쟁에서 자녀의 성공으로 자신의 체면을 세우려고 한다.

여기서 문제는 자신의 꿈을 자녀에게 대신 이루게 하는 것이 아니라, 자녀가 이런 상황을 받아들이지 않을 때 어떤 선택을 내리는가에 있다. 자녀가 부모의 요구를 받아들일 수 있으면 다행이지만, 자녀는 부모의 바람을 받아들이지 않는데 부모가 자신의 욕망을 더 중시하면 큰 갈등이 발생한다. 이런 환경에서 자란 아이들은 청소년기에 정체성을 발전시키기 어렵다. 정체성을 발전시키려면 부모의 기대와 자신의 기대를 일치시켜야 하는데 이들에게는 두 가지 기대가 충돌하기 때문이다.

소유적인 사랑은 오로지 자신에게만 집중하고 다른 사람의 필요를 무시한다는 점에서 청소년기의 자기중심성과 매우 유사하다. 다만 중년기의 관심사는 자신의 욕구를 자녀를 통해 충족시키는 것으로 대상만 바뀐 것뿐이다.

그렇다면 생식성이 있는 관계는 어떤 모습일까? 바로 정말 자녀를 위해 생각하고 심지어 인내하고 희생까지도 감수하는 것이다. '3장 관계의 재구성'에서 소개했던 엄마와 아들의 이야기를 떠올려 보자. 자녀가 바깥세상으로 나가려고 할 때 엄마에게 물었다.

"제가 독립하면 외로우시겠죠?"

"당연히 외롭겠지, 하지만 그렇다고 해서 내 어려움을 널 못 나가게 하는 핑계로 삼고 싶지는 않아."

어머니는 분명 외롭겠지만 한편으로는 충만할지도 모른다. 그녀는 이 모든 것이 자녀를 위해 한 일이었음을 알고 있었다. 진심으로 아들을 위해 헌신했고 아들의 성장을 자랑스럽게 여겼다. 아들의 성장을 통해서 자신의 한계를 극복한 것이다.

어쩌면 맹목적으로 자녀를 위해 헌신하다 보면 자신을 잃어버리지 않을까, 인생의 모든 기대를 자녀에게 두면 자신의 인생이 사라지는 것은 아닐까 하고 걱정하는 사람도 있을 수 있다. 물론 분명히 인생의 모든 기대를 자녀에게 걸고 자신을 잃어버리는 경우도 있다. 그러나 그것이 생식적인 헌신은 아니다.

그 까닭은 첫째, 진정한 생식적인 헌신은 자녀의 독립성을 존중하는 것인데, 자녀의 독립성을 존중한다는 것은 자신의 독립성을 존중하는 것이기도 하다.

둘째, 우리가 자신에게서 눈을 돌려 자녀의 성장에 관심을 가질 때 우리의 자아가 약해지는 것 같지만 실제로는 더 강화된다. 우리는 자신에 대한 관심을 잃어버리고 필요와 욕구를 충족시킬 기회조차 잃었지만 그와 동시에 관심이라는 성품을 얻었다. 이 관심은 자아의 새로운 부분이 되며, 그 대상은 자녀가 되기도 하며 동시에 자신이 되기도 한다.

즉 우리는 실제로 자녀를 사랑함으로써 자신을 사랑하는 방법도 배우고 있다. 우리는 자신을 헌신하는 동시에 자아를 강화하고 있다. 헌신적인 사랑이야말로 중년기의 발달 장애를 극복하고 중년의 위기를 벗어나는 열쇠다.

가정 밖의 생식성 1: 번성은 창조적인 일이다

가정에서의 번성 외에 일과 사회에서의 번성 또한 중년기의 위기를 벗어나기 위한 중요한 요소로, 그 특징은 창조, 전승, 사회적 사명감 등 세 가지로 정리해 볼 수 있다.

에릭슨은 창조를 번성의 아주 특별한 형태로 봤다. 그는 새로운 작품을 탄생시키는 것이 아이를 낳는 것과 같다고 말하는데, 창작 활동도 노동을 통해 자신 외에 다른 것을 세상에 만들어내기 때문이다. 창작물은 일단 세상에 나오면 창작자와 별개로 분리되어 독립적으로 존재하게 된다. 창조는 자신으로부터 독립하는 새로운 무언가를 끊임없이 만들어내는 행위이기 때문에 어떻게 보자면 자신의 한계를 돌파하는 하나의 방법이 될 수 있다. 따라서 창작 활동에 종사하는 많은 사람들은 쉽게 정체감을 느끼지 않는다.

공자의 후손인 화가 쿵룽전孔龍震의 이야기를 다룬 CCTV 다큐멘터리 〈트럭을 운전하는 예술가The Truck and the Paintbrush〉를 본 적이 있다. 그는 원래 대형 화물차 기사였는데, 어느 날 푸젠성福建省에서 차를 몰고 가던 중 갑자기 14킬로미터에 달하는 내리막길에서 브레이크가 말을 듣지 않았다. 그 순간 그는 자신의 죽음을 예감했다. 그는 미친 듯이 경적을 울리고 이를 악문 채 운전대를 꽉 붙들고 있다가 가까스로 탈출에 성공했다.

그는 아찔했던 순간을 회상하며 인생에 대한 깨달음을 얘기했다.

"그 순간 어쩌면 목숨도 가장 중요한 것이 아닐지도 모른다고 생각했어요. 살아가는 데 있어 이상이 가장 중요하다는 생각도 했고요. 차가 멈춘 후에 느낀 그 기쁨은 정말 말로 표현할 수 없어요. 그래서 나도 살면서 뭔가를 해야겠다는 결심을 했죠. 그러다가 그림을 그리기 시작했어요."

그는 그림을 그리게 된 이유에 대해서 이렇게 설명했다.

"그림 그리는 건 어렸을 때부터 좋아했어요. 이 꿈을 억누르면서 살아왔는데, 한 번도 잊어본 적은 없어요. 그 순간에도 이 꿈이 떠올랐다는 건 그만큼 저에게 중요한 일이라는 거겠죠. 물론 운전하는 일도 제 삶이고 현실이에요. 그림은 … 꿈이라고 할 수도 없네요. 제가 이 세상에 왔다는, 제 삶에 흔적을 남기는 거예요."

이후 그는 삶의 갖가지 역경을 극복하고 장거리를 달리는 틈틈이 좁은 트럭 실내에서 인생의 고통과 무력함을 자기만의 독특한 화법으로 표현했다. 그렇게 그는 십 년 동안 조금씩 자신의 세계를 그려내며 프로 화가로 거듭났다.

나는 그의 성취를 두고 낙천적인 해몽을 하려는 것이 아니라 그가 자신의 그림으로 '내가 이 세상에 왔다는, 내 삶에 흔적을 남기는 것'이라는 인생의 이상을 실현한 것을 이야기하고 싶었을 뿐이다. 그가 보여준 삶이 바로 창조가 번성의 아주 특별한 형태로서 갖는 의미이기 때문이다.

가정 밖의 생식성 2: 번성은 전승이다

저장대학 동문회에서 알리윈阿里云(Aliyun, 알리바바 자체 클라우드 서비스)의 창립자 왕젠王坚 박사의 성장 과정을 들은 적이 있다.

"제가 학교에 있었을 때 비교적 젊은 나이에 교수로 임용이 됐어요. 그때 함께 일했던 교수님들 대부분이 저보다 20~30살이 많으셨는데, 정말 많은 도움을 주셨어요. 학교를 그만두고 여러 회사를 거쳐서 알리에 합류하게 됐을 때 같이 일하는 동료들이 저보다 스무 살이나 젊다는 사실을 알고 나서 감회가 새로웠어요. 스무 살 연상의 사람들과 일하다가 갑자기 스무 살 연하의 사람들이랑 일하게 되다니, 저는 제가 맡은 일 외에 무엇을 할 수 있을까 하는 생각을 하게 됐어요. 그러다가 예전에 많은 교수님들께서 저를 많이 도와주셨던 생각이 났어요. 지금은 반대로 젊은 동료들을 위해 내가 무엇을 해야 할까 하는 고민을 자주 하고 있지요. 그렇게 거듭한 고민들이 제 업무 가치관에 큰 영향을 미쳤어요."

젊을 때 선배의 도움을 받은 다음 중년기에 접어들면서는 반대로 더 젊은 사람을 돕는, 이런 형식의 전승은 직장 내에서 널리 퍼지고 있다. 이러한 순환은 우리가 젊은 초보자에서 시작해 중년의 전문가로 거듭난다는 것을 의미한다.

이런 번성의 형태를 전승하는 것은 전통적인 '수공업자'나 '장인'에게서 특히 분명하게 나타난다. 산업화 이전에는 기술을 배우려면 먼저 스승을 찾아가 모시는 것이 매우 당연하고 중요한 의식이었다. 스승 또한 제자를 받는다는 것의 의미가 한 사람의 경력을 책임질 뿐만 아니라 그의 인생 전반에 영향을 끼치는 멘토 역할까지 해야 한다는 무게를 가진다는 것을 잘 알고 있었다.

스승과 제자는 업무 관계이자 감정의 유대가 있는 가족관계이기도 했다. 사제 관계와 가족 관계의 번성 형태는 매우 비슷한데, 사제 관계의 경우 연결점이 핏줄에서 기술 전승으로 바뀌었을 뿐이다. 지금은 그런 모습을 찾아볼 수 없다. 직장 내 인연은 철저한 이해관계가 되었다. 이제 중국에서는 대학원생들조차 자신의 지도교수를 '사장님'이라고 부른다. 오늘날 일의 번성은 이러한 딱딱한 사회 분업에 의해 단절되었다.

이러한 생식성의 형태를 전승하는 데에는 두 가지 의미가 있다. 하나는 기술적 의미이고 다른 하나는 관계적 의미이다. 두 가지 모두 어떤 형태의 자아 초월을 포함하므로 둘 다 번성의 의미를 갖는다고 할 수 있다. 왜 그런지에 대해서는 먼저 기술적 의미의 전승에 대해서부터 살펴보자.

무협 소설을 보면 스승이 엄청난 무공을 터득하게 되면 어떻게 해서든 제자들에게 전수할 방법을 찾는다. 만약 이 무공의 맥이 끊기면 스승에게는 평생 여한이 되고 그 이야기를 읽는 독자들 또한 아쉬움에 탄식을 터뜨릴 것이다.

독자들은 무엇을 탄식하는 것일까? 무공이든 업무 경험이든 어떤 형태의 기술은 모두 개인의 존재 가치를 뛰어넘는 것이기에 나이가 든다고 해서 사라져서는 안 된다고 생각하기 때문이다. 설령 이 경험이 특정한 개인이 찾아내거나 업무 중에 우연히 발견한 것이라고 하더라도, 이것은 본질적으로 우리 자신이 아니라 전 인류에 속한다고 여긴다. 우리는 그저 경험을 전달하는 청지기일 뿐이다. 따라서 기술이나 경험이 중요할수록 전승에 대한 책임은 더 클 수밖에 없다. 만약 우리가 이런 책임을 받아들인다면 전승을 통해 자아를 초월할 수 있게 될 것이다.

전략적 가족치료로 유명한 제이 헤일리Jay Haley가 세상을 떠났을 때, 미누친은 그를 위해 부고문을 썼다.

"우리가 평생 동안 쌓아온 지식은 이미 앞으로 활동할 차세대 상담사들에게 영향을 미쳤습니다. 그들이 우리의 이름을 기억할지 모르겠지만 그런 것은 더 이상 중요하지 않습니다."

이 말은 전승이 무엇인지 아주 잘 설명하고 있다. 어쩌면 자신이 힘들게 배우고 발명한 것들을 왜 젊은이들에게 전수해줘서 그들이 편하게 혜택을 누릴 수 있게 해줘야 하느냐고 묻는 사람들도 있을 것이다. 그러나 이런 생각을 고수하면 더 이상 번성의 희열을 느끼지 못하고 정체된 상태에 빠지기 쉬워진다.

물론 전승에는 기술적 의미뿐만 아니라 관계적 의미도 있다. 경험이 풍부한 어른들은 젊은이들의 성장을 도와주고 싶어 하고 그들의 본보기와 멘토가 되기를 원한다. 이것이 약간의 부담감으로 작용할 때도 있다.

미누친이 세상을 떠났을 때, 교수님은 〈마지막 기타〉라는 추모의 글을 썼는데, 그 안에는 미누친이 나이 여든을 넘은 어느 해에 교수님의 초청으로 베이징에서 와서 강연했던 내용도 들어 있다. 강연을 마치고 미누친은 교수님께 물었다.

"유명한 기타리스트 안드레스 세고비아^{Andres Segovia}라고 알아요? 나도 그와 같아요. 기타를 주면 무대에서 연주를 하지만 무대에서 내려오면 그냥 늙은이일 뿐이에요. 당신도 이제 자신에게 의지해야 해요. 자신의 민족을 위해 일하고 싶지 않아요? 자기 영역에서 발전하고 싶지 않아요?"

교수님은 눈시울을 붉히며 대답했다.

"아니요, 싫어요. 전 선생님의 기타는 필요 없어요."

나는 교수님께서 왜 그렇게 싫다고 하셨는지 이해할 수 있을 것 같다. 자신의 스승인 미누친이 늙어간다는 사실을 인정하고 싶지 않았고, 또 '기타'라는 말 안에 담긴 책임이 무엇인지 알고 있었기 때문이다. 교수님은 어렸을 때 굉장히 자유분방하고 구속받는 것을 싫어해서 아마 그런 무거운 책임은 지고 싶지 않았을 것이다. 하지만 그녀는 결국 같은 길을 가게 되었다.

"나중에 나도 모르는 사이에 내 손에 기타가 들려 있더군요."

최근 몇 년간 그녀는 홍콩과 중국 본토를 오가며 젊은 상담사들을 가르치고 있다. 매번 수업을 들을 때마다 우리에게 최대한 많은 것을 가르쳐주고 싶어 하는 그녀의 진심이 느껴진다. 이미 은퇴할 나이가 훌쩍 지났지만 그녀의 업무량은 가히 놀라운 수준이다. 거의 매일 아침부터 늦은 밤까지 수업과 논문 지도, 상담 사례를 보느라 정신없이 바쁘다. 정말 대단하다는 생각이 들면서도 걱정스럽다. 가끔은 교수님께서 슬프지만 우스운 농담을 던지기도 했다.

"내 나이가 벌써 몇인지, 정말 늙기도 늙었다. 나한테 무슨 일이 생기면 어떻게 보내줘야 하는지 알지?"

한번은 가족치료의 거장들이 남긴 정신적 유산에 대한 이야기를 나누다가 교수님께 물었다.

"교수님, 이 세상에 남기고 싶은 것이 있으세요?"

교수님은 한참을 생각한 끝에 대답했다.

"살아 있을 때 장례식장에 가고 싶지 않아, 죽어서도 마찬가지고. 젊었을 때 페데리코 펠리니 Federico Fellini의 영화를 본 적이 있는데, 무슨 내용이었는지는 모르겠지만 사람들이 바다로 몰려가서 장례를 치르던 장면만 기억이 나. 동물도 많았고 서커스단도 있었던 것 같아. 누구를 떠나보내는지 모르겠지만 모두들 기뻐하는 것 같았어. 내가 떠날 때도 그랬으면 좋겠어. 다들 기뻐하면 얼마나 좋아. 우리 집에 맛있는 음식도 많고 와인도 많거든. 사람들이 모이면 음식이랑 술을 모두 꺼내서 먹고 마시고 아무것도 남기지 않았으면 좋겠어."

그녀에게서 나는 전승의 책임을 보았다. 전승의 책임은 사실 매우 힘들지만, 다른 한편으로 나이 들어감을 이렇게 담대하게 직면할 수 있는 교수님의 태도는 그녀가 전승의 책임을 지는 것과 관련이 있다. 자기중심성을 돌파한 후 따라온 담대한 삶의 태도는 번성에 따른 보답이라고 할 수 있다.

가정 밖의 생식성 3: 번성은 사회적 사명감이다

가정의 번성이든 직장 내 전승이든 일반적으로 우리의 관계는 자녀와 제자, 후배 등 가까운 사람들에게 국한된다. 그러나 사명감은 전승의 심화 및 확장을 통해 우리가 모르는 사람에게까지 번성의 영역을 확대시킨다. 교수님께서 미누친 이야기를 자주 하시기 때문에 나도 미누친을 예로 들어 사명감이란 무엇인지 이야기해 보려고 한다.

심리 상담에 들어가는 비용이 적지 않다 보니 일반적으로 심리 상담은 중산층 이상을 대상으로 하는 서비스업이라는 인식이 있었다. 그러나 미누친은 달랐다. 그는 가난한 사람들을 위해 일하는 몇 안 되는 심리학자 가운데 하나였다. 그 당시 미누친은 교수님을 데리고 뉴욕의 빈민가에 가서 상담을 했는데, 교수님은 자주 지각을 했다. 그녀가 지각을 하면 미누친은 오지 못하게 했다. 그녀가 늦었다고 타박하는 것이 아니라 빈민가에서 강도 사건이 자주 발생하기 때문에 혹시라도 혼자 돌아다니다가 위험한 일을 당하지는 않을까 걱정이 됐던 것이다. 당시 미누친은 지역 사회를 위해 가난한 사람들에게 찾아가는 상담사를 많이 양성했고 때로는 가난한 사람을 위해 사비로 소송을 해주기도 했다. 노년에는 연봉 1달러만 받고 뉴욕의 의료시스템 개혁을 위해 뛰기도 했다. 이런 사실을 아는 사람은 극히 드물다.

가장 흥미로운 점은 미누친이 가난한 사람들을 위해 많은 일을 했지만 경계를 강조하면서 함부로 '사랑'이라는 말을 하지 못하게 했다는 것이다. 한번은 '사랑'을 중시하며 가족치료의 어머니로 불리는 버지니아 사티어 Virginia Satir와 토론을 하는데, 사티어가 질문을 던졌다.

"당신은 사랑을 믿지 않나요? 당신은 세상을 사랑하지 않나요?"

"네, 사랑하지 않아요. 난 몇몇 사람들만 사랑할 뿐이에요."

미누친은 바로 이런 사람이다. 그는 사랑도 있고 진실한 사람이었다. 이런 이야기를 들을 때마다 나는 한없는 감동에 사로잡힌다. 그리고 나도 그와 같은 사람이 되기를 바란다. 이런 감동과 동경은 개개인의 천성에 뿌리를 두고 인류 문명이 번성하는 초석이 되었다.

번성은 주는 것이 아니라 주고받는 것이다

가정 내의 번성이든, 가정 밖의 번성이든 모두 일방적으로 주는 것처럼 보인다. 그러나 실제로 번성은 서로 주고받는 것이다.

젊은이들은 정체성을 찾는 단계에서 롤모델과 멘토가 필요하고 노인들은 노화에 직면했을 때 생식성을 발달시킬 수 있도록 도와줄 대상이 필요하다. 젊은이와 노인은 서로를 필요로 하며, 이는 인간이 자기 한계를 깨고 문명을 전승하기 위해 발달시킨 특별한 형태라고 볼 수 있다.

심리 상담가 어빈 얄롬Irvin D. Yalom은 《치료의 선물The Gift of Therapy》에서 헤르만 헤세Hermann Hesse의 소설 《유리알 유희Das Glasperlenspiel》에 등장하는 이야기를 인용했다. 이야기에는 성경시대에 살았던 두 명의 유명한 참회 청문사인 젊은 요제푸스와 나이 든 디온이 등장한다. 그들은 사람들의 하소연을 경청하며 치료하는 일을 했지만 각자의 방식으로 도움을 줬고, 서로 만난 적은 없지만 서로가 경쟁 관계라는 사실을 알고 있었다. 언젠가부터 요제푸스는 마음이 괴로워지기 시작했고, 아득한 절망에 빠진 그는 자신의 치료 방법만으로는 스스로를 치료할 수 없다는 사실을 깨닫고 디온의 도움을 구하고자 남쪽으로 여정을 떠났다.

여정 중에 요제푸스는 한 늙은 여행자를 만나게 되는데, 그가 바로 디온이었다. 디온은 망설임 없이 좌절한 자신의 라이벌을 집으로 초대하고 그곳에서 함께 살며 일했다. 디온은 먼저 요제푸스를 하인으로 일하게 하고, 나중에는 학생으로, 마침내 완전한 동료로 대해줬다.

세월이 지나 디온이 죽음을 앞두고 요제푸스를 불렀다. 디온은 자신 역시 절망에 빠져 있었던 그때 요제푸스를 만난 것은 기적이었다고 고백했다. 그 역시 공허함을 느끼는 영혼의 병을 앓는 스스로를 치료할 수가 없어서 도움을 구하기 위해 여행을 떠났던 것이다. 오아시스에서 서로 만났던 그날 밤, 그 역시 유명한 참회 청문사인 요제푸스를 찾기 위한 순례 여행 중이었던 것이다.

젊은이는 멘토로부터 가르침을 받았고 또한 부모로부터 받을 수 있는 양육과 보살핌을 받았다. 늙은이는 젊은이에게 도움과 보살핌을 주고 동시에 자식으로서의 사랑과 존경, 고독에 대한 위안과 더불어 깨달음을 얻는 도움을 받았다. 두 사람은 서로를 치료하는 과정에서 서로를 도우며 인생 발달의 과제를 완성했다. 이는 참으로 기가 막힌 조화다.

우리는 한계가 명백하다. 우리는 늙고 죽는다. 그러나 이런 자기중심성을 깨고 진정으로 다른 사람을 배려하는 법을 배우며 생산성의 영역을 넓히고 나면 선천적인 한계를 뛰어넘어 노화와 죽음을 초월하는 담대함을 갖게 된다. 이것이 번성의 형태에 관계없이 모두가 자아와 중년의 위기를 돌파하는 방법이다.

노년기:

삶이 내게 준 선물을 나누는 시기

인생의 마지막 과제, 통합

　정체성을 형성하는 청년기와 친밀감과 사회적 정체성을 확립하는 성인 초기, 그리고 생산과 침체의 갈등과 씨름하는 중년기를 지나왔다면 마침내 우리는 인생의 마지막 단계인 노년기에 이르게 된다.

　이 단계에서 우리의 자녀들은 이미 성인이 되었다. 자신이 사랑하는 일을 제외하고 우리가 져야 할 사회적 책임은 모두 내려놓았다. 노화와 질병, 하나둘씩 세상을 떠나는 친구들은 우리 인생이 마지막을 향하고 있음을 일깨워 주고 있다. 이제 우리는 인생의 마지막 과제인 인생의 통합을 이뤄야 한다.

　에릭슨의 이론에 따르면 통합은 '자신의 유일한 생명주기를 받아들이고, 그것을 어쩔 수 없이 존재하며 대체할 수 없는 것으로 받아들일 수 있다'는 것을 의미한다. 즉 일생이 순탄하든 그렇지 않든, 어떤 기쁨과 고통을 경험했든 우리는 그것을 고유하고 독특한 경험으로 받아들일 수 있으며, 그럼으로써 자신의 인생이 완전하고 유일무이하다는 것을 받아들이게 된다는 것이다. 통합을 이루지 못하면 우리는 자신의 삶에 만족하기에는 인생이 너무 짧지만, 그렇다고 다시 시작하기에는 너무 늦었다고 느끼게 된다.

인생은 짧다. 살아가는 한 우리는 계속해서 뭔가를 놓치고, 얻고, 선택하고, 잃게 될 것이다. 자기계발의 가능성과 생명의 유한함 사이에는 영원한 장력이 존재하며, 이 사이에 존재하는 긴장은 살아가는 매순간마다 우리에게 선택을 강요한다. 선택을 통해 일부는 현실이 될 수 있고 일부는 우리에게서 멀어질 수 있다. 선택을 통해 우리는 매일 자기계발에 대한 특별한 인생 이야기를 쓰고 있다. 시험지에 마지막 답안을 쓰는 것처럼 종이 울리고 답안지를 제출할 때가 되었다. 만족스러운 답을 내놓는 것이 바로 통합의 과정이다.

통합의 의미 1: 의미의 근원을 찾는다는 것

통합에는 두 가지 의미가 있다. 첫 번째 의미는 자신의 삶을 되돌아보고 의미의 근원을 찾는 것이다. 스토아학파 철학자인 세네카^{Seneca}는 '죽음이 다가왔을 때 비로소 당신의 과거 행동이 그 의미를 드러낸다'고 했다. 자신의 인생을 성공적으로 통합할 수 있는지에 대한 여부는 인생의 과제를 성공적으로 완수했는지 또는 그렇지 못했는지, 특히 생식성을 얻을 수 있는지 없는지와 크게 관련이 있다. 중년기에 충분한 생식성을 발견했다면 우리는 죽음을 덜 두려워하게 된다. 우리가 관심을 가지고 있는 다음 세대와 우리가 이뤄낸 사업, 우리가 사랑하고 삶을 영위하는 것들이 계속될 것임을 알기 때문이다.

우리 외할머니는 공부를 해본 적도, 학교를 다녀본 적도 없을 정도로 힘든 인생을 사셨다. 외할머니는 병에 걸리고 난 후, 자신에게 남은 시간이 많지 않다는 것을 알았지만 죽음을 참 담대하게 받아들이셨다. 가끔 한밤중에 통증이 심해서 괴로워하실 때도 있었지만 그녀는 크게 동요하지 않았다.

"하나도 안 무서워. 어차피 죽어도 내 침대에서 죽을 텐데."

돌아가시는 그날 밤, 외할머니는 오랫동안 혼수상태에 빠져 있었다. 그런데 자정이 되자 갑자기 깨어나 외할머니 곁을 지키고 있던 자녀들에게 말했다.

"두려워 말거라. 사람은 모두 죽게 되어 있잖니. 쉬엄쉬엄 해, 당황하지 말고."

이 말을 끝으로 외할머니는 세상을 떠났다. 돌아가시기 전까지도 자식을 위로하고 싶으셨던 모양이다. 가족은 그녀의 인생에서 가장 큰 의미였다.

가정에서의 생식성과 더불어 가정 밖의 생식성 또한 마지막 단계인 통합을 이루는 데 도움이 될 수 있다. 저장대학에서 전설로 불리는 천톈저우陳天洲 교수는 36세의 젊은 나이에 저장대 컴퓨터공학과에서 최연소 박사과정 지도교수로 임용되었고, 교내 유명한 BBS를 설립하기도 했다. 뛰어난 학술 성과에 더해 술도 잘 마시고 학생들과도 잘 지냈다. 게다가 줄곧 독신주의를 고집했던 그는 '저장 독신클럽'을 설립하고 '저장 독신클럽의 마지막까지 초심을 지킨 마지막 회원이자 회장'임을 자처했다.

이렇게 대단하고 재미있는 사람이 2011년 6월 췌장암 진단을 받았다. 잘 알려져 있다시피 췌장암은 사망률이 매우 높은 암으로 환자의 98퍼센트가 20주를 채 넘지 못한다고 한다. 그러나 그는 췌장암 진단을 받고도 신세 한탄이나 자기 연민에 빠져 학술연구를 게을리 하지 않았고, 심지어 세상을 떠나기 일주일 전까지도 학생들의 논문 심사에 참여했다. 뿐만 아니라 의학 문헌을 찾아보며 정상급 국제 의학지에 의학 논문 두 편을 발표하기도 했다.

그렇게 그는 암 진단을 받고 4년 후에 세상을 떠났다. 극히 짧은 췌장암의 생존 기간에 비하면 작은 기적이 아닐 수 없었다. 그는 모든 유산을 저장대학 컴퓨터공학과에 기부하며 학생들에게 도움이 되는 곳에 써달라는 유언장을 남겼다. 천텐저우는 많은 저장대학 학생들의 마음속에 영웅으로 자리 잡았다. 그가 세상을 떠난 후 많은 학생들이 그를 애도했다.

천텐저우는 친밀한 관계를 형성하는 인생 과제를 완성하지는 못했지만 학술 연구와 학생들과의 교육적 상호작용을 통해 충분한 생식성을 만들어 냈다. 학술 연구와 후학 양성이 그에게 가장 큰 삶의 의미였다. 이러한 인생의 의미는 그가 과제의 통합을 완성하는 데 도움을 줬다.

통합의 의미 2: 기꺼이 나를 내려놓는다는 것

인생을 되돌아보고 의미를 찾는 것 외에도 통합에는 두 번째 의미가 있다. 바로 더 큰 그룹에 자신을 포함시키고 자신을 진화 과정의 일부로 보는 것이다.

우리가 시작된 때는 언제라고 할 수 있을지 생각해 본 적이 있는가? 세상으로 나온 순간일까 아니면 수정이 된 그 순간일까, 그것도 아니면 지구에 인간이 처음 태어났을 때일까? 더 거슬러 올라가 지구상에 처음으로 유기물이 생기면서부터일까?

자연은 자아를 초월하는 방식으로 진화했다. 우리는 세상이라는 이 거대한 연극의 일부에 불과하다. 이 연극은 우리가 태어나기 전에 이미 시작되었고 우리가 떠난 후에도 계속될 것이다. 따라서 죽음을 두고 물 한 방울을 바다에 떨어뜨리는 것처럼 사라졌다고 생각할 수도 있고 또 다른 형태의 생존을 얻었다고 생각할 수도 있다.

불교의 죽음에 대한 견해는 이런 통합을 포함한다. 불교에서는 고통의 근원이 '자아'를 실재적 존재로 여기는 데에서 비롯된다고 본다. 그럼으로써 자아에 대한 집착이 생기고 자신의 행복과 고통, 필요, 욕망이 모두 중요하다고 생각한다. 그러나 이것은 환각에 불과하다. 자아는 인연 사이에 놓인 결합의 산물이며 과정일 뿐이다. 따라서 고통을 해소하기 위해서는 무아無我의 진리를 깨달아야 한다.

나 또한 인생의 모든 발달 단계는 무아를 향해 나아가는 과정이라고 생각한다. 다만 여기서 '무아'는 명상이나 수련을 통해서 실현되는 것이 아니라 끊임없이 자아의 사회적 반경을 확장하고, 친밀한 관계를 형성하며, 직업에 집중하고, 다음 세대를 돌보며, 자신을 내어주는 것으로 이뤄진다. 이것 또한 인생 모든 단계의 가장 큰 난제다.

즉 다양한 형태의 자기중심성을 극복하는 일은 우리에게 자아를 내려놓고 기꺼이 포기하는 법을 가르쳐줄 것이다. 그리고 인생 발달에서 마지막 과제인 통합은 마지막 자기중심주의인 '자아' 자체에 대한 집착, 즉 생명에 대한 집착을 극복하는 것이다.

마지막 선물처럼 오늘을 산다는 것

나는 아직 우리가 노화와 죽음에 대해 진지하게 고민할 만큼 늙지 않아 다행이라고 생각했다. 그러나 인생의 끝에 다다랐을 때 지금 이 순간을 되돌아보면 우리가 생각지도 못했던 점을 발견하게 될 수도 있다.

'언젠가 우리는 모두 죽을 것이다.'

이 말은 우리를 허무함으로 몰아넣을 수도 있고, 불필요한 속박에서 벗어나게 해 더욱 용기를 내게 해줄 수도 있다. 얼마 전 스토아학파 철학자 세네카의 책을 읽었는데, 그의 이론이 아주 흥미로웠다.

그의 말에 따르면 우리의 집과 재산, 사회적 지위, 우리의 눈과 손, 몸, 그리고 우리의 가족과 자녀, 친구, 우리가 소중히 여기는 모든 것, 심지어 나 자신까지도 우리의 것이 아니며, 단지 운명의 여신이 우리에게 잠시 빌려준 것뿐이다. 우리는 경건하고 거룩한 관리자로서 이것들을 잘 보관해야 한다. 그리고 언젠가 운명의 여신이 그 모든 것을 되찾으려 한다면 우리는 절대 거스르지 말고 원망 대신 진심으로 기뻐해야 한다.

"저에게 이 모든 것을 소유하고 보관할 수 있게 해주셔서 감사합니다. 이제 전부 돌려 드리겠습니다."

스토아학파에는 죽음을 상상하는 전통이 있다. 하루가 시작되는 아침, 철학자들은 이날을 인생의 마지막 날로 여긴다. 만약 밤이 돼도 무사하다면 하늘에 감사하며 하루를 더 벌었다고 생각했다. 다음날도 같은 일상을 반복했다. 이를 통해 그들은 평온을 얻었고 평범한 일상에 감사해하는 마음을 갖게 됐다고 한다.

새로운 일에 도전할 때면 나는 상상 연습을 하곤 하는데, 독자들께서도 이 방법을 해 보기를 추천한다. 노년에 이른 우리가 그동안 완벽한 인생을 살았고 해야 할 일을 다 했기 때문에 노년에 마땅히 누려야 할 평온을 누리고 있다고 상상해 보자. 그 다음 늙은 자신이 지금 이 순간을 되돌아보고 있다고 상상하며, 현재 직면한 어려운 문제들을 떠올려 보자. 노년기를 맞이한 우리는 무슨 생각을 하고, 무엇을 할 것 같은가?

또는 순서를 바꿔 볼 수도 있다. 우리는 지금 나이 그대로고 삶의 어려운 문제에 시달리고 있다. 그리고 어느새 나이가 들었다고 상상해 보자. 이제 어떻게 해야 하고, 어떤 선택을 해야 늙어서도 후회하지 않는 삶을 살았다고 자랑스러워할 수 있을까?

베트남 출신의 세계적인 불교 지도자이자 평화운동가인 틱낫한 Thick Nhat Hanh 스님의 저서 《붓다처럼 Old Path White Clouds》에서는 이런 내용이 나온다. 붓다는 이미 기력이 크게 쇠해서 피부는 쭈글쭈글해지고 다리에도 힘이 들어가지 않는 상태였다. 열반을 예감한 붓다는 제자 아난다와 마지막으로 영취산에 올라갔다. 그곳에서 석양이 지는 것을 바라보며 붓다가 말했다.

"아난다야, 보거라. 이 영취산이 얼마나 아름다운지!"

비록 석양이 순식간에 사라진다고 해도 그 순간의 아름다움은 사라지지 않는다. 삶의 유한함이 주는 장점이 있다면, 우리가 처한 모든 순간이 너무나 아름답다는 것을 깨닫게 해주는 것일지도 모른다.

끝없이 뻗어 있는 길

인생에서 반드시 그래야 한다는 정답은 없다

이 책은 행동의 변화부터 사고의 변화, 관계의 변화 그리고 전환기, 인생 발달 단계에 이르기까지 다양한 내용을 다루고 있다. 아이가 태어나서 자라고 성숙하고 나이가 들고 결국 세상을 떠나는 것처럼 어느덧 이 책도 막바지에 이르렀다. 마지막을 어떤 내용으로 장식하면 좋을까?

통합은 인생의 마지막 단계에서 매우 중요한 일이므로 먼저 책의 내용을 전체적으로 되돌아보면 좋겠다. 여기서 특별히 얘기하고 싶은 두 가지가 있다.

우선 이 책은 특별하게 구성되어 있는데, 각 장마다 마지막 부분은 어떤 형식으로든 앞의 내용을 부정하고 책의 내용을 더욱 심화시킨다. 예를 들어 1장 '행동의 변화' 마지막 부분에서 변하지 않는 것도 변화이고, 자신을 받아들이는 것도 매우 어려운 변화라고 했지만 2장

'사고의 진화' 마지막 부분에서는 앞서 말한 것은 모두 국부적 지식이며, 이것이 국부적 지식이라는 사실을 인정해야만 나머지 부분이 무엇인지 탐색할 수 있다고 했다. 또 독립과 과제분리를 강조해 놓고서는 3장 '관계의 재구성' 마지막 부분에서 독립은 더 나은 연결을 위한 것이라고 말한 바 있다.

그렇다면 앞에서 그랬듯이 4장의 '역경의 극복'과 5장의 '인생의 지도' 또한 그 내용을 전면적으로 부정한다면, 우리가 말하는 전환의 과정이나 인생 발달 단계는 대부분의 사람들이 취했던 삶의 방식일 뿐이며, 대부분의 사람들이 갖고 있는 일종의 편견을 대표하기도 한다고 말할 수 있다. 오히려 모든 사람은 저마다 자신만의 독특한 삶의 방식을 가지고 있다.

"'친밀한 관계 형성하기' 과제를 아직 완성하지 못했지만 나에게는 외로움을 받아들일 수 있는 또 다른 능력이 생겼어."

친구가 한 말인데, 나름 일리가 있다고 생각한다. 그리고 인생 발달 단계의 과제가 가진 본질이 무엇인지 생각해 보게 됐다. 마라톤을 하듯 반드시 이정표대로 완주해야 할까? 나는 그렇지 않아도 된다고 생각한다. 이런 인생 과제의 본질은 사실 갈등에 적응하는 것이다.

우리는 항상 자신과 타인, 친밀감과 외로움, 이상과 현실, 삶과 죽음과 같은 갈등 속에 있다. 돌이켜 보면 우리에게는 특정한 인생 단계마다 피할 수 없는 특정한 갈등이 있고, 그것이 우리 인생에서 끝나지 않는 긴장감으로 작용해왔다.

다른 사람들이 가는 길을 따라가다 보면, 어느 특정한 인생 단계에서 지각의 두 판이 끊임없이 서로를 밀어내는 것처럼 이러한 갈등이 우리에게 엄청난 스트레스를 줄 것이다. 만약 우리가 이 단계의 갈등에 잘 적응한다면 이 단계에서만 얻을 수 있는 성품을 선물로 받을 수 있다. 서로 밀어내던 지각이 마침내 높은 산을 만들어내는 것처럼 우리도 새로운 차원으로 도약할 수 있다. 물론 행동과 사고, 관계에도 변화를 미친다.

만약 우리가 걷는 길이 남들이 다 가던 길이 아니거나, 지금 맞닥뜨린 삶의 과제가 여느 사람들이 경험하는 일반적인 순서에 따라 나타난 것이 아니라면 그 길에서 갈등을 겪고 어려움을 경험하게 될 것이다. 그리고 어려움을 극복함으로써 다른 사람이 겪지 못한 것을 배울 수 있을 것이다. 다만 이러한 독특한 길은 일반적인 법칙으로 요약하기 매우 어렵다.

모든 장의 마지막 부분에서 앞의 내용을 부정한 이유는 무엇일까? 각 장마다 앞 장의 내용을 부정한 이유는 무엇일까? 자가당착에 빠진 것이 아니라 진정한 자기계발의 법칙에 대응하기 위해서다.

자기계발은 동일한 법칙을 따른다. 젊었을 때 우리는 스스로를 어떤 사람이라고 규정하지만 시간이 지나면 그렇지 않다는 사실을 알게 된다. 또 친밀한 관계가 무엇인지 이미 너무 잘 알고 있다고 생각해왔지만 살다 보니 그렇지 않다는 것을 알게 되고, 장차 어떤 인생의 길을 걷게 될 것이라고 생각했지만 막상 예상했던 미래에 도달하니 그렇게 되지 않았다는 사실을 알게 된다.

이런 부정이 바로 자기계발의 과정이다. '그렇다'고 했다가 '아니다'라고 하거나 '옳다'라고 했다가 '틀리다'라고 하는 그런 부정의 의미가 아니라, '꼭 그게 아니더라도 답은 많다'는 의미를 갖는다. 사실 그것은 부정일 뿐만 아니라 전승과 심화의 과정이기도 하다. 우리가 앞으로 나아갈수록 '예상치 못한 이성적인' 자아를 더 발견하게 될 것이다.

우리는 이전의 자아를 끊임없는 부정하는 과정에서 조금씩 자기계발을 실현해간다. 그리고 나는 이 책에서 그러한 부정을 통해 '자기계발'의 법칙에 대한 깊은 깨달음을 얻을 수 있도록 도와주고 싶었다.

다음으로 이 장에서 나는 일부러 구체적인 방법을 쓰지 않았다. 예를 들어 정체성을 확립하는 방법이나 친밀한 관계를 형성하는 방법, 생산성을 계발하는 방법에 대해서는 쓰지 않고, 단지 이 단계에서 직면한 갈등과 가능한 해결 방법에 대해서만 썼다.

어떻게 이 단계에서 주어진 과제를 완성해야 하는지 묻는다면 1장부터 앞의 내용을 되돌아보면서 심리적 안전지대에서 벗어나는 방법, 사고를 바꾸는 방법, 다양한 관계를 발전시키는 방법, 전환기를 헤쳐나가는 방법을 고민해 보라고 할 것이다. 우리의 삶에는 발달 단계마다 특정한 과제가 주어지지만 매일 구체적인 일상을 마주하는 사람들에게 변화란 모든 행동과 생각, 관계에 영향을 미치기 때문이다. 마지막 질문의 답은 모두 앞의 내용에 있으며, 이는 또 다른 자기계발 법칙에 해당한다.

심리학자 조지 베일런트는 "40대부터 노화가 진행되는 단계는 이전 발달 단계와 반대다. 40대는 청소년처럼 감정의 위기에 직면하고, 60대에는 10대처럼 시간의 변화에 저항하며, 80대는 걸음마를 떼는 아이처럼 통제하기 어렵고 불안정하다"고 했다.

그가 말하지 않은 사실은 우리가 사라진 후의 공백과 태어나기 전의 공백도 이와 비슷하다는 것이다. 자아의 발전은 바로 이렇게 순환한다. 이 책 역시 그렇게 돌아간다.

결과의 의미는 과정을 만들어내는 데 있다

이 책을 변화에 관한 지도에 비유한다면 상당수의 지역은 아직 명확하게 표시되지 않아 아무리 들여다봐도 일부만 확인할 수 있을 것이다. 그렇다면 전체를 볼 수 없는 지도를 군이 왜 가져가야 하는지 묻는 사람도 있을 것이다.

답은 하나다. 길을 가기 위해서다. 지도가 있으면 길을 떠날 수 있다. 변화를 시도할 수 있고, 변화된 경험을 바탕으로 자기계발에 대해 더 많이 배울 수 있다. 언젠가 당신은 자신의 지나온 길이 책에 나온 내용과 비슷한 것도 있고 그렇지 않은 것도 있다는 사실을 알게 될 것이다. 하지만 그런 차이는 중요하지 않다. 우리가 길을 떠났다는 것과, 그렇게 가는 길 자체가 지도보다 더 중요하다.

2장에서 부분적인 지식을 소개하는 단락을 보면 이런 말이 있다. "모든 지식은 부분적이다. 완벽하지 않은 부분은 찾아내기가 매우 쉽지만 옳은 것을 찾기란 쉽지 않다. 우리는 먼저 지식이 틀렸다는 것을 인정해야만 지식이 옳은 곳이 어디인지 찾을 수 있다."

당시 담당 편집자가 말했다.

"선생님, 이 말이 명확하지 않은데, 좀 더 정확하게 써주실 수 있나요?"

"그냥 그대로 두세요."

만약 당신도 이 말이 이해가 가지 않는다면 곰곰이 생각해 볼 것이다. 그래도 이해가 안 되면 답을 찾아보려고 할 테고, 그대로 답을 찾을 수 없으면 결국 SNS나 다른 경로를 통해 나에게 물어볼 것이다. 물론 나는 충분히 설명해줄 수 있다. 그럼에도 내 설명 또한 명확하지 않다고 느꼈다면 더 깊이 생각할 것이다. 이런 일련의 과정이 명확한 말 한 마디보다 훨씬 중요하다.

인생에서는 과정이 가장 중요하다. 모호하지만 탐색 과정을 이끌어낼 수 있는 지식은 명확하지만 완성된 지식보다 더 가치가 있다. **지식의 가치는 얼마나 정확한 답을 제공하는지가 아니라 얼마나 탐색 과정을 이끌어낼 수 있느냐에 달려 있다.** 지식 자체가 답을 찾아가는 과정의 일부가 되어야 한다. 지식이 탐색 과정으로 이어지지 않는다면 그것은 너무 완벽하기 때문이 아니라 이미 아무도 상대하지 않을 정도로 낡아졌기 때문이다.

모두의 인생에 생명과 죽음이 있는 것처럼 누구나 시작과 끝은 같지만 전개되는 과정은 저마다 전혀 다를 것이다. 이 과정이 바로 인생의 본질이다. 왕샤오보王小波가 자신의 아내 리인허李銀河에게 보낸 편지의 내용이다.

"인생의 결과는 결국 흔적도 없이 사라지지만 그 전에 모든 일이 먼저 일어나도록 해야 한다."

결과가 흔적도 없이 사라진다는 말은 무슨 의미일까? 과정이 발생하는 것, 그것이 바로 결과의 의미다. 우리는 나이가 들고 결국 죽음을 맞이한다. 결과적으로 우리는 사라지지만, 그러한 결과에 도달하기까지의 과정은 사라지지 않는다.

물론 우리에게는 목표가 있어야 하고, 목표에 도달한 이후 성공 또는 실패로 갈라진 결과에 따라 기뻐하거나 슬퍼하며 눈물을 흘릴 것이다. 그러나 지도의 의미가 길을 가는 자체에 있는 것과 마찬가지로 목표의 의미는 목표로 가는 과정을 시작하는 데 있는 것임을 알아야 한다. 목표가 없으면 과정을 이어나갈 수 없고, 목표와 결과의 성패에 지나치게 집착하면 과정을 잃게 된다.

지금 이 글을 쓰면서 '나는 처음에 어떻게 미래를 구상했을까?'라는 생각을 해봤다. 청소년기에 나는 주로 이런 생각을 했다. '중년은 너무 끔찍해! 더 이상 밤샐 기력도 없겠지! 복근은 사라지고 지방만 남게 될 거야! 매력도 떨어져서 더 이상 날 좋아하는 여성도 없을 거야! 가정과 자녀가 생기면 마음대로 여행을 갈 수도 없겠지!'

중년이 된 지금, 지금까지의 삶을 돌아보니 걱정했었던 끔찍한 일들이 모두 일어났지만 생각지도 못했던 일들도 많이 일어났다. 중년이 되니 사람들과 교제할 때 더 성숙해지고 편안해졌다. 사회적 정체성을 갖게 되고 인정받으면서 젊었을 때는 받지 못했을 존경을 얻게 됐다. 경제적으로도 좀 더 자유로워졌다. 물론 가정을 이루고 자녀도 생겨서 가끔은 가족에 매여 있을 때도 있지만 그게 행복이 될지 누가 생각이나 했겠는가? 아이의 웃는 모습을 보고 있으면 아무 데도 가고 싶지 않다.

우리가 상상하는 인생과 실제 경험 사이에는 항상 커다란 괴리감이 존재하며, 그 과정이 완전히 전개될 때까지 기다려야 그 맛을 제대로 알 수 있다.

경험은 과정에서 발생한다. 나는 청소년기의 혼란을 겪었고 친밀한 관계 형성에 대한 우려와 외로움을 알게 되었으며 직업의 변화에 따른 방황과 사회적 정체성을 확립한 뒤에 따라오는 안정과 기쁨을 모두 경험했다. 그럼에도 내가 어떻게 예상하든 앞으로 어떤 인생이 전개될지는 여전히 알 수 없다.

노화나 죽음을 생각하면 여전히 너무 두렵다. 청소년기에 중년의 모습을 상상했던 것처럼 노화를 상상하면 눈에 보이는 상실만 떠오를 뿐 무언가를 얻는 모습을 떠올리기란 쉽지 않다. 그런데 예상치 못한 인생에서 우리가 간과하는 정말로 중요한 사실이 있다. 바로 오히려 상실에서 얻는 경우가 많다는 것이다.

지금으로부터 십 년, 이십 년 또는 더 먼 미래까지 상상하건대, 나는 내가 발전을 멈추지 않았으면 좋겠다. 우리 모두 멈추지 않았으면 좋겠다. 그때가 되면 우리는 이미 나이가 들고 많은 일을 겪어 오면서 인생에 대한 새로운 깨달음을 갖게 되었을지도 모른다. 그때 다시 자기계발이 무엇인지 얘기를 나눠 보면 재밌겠다.

이것은 자기계발에 관한 책이지만 나는 이 장을 다 쓰고서야 비로소 자기계발이 무엇인지 이해가 됐다. **순경과 역경, 증가와 감소를 겪으면서 '자아'가 끊임없이 발전하는 것이 아니라 이 발전의 과정 자체가 바로 '자아'인 것이다.**

이제 여기서 이 책은 '정지' 버튼을 눌러야 하지만 자기계발이 끊임없이 이어지는 길인 것처럼, 결코 끝이 아니다.

참고문헌

제1장

M. 스캇 펙, 《아직도 가야 할 길》, 최미양 옮김, 율리시즈, 2023.

기시미 이치로, 고가 후미타케, 《미움받을 용기》, 전경아 옮김, 인플루엔셜, 2023(특별판).

로버트 케건, 리사 라스코우 라헤이, 《변화면역》, 오지연 옮김, 정혜, 2020.

조너선 하이트, 《행복의 가설》, 권오열 옮김, 물푸레, 2010.

찰스 두히그, 《습관의 힘》, 강주헌 옮김, 갤리온, 2012.

칩 히스, 댄 히스, 《순간의 힘》, 박슬라 옮김, 웅진지식하우스, 2018.

켈리 맥고니걸, 《왜 나는 항상 결심만 할까?》, 신예경 옮김, 알키, 2102.

폴 와즈라위크, 존 위클랜드, 리차드 피셔, 《상담과 심리치료를 위한 변화》, 김정택 옮김, 중앙
　　적성출판사, 1995.

제2장

로버트 프리츠, 《최소 저항의 법칙》, 박은영 옮김, 라이팅하우스, 2022.

마셜 로젠버그, 《비폭력 대화》, 캐서린 한 옮김, 한국NVC출판사, 2017.

마틴 셀리그만, 《마틴 셀리그만의 낙관성 학습》, 우문식 최호영 옮김, 물푸레, 2012.

앨버트 엘리스, 《행복에 이르는 길》, 방선욱 옮김, 교육과학사, 2018.

앨버트 엘리스, 《화가 날 때 읽는 책》, 학지사, 1995.

윌리엄 B.어빈, 《좋은 삶을 위한 안내서》, 이재석 옮김, 마음친구, 2022.

장 피아제, 《장 피아제의 발생적 인식론》, 홍진곤 옮김, 신한출판미디어, 2020.

제임스 P. 카스, 《유한 게임과 무한 게임》, 노상미 옮김, 마인드빌딩, 2021.

카렌 호나이(Karen Horney), 《The Struggle of Self》, Routledge, 1999.

캐롤 드웩, 《마인드셋》, 김윤재 옮김, 스몰빅라이프, 2023(리커버).

제3장

모니카 맥골드릭, 《가계도 분석을 통해 본 세계 유명인의 가족 비밀》, 황영훈 · 남순현 옮김, 학지사, 2007.

로널드 W. 리처드슨, 《가족치료 자가진단서》, 남순현 옮김, 시그마프레스, 2009.

리웨이룽(李維榕), 《家庭舞蹈》(전 7권), East China Normal University Press, 2019.

살바도르 미누친, 《가족치유》, 오제은 옮김, 학지사, 2013.

존 볼비, 《애착》, 김창대 옮김, 연암서가, 2019.

제4장

댄 맥 아담스, 《이야기 심리학》, 양유성 · 이유금 옮김, 학지사, 2015.

라이너 마리아 릴케(Rainer Maria Rilke), 《젊은 시인에게 보내는 편지(Briefe on einen Jungen Dichter)》.

로니 자노프 불먼(Ronnie Janoff-Bulman), 《Shattered Assumptions》, Free Press, 2002.

살바도르 미누친(Salvador Minuchin), 《Families and Family Therapy》, Harvard University Press, 1974.

스테판 길리건, 로버트 길츠 《영웅의 여정》, 나성재 옮김, 한국코칭수퍼비전아카데미, 2020.

스테판 조셉, 《외상 후 성장의 과학》, 임선영 · 김지영 옮김, 학지사, 2018.

앨런 B. 번스타인, 페그 스트리프, 《더 소중한 삶을 위해 지금 멈춰야 할 것들》, 이은주 옮김, 청림출판, 2014.

엘리자베스 퀴블러 로스, 데이비드 케슬러, 《상실수업》, 김소향 옮김, 인빅투스, 2014.

윌리엄 브리지스, 《내 삶에 변화가 찾아올 때》, 김선희 옮김, 물푸레, 2006.

저우화(周樺), 《褚時健傳》, CITIC Press, 2015.

조셉 캠벨, 《천의 얼굴을 가진 영웅》, 이윤기 옮김, 민음사, 2018(개정판).

켈리 맥고니걸, 《스트레스의 힘》, 신예경 옮김, 21세기북스, 2020.

파울로 코엘류, 《연금술사》, 최정수 옮김, 문학동네, 2001.

허미니아 아이바라, 《마침내 내 일을 찾았다》, 유정식 옮김, 새로운현재, 2014.

제5장

어빈 얄롬, 《치료의 선물》, 최웅용 옮김, 시그마프레스, 2005.

에릭 에릭슨, 《유년기와 사회》, 송제훈 옮김, 연암서가, 2014.

조지 베일런트, 《행복의 지도》, 고영건 · 김진영 옮김, 학지사, 2013.

틱낫한, 《붓다처럼》, 서계인 옮김, 시공사, 2016.

감사의 글

　책을 쓰기 시작해서 독자와 만나기까지의 모든 과정은 결코 작가 혼자서 해낼 수는 없다. 그런 면에서 감사할 사람들이 참 많다.

　먼저 뤄전위羅振宇와 퉈부화脫不花에게 감사의 말을 전하고 싶다. 그들의 추진력이 없었다면 '자기계발 심리학' 과정과 이 책은 세상에 나오지 못했을 것이다. 그리고 더다오 앱의 편집자 쉬안밍동宣明棟 선생님과 두뤄양杜若洋, 엠마Emma, 순차오차오孫翹俏에게도 고맙다는 말을 하고 싶다. 또 이 책의 편집자 바이리리白麗麗와 잔이戰軼, 전청甄成, 이들의 세심한 노력과 소중한 조언이 없었다면 이 책은 지금만큼 좋아지지 않았을 것이다. '자기계발 심리학' 과정의 구독자들께도 감사드린다. 그들의 지지와 격려 덕분에 여기까지 올 수 있었다.

　이 외에도 나의 은사이신 리웨이롱李維榕 교수님께 진심으로 감사의 뜻을 전하고 싶다. 선생님께서는 진정으로 깨달음에 이른 분이시다. 이 책을 쓰면서 선생님과 선생님의 스승인 미누친의 이야기를 많이 인용했고, 선생님의 주옥과 같은 가르침에 많이 의지했다. 그리고 무엇보다 관계적 맥락에서 사람의 다양한 측면을 보라는 큰 가르침

을 받았다. 그것이 바로 이 책에서 이야기하는 자기계발이다. 선생님
께서는 내가 자기계발이란 어떤 것인지를 이해할 수 있도록 인도해
주셨다.

인생에 정답은 존재하지 않는다

초판 1쇄 발행 2023년 11월 30일

지은이 천하이셴
옮긴이 박영란
펴낸이 민혜영
펴낸곳 오아시스
주소 서울시 마포구 월드컵북로 402, 906호(상암동 KGIT센터)
전화 02-303-5580 | **팩스** 02-2179-8768
홈페이지 www.cassiopeiabook.com | **전자우편** editor@cassiopeiabook.com
출판등록 2012년 12월 27일 제2014-000277호

ⓒ천하이셴, 2023
ISBN 979-11-6827-148-7 03180